中国共产党建党100周年优秀学术成果丛书

时代巨变
中国近代社会之世相

杨齐福 著

浙江工商大学出版社
ZHEJIANG GONGSHANG UNIVERSITY PRESS

·杭州·

图书在版编目（CIP）数据

时代巨变：中国近代社会之世相 / 杨齐福著. —
杭州：浙江工商大学出版社，2021.10
　ISBN 978-7-5178-4667-3

　Ⅰ. ①时… Ⅱ. ①杨… Ⅲ. ①中国历史－近代史
Ⅳ. ①K25

　中国版本图书馆 CIP 数据核字（2021）第 192120 号

时代巨变：中国近代社会之世相
SHIDAI JUBIAN：ZHONGGUO JINDAI SHEHUI ZHI SHIXIANG

杨齐福 著

责任编辑	张晶晶
封面设计	沈　婷
责任印制	包建辉
出版发行	浙江工商大学出版社
	（杭州市教工路 198 号　邮政编码 310012）
	（E-mail：zjgsupress@163.com）
	（网址：http://www.zjgsupress.com）
	电话：0571－88904980，88831806（传真）
排　　版	杭州朝曦图文设计有限公司
印　　刷	杭州高腾印务有限公司
开　　本	710mm×1000mm　1/16
印　　张	18.75
字　　数	296 千
版 印 次	2021 年 10 月第 1 版　2021 年 10 月第 1 次印刷
书　　号	ISBN 978-7-5178-4667-3
定　　价	76.00 元

中国共产党建党 100 周年优秀学术成果丛书
总　序

　　1921 年中国共产党的成立，是中国历史上开天辟地的一件大事。 2021 年，中国共产党将迎来百年华诞。 100 年来，中国共产党走过了波澜壮阔的光辉历程，从一个只有 50 多名党员的小党发展成为拥有 9000 多万名党员的大党，领导中国人民完成新民主主义革命，实现了民族独立和人民解放；建立社会主义制度，完成了中国历史上最广泛、最深刻的社会变革；做出改革开放的伟大决策，开创了建设中国特色社会主义道路，为实现中华民族的伟大复兴指明了方向。 历史和现实雄辩地证明，没有共产党就没有新中国，没有共产党就没有中国特色社会主义事业的胜利。 中国共产党不愧为伟大、光荣、正确的马克思主义政党，不愧为领导中国人民不断开创新事业的核心力量。 中国共产党 100 年的光辉历程，犹如一幅逶迤而又气势磅礴、雄浑而又绚丽多彩的画卷。

　　高山耸峙，风卷红旗过大关。 中国共产党的百年史就是在一个个挫折中不断成熟、在一场场考验中不断成长的奋进诗篇，如今的中国共产党已经拥有了应对挑战的丰富经验和克服困难的强大能力。 面对百年未有之大变局，党的十八大以来，以习近平同志为核心的党中央统揽国内国际两个大局，统筹推进"五位一体"总体布局，协调推进"四个全面"战略布局，把中国特色社会主义不断推向前进。 在"两个一百年"奋斗目标的历史交汇点上，党的十九届五中全会统筹中华民族伟大复兴战略全局和世界百年未有之大变局，提出了到 2035 年基本实现社会主义现代化的远景目标，中国共产党将带领全国人民开启全面建设社会主义现代化国家、实现中华民族伟大复兴中国梦的新征程。

全面总结、系统阐释党的光辉历程是理论界义不容辞的责任。作为习近平同志在浙江任职期间亲自视察并寄予厚望的省重点建设高校，发挥我校在哲学社会科学领域的优势，宣传、阐释浙江乃至全国各地在党的领导下开展的伟大实践和探索，是我们的使命与担当。为此，我们筹划了"中国共产党建党 100 周年优秀学术成果丛书"出版工作。对于浙江工商大学来说，这套丛书在 2021 年出版发行具有双重意义。首先，这套丛书是我们向建党 100 周年的献礼；其次，2021 年浙江工商大学将迎来建校 110 周年，这套丛书的出版发行也是校庆系列活动中的标志性项目。

浙江工商大学 110 年的校史与中国共产党 100 年的党史是紧密交织在一起的。我校的前身是创建于 1911 年的杭州中等商业学堂。这是浙江省新式商业教育之先驱，也是当时全国最早创办的商业专门学校之一。1921 年后，当中国共产党人在为民族解放和人民幸福前赴后继、英勇奋斗时，学校在军阀混战、抗日战争和解放战争时期，坚守实业救国初心，以传承实业教育为己任，筚路蓝缕、艰辛办学，学校数易其名、屡迁校址。1949 年新中国成立、中国共产党成为执政党后，学校迅速完成了从旧高商向新高商的转变，进入历史新纪元。1963 年，学校由商业部直属，更名为杭州商业学校，列为全国重点学校。党的十一届三中全会开启了改革开放历史新时期，社会急需大量商业管理人才，学校进入了一个崭新的发展时期，实现了一个又一个跨越：1980 年，国务院批准建立杭州商学院，学校升格为本科大学；1990 年获得硕士学位授予权；2003 年获得博士学位授予权；2004 年，教育部批准杭州商学院更名为浙江工商大学；2015 年，学校被确定为浙江省人民政府、商务部和教育部共建大学；2017 年，学校被确定为浙江省重点建设高校。目前，学校正在按照 2020 年末召开的学校第三次党代会确定的战略目标，全力冲刺"双一流"，建设卓越大学，奋力标定在全国乃至世界高等教育中的新坐标。

回望学校 110 年的办学历程，特别是新中国成立以来，我校始终坚持正确的办学方向，与时代同呼吸，与祖国共命运。在我校的办学历史上涌现了爱国民主先驱、新中国首任粮食部部长章乃器，著名经济学家、原国家计委副主任骆耕漠等一大批杰出校友。可以说，浙江工商大学就是一所传承红色基因、怀揣实业兴国梦的高校。从这个角度来看，浙江工商大学 110 年校史就是中国共产党 100 年党史的缩影。

在百年党庆和 110 年校庆的交汇点上，浙江工商大学组织全校力量编写这套丛书，热情讴歌党的丰功伟绩，唱响校庆活动的红色旋律。丛书选题、编写工作从 2020 年初就开始酝酿，2020 年 5 月在全校范围内征集"庆祝中国共产党建党 100 周年等重点选题和优秀研究成果"，经过专家评审、选题凝练，7 月确定丛书总体框架、各分册主题和内容，随后进入书稿撰写阶段。此后，编写组还多次召开集体研讨会，研究书稿撰写、统稿、出版工作。目前呈现在读者面前的是丛书的第一辑，随后各分册会陆续出版发行。

这套丛书涉及政治学、历史学、管理学、法学、经济学、统计学、语言学等学科，涵盖党的历史、现代化建设、党建业务、社会治理、经济发展、对外交流、数字经济等多个主题。各分册从不同视角展现了全国人民尤其是浙江儿女在中国共产党的领导下投身革命救亡图存、改革开放发展经济、走在前列实现跨越的伟大实践与探索。我们希望这套丛书能够进一步激发社会各界的爱党爱国热情，进一步坚定广大读者的"四个自信"，进一步鼓舞全国人民在党的领导下建设社会主义现代化国家的冲天干劲。

这套丛书的编写、出版过程凝结了各分册作者、学校人文社会科学处、浙江工商大学出版社相关同志的心血，在此致以问候！省委宣传部、省社科联、省委党史研究室等部门相关领导和同志对丛书的整体定位、选题、编写工作给予了大量指导，一并表示衷心感谢！

陈柳裕

2021 年 1 月

C 目录
ontents

1

绪 论

1.1 写作依据与背景

鸦片战争后，中国人民遭受凌辱压迫，中国也逐步沦为半殖民地半封建社会。 这样，中国近代史就成了落后挨打的屈辱史。 在近代中国走向衰落、沦为半殖民地半封建社会时，中国人民在中国共产党的领导下，奋勇抗争，追求民族独立。 这样，中国近代史又成了中华民族的抗争史。

习近平总书记在庆祝中国共产党成立 95 周年大会上的讲话中指出："近代以后，由于西方列强的入侵，由于封建统治的腐败，中国逐渐成为半殖民地半封建社会，山河破碎，生灵涂炭，中华民族遭受了前所未有的苦难。"① 强调了如果不了解近代以来的历史和文化，就不能全面把握中国人民的发展道路。

为此，本书对中国近代历史现象进行了深入梳理，旨在凸显中国近代史的多元图景，进而深化对中国近代史的认识。

---

① 习近平:《在庆祝中国共产党成立 95 周年大会上的讲话》,人民网,2016 年 7 月 2 日。

1.2 主要理论与方法

（1）采用人类学的"深描"方法，对中国近代的史实开展深度挖掘，以期进一步厘清历史真相。"深描"意谓描述性解释，即对解释之解释。这种认识方法对于探求近代中国的历史真相大有裨益。如清末台州发生的印山学堂毁学案，本书通过对细节的挖掘和史实的重建，指出该案是清末教案的延续，既有主权的纷争，也有财产的争夺，实质上是一场"非典型教案"。

（2）运用"新文化史"的理论，开辟中国近代史研究新领域。"新文化史"是 20 世纪七八十年代以来在西方史学界兴起的一股史学潮流，在历史研究的范围上有拓展、内容上有深化、方法上有启发。它已经大大改变了人们的思维方式和对历史问题的看法。本书既讨论精英的思想，如"梁启超的社会保障思想"，也关注大众的观念，如"现代化与近代中国的文化取向"；既注重文本的分析，如"20 世纪 20 年代《申报》化妆品广告"，也审视话语的表达，如"清季胡仿兰事件再研究"；既注重宏大叙事和精英分子，如"殖民统治初期台湾士人的政治认同与行为抉择"，也关注日常生活和底层群众，如"吴文墰的日常与交游"。

（3）跨学科、多学科的研究，尤其是借鉴社会学、心理学等学科理论与方法，拓宽中国近代史研究的新视野。米尔斯在《社会学的想象力》中指出，所谓社会学想象力指的是一种心智品质，一种视角的转换能力，包括微观事实与宏观结构之间穿梭的贯通能力、穿透历史与现实的洞察能力、文明转型的独特逻辑和奇妙运作的解析能力。如晚清新政时期各地兴办新学堂，传播新知识，乡民却不时地捣毁各地新学堂，本书借用社会学的理论深挖晚清新政时期乡民毁学的深层次问题，如学堂的现代性得不到乡民的普遍认同、转型期乡民惊慌的心理惯性和乡民缺少文化归属感等。

（4）重视微观研究，近距离观察中国近代史。细节的研究是历史研究的基础，因而中国近代史研究中既有宏观叙事，又有中观描述，还有微观写实。微观史学侧重于日常生活中的人和事，揭示以往历史研究中不易发现的现象，充实宏大历史架构，给历史大结构和大进程增添丰富多彩的内容。 本书对晚清人物吴文墫、清末苏北女子胡仿兰，以及民国时期城市苦力等的研究，为人们认识近代中国打开了一扇又一扇窗户，演示了历史发展过程中的多样性、关联性、共通性。

1.3 成果价值与意义

1.3.1 有助于肃清历史虚无主义

所谓历史虚无主义是指借口历史认知存在相对性，而随意歪曲历史真相和抹杀历史认知中既有真理性的一种非理性倾向。 近年来在中国近代史研究领域中，此种倾向有愈演愈烈之势，否定唯物史观，歪曲历史事实，热衷做"翻案"文章，鼓吹"重写"近代史。 历史虚无主义企图否定自鸦片战争以来中国历史发展的主线，否定中国革命的正义性、必要性，借此否定中国共产党执政的合法性。 本书坚持以历史唯物主义为指导，通过梳理事实，明辨是非，求真求实，以翔实的资料、严谨的论述、客观的态度和正确的史观，揭示历史虚无主义的严重危害性，进而肃清其影响。

1.3.2 有助于弘扬爱国主义精神

爱国主义精神是中华民族精神的核心内容，也是中华民族历史发展的产物。 自古以来，中华民族就有爱国主义传统，"天下兴亡，匹夫有责""先天下之忧而忧，后天下之乐而乐"等警句格言就是例证。 鸦片战争后，中国人民高举爱国主义旗帜，反对外来侵略，维护祖国的独立与尊严，拯救日益严重的民族危机，提出爱国与救国主张，并将爱国主义与民主主义、民族主义融为一体，这样，爱国主义精神在神州大地犹如波涛奔腾不息。 本书力图通过再现近代中国艰难曲折的历史进程，激发民众的爱国主义思想，发扬伟大的爱国主义精神，激励人们为祖国的繁荣发展而不懈奋斗。

1.3.3 有助于深化中国近代史研究

改革开放后中国近代史研究成果斐然，发掘了新史料，开辟了新领域，提出了新观点，修正了旧主张，但仍有开拓的余地。 本书受到"新文化史"理论的启发，侧重于微观领域和底层民众探究，明晰历史的细节，进而把握宏观的走向。 正如历史学家茅海建所说："我们今天对许多历史事件有了新鲜的认识，有了恰当的把握，得出较为中肯的结论，似非为在观念或方法论上有大的突破，很可能只是明晰了其中一些关键性的历史细节。"①本书通过对个案的研究和史实的考订、资料的爬梳和理论的阐发，以及微观的审视和宏观的探究，在一定程度上推进了中国近代史的研究。

---

① 茅海建:《依然如旧的月色》,生活·读书·新知三联书店 2014 年版,第 96 页。

2 中国近代教育之歧路

鸦片战争后，传统教育日趋衰落，科举考试日益僵化。随着教会学校的兴起、洋务学堂的创办、留学生的派遣和新式学堂的兴建，近代新式教育逐渐取代传统封建教育，但其在转型过程中也出现诸多问题。

2.1 科举制度被废除后的私塾与塾师

1905 年 9 月 2 日，清政府发布诏书云："自丙午科为始，所有乡会试一律停止，各省岁科考试亦即停止。"这样，延续千余年的科举制度终于退出了历史舞台。但作为科举制度附庸的私塾和塾师却面临严峻的危机与巨大的挑战，其多舛之命运值得关注。①

2.1.1　塾师

科举制度被废除后，新式学堂逐渐取代旧式私塾，私塾塾师的耕读生活也从此被打断。这使他们陷入迷茫与困惑之中，不知所措。以山西太谷县塾师刘大鹏为例。他在获悉科举制度被废除的消息后，"心若死灰，看得眼前一切，均属空虚"，流露出一股莫名其妙的悲哀与无可奈何的绝望之情。不仅刘大鹏的心态如此，其他塾师的心态也大体如此，惶惶不可终日，这在刘大鹏的日记中随处可见。譬如，"同人皆言科考一废，吾辈生路已绝，欲图他业以谋生，则又无业可托，将如之何？""科考一停，同人之失馆者纷如，谋生无路，奈之何哉？"②东阳镇"借舌耕为生者，因新政之行，多致失馆，无他业可为，竟有仰屋而叹无米为炊者"③。阳邑镇"有六七蒙师，竟行坐困，无生路可求耳"。昔日座上宾竟为"今日之可怜虫"④。这种悲哀与绝望源自现实生活的压力。刘大鹏在其日记中云："予借舌耕为恒业垂二十年，乃因新学之兴，予之恒业即莫能依靠，将有穷困不可撑之势。"⑤此前，塾师"借舌耕为生"，生活上虽然不算富裕但温饱有余。据马丁·米勒

---

① 改革开放以来，有关近代私塾与塾师的研究取得不少成果。它们或侧重评价私塾和塾师的历史作用，如熊贤君的《私塾教学方法的现代价值》（《课程教材教法》1999 年第 9 期）和《如何正确评价私塾问题》[《河北师范大学学报（教育版）》2000 年第 1 期]、左松涛的《晚清民国私塾和塾师的"权势"问题研究》（《中山大学学报》2006 年第 2 期）；或侧重研究私塾改良的问题，如田正平等的《中国近代的私塾改良》（《浙江大学学报》2005 年第 1 期），熊贤君的《中华民国时期私塾的现代化改造》[《华东师范大学学报（教育版）》1998 年第 3 期]，贾国静的《私塾与学堂：清末民初教育的二元结构》（《四川大学学报》2002 年第 1 期）和《清末的私塾改良及其成效》（《安徽史学》2006 年第 4 期），陈阳凤的《论"废科兴学"以后私塾存在的原因》（《湖北大学学报》1986 年第 6 期）；或关注塾师的经济收入，如蒋纯焦的《晚清士子的生活与教育》[《华东师范大学学报（教育版）》2006 年第 2 期]、郝锦花的《20 世纪二三十年代乡村塾师的收入》（《福建论坛》2005 年第 8 期）等。另蒋纯焦的《一个阶层的消失——晚清以降塾师研究》（上海书店 2007 年 8 月）则对近代塾师做了全面而又系统的研究。

② 刘大鹏：《退想斋日记》，山西人民出版社 1990 年版，第 146 页。

③ 刘大鹏：《退想斋日记》，山西人民出版社 1990 年版，第 149 页。

④ 刘大鹏：《退想斋日记》，山西人民出版社 1990 年版，第 159 页。

⑤ 刘大鹏：《退想斋日记》，山西人民出版社 1990 年版，第 191 页。

估算，19 世纪末塾师的日收入在 0.10—0.50 美元之间（即 0.08—0.40 两），塾师的年收入在 30—150 两之间，有功名的塾师年均收入为 100 两左右，而无功名的塾师年均收入约 50 两。[①] 而此时塾师"坐失其业，谋生无术"；"将欲厕身学界，无学术之可凭，将欲兼营别业，鲜运动之能力"[②]；"欲为商而手不能算，欲为工而肩不能挑"[③]。 塾师在废科举后究竟怎样安身立命？

为了应对生活的困窘，大多数塾师被迫"脱下长衫，穿上短衣，力图在新制度下找到立脚之地"[④]。 有些人进入学堂当教员。 废科举后，新式学堂的创办激情像野火一样迅速传开，但师资的缺乏又阻碍了学堂的进一步发展，于是，一些塾师进入新学堂充当教员以补师资之不足。 如山西太谷县塾师刘大鹏，曾在晋祠小学校当教员；浙江桐乡县塾师王彦臣，成了高等小学学堂的国文教师；[⑤]湖南汉寿县女塾师易瑜，1908 年受聘赴南通女子师范学堂任教习；湖南长沙塾师徐特立，1906 年春在长沙周氏女学堂任国文教员。[⑥] 也有些人因势利导去经商。 清末自给自足的小农经济在西方资本主义经济的冲击下土崩瓦解，而洋务运动的兴起催生了中国民族资本主义工业，一大批工厂、矿山等现代企业脱胎而出，一批批新兴的职业如雨后春笋般冒出，这给人们创造了一些非传统的社会流动机会。 科举制度被废除后，塾师传统的职业空间遭到急剧压缩，其中一些思想开化的人敏锐地抓住机会转而投身实业活动，如河南汲县塾师王锡彤，1905 年应禹州知州之邀接办禹州三峰煤矿公司矿务。[⑦] 山西太谷县塾师刘大鹏也曾与他人合伙开办煤窑。 他在日记中细述其原委："予因穷，厄于乡，无一求食之处，不得已而就煤窑之生涯，……所学不行，聊借一业，以藏其身。"[⑧]还有些人远涉重洋去留学。 随着 19 世

---

① 张仲礼：《中国绅士的收入》，上海社会科学院出版社 2001 年版，第 95 页。

② 《箴私塾改良会》，《四川学报》1907 年第 8 期。

③ 《论教育之普及须实行强迫》，《东方杂志》第 3 年第 6 期。

④ 罗斯：《变化中的中国人》，时事出版社 1998 年版，第 294 页。

⑤ 茅盾：《我走过的路》，人民文学出版社 1997 年版，第 75 页。

⑥ 转引蒋纯焦：《晚清士子的生活与教育》，《华东师范大学学报（教育版）》2006 年第 2 期。

⑦ 王锡彤：《抑斋自述》，河南大学出版社 2001 年版，第 117 页。

⑧ 刘大鹏：《退想斋日记》，山西人民出版社 1990 年版，第 192 页。

纪末中国民族危机的加剧，有志之士为了救亡图存纷纷走出国门，寻找救国拯民之道。 这样，一股留学热在中华大地涌动，高潮迭起，父子、夫妇、兄妹甚至全家、全族一起出洋留学。 一些塾师在科举制度被废后把握时代脉搏，也加入留学行列。 如1905年底在四川成都设馆授徒的吴虞，随学生一道赴日留学。 这些塾师主动地应对形势的变化，跟上了时代的步伐。

但也有些塾师仍然消极观望，被动地适应形势的变化。 在改良私塾的过程中，政府陆续颁布了《改良私塾章程》《整理私塾办法》《改良私塾办法》等法令法规，对塾师采取甄别改造的办法，合格者留任，不合格者辞退，有希望的改造者则送师范传习所进行短期培训。 这些举措给塾师带来了一线生机，因此每逢塾师甄别考试，考场上人头攒动，热闹非凡。 据报载："某县应试之人，多至一千数百名，较前清科举时代童生之应试尤为热闹。"①这样，"一般私塾教员，一则曰取缔，再则曰考验，无日不在飘摇风雨之中"②。 于是，在私塾改良过程中，有的塾师"观望迟疑""暗中讥诮""鼓惑作梗"③；也有的塾师"心怀不平，百端毁谤""鱼肉乡里"④；还有的塾师"屈节卑膝""苦苦哀求"，如山西太谷县老秀才屈王文平时"凭借舌耕度日，岁修仅得二三十千钱，捉襟肘见"，县教育科员令其赴县参加塾师考试，"若不合格，即不准设帐授徒"，这位老秀才遂"声泪俱下"，请求庇护。⑤

虽然塾师在科举制度被废后曾一度为无"舌耕之地"而发愁，但星罗棋布的乡村私塾却为他们的生路大开绿灯。 一些在馆塾师的生活水平仍高于普通乡民。 以大革命前夕的湖北塾师为例。 塾师在私塾内吃饭，一般标准是三荤三素，三荤为一鱼一肉一汤，由学生轮流预备。 塾师的茶、烟、肥皂和其他生活用品都由学生无偿供应。 塾师修金约为每月30块银圆。 正月开学

---

① 《考试私塾教师》，《申报》1916年2月16日。
② 《私塾改良之效果》，《大公报》1920年3月9日。
③ 《各省教育志·直隶》，《东方杂志》第4年第9期。
④ 《腐儒之势可畏》，《大公报》1908年6月23日。
⑤ 刘大鹏：《退想斋日记》，山西人民出版社1990年版，第177页。

后，除脩金外还有数量不等的贺仪，"四、六、八、十元钱不等"①。 这笔钱在当时可谓不小数目。 一块银圆在当时可以购买 10—18 斤大米，23—31 斤小麦，5—6 斤猪肉，50 个左右鸡蛋，5—15 尺土布。② 另据调查，1921 年江苏、浙江两省小学教师平均月薪为 13.35 元；③1933 年全国小学教师平均月薪为 11.3 元；20 世纪 30 年代全国城市工人的平均月薪为 12.7 元。④ 部分塾师在当时不仅收入高，而且地位也高。 这些人大多为当地的秀才、贡生或举人，在乡民眼里，他们是有文化的读书人，对文化知识的天然尊崇使得他们在农村中得到乡民的尊重。⑤ 如平日"有人做生日，请先生做寿联；有人死去，请先生做挽联或祭文悼词"，"甚至于下葬看风水，出门做屋看日子，小病看脉看方子，都来请先生"⑥。 部分塾师优厚的生活待遇甚至吸引了一些新学堂毕业生回家乡充当塾师。 譬如民国时期湖北沙市塾师中就有"留学生 2 人、大专毕业生 12 人、中等师范毕业者 24 人"⑦。 根据 1931 年金陵大学对安徽和县第 2 区 28 名塾师学历的调查，其中新学堂毕业者竟有 10 人，占塾师总数的 1/3。⑧ 据 1932 年的《江苏教育概览》统计，溧水县共有 167 名塾师，其中中学以上毕业者就有 7 名。⑨ 必须指出的是，虽然塾师的经济收入一般高于普通乡民，但绝大部分塾师的地位在科举制度被废后逐渐下降，其待遇与一般雇工的差不多，"粥饭只寻常，酒肴亦粗卤。 鱼肉不周全，时

---

① 全国政协文史资料委员会编：《文史资料存稿选编·教育》，中国文史出版社 2002 年版，第 710—711 页。

② 慈鸿飞：《二三十年代教师、公务员工资及生活状况考》，《近代史研究》1994 年第 3 期。

③ 张静如、刘志强主编：《北洋军阀统治时期中国社会变迁》，中国人民大学出版社 1992 年版，第 214 页。

④ 刘来泉等：《我国教师工资待遇的历史考察》，《教育研究》1993 年第 4 期。

⑤ 贾国静：《清末的私塾改良及其成效》，《安徽史学》2006 年第 4 期。

⑥ 全国政协文史资料委员会编：《中华文史资料文库》第 17 卷，中国文史出版社 1996 年版，第 22—24 页。

⑦ 徐树楷：《民国时期沙市的私塾》，《沙市文史资料》第七辑，1991 年 6 月。

⑧ 《乌江乡村社会调查》，南京金陵大学农林新报社 1935 年版，第 280 页。转引郝锦花：《20 世纪二三十年代乡村塾师的收入》，《福建论坛》2005 年第 8 期。

⑨ 江苏省教育厅编：《江苏教育概览》，（台湾）传记文学出版社 1971 年版，第 639 页。转引郝锦花：《20 世纪二三十年代乡村塾师的收入》，《福建论坛》2005 年第 8 期。

常吃豆腐。 非淡即是盐，有酱又没醋。 烹调总不佳，如何下得肚？ 勉强吃些饭，腹中常带饿。 渴来自煎茶，主翁若不睹"[①]。

2.1.2 私塾

尽管 20 世纪初废科举、兴学堂给私塾造成一定冲击，但私塾仍是广大农村的主要教育形式。 据统计，1909 年江苏省有新式小学 800 余所，而私塾则多达 7000 余所。[②] 据国民政府教育部 1935 年公布的数字，全国共有私塾 101027 所，塾师 101813 人，塾生 1757014 人。 私塾约占全国小学校的 1/3，塾师约占全国小学教职员的 1/6，塾生约占全国小学生的 1/8。[③] 另据中央农业实验所 1935 年的调查，全国各省私塾在农村教育中所占的比例平均达 30.3%，其中安徽高达 73.1%，湖北为 63%，江苏为 50.5%，福建为 49.9%，贵州为 49.4%，四川为 47.2%，江西为 42.5%，等等。[④] 抗日战争全面爆发前夕，中国农村教育中属于旧式的占 65.1%，而华北地区旧式教育占 53.9%，华南地区旧式教育占 75.6%。 抗战时期，政府把大量精力放在战争上面，无暇顾及教育改革，于是私塾教育又反弹，私塾数量有增无减。 以抗日战争到解放战争期间的福建为例，据统计，1936 年诏安、大田、惠安、屏南、寿宁、清流等地共有私塾 256 所，而据 1951 年福建省教育厅的调查，中华人民共和国成立前这 6 县私塾竟达 280 所，私塾数量不减反增。[⑤]

科举制度被废后，塾师赖私塾得以生存，而私塾又因何得以继续存在呢？ 私塾在科举制度被废后仍然得以存在，很大程度上取决于近代中国社会的实际状况。

首先是近代新教育在发展过程中存在着某些先天性不足。

---

① 陈元晖、璩鑫圭主编：《中国近代教育史资料汇编·鸦片战争时期教育》，上海教育出版社 1990 年版，第 409—410 页。
② 王树槐：《中国现代化的区域研究：江苏省》，（台湾）"中央研究院"近代史研究所 1985 年版，第 260—261 页。
③ 乔启明：《中国农村社会经济学》，商务印书馆 1946 年版，第 298 页。
④ 乔启明：《中国农村社会经济学》，商务印书馆 1946 年版，第 294—295 页。
⑤ 福建省教育史志编写办公室：《福建省教育史志资料集》第 9 辑，第 166 页。

虽然新学堂在科举制度被废后发展迅速，但是"其中设备合宜、教授得法者不过十之一二，而因陋就简、敷衍塞责者则居十之八九"[①]。 不少新学堂有名无实，如在直隶，小学堂没有专门校舍，而是"借用铺房三间，并无黑板、讲台等事，学生十余人，皆面壁坐，仍用《三字经》《四言杂字》等书"；在河南，各府州县中学堂"能略置图书仪器标本者，已不可多得，甚有学科亦不为备"；在浙江，有些小学堂"学生不分班级，教授不用教科书，实与旧日之蒙馆同"[②]。 新学堂学费也比较可观，一般在几元到几十元之间。刘师培曾直言，"学堂既兴，无论其为公立为私立，入校肄业，莫不索费，购书阅报，所费滋多"，因而"学堂之制，便于绅士富民，贫民鲜蒙其益"[③]。教育界人士也承认"自从采用欧洲学校制度以来，教育的内容较前复杂，教育的费用从而增加，教育差不多成为富裕阶级的专利品"[④]。 新学堂大多分布在城镇，而"一入乡村，则数百里间往往不见一完全小学"[⑤]。 即使"繁茂市镇，人口众多，学校未能遍设，儿童无求学之地"[⑥]。 这样，"人们为了求取知识，只得纷纷拥向私塾"[⑦]。 另外，学生在新学堂所学得的声光化电、法理税则和欧罗巴、亚西亚这些东西都是属于都市的，它们与乡村社会不仅隔膜，而且遥远，"结果学生能画汽车飞机，而不能写借据田契，能算先令佛郎，而不能计田忙漕"[⑧]。 而新学堂学生的趋新言行与传统伦理时常发

---

① 朱有瓛主编：《中国近代学制史料》第二辑上册，华东师范大学出版社1987年版，第330—331页。

② 朱有瓛主编：《中国近代学制史料》第二辑上册，华东师范大学出版社1987年版，第284、331、531、294、511、301页。

③ 王忍之等编：《辛亥革命前十年间时论选集》卷二下册，生活·读书·新知三联书店1960年版，第696页。

④ 转引殷文：《三十年代苏南私塾教育盛行之动因》，《盐城师范学院学报》2002年第4期。

⑤ 余家菊：《余家菊景陶先生回忆录》，（台湾）慧炬出版社1994年版，第332页。

⑥ 转引罗玉明等：《三十年代南京制度对私塾的改造述论》，《江西社会科学》2003年第3期。

⑦ 全国政协文史资料委员会编：《文史资料存稿选编·教育》，中国文史出版社2002年版，第710页。

⑧ 乔启明：《中国农村经济学》，商务印书馆1946年，第298页。转引周积明等主编：《中国社会史论》下卷，湖北教育出版社2000年版，第560页。

生冲突，他们"入家庭则礼节简慢，遇农工者流，尤讪诮而浅之"①，这更招致民众的不满。即使到了民国年间，许多家长仍对新式教育喋喋不休，"在晚间放学之过早，在校时间之过少，以为较之私塾，终日书声琅琅，日晡犹喧，勤惰迥殊"②。

其次是私塾教育契合中国社会的特性，符合百姓的实际需要。

私塾无论在城市还是在乡村，处处可行，人人可办。传教士麦高温发现"无论是在人口稠密、拥挤的城市，还是在那些不算太穷、还请得起教师的乡村，在无庸国家制定法律，亦无须政府提供资助的情况下，学校（指私塾）都能建立起来"③。由于私塾的设立既没有地理环境的制约，也没有人数和时间的限制，且学费低廉，教学灵活，随到随教，因而其深得广大民众喜爱。传统中国社会是以小农经济为主体的社会，乡民送孩子入私塾的目的在于使之"习字，习算，会记账，会看、写田契、牛契，以免受骗"④。私塾的存在"能投合农民的要求，课余教些杂字杂文，私塾教师亦能为农民书写应用文字。这些都合农村的需要，故现在的私塾尚能得农民拥护"。学校所教的内容，"半是说些城市中间的东西，太不合农村的需要，同时学校教师态度亦多与农民隔绝，所以农民对于学校，大多是有怀疑的"⑤。而民众对于传统私学的习惯认同，以及传统私塾在民间的牢固根基与广阔的辐射面使得他们对私塾教育有着一种割不断的情结，在他们看来"只有遵循私塾老套，……学生成天咿哑不辍，背诵圣贤之言，才能成器"⑥。必须指出的是，在广大的乡村，私塾教育和乡村社会的日常生活是密切相关的。"中国的农村事实上是个礼俗的社会，以养生和送死为核心的人生礼仪活动，实际上构成了农村日常生活的骨架。由于这些礼仪活动程序之繁复，讲究之复杂，是普通农民

---

① 庄俞：《论小学教育》，《教育杂志》第一卷第二期，第22页。

② 朱有瓛主编：《中国近代学制史料》第三辑上册，华东师范大学出版社1990年版，第296页。

③ 麦高温：《中国人生活的明与暗》，时事出版社1998年版，第76页。

④ 福建省教育史志编写办公室：《福建省教育史志资料集》第9辑，第153页。

⑤ 李桂林编：《中国现代教育史教学参考资料》，人民教育出版社1987年版，第6页。

⑥ 钟叔河等编：《过去的学校》，湖南教育出版社1982年版，第488页。

所无法掌握的，私塾教育除了文字和道德知识的传授外的一个重要功能就是传授礼仪。"①

最后是传统文化的韧性为私塾存在提供了土壤。

长期以来，人们在传统文化的熏陶下，"习惯于唐宋明清沿袭下来的私塾、学馆、经苑、书院等学习体制"，以为"圣经贤传，万无可废，……儿童父兄以此相要，顽固塾师以此相市"②。20 世纪上半叶，"有些所谓'旧家'，为了让子弟在进'洋学堂'之前打下'旧学'和古文的根底，都重视私塾教育"③。余家菊回忆说："时科举将废，学校渐兴。当新陈交替之际，我家教育子弟不弃旧日根本，亦不拒新学之修习。"④如北大历史系邵循正和张芝联教授都是以私塾代替小学和初中教育，周一良教授则更是极端，在私塾读了 10 年书，直接进北京上大学。⑤ 作家沙汀的情况也类似。他的母亲为让他"续书香门第的香火"，不顾家庭财力，延请塾师到家教书，"在她看来，读私塾才是正途"，这样，沙汀从 7 岁时读私塾，在私塾读了整整 10 年，然后才进"省一师"继续学业。⑥ 20 世纪初福州螺洲陈宝琛家族的子弟大都仍在私塾读四书五经之类的线装书，陈岱孙在其自传式文章中说："外界的新风吹不进我的封建家庭，孩子们的教育还是一仍其旧。"⑦这些人大多认为新式学校还不够规范，"先让孩子上几年私塾再考学堂，这样可以打下良好的古典文学基础以利终生受用"⑧。

2.1.3 余波

私塾教育在科举制度被废后仍客观存在的事实反映了其内在应有的功能

---

① 张鸣：《私塾消失背后的黑洞》，《书城》2004 年第 5 期。

② 《粤教育界争废止读经问题》，《申报》1913 年 5 月 18 日。

③ 周一良：《毕竟是书生》，北京十月文艺出版社 1998 年版，第 8 页。

④ 余家菊：《余家菊景陶先生回忆录》，（台北）慧炬出版社 1994 年版，第 200 页。

⑤ 周一良：《毕竟是书生》，北京十月文艺出版社 1998 年版，第 8 页。

⑥ 吴福辉：《沙汀传》，北京十月文艺出版社 1990 年版，第 31 页。

⑦ 陈绛：《从一个家族看传统教育向现代教育的嬗变——以福州螺洲陈氏家族为例》，《历史教学》2004 年第 1 期。

⑧ 全国政协文史资料委员会编：《文史资料存稿选编·教育》，中国文史出版社 2002 年版，第 710 页。

与价值的不容忽视，这样，人们在后科举时代通过回眸中国教育的历史传统发现传统私塾教育还是有一些有价值的内容需要重新发扬光大的。

现代教育家陈鹤琴认为："私塾教育在中国已有几千年的历史，它有许多优点，我们应当采用，并发扬而光大之。"[①]著名教育家舒新城认为，传统教育体制具有新教育体制所缺乏的三大特点："一是学费以各人之能力为标准；二是师生的关系为人；三是教学重个人努力。"[②]钱穆指出，中国私学教育"所教皆以修身为本，知修身即知重名不重利，重公不重私，此可称为乃是一种人文教育"[③]。柳诒徵直言："数百年间，塾师之教，虽不尽同，大都先背诵而后理解。世多病其戕杀儿童，不知人生数十寒暑，惟儿童时记忆力最强，前人深知此意，利用天机，不使浪费，而多读有用之书。"[④]蒋梦麟强调私塾教育注重"三到"，即心到、眼到、口到，大有裨益。"所谓心到就是注意力集中，不但读书如此，做任何事情都得如此。眼到对学习中国文字特别重要，因为中国字的笔画错综复杂，稍一不慎就可能读别字。所谓口到就是把一段书高声朗诵几百遍，使得句子脱口而出，这样可以减轻记忆的负担。"他虽然反对死背古书，但是认为背古书也有背古书的好处，"一个人到了成年时，常常可以从背的古书里找到立身处世的指南针。在一个安定的社会里，一切守旧成风，行为的准则也很少变化。因此我觉得我国的老式教学方法似乎已足以应付当时的实际需要"[⑤]。邓云乡更强调私塾这种"按照学生不同智力的实际，不同数量、不同进度的教读办法，却是十分科学的。这样既不限制聪明学生的读书速度，又保证了智力较差学生能踏实地、慢慢地掌握其学习内容。真正做到了因材施教，保证了不同智力的同样教学内容。……现代学校当然不可能再用私塾的办法，但我们必须用现代科学的观点认识历史上私塾教育的科学性"[⑥]。这些皆充分肯定了私塾教育的内在价值。

---

① 陈鹤琴：《我的半生》，岳麓书社 1998 年版，第 22 页。
② 舒新城：《中国近代教育史资料》上册，人民教育出版社 1981 年版，第 363 页。
③ 钱穆：《八十忆双亲·师友杂忆》，生活·读书·新知三联书店 1998 年版，第 269 页。
④ 柳诒徵：《国史要义》，（台湾）"中华书局"1971 年版，第 236 页。
⑤ 蒋梦麟：《西潮》，辽宁教育出版社 1997 年版，第 19—20 页。
⑥ 邓云乡：《清代八股文》，中国人民大学出版社 1994 年版，第 85 页。

　　不但经历过私塾教育的人对私塾回味无穷，而且新教育培养出来的人也对私塾赞不绝口。 张鸣认为私塾至少具有三方面的功能：首先是把个别的农村孩子教育成读书人；其次是教育众多的农家子弟认识几个字，有的还教一点珠算，好让他们能记个账、看懂文契和官府的文告；最后是维系农村社会礼俗。 无论是婚丧嫁娶的各种礼仪，还是年节庆典的各色风俗活动，都需要知书达礼的读书人参与其间，而这些读书人显然是私塾教育的结果。① 王尔敏评价私塾塾师，"多数拘谨自爱，乐天知命，安分守己，……多能独善其身，以淑世任事为怀，以承担民间风教为己任，实乡曲之导师，地方之柱石，一方文家重镇"②。 这些评述可谓见仁见智。 事实上，近代在华的外国传教士也认识到传统私塾教育方法对于培养学生的记忆能力还是有一定作用的，因为记忆是理解的前提，是发展智力所必需的。③

　　尽管私塾作为传统科举的依附从形式上退出了历史舞台，但其余波犹存，如近年来湖南平江等地"现代私塾"的出现。 这说明私塾在许多方面仍有值得现代教育借鉴的地方。

　　首先是传统的私塾教育将思想品德教育置于具体的知识传授过程之中，使学生既接受了文化知识，也受到了道德熏陶，做到知识、道德教育两相兼顾。 私塾这种注重在教学过程中进行道德教育的方法，能够收到专门做道德品质教育报告所收不到的效果。 由于道德教育和文化知识水乳交融，学生对其铭刻在心，将之作为终身恪守的信条。 如在抗日战争时期，山西榆次县塾师针对日军侵华罪行给学生选讲《国殇》《正气歌》《过零丁洋》等以激发学生的爱国热情；④福建福鼎县塾师周梦庄先生在其馆内不论是授课内容还是习作命题多与抗战有关，以此培养儿童的爱国精神。⑤

　　其次是私塾实施个别教育便于发展个性。 由于私塾里的学生一般都比较

---

　　① 张鸣：《教育改革视野下的乡村世界》，《浙江社会科学》2003 年第 2 期。

　　② 王尔敏：《近代文化生态及其变迁》，百花洲文艺出版社 2002 年版，第 59 页。

　　③ 转引胡卫清：《普遍主义挑战——近代中国基督教教育研究（1877—1927）》，上海人民出版社 2000 年版，第 249 页。

　　④ 熊贤君：《私塾教学方法的现代价值》，《课程教材教法》1999 年第 9 期。

　　⑤ 《忆周梦虞、梦庄两位老师》，《福鼎文史资料》第 5 辑，第 83 页。

少，塾师对学生的家庭情况、学业程度、思想状况都比较了解，因而便于因材施教，对不同学生区别对待，从学生的实际出发，以发展学生的个性。 著名教育家陈鹤琴认为在传统的私塾中："各人读各人的书，不是像现在学校里，四五十个学生完全呆呆板板读一样书，学一样的东西。 ……聪明的学生，给他多学一点。 愚笨的学生，给他少学一点。 不举行划一的考试，引起无谓的竞争。 倒用个别的指导，个别的考查，以资鼓励而促上进。 对于学问的获得是如此，对于品格的训练也是如此。"①

最后是私塾有助于中国传统文化传承。 传统文化内涵十分丰富，譬如"仁义爱人"的伦理道德，"刚健有为"的价值取向，"以人为本"的人文理想，"天人合一"的自然观，汉赋唐诗的诗性智慧，等等。 而"中国几千年的文化繁衍，私塾要算是中国文化的播种者"②。 因为塾师是儒家经典的信奉者和阐发者。 私塾塾师对中国传统文化的阐发和传承有助于提高人们的思想境界、认知能力和文学素养。 陈寅恪就认为私塾教育中作对子最能体现中国语文之多方面特性：分别虚实文字及其应用；分别平仄声；知读书多少及语藏之贫富和思想条理与否。③ 胡适曾在《四十自序》中回忆道："我在这九年（1895—1904）之中，只学得读书写字两件事。 在文字和思想的方面，不能不算是打了一点底子。"胡适这点"底子"所带来的直接后果就是到上海就读梅溪小学时一日跳四班。④ 周一良也深有感触地说："十年私塾教育为我以后学习中国古典文献打下了坚固的基础。"⑤由是钱穆认为"果论中国社会之文化传统、心理积习，实皆自私塾奠其基"⑥。

科举制度被废除后，私塾和塾师在近代新式教育体制的猛烈冲击下，仍然继续自身的历史表演，并以极强的乡土性和适应性在社会变革的历史进程中保持着旺盛的生命力。 有人曾说过："以往关于近代教育史的著作大多将

---

① 陈鹤琴：《我的半生》，岳麓书社1998年版，第22页。
② 吴寄萍：《改良私塾》，中华书局1939年版，第3页。
③ 陈寅恪：《金明馆丛稿二编》，上海古籍出版社1980年版，第236页。
④ 曹伯言选编：《胡适自传》，黄山书社1986年版，第9页。
⑤ 周一良：《毕竟是书生》，北京十月文艺出版社1998年版，第9页。
⑥ 钱穆：《八十忆双亲·师友杂忆》，生活·读书·新知三联书店1998年版，第269页。

中国教育的现代化过程简单化、片面化，在传统—现代的二元模式下，中国教育的现代化过程往往被看作以西方科学知识为主导的新教育取代传统的旧教育的过程，一个新式学校建立、扩展的过程。于是，传统作为一种被动的、停滞的一方，束手待毙，整个现代化过程就可以简化为现代性政府大获全胜的历史，而历史上更有生气的一面，即传统和地方社会对现代性的反抗、调适，以及创新则被忽视了。"①近代新学始终没有战胜传统私塾，相反传统私塾则在这场较量中获得了自我演变、自我更新的机会，这是颇耐人寻味的。这表明传统文化在近代虽然遭到西方文化的猛烈冲击，但其顽强的生命力仍然在文化革新的历史进程中不断延伸。

2.2　新教育在废科举后发展取向的偏差

　　1905 年 9 月 2 日，清政府下诏，正式宣布废除科举制度。科举制度的废除为近代新教育的发展开辟了广阔空间，创造了无限生机。于是全国各地出现一股兴学热。1905 年全国各地新学堂为 8277 所，1906 年竟达 23862 所，1907 年为 37888 所，1908 年为 47955 所，1909 年高达 59117 所，即使到了清王朝覆灭之时仍保持在 52500 所左右。学生人数也剧增。1905 年各地学堂学生数为 258873 人，1906 年就增为 545338 人，1907 年猛增为 1024988 人，1908 年上升为 1300739 人，1909 年达到 1639641 人，到了辛亥前夕，学生总数竟高达 300 万人，是 1905 年的近 12 倍。即使在偏僻的少数民族地区也出现了一些近代学堂。如川西藏族地区，1907 年有 2 所学堂，学生 60 人；1911 年竟发展到 200 余所学堂，学生 900 余人。这样的成绩在这个世代没有正式教育的地区堪称一大奇迹。②随着各级各类学堂的大规模兴办，从幼儿园到研究院，近代新教育自成体系。一位外国人在北方某城看到该地"五六年间，所谓学堂骤达二十七所，初高等两等小学而外，如农业，如法律，如方

---

①　郝锦花：《论 20 世纪初叶中国乡间私塾的文化地位》，《浙江大学学报》2005 年第 1 期。
②　王笛：《清末新政与近代学堂的兴起》，《近代史研究》1987 年第 3 期。

言,如陆军,如巡警,如女学,固无不应有尽有"①。 特别是女子教育的出现,把占人口半数的妇女亦纳入教育中,扩大了教育对象。 此外,课堂教学中逐步采用白话文取代文言文,促进了教育从高深的书斋走向广阔的下层社会,使普通百姓有了接受教育的机会与可能。 由于以儒家经典为内容的科举教育被以西方科学知识为内容的近代新教育所取代,西方科学知识也就顺理成章地进入课堂并成为教学内容的主体。 据统计,在清末普通学校的教学内容中,传统的经典知识只占27.1%,而数理化等新知识却占72.9%。② 尽管如此,新教育在发展过程中存在的问题也不少。

因科举已废,"非学堂无从谋生",于是人们"募集公款,置几种蒙学新书,依样胡芦,从中取利"③,所以"各省属之初等小学,其课程完备,常款丰裕,学生达三四十人以上者,十无一二。 校舍合宜,校具应用,管理合法,教授有兴味者,百无一二",大多数学校"皆就昔日之学,稍变其功课,酌减其时刻,遂高悬一匾额曰:此初等小学也"④。 人们也"非为培养人才,开文明而办学堂",乃是"为地方官考成计而办学堂"⑤。 这使许多学堂有名无实。 如在顺天,"各州县连一个真正的学堂都没有。 某县立有蒙学堂十余处,其中的学生多半是花钱雇了来的小工"。 每当官员"要到学堂里头去参观,赶紧连司事的全扮作了学生,对付凑了十来个人,敷衍了敷衍"⑥。 教员大多为"冬烘先生","耳目昏花,问以学务,则曰不知,询以教育,则曰未谙"。 因而人们戏称当时的学堂如"久无香火之古庙",教员如"入空之老僧"⑦。

虽然新教育在废科举后发展迅速,但它在全国各地的发展极不均衡。

首先是学堂布局的不均,造成了内地与边疆、城市与农村学校教育的割

---

① 《论中国学务》,《外交报》第 273 期,第 17 页。
② 袁立春:《废科举与社会现代化》,《广东社会科学》1990 年第 1 期。
③ 《教育普及议》,《东方杂志》第 3 年第 3 期。
④ 《强迫教育私议》,《东方杂志》第 3 年第 3 期。
⑤ 《江苏教育总会文牍》二编,第 118 页。
⑥ 转引桑兵:《晚清学堂学生与社会变迁》,学林出版社 1995 年版,第 159 页。
⑦ 朱有瓛主编:《中国近代学制史料》第二辑上册,华东师范大学出版社 1987 年版,第 284、331、531、294、511、301 页。

裂现象。 废科举后四川、直隶两地的新学堂数与学生数分别占全国总数的37%与35.8%，而黑龙江、新疆两地的学堂数与学生数仅占全国总数的1.1%与0.86%。 学校不但在内地与边疆分布不均，而且在城市与农村也分布不均。 像京师大学堂、高等学堂、专门学堂、师范学堂等大都集中在京城、省会城市及其他重要城市，中学堂大多设在府厅州所在地，小学堂也多设在府州县所在地。

其次是学堂经费分配的不均。 清末民初教育的发展重心是向中学堂以上的高等教育倾斜。 以1909年的湖南为例，该省中学堂以上的学堂仅87所，占全省学堂总数的6.9%；学生仅8550人，占全省学生总数的16.4%；教师759人，占全省教师总数的18.7%；但其学堂收入为675790元，占全省学堂总收入的52.5%。 中学堂以上的每所学堂年收入平均为7767.7元，而中学堂以下的每所学堂年收入平均为520.6元，二者相差近15倍。[①] 又以1908年的直隶为例，北洋大学堂每年的经费为68000两，而曲阳中学的经费仅为96两，二者之间的差距达数百倍。[②] 这一切都加剧了各地教育发展的不平衡，导致"大都省城则注重高等学堂，而中学犹未备；府城则注重中学堂，而小学或仅数；区州县设高等小学堂，而初等小学堂竟未设"[③]。

虽然新学堂此时在数量上的增长颇为惊人，但这对有着4亿人口的大国而言仍是杯水车薪，无济于事，许多适龄儿童上不了学。 当时全国人口数为406186447人，小学堂数为34210所，也就是说平均11873人才有一所小学；学生总人数只有874642人，仅占总人口数的0.21%。 以1907年为例，人均学堂数最高的云南，6422人有一所小学，最低的安徽，139883人才有一所小学；学生与人口比最高的黑龙江也不过0.8%，最低的安徽仅占0.2%。[④] 而以当时适龄儿童就学率最高的北京城为例，1909年7至15岁儿童共31789

---

① 《第三次教育统计图表》，学部总务司1909年。

② 转引桑兵：《晚清学堂学生与社会变迁》，学林出版社1995年版，第144页。

③ 潘懋元等主编：《中国近代教育史资料汇编·高等教育》，上海教育出版社1993年版，第125页。

④ 《光绪三十三年京外学务一览表》，《教育杂志》第二年第七期，第1页。

人，就学者 13411 人，不过占比 42％。[①] 再以兴学成绩斐然的直隶为例，其适龄儿童就学率"每年增加之数最多者为千分之七强，平均千分之五强。如由是以往，毫无阻力，亦无殊进，则每年以千分之五速度增加，约二百年可达无人不学之目的"。其他省份还不及直隶。如广东"人口总数与直隶仿佛，初小学生不过二万五千，以直隶就学儿童比之，尚不及七分之一也。广东夙称富庶开通，尚且如是，他省情形当更何如"。这样，全国教育普及"如以千分之二·五之速度增加，则须四百年；如以千分之一之速度增加，则须一千年；如以千分之〇·五之速度增加，则须二千年"[②]。

新教育在废科举后出现一种奇怪现象，一方面因学校严重短缺，大多数适龄儿童上不了学；另一方面学校又因费用过高，招不到学生。这是由于新式学堂大多分布在城镇，不像科举教育那样遍地开花；而且学费也可观，不像科举教育那样低廉，并且还有名额限制。为此有人感叹"自有学校以来，求学机会反不如科举时代之广大。盖在科举时代凡有志于学问者均得自由研求，初无何等限制，一切费用亦少。既有学校以后，凡欲求学者遂不得不入学校，学校——尤以高级学校——每非各地所皆有，学者遂不得不远道就学，此外如学费、课业用品费等，已足令家计不富裕者裹足不前，乃复有名额之限制，使此少数人家计才量均能追求高深学术者，亦不能得一读书机会"[③]。清末京曹何刚德曾说："从前寒士读书，无所谓学费也，且书院膏火，尚可略资以津贴家用，今则举学中田产，悉数归入学堂，而学生无论贫富，一律收费，且膳宿有费，购书有费，其数且过于学费。""即千金之家，亦必裹足焉"[④]，所以入学者寥寥无几。事实上，在科举被废止后，由于义田制、学田制的瓦解以及由此造成的宗族学堂的衰落，中国相当一部分地区农村的文

---

① 《宣统元年份教育统计图表》，转引桑兵：《晚清学堂》，学林出版社 1995 年版，第 157 页。而 1895 年日本学龄儿童入学率为 61％，1897 年则为 67％，1900 年超过了 80％。

② 冥飞：《教育普及至速须二百年》，《教育杂志》第二年第二期，第 12 页。

③ 常道直：《全国各高等专门以上学校应设法扩充学额之意见》，《教育丛刊》第二卷第五集，第 3 页。

④ 何刚德：《客座偶谈》卷二，上海古籍出版社 1983 年版，第 10 页。

盲率反而较以前有不同程度上升。① 到 20 世纪 20 年代，全国具有小学文化
程度的人数仅占总人口的 17%，以至于梁启超批评道，二十年办教育使得全
民不识字。②

传统的私学教育，教师设馆教学，因人施教，这不仅有利于教师把握所
传授学问之深浅，也便于师生之间情感的交流与志趣的契合。若干年后学生
所记得的很可能不是教师所传授的某些具体知识，而是教师的音容笑貌和道
德人品等。因此尽管鲁迅不喜欢私塾生活，但他对私塾老师的人品却称赞不
已，称之为"绍兴城里极方正、质朴、博学的人"。而在废科举后开启的教
育现代化过程中，新教育重在知识传播而忽视人格养成。它不问学生之程度
如何，按班组织教学，学校教育"多变成整套的机械"式的，教师也无法因材
施教，"其学业之相授，若以市道交也"，师生之间"除了堂上听讲之外，绝
少接谈的机会"③。这样新教育就不可能像传统教育那样自然而然地流露出
一种人文精神。由是蒋梦麟指责"现在的学校，竟像一种不中不西的杂货
店，……好像市上所卖的新式西洋椅，既无洋椅之舒服，又无旧式太师椅之
美观与坚固"④。梁启超则指责新教育"成为物的教育，失却人的教育"⑤。
一个社会的文化底蕴和精神气质，一个人的胸襟和个性，都与人文精神的熏
陶有着密切的联系。学校教育中人文精神不足可以说是近代新教育在发展过
程中留下的一大遗憾。后来当陈寅恪教授坐在西南联大南区的小教室里，时
而微笑，时而瞑目，旁征博引，滔滔不绝之时，尽管教室无绛帐，同学们却如
坐白鹿洞中，沐浴着春风。这成为当时西南联大一道亮丽的风景。可惜陈
寅恪教授在联大仅一年便去职，留给人们的是无尽的回忆。

---

① 萧功秦：《从科举制度的废除看近代以来的文化断裂》，《战略与管理》1996 年第 1
期。

② 美国学者伊夫林·罗斯基（Evelyn Sakakida Rawski）在 *Education and Popular
Literacy in Ch'ing China*（Ann Arbor：University of Michigan Press，1979）中认为，19 世纪后
期中国男子中 30% 到 45%，女子中 2% 到 10%"都会读书写字"，并认为当时中国男性识字率
大体上与当时日本和 19 世纪中叶的英国相当。

③ 丁文江等编：《梁启超年谱长编》，上海人民出版社 1983 年版，第 1138—1139 页。

④ 蒋梦麟：《学风与提高学术》，《晨报副刊》1922 年 12 月 2 日。

⑤ 梁启超：《饮冰室合集》文集之三十六，中华书局 1989 年版，第 35 页。

科举制度虽然退出了历史舞台，但浸淫千余年的科举教育思想遗毒和习惯势力却不可能一下子从教育殿堂上被清除。废科举后蓬勃兴起的新教育也因受到科举陋习的侵蚀而被扭曲。小学教育唯课本是从，教学注重死记硬背，成了"科举之变相"。结果是学生试以算术，"连加减法亦懵然不知，并自己家中火食账零用账亦不能算"；课以语文，"能作策论，能撰诗词，而独于家常信札便条、婚丧喜庆往来颂辞吊辞等，反未能措之裕如"①。中学教育，学校教员死抱教科书，依样画瓢，"专骛空虚，不求实用"，"与现今处应于社会之学问格格不相入"②。1918 年胡适归国时就注意到"如今中学堂毕业的人才，高又高不得，低又低不得，竟成了一种无能的游民"③。大学教育，法政类学校一枝独秀，学生"以政法为官之利器"，亟图一纸文凭为升官发财铺路。然而，如果有人对之"语以改良"，则被人"哂为多事"；"望其进步"，则被人"斥为苛求"④。

由于新教育的样板是西方资本主义教育，因而人们在创办新教育的过程中只好搬抄西方的教育模式。当国人以一纸命令"把数千年传统的教育制度，遽然全部推翻，而后将异国的教育制度——资本主义的教育制度全部移植过来"⑤时，上至学校规章制度，下至教科书，事无巨细，好坏不分，如数搬抄。梁启超曾对这种搬抄现象做过形象的描述。他说，人们"瞥见欧美日本学制之一斑，震惊之，艳羡之，而思仿摹之耳"，因此闻"甲之言曰：英文要也，则教英文；乙之言曰：日本文要也，则教日本文；丙之言曰：历史地理要也，则教历史地理；丁之言曰：师范要也，则教师范；戊之言曰：体操要也，则教体操；己之言曰：小学校最急也，则称道小学校；庚之言曰：教科书最先也，则争编教科书"⑥。办教育者亦以"此某国制也""此某国事也"而沾沾自喜，却不问是否符合国情。如胡适家乡的小学堂，为了与部章接轨，在

---

① 贾丰臻：《今后小学教科之商榷》，《教育杂志》第九卷第一号，第 27—28 页。
② 潘安文：《对于汤总长中学教育方针之赘言》，《教育杂志》第六卷第八号，第 158 页。
③ 胡适：《归国杂感》，《胡适文存》一集，黄山书社 1996 年版，第 453 页。
④ 舒新城：《近代中国教育思想史》，中华书局 1932 年版，第 146—147 页。
⑤ 古楳：《现代中国及其教育》，中华书局 1934 年版，第 322 页。
⑥ 梁启超：《饮冰室合集》文集之十，中华书局 1989 年版，第 54、59 页。

教育经费严重不足的情况下，也要花 20 块钱买一架风琴，每年另花 60 块钱请人教英文唱歌。[①]　"（此事）不但在中国的教育史上找不出相等的情形，即在西洋教育史也难得遇有这样突然变异的奇迹。"[②]这样一来，新教育的发展模仿有余而创新不足。　王凤喈在《中国教育史大纲》中指出："旧的教育，旧的民族习惯，被破坏了。　新的教育——根据科学的教育——开始。　……我们须知道新教育不能模仿得来的，必须从思考与经验中得。　西洋的教育不是能整个的搬到中国的；必须斟酌中国国情，为适当之选择。"[③]

　　上述这一系列问题的出现反过来又制约着新教育自身的发展，我们只要对此时中日两国新教育的发展做个简单对比，便可一目了然。　1909 年中日两国在校学生数分别为 1639641 人和 6327158 人，其比为 1：3.9；毕业生为 24325 人和 1279608 人，其比为 1：52.6。　这组简单的数字折射出中日两国教育发展差距之大，其中，基础教育的差距尤为明显。　以中国 1908 年与日本 1902 年各级各类在校生相比，小学比为 1：4.2，中学比为 1：2.5，实业学校比为 1：2.7，专门学校比为 1：2.9。[④]　高等教育的差距也是非常大。　1885 年日本大学生为 10744 人，1905 年约为 34399 人，每万人口中大学生从 2.8 人提高到 7.4 人；而 1907 年中国大学生为 14117 人，1909 年则为 20648 人，每万人口中大学生分别为 0.35 人和 0.5 人。[⑤]

　　近代新教育在清末民初因摆脱了科举制度的束缚而获得长足的发展，那又为什么在发展过程中出现如此严重的问题呢？　这是由多方面因素造成的。

　　其一，虽然废科举后建立的新教育采纳了西方资本主义的教育精神，对于外国的教育形式也不遗余力地模仿，但人们办学的指导思想却与从前没有两样，仍"以制科的精神办学校，以八股的效用视学校课程"[⑥]。　当时这些

---

①　胡适：《归国杂感》，《胡适文存》一集，黄山书社 1996 年版，第 454 页。
②　古楳：《现代中国及其教育》，中华书局 1934 年版，第 323 页。
③　王凤喈：《中国教育史大纲》，商务印书馆 1930 年版，第 5 页。
④　转引桑兵：《晚清学堂学生与社会变迁》，学林出版社 1995 年版，第 165—166 页。
⑤　吴式颖等编：《中外教育比较史纲》近代卷，山东教育出版社 1997 年版，第 110 页。
⑥　舒新城：《近代中国教育思想史》，中华书局 1932 年版，第 154 页。

学堂"虽名为新教育，而实在仍以旧古董牢笼青年，全未脱科举习气"①。人们的思想也没有摆脱科举束缚，"学生之孜孜于课业者，人恒笑之曰：是何不智，自苦乃尔！不见某某乎，是不务勤学而得高位者也"②。对于办学堂，则"有力之家观望"，而"无力之家推诿"③。这就是说尽管陈旧的科举制度已被废除了，但落后的科举思想依然存在并严重阻碍着新教育的发展。因此若不在教育思想上来番根本变革，那么所谓新教育只是"皮毛改新"，而"心思仍旧"，学校"竟像一种不中不西的杂货店"④。

其二，清季社会内忧外患交相煎迫，救亡图存迫在眉睫，创办新教育以造就新人才已成当务之急，人们遂极力模仿西方教育制度，大力兴办新学堂，并在危急之中竟不能等学堂制成熟便将科举制废除了。舒新城认为"中国新教育制度是由逼于外力的一种反动所产生的。虽然此种反动是以'图强'为主要元素，但当时之改行新教育制度而将旧的——书院制、私塾制、考试制——一笔勾销，并不是主持者真正明白新教育制度的优点与洞悉旧者的缺点，不过眼见得外力日逼，国势日弱，特运用'以其人之道，还治其人之身'的推证，而极力模仿其种种设施"⑤。由于旧制既去，新制未成，新教育乃成了一锅夹生饭，难免会出现这样或那样的问题。

其三，由于人们对新教育认识的模糊不清，再加上社会风气未大开，不少人对新学堂仍抱有成见并且鄙视新学堂，"说什么学校里面唱歌、体操和剪纸、拌泥等手中劳作，都是鬼混"，更有甚者以"科举已废，吾家子弟，可不必读书"为由抵制新学堂，阻挠新教育的发展。而民众对于传统私学的习惯认同以及传统私塾在民间的牢固根基与宽广的辐射面使得他们对私塾教育有着一种割不断的情结，在他们看来"只有遵循私塾老套，……学生成天咿

---

① 朱有瓛主编：《中国近代学制史料》第二辑上册，华东师范大学出版社 1987 年版，第652 页。

② 邓嗣禹：《中国考试制度史》顾序，吉林出版集团 2011 年版，第 4 页。

③ 朱有瓛主编：《中国近代学制史料》第二辑上册，华东师范大学出版社 1987 年版，第281 页。

④ 蒋梦麟：《晨报四周年纪念日之感想》，《晨报副刊》1922 年 12 月 2 日，第 21 版。

⑤ 舒新城：《近代中国教育思想史》，中华书局 1932 年版，第 14 页。

哑不辍，背诵圣贤之言，才能成器"①，于是出现舍学堂而就私塾的现象。如江苏泰州姜堰镇公立小学"初开，闻风向慕，不远七八里送其子弟来镇就学者"，入校后"觉其不如私塾个人教授，未免失望"，于是相率退学。 新教育发展由是受阻，在清末教育最发达的直隶，"各府州县官私两等小学虽已设立，而与私塾比较，尚不敌其十分之一"②。 即使到了民国年间，许多家长仍对新式教育喋喋不休，以为它们"在晚间放学之过早，在校时间之过少，以为较之私塾，终日书声琅琅，日晡犹喧，勤惰迥殊"③。

其四，近代社会因饱受内乱外患而满目疮痍，民穷财尽，无力支撑巨额的教育经费。 特别是民国时期，军阀混战导致军费剧增，教育经费更是捉襟见肘。 "1914 年全国教育经费仅及前清的十分之一，而财政部还想一减再减。"④1919 年全国教育经费支出大约占全部收入的 1％，而债务支出却占全部收入的 1/3。 新教育的发展也因得不到资金的保障而困难重重，"以是一县之中延至一二年，不能有一完全学堂"，乃至"一乡十里数十里之中，求一旧有蒙学馆而不得"，竟出现"兴学而学转废"⑤的局面。

其五，新教育的"官学"特征制约着自身的发展。 废科举后，新学堂作为官学，全面接管了原来既有师生又有经费的书院、义学、社学等私学，并将它们作为被动改造的对象，这样一来，私学所承担的矫枉过正和启蒙教育等职能就被湮没了。 而政府把持新教育的发展大权，"名则曰政府提倡教育，其实乃将一切教育成为行政官吏化"⑥。 这样一来，学校教育失去了改革的自主性与教学的独立性，唯行政命令是从。 新教育沦为官府的附庸，而官场中的种种腐败现象也由是渗入教育领域，严重阻碍着新教育的发展。

---

① 钟叔河等编：《过去的学校》，湖南教育出版社 1982 年版，第 488 页。

② 朱有瓛主编：《中国近代学制史料》第二辑上册，华东师范大学出版社 1987 年版，第 301、278、330 页。

③ 朱有瓛主编：《中国近代学制史料》第三辑上册，华东师范大学出版社 1990 年版，第 296 页。

④ 《补救目前教育之谈片》，《申报》1914 年 12 月 29 日，第 6 版。

⑤ 故宫博物院明清档案部编：《清末筹备立宪档案史料》下册，中华书局 1979 年版，第 981—982 页。

⑥ 蒋方震：《今日之教育状态与人格》，《改造》第三卷第七号，第 19 页。

虽然新教育在废科举后取得了巨大的成绩，但也存在种种问题。 这是人们心目中陈旧落后的教育思想未泯以及近代社会的特殊情景所致。 这表明教育改革并非一蹴而就，近代新教育体系也并非一纸文书便可确立。

2.3　清末高等小学历史教科书之编撰

众所周知，教科书是教学活动的重要载体。 "教授之要素也，儿童之宝典也，陶铸国民之标准也。"教科书善，"则道德日高尚，智识日增进，躯干日坚强，收教育之功效易"；教科书不善，"则道德日腐败，智识日濡滞，躯干日萎弱，收教育之功效难"[①]。 因此，教育家陆费逵说："立国根本在乎教育，教育根本实在教科书。 教育不革命，国基终无由巩固；教科书不革命，教育目的终不能达。"[②]清末，朝廷被迫实施新政，人们竞相兴办学堂，"由大学以至小学、蒙学，无不有史学一门"，各种历史教科书纷纷涌现，"有由学堂自编应用者，有由私人编辑者，有由书商发行者，有由日本教科书直译而成者"[③]。

2.3.1　背景

1901 年清廷颁布诏书，实行"新政"，强调"兴学育才，实为当务之急"[④]。 次年，朝廷颁布《钦定学堂章程》（即"壬寅学制"），规定小学分为寻常小学和高等小学，皆开设史学课程。 这个学制虽然并没有实施，但对后来新教育的发展影响颇大。 1904 年，张百熙、张之洞、荣庆等重新拟定《奏定学堂章程》（即"癸卯学制"），历史教学贯穿从小学堂到大学堂整个过程。 其中初等小学堂的历史课，第一、第二学年主要讲"乡土之大端故事

---

① 《论今日教科书之弊及补救法》，《龙门杂志》1910 年第五期。
② 《中华书局宣言书》，《申报》1912 年 2 月 23 日，第 7 版。
③ 张静庐：《中国近代出版史料》初编，上海书店出版社 2003 年版，第 220 页。
④ 璩鑫圭、唐良炎编：《中国近代教育史资料汇编·学制演变》，上海教育出版社 1991 年版，第 8 页。

及本地古先名人之事实"，第三、第四年讲"历朝年代、国号及圣主贤君之大事"，第五年则主要讲授"本朝开国大略及列圣仁政"，其要义在"略举古来圣主贤君重大美善之事，俾知中国文化所由来及本朝列圣德政，以养国民忠爱之本源"①。 高等小学堂开设中国历史课程，第一、第二、第三年讲授中国历史之大要；第四年补习中国历史前三年所未及讲授者。② 旨在"陈述黄帝尧舜以来历朝治乱兴衰大略，俾知古今世界之变迁，邻国日多、新器日广；尤宜多讲本朝仁政，俾知列圣德泽之深厚，以养成国民自强之志气，忠爱之性情"③。 清政府"试图借此把历史纳入经过其审定的教科书里，对历史进行'规训'"，进而通过教科书"把既存的历史知识规训为既符合统治要求，又不违背竞争时代潮流的'近代化'知识"④。

　　新学制的出现、新学堂的创办、新课程的设定势必要求与其相配套的新教科书。 众所周知，"中国五千年来史书汗牛充栋，而识求能当历史二字者不可多得"，旧史"足备参考而不适用于教科"⑤。 这样，历史教科书的编撰就迫在眉睫。 因学校急用教科书，清廷令各学堂"选外国教科书实无流弊者暂应急用"⑥，于是"各学堂多借东邦编述之本，若《支那通史》，若《东洋史要》，以充本国历史科之数"⑦。 由于"日本与吾国近，自明治维新汲汲之以译书为事，所译以历史为多，且其书皆足以为吾国鉴戒，故译史尤以日本所译之史为尤要"⑧。 时人批评此举犹如"雇东邻之乳母，育西邻之小

　　① 璩鑫圭、唐良炎编：《中国近代教育史资料汇编·学制演变》，上海教育出版社1991年版，第295—299页。

　　② 璩鑫圭、唐良炎编：《中国近代教育史资料汇编·学制演变》，上海教育出版社1991年版，第293—294页。

　　③ 璩鑫圭、唐良炎编：《中国近代教育史资料汇编·学制演变》，上海教育出版社1991年版，第310页。

　　④ 王笛主编：《时间·空间·书写》，浙江人民出版社2006年版，第216—217页。

　　⑤ 《高等小学本国历史教科书》广告，《申报》1907年2月22日，第5版。

　　⑥ 璩鑫圭、唐良炎编：《中国近代教育史资料汇编·学制演变》，上海教育出版社1991年版，第502页。

　　⑦ 《文明书局编辑蒙学中外历史教科书约恉》，《大公报》1903年10月19日，第1版。

　　⑧ 转引李孝迁：《清季汉译西洋史教科书初探》，《东南学术》2003年第6期。

孩"①，"令国民遂不兴其历史之观念"②。此外，清廷又"令京外官局、私家合力编辑"③教科书。虽然1902年清廷在京师大学堂附设编书处，后改为学务处编书局，后又设立学部编译图书局，但所编课本"分配之荒谬，程度之参差，大为教育界所诟病"，斥其"教人不足，害人有余"④。陆费逵曾批评学部图书局所编教材"多不合儿童心理""词句多不合论理""时令节气不相应""抄袭近出各书"⑤等。这样，民间书坊纷纷编撰各种教科书以适应教学需要。1902年商务印书馆决定成立编译所，出版教科书。从1903年开始，商务印书馆陆续出版"最新教科书"系列，其中初等小学堂教科书16种，高等小学堂教科书19种，中学堂教科书40种。文明书局从1902年开始先后出版各级学堂教科书，其中初等小学堂教科书18种，高等小学堂教科书22种，中学堂教科书19种。1903年会文学社成立后，到辛亥革命前出版各类教科书共42种118本，其中初等小学堂用23种81本，高等小学堂用10种18本，中学和师范学堂用9种19本。中国图书公司创办于1906年，截至1908年6月出版各类教科书37种31册。⑥

清末高等小学历史教科书主要由民间机构出版，如文明书局出版张肇桐编的《高等小学国史教科书》、汪承镛编的《高等小学国史教科书》、陈茂治编的《高等小学中国历史教科书》和李广濂编的《高等小学国史教科书》，商务印书馆出版姚祖义编的《最新中国历史教科书》（高等小学用）和吴曾祺编的《高等小学中国历史读本》，会文学社出版张家模编的《高等小学中国历史教科书》、杜芝廷编的《最新高等小学历史教科书》，震东学社出版单毓元编的《高等小学本国历史教科书》，中国图书公司出版赵钲铎编的《高等小学历史课本》，国民教育社出版自编的《新体高等小学中国历史》，等等。据不

---

① 《同文社黄著蒙学教科书十六种》，《时报》1904年11月24日，第3版。

② 《文明书局编辑蒙学中外历史教科书约恉》，《大公报》1903年10月19日第1版。

③ 璩鑫圭、唐良炎编：《中国近代教育史资料汇编·学制演变》，上海教育出版社1991年，第501页。

④ 江梦梅：《论现行教科书制度及前清制度之比较》，《中华教育界》1913年1月号。

⑤ 转引汪家熔：《民族魂——教科书变迁》，商务印书馆2008年版，第32—33页。

⑥ 石鸥、吴小鸥：《简明中国教科书史》，知识产权出版社2015年版，第40—42页。

完全统计，商务印书馆、文明书局和会文学社等出版的高等小学历史教科书占据了当时市场份额大半以上。与民营机构相比，官方机构则相形见绌，目前所见只有南洋官书局出版张崇仁编的《高等小学中国历史教科书》。

2.3.2　编者

清末高等小学历史教科书的编撰不仅受到政府教育政策的影响，而且受到编撰者知识结构和专业素养的影响。

清末高等小学历史教科书的编撰者和校订者大多是当时的社会名士，具有丰富的社会阅历和一定的教学经验。如《最新中国历史教科书》编撰者姚祖义，浙江临安人，光绪二十八年（1902）举人，留学日本，历任奉天学务科长、句容县知县和高邮县知事，曾任教上海澄衷学堂。《高等小学国史读本》编撰者吴曾祺，福建闽侯人，光绪二年（1876）举人，长于古文学，历任平和和泰宁等县学教谕、漳州中学堂监督、全闽师范学堂教务长。《高等小学国史教科书》编者张肇桐，江苏无锡人，早年肄业于上海南洋公学，曾留学早稻田大学，光绪三十年（1904）考取官费留学比利时并获海南工科大学路矿硕士学位。《高等小学国史教科书》编者汪承镛，江苏如东人，贡生，历任山东济南和登州知府、青州和兖州同知等；校订者廉泉，江苏无锡人，光绪二十年（1894）举人，早年就读于江阴南菁书院，曾任户部郎中，参与戊戌变法，后创办文明书局；吴启孙，吴汝纶之子，曾留学日本。《高等小学中国历史教科书》编者陈茂治，江苏元和人，曾就读上海南洋公学并留学日本，后执教南洋公学附小。《高等小学国史教科书》编者李广濂，河北深县人，贡生，毕业于东京弘文学院，曾参加同盟会，回国后在山东省优级师范执教4年、在山西省任视学1年。[①] 这一切使得清末高等小学历史教科书的编撰竞放异彩。如张肇桐于留日期间与人发起成立东京青年会，"以民族主义为宗旨，以破坏主义为目的"[②]，并主持发行《江苏》杂志，表现出鲜明的革命色

---

① 启功主编：《中央文史研究馆馆员传略》，中华书局2001年版，第50页。

② 冯自由：《革命逸史》上册，新星出版社2009年版，第89页。

彩；还以"犹太遗民万古恨著，震旦女士自由花译"①署名，著小说《自由结婚》，借新式学生之口说道："第一句，本朝不应该做我们的皇帝；第二句，皇帝是小丑，应该杀的；第三句，革命是百姓极好的事情。"②因此，张肇桐编的《高等小学国史教科书》便充满了革命色彩和爱国情怀。

2.3.3　趋势

20 世纪初，梁启超撰文抨击旧史学"知有朝廷而不知有国家""知有个人而不知有群体""知有陈迹而不知有今务""知有事实而不知有理想""能铺叙而不能别裁""能因袭而不能创作"，疾呼"史界革命不起，则吾国遂不可救"，从而揭开了 20 世纪初中国"新史学"思潮的序幕。③ 梁启超认为新旧史学之别，"前者史家，不过记载事实；近世史家，必说明其事实之关系，与其原因结果。 前者史家，不过记述人间一二有权力者兴亡隆替之事，虽名为史实，实不过一人一家之谱牒；近世史家必探察人间全体之运动进步，即国民全部之经历，及其相互之关系"，"以此论之，虽谓中国前者未尝有史，殆非为过"④；并指出"历史者，叙述人群进化之现象，而求得其公理公例者也"，"以过去之进化，导未来之进化者也"⑤。 这为历史教科书的编撰提供了新思想、新方法。

随着新史学的兴起，人们关注的重心由王朝而转向国家，由"精英"而转向民众；所述的内容亦由政治、经济扩展至文化、宗教等项。 清末高等小学历史教科书之编撰也凸显这种倾向。 如陈茂治编的《高等小学中国历史教科书》叙儒家之学，"其学以仁义为道之大本，以礼乐为教，戒骄诏放纵，以躬行实践为旨"；述道家之学，"其学贵虚无，尚无为自然，斥仁义礼乐"；道名家之学，"以循名责实，为治国之要"⑥，言简意赅，一语中的。 赵钲铎

① 冯自由：《革命逸史》中册，新星出版社 2009 年版，第 442 页。
② 董文成编：《中国近代珍稀本小说》之六，春风文艺出版社 1997 年版，第 441 页。
③ 梁启超：《饮冰室合集》文集之九，中华书局 1989 年版，第 3—7 页。
④ 梁启超：《饮冰室合集》文集之六，中华书局 1989 年版，第 1—2 页。
⑤ 梁启超：《饮冰室合集》文集之九，中华书局 1989 年版，第 10—11 页。
⑥ 陈茂治编：《高等小学中国历史教科书》第二编，文明书局 1904 年版，第 17—18 页。

编的《高等小学历史课本》对历史上文字之变迁做了简要回溯，"太古之世，有语言而无文字，至庖氏，作八卦，为我国文字之肇端。黄帝时，史官仓颉复依类象形作蝌蚪文，是为古文。其后形声相益，即谓之字，而六书兴焉。周宣王太史籀作大篆，视古文体稍变，而不失其真。及秦并天下，李斯等复改大篆而为小篆。又因官狱事繁，篆文不便，命程邈作隶书，而古文由此遂微……汉元帝时，史游作急就章，是为章草。至后汉，张芝作草书。又有王次仲者，采隶与章草而作楷书。刘德升作行书"。姚祖义编的《最新中国历史教科书》描述，唐代宗时"有景、回、祆、摩尼等教"，景教"为基督教之一流派，盛行于波斯"，德宗时设有"大秦景教流行中国碑"；祆教"教人拜火与日，亦名拜火教。唐初盛行，朝廷为置祆正等官"；摩尼教"创于波斯人摩尼，介乎祆教、佛教、基督教之间。回纥人奉之"①，使人对唐朝之宗教一目了然。

在新史学的影响下，人们意识到历史教科书不能光关注"内国数十朝之兴替沿革"，还"须考察种族势力之强弱，文明之高下，能力之大小"②。因此，清末人们在编撰高等小学历史教科书时开始关注民族问题、对外关系乃至种族问题。如陈茂治编的《高等小学中国历史教科书》谈到大月氏"初为匈奴所逐，迁于今伊利之地，复被逐于乌孙，乃走大夏，夺其地，建大月氏国"③。姚祖义编的《最新中国历史教科书》涉及"五胡乱华""拓跋氏之兴""蒙古之兴""元征日本""抚绥西藏""开辟苗疆""荡平准部""征定回部"等。清末民族危机加剧，种族问题日益突出。梁启超曾云："历史者何？叙人种之发达与其竞争而已，舍人种则无历史。"④这样，种族问题成了历史教科书无法回避的话题。陈茂治编的《高等小学中国历史教科书》指出："中国之人种，概为黄色人种。而历史学家分之为汉人种、蒙古种、通古斯种、土耳其种、西藏种、苗种。"汉人"性质温良，体格端庄"，蒙古

---

① 姚祖义编：《最新中国历史教科书》第二册，商务印书馆 1904 年版，第 41 页。
② 转引李孝迁：《西方史学在中国的传播》，华东师范大学出版社 2007 年版，第 21 页。
③ 陈茂治编：《高等小学中国历史教科书》第三编，文明书局 1904 年版，第 24—25 页。
④ 梁启超：《饮冰室合集》文集之九，中华书局 1989 年版，第 11 页。

人"性质勇悍，体格伟大"①。 虽然历史教科书中仍凸显汉族中心主义，但也在一定程度上激发了民族主义。 1904 年陶成章著《中国民族权力消长史》，开篇即云："中国者，中国人之中国也。 孰为中国人？ 汉人是也。中国历史者，汉人之历史也。"②中国人来自何方？ 1894 年法国汉学家拉克伯里出版《中国上古文明的西方起源》，提出中国人种可能来自巴比伦。1900 年白河次郎、国府种德出版《支那文明史》，传播了拉克伯里的学说；1903 年蒋智由在《新民丛报》上连载《中国人种考》，介绍了拉克伯里的学说。 这样，"中国人种西来说"在国内不胫而走。 缪凤林称："蒋智由氏（观云）著《中国人种考》，主旨在即证明拉克伯里之说，顾以证据不充，犹悬而未断。 至刘师培著《思祖国篇》《华夏篇》《国土原始论》《历史教科书》等，于谦著《中国人种从来考》《穆天子传地理考证》等，矜其淹博，东牵西扯，曲说朋附，于是一般讲述历史、编纂地理者，大率奉为圭臬，间有一二持反对论调者，亦未能动人观听。"③梁启超也在《中国史叙论》中说："黄帝起于昆仑之墟，即自帕米尔高原，东行而入于中国，栖于黄河沿岸，次第蕃殖于四方。"④这自然对清末中国历史教科书的编撰产生深远影响。 如陈茂治编的《高等小学中国历史教科书》指出"汉人种亦客民也，其先来自西方，占有黄河近岸之地，渐驱苗种于南方，岁蕃殖于中国本部"⑤。 必须指出，"中国人种西来说"扭曲了民族形成的历史，不利于民族认同之构建，也不利于历史知识的传授。

20 世纪初民族主义思潮涌入中国，使得历史书写打上了民族主义的烙印。 梁启超指出："今日欧洲民族主义所以发达，列国所以日进文明，史学之功居其半焉。"⑥"今日欲提倡民族主义，使我四万万同胞强立于此优胜劣

---

① 陈茂治编：《高等小学中国历史教科书》第一编，文明书局 1904 年版，第 5 页。
② 汤志钧：《陶成章集》，中华书局 1986 年版，第 253 页。
③ 缪凤林：《中国民族西来辨》，《学衡》第 37 期，1925 年。
④ 梁启超：《饮冰室合集》文集之六，中华书局 1989 年版，第 6 页。
⑤ 陈茂治编：《高等小学中国历史教科书》第一编，文明书局 1904 年版，第 5 页。
⑥ 梁启超：《饮冰室合集》文集之九，中华书局 1989 年版，第 1 页。

败之世界乎，则本国史学一科。"①为此，梁启超努力构建"史学""爱国心""民族主义""文明"之间的逻辑关系，试图把历史作为培育民族主义精神、达成民族国家建构的工具。清末高等小学历史教科书的编撰也带有浓厚的民族主义色彩。如张肇桐编的《高等小学国史教科书》以"发育爱国精神"为宗旨，对于"近世国权之得失，一一加意，务令儿童有所感发"②。陈茂治编的《高等小学中国历史教科书》在介绍中国海岸线时指出，"我国之海岸线，延长不逾九千里，视面积为短，自东北迄于东南，凡港湾形胜之地，或竟被占领，或托言租借，或开为万国之公地，十有八九入欧西各国势力范围中"③，揭露了殖民者侵略中国的真相。姚祖义编的《最新中国历史教科书》在描述中法战争时写道，法军"闯入镇南关，提督冯子材、王德榜等奋击之，法人败，我军乘胜追至谅山"④，讴歌了反侵略之民族精神。清末时期，黄帝被建构成中华民族的始祖以期唤起中华民族意识，"近日尊崇黄帝之声达于极盛，以是为民族之初祖，揭民族主义而倡导之，以唤醒同胞之迷梦"⑤。如赵钲铎编的《高等小学历史课本》叙述黄帝"欲张大华种之势力"，败北狄，战神农，杀蚩尤，尊为天子，都于涿鹿，"是为华种建立大帝国之始"，突出其华种文明创始人之地位；⑥姚祖义编的《最新中国历史教科书》则凸显其中国文明始祖的身份，文中记载黄帝"登帝位，大兴制作。官制，则有六相以下诸官之立；文治便民，则有六书、甲子、历算、乐律、衣冠、器用、合宫、货币、内经之作；武备经国，则有阵法及州井之制"⑦。

2.3.4　影响

新史学要求表达历史进化的情况，寻求历史发展的因果关系。新史观、

---

①　梁启超:《饮冰室合集》文集之九,中华书局 1989 年版,第 7 页。

②　《新书广告》,《江苏》第 1 期,1903 年 4 月。

③　陈茂治编:《高等小学中国历史教科书》第一编,文明书局 1904 年版,第 4 页。

④　姚祖义编:《最新中国历史教科书》第四册,商务印书馆 1904 年版,第 48 页。

⑤　许之衡:《读〈国粹学报〉感言》,《国粹学报》第 6 期,1905 年 7 月。

⑥　赵钲铎编:《高等小学历史课本》第二册,中国图书公司 1908 年版,第 3—4 页。

⑦　姚祖义编:《最新中国历史教科书》第一册,商务印书馆 1904 年版,第 2 页。

新内容需要有新的形式来表现。 然而传统史书之体裁，"经传之属，详于状个人，而疏于谈群治；编年之作，便于检明，而难于寻始终"①。 于是，日本史著的"篇章体""章节体"或"篇章节体"等传入中国并对中国史学产生重大影响。 清末高等小学历史教科书在体例编排上也多采用章节体，它"相较于传统体裁，既适于近代教育之用，又能表达历史教科书编者'谈群治''寻始终'的理念"②。 文明书局高等小学历史教科书采用编章式结构，章下面还有节，不过，节的标题被放在每节内容之后并以小字形式加以标注。而商务印书馆高等小学历史教科书在内容安排上采用课节式结构，大字叙述课文内容，小字注释人名或地名或历史名词。 章节体表述方式能使学生对历史产生一种动态的前后贯通的连续感和演进感。 "这种新式历史书写形式的出现不仅是编纂学意义上的进步，而且也反映了史学观念的革新。"③不过，"清末中国历史教科书的编纂者并未真正体味到所谓章节体的特点而刻意加以运用"④。 如姚祖义编的《最新中国历史教科书》，从"历朝国统""上古时代"到"拳匪大乱""两宫回銮"，皆以事名篇，实与纪事本末体无异。学者指出"这种类似于章节体的以课为题的编纂体例在继承和发扬了传统编纂方法优点的同时，也存在着它自身的局限性和不足之处"。 譬如，在教科书中看不到明显的历史分期和阶段划分，历史史实的详略和主次安排也表达得不够鲜明。⑤

近代西方史学往往采用"古代、中世纪与近代"的划分法。 明治维新以后，日本史学受欧洲近代史学的影响，也以古代、中世、近世来划分历史时期。 如桑原骘藏的《东洋史要》、那珂通世的《支那通史》皆援引欧洲史学中"上世、中世、近世"的历史分期，将中国史的时间纳入"普遍史"的时间之中。 如那珂通世将中国史分为三个时期：上世（唐虞到战国）、中世（秦

---

① 汪荣宝：《中国历史教科书》，商务印书馆1909年版。
② 李帆：《清季的历史教科书与线性历史观》，《吉林大学学报（社科版）》2015年第2期。
③ 李孝迁：《新旧之争：晚清中国历史教科书》，《东南学术》2007年第4期。
④ 张越：《近代新式中国史撰述的开端》，《南开学报》2008年第4期。
⑤ 叶萌：《姚祖义〈最新高等小学中国历史教科书〉研究》，河南大学硕士论文，2015年，第24页。

汉到宋）和近世（元明清）。 桑原骘藏将中国史分为四个时期："上古期"
（太古到秦统一）、"中古期"（秦至唐亡）、"近古期"（五代到明末）、
"近世期"（整个清朝）。 随着日本历史教科书的传入，桑原骘藏等人的历
史分期法也影响到清末历史教科书的编写。 如张肇桐编的《高等小学国史教
科书》将中国历史分为上古（伏羲至周亡）、中古（秦统一至隋末）、近古
（唐至明末）、今代（清）。 陈茂治编的《高等小学中国历史教科书》把中
国历史分为上古史（从三皇五帝到春秋战国）、中古史（从秦汉到唐末）、近
古史（从宋到明）、近世史（清代）。 这一切不仅仅是体例的变化，其实是
史观的转变。

赫尔巴特（J. F. Herbart，1776—1841）是近代德国著名的心理学家和教
育学家，被认为是"现代教育学之父"或"科学教育学的奠基人"。 清末，
赫尔巴特的课程理论[①]通过日本传入中国，对清末高等小学历史教科书的编撰
产生重大影响。 具体而言主要表现在以下方面。

首先是编者注意控制课本内容字数和知识难度，使用浅显的文言文进行
历史叙述。 如姚祖义编的《最新中国历史教科书》，"各课均限定字数，自
一百余字起，至三百余字为率，以期适合程度"；采用浅显易懂的文言文行
文，"使学生易于领解"[②]；还注重运用大小字，大字叙述正文内容，小字对
主体部分进行解释、说明、补充和扩展[③]。 陈茂治编的《高等小学中国历史
教科书》中也采用大小字之叙述法[④]。 这有助于学生更好地理解和掌握教材
内容。

其次是编者在课文中大量使用各种图表，以适合儿童的学习习惯。 赫尔
巴特认为只有能引起儿童兴趣的教材内容才能够促使儿童保持注意力，从而
达到更好的教学效果。 如陈茂治编的《高等小学中国历史教科书》运用了25

---

① 赫尔巴特认为课程内容的选择必须与儿童的经验和兴趣相一致，并依据统觉原理
提出课程设置的两大原则——相关原则和集中原则，要求学校教育和课程设置必须注意儿
童身体和心理在不同发展阶段的共性和特性。

② 姚祖义编:《最新中国历史教科书》第一册,商务印书馆1904年版,第1页。

③ 姚祖义编:《最新中国历史教科书》第一册,商务印书馆1904年版,第23页。

④ 陈茂治编:《高等小学中国历史教科书》第一编,文明书局1904年版,第10页。

幅插图、40 幅表格，其中既有"治洪水之夏禹""大教育家之孔子"等插图，又有"三皇五帝列表""字体变迁之图表"等表格。 赵钲铎编的《高等小学历史课本》采用了 59 幅插图、1 幅表格。 姚祖义编的《最新中国历史教科书》（高等小学校用）插图众多，如有"帝尧""班超""诸葛亮""颜真卿""玄奘"等历史人物画像，"大月氏货币""刘备墓""唐平百济国碑""祆教祭火坛"等实物文物图像，"蔺相如奉璧图""荆轲刺秦王"等历史故事图像；图表也不少，如"春秋列国兴亡表""五胡十七国兴亡表""人名地名异译表"等。 这些图表使原本枯燥乏味的文字叙述瞬间变得生动形象、鲜活具体，从而激发了学生强烈的学习兴趣。

最后是编者将课文内容故事化，将浩瀚的中国历史以故事的形式呈现给学生，以激发学生的学习兴趣，进而增强学生的学习动力。 如在赵钲铎编的《高等小学历史课本》中，编者将张骞出使西域和苏武牧羊的故事编入课文，使学生对西汉历史有更深刻的印象。 在姚祖义编的《最新中国历史教科书》（高等小学校用）中，编者增加了伊尹辅政的传说和少康中兴的故事，使学生对商代历史有更清晰的认识。

2.3.5 不足

由于时代的局限，清末高等小学历史教科书在编撰思想上仍带有强烈的封建意识。 如陈茂治编的《高等小学中国历史教科书》在讲述满洲之兴起及莫卧儿帝国时，每逢提到清朝皇帝都会在前面留出空格以示尊重。 而姚祖义编的《最新中国历史教科书》（高等小学校用）把满洲兴起称作"满洲龙兴"、大清建国叫作"大清定鼎"，还对清朝统治大加颂扬："以武功定海内，康熙乾隆间，文治复兴。"[①]且对农民起义多加以"乱""贼"等污蔑之词，如把金田起义称为"粤匪之乱"、捻军起义被镇压称为"剿平捻匪"、回民起义被镇压称作"平定陕甘回匪"，称白莲教首领刘松为"奸民"，视洪秀全为"无赖"，污蔑洪秀全"倡乱十六省，蹂躏十六省，淫掠焚杀，百姓死

---

① 姚祖义编：《最新中国历史教科书》第四册，商务印书馆 1904 年版，第 29 页。

者，几二千万人"①。 时人认为此举"盖专制积威使然，不得为编辑者咎也"②。

清末高等小学历史教科书在内容表述方面不太准确。 如姚祖义编的《最新中国历史教科书》在讲述王安石变法时将失败之因归结于吕惠卿，"安石初意，本主利国，惟误用吕惠卿辈，奉行不善，未免扰民"③；在叙述洪秀全起义时，其叙述与史实不符，"初奸民朱九涛，唱上帝会邪教，亦名三点会，花县洪秀全、桂平冯云山等往师之"④。 吴曾祺编的《高等小学中国历史读本》中的"割台湾篇"，"马关议和，在光绪二十一年，误为二十八年；拳匪之乱，赔兵费四百五十兆两，误为四百兆两"⑤。 难怪当时学部在审定姚祖义的《最新中国历史教科书》时指出，"所取材尚欠选择，强半节叙史事而眼光前后绝不贯注"⑥。

清末高等小学历史教科书在编撰体例方面也存在诸多问题，如教材中既没有课前提要，也没有课后习题，不利于教与学；内容艰深难懂，"动辄数册数十册，不啻以少壮通人目十龄左右之童子"⑦，影响教材的推广普及。 细究其因，"教科书之用途既广，利益自不待言，人人图其利，乃人人具一编辑教科书之狂想，草率从事出而问世，其目的为利字所束缚，何暇于教育二字上稍加研究"⑧。

清末，随着新学制的确立与新学堂的兴起，各种高等小学历史教科书纷纷涌现，其中商务印书馆、文明书局等民间机构占据了大半江山。 它们汲取新史学的精髓，顺应新的教育理念，以日本历史教科书为参照系，改革了教材内容，更新了教材体例，在一定程度上推进了小学历史教育；但也存在着

---

① 姚祖义编：《最新中国历史教科书》第四册，商务印书馆1904年版，第39页。
② 《新书批评：中华中学历史教科书》，《独立周报》第13期，1912年。
③ 姚祖义编：《最新中国历史教科书》第三册，商务印书馆1904年版，第9页。
④ 姚祖义编：《最新中国历史教科书》第四册，商务印书馆1904年版，第37页。
⑤ 《绍介批评：高等小学中国历史读本》，《教育杂志》第1年第3期，1909年。
⑥ 《商务印书馆经理候选道夏瑞芳呈高初等小学中国历史教科书二种均毋庸审定批》，《学部官报》第134期，1910年。
⑦ 《绍介批评：高等小学中国历史读本》，《教育杂志》第一年第三期，1909年，第12页。
⑧ 庄俞：《论审查教科用书》，《教育杂志》第四卷第四号，1912年，第66页。

观念滞后、内容不当、体例不合等问题，在某种程度上也阻碍了小学历史
教育。

2.4 民初高等小学历史教科书之编撰

1912 年中华民国成立，颁布法令，改革学制，将小学分为初等和高等小
学，规定"本国历史"为高等小学必修科目，"略授黄帝开国之功绩、历代伟
人之言行、亚东文化治体之渊源与近百年来中外之关系"①，"使儿童知国体
之大要，兼养成国民之志操"②。 "夫立国之本，在于教育；而教育之良
否，教科书关系最巨。"③教育部强调"各种教科书务合乎共和民国宗旨，清
学部颁行之教科书一律禁用"④。 于是，编撰"合乎共和民国宗旨"的高等
小学历史教科书成了当务之急。

2.4.1 特征

如何制造合乎共和时代要求的国民？ 教育部颁布的《高等小学校历史教
科书编纂纲要草案》（以下简称《纲要》）规定高等小学历史教材，"述国体
大要，宜采历代爱民善政及重视民瘼诸懿训，并概举兴亡得失之故及国土与
人民之密切关系，期养成儿童爱国之心"；"本国民族所自出、亚东文化所由
开以及政体所渐成，俱宜综溯本原，简洁叙述，俾生徒于国体所关得识其概
要"；"伟人言行，宜于一朝最著称且关重要者举述数人，而于选言择行必期
得体，俾儿童听受领会之后易增进其判断力"；"历史插图宜选择古来英哲之
肖像及遗物遗址与社会人种风俗各照片，可以起儿童之景企心或增进其识力
者"⑤。 于是，人们依照《纲要》积极编撰高等小学历史教科书，如章嵌等

---

① 《高等小学校令施行细则》,《京师教育报》第二十六期,1916 年。
② 《小学校教则及课程表》,《中华教育界》第 1 期,1913 年。
③ 《编辑共和国小学教科书缘起》,《教育杂志》第四卷第一号,1912 年。
④ 《中华民国教育部普通暂行办法通令》,《教育杂志》第三年第十期,1912 年。
⑤ 《高等小学校历史教科书编纂纲要草案》,《教育公报》第二年第八期,1914 年。

编的《新制中华历史教科书（高等小学校用）》、潘武等编的《新编中华历史教科书（高等小学校用）》、傅运森编的《共和国教科书新历史（高等小学校用）》、北京教育图书社编的《实用历史教科书（高等小学校用）》、杨喆和庄启传编的《新式历史教科书（高等小学校用）》、吴研因和庄俞编的《新法历史教科书（高等小学校用）》①等。

为了与时俱进，人们在编撰高等小学历史教科书时明确宗旨、倡导民主、宣传共和、淬化心灵、追求新知等。

（1）明确宗旨。

人们在编撰高等小学历史教科书时以"制造共和国民"为主旨。如《新制中华历史教科书（高等小学校用）》重在"使儿童知国家文化之源流，民族之特色，以养成尊崇国粹、融和各族之观念"②。《新编中华历史教科书（高等小学校用）》强调"以独立自尊自由平等之精神，采人道实业政治军国民之主义，……期养成完全共和国民"③。《共和国教科书新历史（高等小学校用）》旨在"以养成完全共和国民"④，"使儿童知国家文化之悠久，民族之繁多，以养成尊重国粹、亲和各族之观念，植中华民国国民之根基"⑤。

（2）倡导民主。

民国成立后，民主、共和观念深入人心。高等小学历史教科书顺应时代之变化，猛烈抨击封建专制统治，如《新制中华历史教科书（高等小学校用）》直言"康熙、雍正、乾隆三朝，屡兴文字之狱，杀戮株连之惨，为亘古所无"⑥，因而"务使以往之专制观念，不稍留存于后生心目之中"⑦；积极宣扬民主思想，如《共和国教科书新历史（高等小学校用）》指出清末"共和

---

① 这套教材正式出版之前曾在江苏省立第一师范附属小学和国立南京高等师范附属小学试用过。

② 章嵚编：《新制中华历史教科书（高等小学校用）》，中华书局1913年版，第1页。

③ 《教科书革命》（广告），《申报》1912年2月26日，第3版。

④ 《共和适用之教科书》（广告），《申报》1912年2月23日，第3版。

⑤ 傅运森编：《共和国教科书新历史（高等小学校用）》，商务印书馆1913年版，第1页。

⑥ 章嵚编：《新制中华历史教科书（高等小学校用）》第九册，中华书局1913年版，第3页。

⑦ 章嵚编：《新制中华历史教科书（高等小学校用）》，中华书局1913年版，第1页。

民权之说输入，民志一变，卒推翻数千年专制之政体而建中华民国"[1]；高度评价农民起义，《共和国教科书新历史（高等小学校用）》写道："（秀全）聚众广西之金田村，与清兵相持久之，势益盛，遂夺永安州，称天王，建号太平天国。"[2]

（3）宣传共和。

1912 年元旦，孙中山郑重宣告"合汉、满、蒙、回、藏诸地为一国，即合汉、满、蒙、回、藏诸族为一人"。临时政府也标榜"五族共和"。因而，人们在编撰高等小学历史教科书的过程中将各族豪杰皆纳入书本中，"务使此书为民国五大族共同适用之书"[3]。如《共和国教科书新历史（高等小学校用）》中，各民族之历史人物就有成吉思汗、元世祖、俺答、宗喀巴、清圣祖、年羹尧等，强调"我国数千年文化，非一民族之功。即今日改专制为共和，亦我五大民族共同之力，故将来发达文化，巩固国家，必赖五族之相亲相保"[4]，并指出"凡我民族，不问何种何教，权利义务皆属平等，无所轩轾，利害与共，痛痒相关，同心协力，以肩国家之重任"[5]。汉族中心主义思想在教科书中已荡然无存，民族平等成为教科书主旋律。

（4）淬化心灵。

高等小学历史教科书通过叙述中国古代之辉煌历史以养成儿童爱国之心，如《新制中华历史教科书（高等小学校用）》在叙述郑和下西洋时，详述船队之庞大与游历之概况，"大舶长四十四丈，广十八丈者六十二，将士卒二万七千八百余人，……（郑）和前后奉使七次，通国四十，其足迹所经，殆遍

---

① 傅运森编：《共和国教科书新历史（高等小学校用）》第六册，商务印书馆 1913 年版，第 18 页。

② 傅运森编：《共和国教科书新历史（高等小学校用）》第六册，商务印书馆 1913 年版，第 16 页。

③ 傅运森编：《共和国教科书新历史（高等小学校用）》第一册，商务印书馆 1913 年版，第 1 页。

④ 傅运森编：《共和国教科书新历史（高等小学校用）》第六册，商务印书馆 1913 年版，第 19 页。

⑤ 傅运森编：《共和国教科书新历史（高等小学校用）》第四册，商务印书馆 1913 年版，第 16 页。

南洋，西至印度红海，经阿拉伯及阿非利加沿岸之地"①；通过叙述古代英雄人物的事迹以培养学生"忠信""义勇"之精神，如《新制中华历史教科书（高等小学校用）》在讲述文天祥的英勇事迹时，突出其气节，"作正气歌自明其志，忠义之气始终不渝"②；通过斥责历史上奸佞之徒无耻之行径让学生明辨是非之观念，如《新制中华历史教科书（高等小学校用）》在讲述贾似道卖国求荣时，刻画了其丑陋之嘴脸，"蒙古之焰方炽，宋廷任贾似道，使率师御蒙古。似道不敢出战，一意求和，至愿称臣割地，奉岁币以事之，不为耻也"③。

（5）追求新知。

清末教科书"陈腐因仍，无所启发"④。这样，人们在编撰高等小学历史教科书时力求将当时最新的学术观点融汇其中。如《新编中华历史教科书（高等小学校用）》将戊戌政变之因归结于"康梁等将以兵围颐和园，废太后。太后震怒，遂执德宗幽之瀛台，杀谭嗣同、杨锐、刘光第、杨深秀、康广仁、林旭六人"⑤。《共和国教科书新历史（高等小学校用）》概括"清代学术，以考据为最盛，顾炎武、黄宗羲、王夫之三人，实开其风。……鸦片战后，国人始研究各国历史地理及制造格致医药诸学术。清日战后，留学日本欧美者日多，学术始大输入，凡科学、哲学、政治、法律、兵事、实业，无不为国人所向慕"⑥。《新式历史教科书（高等小学校用）》采用了当时最新之教育理念即自动教育，"今世教育界公认为最进步之教育方针。……于初学年采取练习主义，期以培植儿童自力研究之基础；于高等学年采自学辅导主义，期以养成儿童自力研究之习惯"⑦。

---

① 章嶔编：《新制中华历史教科书（高等小学校用）》第五册，中华书局1913年版，第3页。
② 章嶔编：《新制中华历史教科书（高等小学校用）》第四册，中华书局1913年版，第12页。
③ 章嶔编：《新制中华历史教科书（高等小学校用）》第四册，中华书局1913年版，第10—11页。
④ 严复：《论小学教科书亟宜审定》，《东方杂志》第三卷第6期，1906年版，第105—109页。
⑤ 潘武、章嶔编：《新编中华历史教科书（高等小学校用）》第六册，中华书局1913年版，第19页。
⑥ 傅运森编：《共和国教科书新历史》第六册，商务印书馆1913年版，第18页。
⑦ 《新式教科书编纂总案》，《中华教育界》第五卷第一期，1916年。

2.4.2 形式

民初，人们在编撰高等小学历史教科书时不仅重视内容，而且还关注形式，以期更好地适应变革时代的需要。

首先，运用各类图表。

《高等小学校令施行细则》要求"教授本国历史，宜用图画标本地图等物，使儿童想见当时之实况"[①]。人们遂在高等小学历史教科书中插入各类图表。疆域图是高小历史教材中使用最多的地图，可以帮助学生从视觉上认清各朝疆域及其主要变化。如《共和国教科书新历史（高等小学校用）》第一册中就有"春秋疆域图""战国疆域图""汉疆域图"等。区域形势分布图则把课文内容图像化，也就是将文字叙述的内容落实到地图上。如《共和国教科书新历史（高等小学校用）》中便有"中俄边境图""汉十三州部图""春秋列国图""禹九州岛图""东晋列国图"等；《新制中华历史教科书》中也有"春秋形势图""战国形势图""南北朝形势图""五代形势图"等。插图也在高等小学历史教科书中被广泛使用。人物插图多选取民族英雄画像，如《共和国教科书新历史（高等小学校用）》中的英雄人物画像有岳飞像、文天祥像、史可法像、郑成功像等，《新制中华历史教科书（高等小学校用）》中有郭子仪像、文天祥像、史可法像、郑成功像、林则徐像等。《新制中华历史教科书（高等小学校用）》中的插图除了选取英雄人物之外，还选用对国家统一、历史发展做出巨大贡献的封建帝王和历史名人，如黄帝、秦始皇、汉武帝、唐太宗、元世祖、明太祖、孔子、孟子、王守仁等。情景插图则把相应历史场景用图画形式再现，如中华书局版教材中的"周公辅佐成王图""孔子问礼于老子图""汉兵攻占图""成吉思汗出征图""利玛窦传教图"等，增强了历史知识的形象感。

其次，采用民国纪年。

"纪年者，历史之符号。"中国传统"以帝王称号"为纪年之法。[②] 清

---

① 《高等小学校令施行细则》，《京师教育报》第二十六期，1916年。
② 梁启超：《饮冰室合集》文集之六，中华书局1989年版，第7页。

末，康有为、梁启超等维新派主张采用"孔子纪年"[①]，刘师培、章太炎等革命派提出"黄帝纪年"[②]。 中华民国成立后，临时政府"改用阳历，以阴历之十一月十三日，为民国元年正月元日"[③]。 因"专制时代，君主年号最多，名目纷纭，疲于记忆"[④]，故高等小学历史教科书顺应潮流，采用民国纪元。《新制中华历史教科书（高等小学校用）》在描写黄花岗起义时写道："民国前一年，黄兴、赵声起义广州，率勇士直攻督署。"[⑤]《新法历史教科书（高等小学校用）》在叙述袁世凯复辟时也写道："民国四年，北京政府想改国体，当时蔡锷都督卸位了。"[⑥]

最后，选择恰当体例。

清末教科书"字迹模糊，图画恶劣"[⑦]，"动辄数册，册数十课"[⑧]。 民国初年，人们在编撰高等小学历史教科书时特别注重语言的简洁、章节的合理、内容的合适。 如《新编中华历史教科书（高等小学校用）》在文字上"力求明显不尚博奥，绝无晦涩芜杂之意"；在内容上"提纲挈领，点缀生新，更无烦琐枯燥之病"；在章节上，每册30课，"每课字数初自百数十字渐增至二百余字"[⑨]。 时人曾将该书的优点概括为"（一）分量极匀，无过多过少之弊；（二）程度适合，无太深太浅之弊；（三）各科联络，无重复冲

---

① 梁启超认为采用孔子纪年，"符号简，记忆易，一也；不必依附民贼，纷争正闰，二也；孔子为我国至圣，纪之使人起尊崇教主之念，爱国思想，亦油然而生，三也；国史之繁密而可纪者，皆在孔子之后，故用之甚便。其在孔子前身，则用西历纪元前之例，逆而数之，其事不多，不足为病，四也"。（梁启超：《饮冰室合集》文集之九，中华书局1989年版，第32页）

② 刘师培在《黄帝纪年说》中云："黄帝者，乃制造文明之第一人，而开四千年之化者也。故欲继黄帝之业，当自用黄帝降生为纪年始。……黄帝者汉族之黄帝也，以之纪年，可以发汉族民族之感觉也。"刘师培：《刘师培史学论著选集》，上海古籍出版社2006年版，第1—2页。

③ 傅运森编：《共和国教科书新历史》第六册，商务印书馆1913年版，第17页。

④ 傅运森编：《共和国教科书新历史》第一册，商务印书馆1913年版，第1页。

⑤ 章嵚编：《新制中华历史教科书》第九册，中华书局1913年版，第9页。

⑥ 吴研因编：《新法历史教科书》第四册，商务印书馆1920年版，第22页。

⑦ 《论今日教科书之弊及补救法》，《龙门杂志》庚戌年第五期，1910年。

⑧ 《绍介批评：初等小学中国历史读本》，《教育杂志》第一年第三期，1909年。

⑨ 潘武、章嵚编：《新编中华历史教科书（高等小学校用）》，中华书局1913年版，第2页。

突之弊；（四）内容精审，无芜杂谬误之弊"①。 《新式历史教科书（高等小学校用）》"前四册用年代顺进法，后二册用循环进行法，务使统系分明，复得温故知新之益。 前四册用传记体，以人物为主而错见其事实；后二册用纪事本末体，以事实为主而兼及其人物，务使记忆坚确，错综变化，兴趣盎然。 特详近世史，以明现在及将来之关系"。 在文字上"以易解易明为主，晦者达之，隐者显之"，在内容上侧重"我国开化之人物及其事迹，历代开国之伟绩及其治略，名臣之言行及社会信仰之人物，我国学术发明家，事之有关于治乱兴衰迹及文化进退者，中外交通及其时势，前代国威之所及，近世国耻种种事实及其主因"，等等。② 《新制中华历史教科书（高等小学校用）》中第一至六册"为中华族历史之大略，用史谈体叙之"，"择述自黄帝以来开化之概略，历代伟人之言行，与夫最近中外交通之关系，俾儿童既知文化之由来，复知世界大通之利益"；第七至九册"为中华历史之补习，用开化史体叙之"，"综陈历代兴亡成败及一切政制文化等要事，著其因果，论其是非，以养成判审断察之能力"③。 《新法历史教科书（高等小学校用）》之所以冠上"新法"，一在取材新，"注重民本的、群众的、进化的、世界的、实在的、扼要的、积重的、实用的、感发的、适时的"材料；二在文体新，"全用语体"；三在形式新，"一律用新标点"④。

2.4.3 优缺点

民初高等小学历史教科书之编撰得到时人高度认可。 人们指出高等小学历史教科书优点诸多，如"屏去繁重之事实，排除无谓之年月，而专注于历代之大势、君权民权之消长，使知吾国变迁，以成今日之现象"，"取材于史编，而不囿于史文，其事迹之排列，但作史谈体，其教材之选择，专取兴味的、最适于儿童之心理"，"不断断于历代递嬗之陈迹、君位继承之故辙，而但取可以代表一时代之人物，可以代表一时代之要项，以为中心，而即以该

---

① 《民国四年春季始业用书》（广告），《申报》1915年2月21日，第16版。
② 《新式教科书编纂总案》，《中华教育界》第五卷第一期，1916年。
③ 章嵌编：《新制中华历史教科书（高等小学校用）》，中华书局1913年版，第1—2页。
④ 吴研固编：《新法历史教科书（高等小学校用）》，商务印书馆1920年版，第1页。

时代之史料，统括其中，词简而事倍"；缺点也不少，如"注重有种族之调和，而于五族之豪杰，择其最有关系者，一律编入。 由是义，故于五胡分晋一课，必详举匈奴刘渊、羯族石氏、鲜卑族慕容氏、氐族苻氏、羌族姚氏；于辽东之争一课，亦必大书契丹酋长耶律阿保机之名；独于女真之建号立国，不详何人，未免自违其例"①。

尽管如此，民初高等小学历史教科书在编撰过程中仍存在一些问题。 譬如教材内容"非失之浅薄，即失之空洞"，不合儿童心理之需求；文字艰深晦涩，"非经教师的讲授，儿童很难了解"；插图"多由编书人规定图意，使绘画人按着作图。 绘画人对于儿童教育和编书人的意志，不免有所隔膜"②；课时安排太多，如三育书局编纂教科书，每学年定为八十课时，超出部定六十课时的标准③；史实混淆错误，如将第二次鸦片战争法国传教士马嘉里在广西被害之事说成"在广东被害"④。

为了合乎共和时代的要求，人们在编撰民初高等小学历史教科书时明确宗旨、倡导民主、宣传共和、淬化心灵、追求新知，凸显了鲜明的时代特色。 尽管如此，民初高等小学历史教科书也存在内容不合儿童心理、语言文字晦涩、插图名实不副、课时安排太多、史实不够准确等弊端。

2.5 清末民初新教育"转型期综合征"之探析

清末民初不但是中国社会的转型时期，也是中国教育的转型时期，传统教育分崩离析，新式教育突飞猛进。 尽管此时"学校数目，颇有推广；学生

---

① 《广东教育司司长钟荣光批上海商务印书馆共和国教科书请审定呈》，《图书汇报》1913 年第 19 期。

② 韦息予：《小学教科书的改善及其障碍》，《中华教育界》第十九卷第四期，1931 年版，第 84—85 页。

③ 《批三育书局高等小学历史教科书二册尚有修改之处照签改正送核》，《教育公报》1914 年第 5 册。

④ 章嵚编：《新制中华历史教科书》第六册，中华书局 1913 年版，第 8 页。

名额，颇有增多，形式上不无进步"①，但是新教育在发展过程中患上了"转型期综合征"。时人为此作了一首打油诗讽刺道："校舍如云，生徒寥寂，岁支预订，不易核减。经费支绌，设备不完，他人漠视，责望无己。"②这种病症的出现不仅影响了教育的发展，而且阻碍了社会的进步。

2.5.1　症状

因先天不足再加上后天失调，清末民初转型期新教育在发展过程中出现功能失调、机制失灵、观念扭曲、发展偏差等状况，人们姑且称之为"转型期综合征"。这种病的症状扼要而言如下。

（1）学校教学徒具虚名。清末新政，朝廷兴学堂以搪塞民众，各地官员"姑设一两堂涂饰耳目，足以搪塞上司文檄而止"③，因而小学"皆就昔日之学，稍变其功课，酌减其时刻，遂高悬一匾额曰：此初等小学也"④。中学也"与高等小学堂初无差异，第校舍较前阔达"⑤，大都"形式具而精神少，空谈盛而实学衰"⑥。民初，不少学校"或有一年级三年级而无二年级，或有二年级四年级而无三年级"⑦，"有学生而无教员，有教员而无学生，或数人而成一班，竟日未上一堂"⑧者比比皆是。教学设备残缺不全，"如教授博物而无标本，教授理化而无器械，教授地理而无地图"⑨，教学管理混乱不堪，"或有教员不按钟点上课托故请假，或有已经摇铃而学生上堂先后不一，或有教员待人过宽而学生辄敢轻侮，或有教员在堂宣讲而学生谈笑自若，或有学生结伴嬉游街市致有逾越规矩而管理员漫无稽查，或有学生在自修室并

---

① 《梁任公莅教育部演词》，《东方杂志》第十四卷第 3 号，第 177 页，1917 年。
② 约弇：《教育界之困难》，《教育杂志》第二年第十二期，第 61 页，1971 页。
③ 朱有瓛主编：《中国近代学制史料》第二辑上册，华东师范大学出版社 1987 年版，第 206 页。
④ 《强迫教育私议》，《东方杂志》第三年第五期，1906 年。
⑤ 朱有瓛主编：《中国近代学制史料》第二辑上册，华东师范大学出版社 1987 年版，第 531 页。
⑥ 《湖南巡抚陆奏筹办湘省学堂情形折》，《东方杂志》第二卷第 1 期，1905 年。
⑦ 舒新城主编：《中国近代教育史资料》上册，人民教育出版社 1985 年版，第 339 页。
⑧ 《广东教育团代表上教育部书》，《教育杂志》第四卷第 2 号，1912 年。
⑨ 陆费逵：《论今日学堂之通弊》，《教育杂志》第二年第一期，1910 年。

不研究功课任意嬉戏而管理各员亦不过问"[①]。

（2）教学经费严重匮乏。 晚清，各地创办学堂，"首造好房舍，次求好器具"[②]，因而开销巨大，设立一所大学堂或高等学堂，"大者二三十万金，次者十余万金，又次亦五六万、三四万金不等"[③]；兴办初高等小学堂，"每年经常费至少必以一二千计"[④]。 此时，清政府早已国库空虚，无力承担庞大的办学费用，如1911年中央教育经费为2747477两左右，仅占当年中央行政费用260740996两的1％。[⑤] 尽管如此，一些学堂仍大讲排场，如胡适家乡的小学堂，在经费严重不足的情况下，也要花20元买一架风琴，每年另花60元请人教英文唱歌；[⑥]甚至靡费严重，如江苏两江师范学堂，雇日本教员8人，月支银2370元，译员11人，月支银1271元，司事26人，月支银287元，夫役135人，月支银733元，学堂全年费用为银73073元；[⑦]更令人不可思议的是，有的学堂"以每月六百金聘日本理学士，而教笔算数学程度之算学者"，更有"以每月八百金聘德国法学博士，而教亚培崔台之字母"[⑧]。民初，政局变动频繁，教育经费短缺。 1913年中央教育经费为714万元，占中央财政支出64635万元的1.1％；1914年中央教育经费为327万元，占中央财政支出35702万元的0.91％；1916年中央教育经费为502万元，占中央财政支出47283万元的1.06％；1919年中央教育经费为651万元，占中央财政支出49576万元的1.3％。[⑨] 这使得"一县之中延至一二年，不能有一完全学

---

① 《浙学习整顿全省学规之通饬》，《申报》1911年5月28日，第三版。

② 《普及教育议》，《东方杂志》第三年第三期，1906年。

③ 《论教育普及之阻碍》，《申报》1908年6月3日，第四版。

④ 《论我国学校不发达之原因》，《申报》1909年5月24日，第三版。

⑤ 商丽浩：《政府与社会：近代公共教育经费配置研究》，河北教育出版社2001年版，第100、102页。

⑥ 胡适：《归国杂感》，《胡适文存》一集，黄山书社1996年版，第454页。

⑦ 《江苏咨议局调查两江师范学堂报告》，《教育杂志》第3卷第3期。

⑧ 《论停科举后宜专办小学》，《东方杂志》第二卷第十二期，1905年。

⑨ 商丽浩：《政府与社会：近代公共教育经费配置研究》，河北教育出版社2001年版，第106页。

堂"，乃至"一乡十里数十里之中，求一旧有蒙学馆而不得"①，"办理多年之学校，无法维持，甚至停辍"②。

（3）教育模式抄袭西方。 因近代教育的样板是西方教育，在中国没有先例可循，人们在创办新教育过程中只好搬抄西方的教育模式，"不仅制度大纲要仿照外国的，就是一切办法的节目也要仿照外国的"③，上至学校规章制度，下至教科书，事无巨细，好坏不分，如数搬抄，"乃于我国现状不能适用之事，亦必一一模仿"④。 这是缘于人们"对于西洋教育固然无综合的彻底的研究，而不知其真正的优点所在；对于中国固有的教育制度、教育方法亦无确切的了解，而不知何者当弃、何者当取"⑤。 在新教育发展过程中，不但学生所用教材为外国课本，"即用以说明原理之例证以及教师指导研究题目，亦多采西洋"⑥，这样，"教政治，是西洋的政治；教经济，是外国的经济；教哲学，是欧洲的哲学；教教育，是美国的教育"⑦，与中国社会毫不相干。

（4）教育精神渐趋卑下。 中国传统教育在某种程度上是一种道德教育，以儒家思想来塑造士人的品格；而西方近代教育在本质上却是一种专业教育，重视技能的培训。 新教育的专业化需要人们全神贯注于所学科目，剥夺了他们的"时间、精力和注意力，迫使他们不再有闲情去关注社会，丧失传统知识分子'先天下之忧而忧'的节操，更毋论挺身而为良心说话的道德勇气"⑧。 梁启超早就指出学校"整天摇铃上课，尽在历史、地理、物理、化学转来转去"，"将人格的扶植、德性的涵养，都放在脑后了"⑨，讥讽其

① 故宫博物院明清档案部：《清末立宪档案史料》下册，中华书局 1979 年版，第 981—982 页。

② 古楳：《现代中国及其教育》下册，中华书局 1936 年版，第 367 页。

③ 吕达、刘立德主编：《舒新城教育论著选》，人民教育出版社 2004 年版，第 437 页。

④ 庄俞：《采用实用主义》，《教育杂志》第五卷第七号，1913 年。

⑤ 舒新城：《近代中国教育思想史》，中华书局 1932 年版，第 435 页。

⑥ 《国际联盟教育考察报告书》，"近代中国史料丛刊"第三编第十一辑，文海出版社 1973 年版，第 182 页。

⑦ 陈东原编：《中国教育新论》，商务印书馆 1928 年版，第 1 页。

⑧ 姜义华等：《港台及海外学者论近代中国文化》，重庆出版社 1987 年版，第 47 页。

⑨ 梁启超：《饮冰室合集》文集之四十三，中华书局 1989 年版，第 6—7 页。

"成为物的教育，失却人的教育"①。 部分学生"日言爱国而学堂之公物不惜毁坏，满口合群而同学之生徒时相攻击"②。 一些学生"入家庭则礼节简慢，遇农工者流，尤讪诮而浅之"③。 他们以上等人自居，"视劳苦也，为奴隶，为牛马；其起居之稍不适意也，为黑暗，为野蛮；其饮食之稍不适口也，为害生，为菌毒；视普通中下社会之情形，有不可以朝居之势"④。 人们直率指出新教育专重知识的授受，而忽视了品格的修养，培养出来的不是能吃苦耐劳、少消耗、多生产的分子，而是只能消费不能生产的寄生虫。⑤譬如乡间百姓子弟，"苟不入校，数年犹能肩挑背荷，出入相随，任劳分苦"；而一旦入校，"凡百举动，伺应必周，甚至一进盥，一盛饭，一折被之劳"⑥，皆指使校工为其代劳。

（5）教科书不合乎要求。 陆费逵曾说："立国根本，在乎教育；教育根本，实在教科书。"⑦清末，各级学堂纷纷创办，但"乙部各书，冗编巨册，其不合为教科之用"，而官方在教科书编写方面力不从心，只好放任各地自编教科书。 《奏定学堂章程》曾规定："官编教科书未经出版以前，各省中小学堂亟需应用，应准各学堂各科教员按照详细节目，自编讲义。"⑧冯友兰后来回忆道："当时的小学没有教科书，每门功课都由教员自己弄些材料，上堂讲，学生记，在黑板上写，学生抄。"⑨当时的教科书五花八门，有学堂自编者，有私人编写者，有书商发行者，还有教会刊印者，但这些教科书弊端重重，"事多假设，不能征实，其弊一也；杂列名词，无复抉择，其弊二也；方言讹语，其弊三也；文义艰深，索解不易，其弊四也"⑩。 学堂用不良之教

---

① 梁启超：《饮冰室合集》文集之三十六，中华书局 1989 年版，第 35 页。
② 《普及教育议》，《东方杂志》第三年第三期，1906 年。
③ 庄俞：《论小学教育》，《教育杂志》第一卷第二期，1909 年。
④ 陆瑞清：《学生服劳说》，《教育杂志》第二年第 7 期，1910 年。
⑤ 谭挺生：《我国小学现状之检讨》，中华书局 1936 年版，第 7 页。
⑥ 陆瑞清：《学生服劳说》，《教育杂志》第二卷第六期，1910 年。
⑦ 俞筱尧、刘彦捷：《陆费逵与中华书局》，中华书局 2002 年版，第 430 页。
⑧ 舒新城编：《中国近代教育史资料》上册，人民教育出版社 1985 年版，第 221 页。
⑨ 冯友兰：《三松堂全集》第一册，河南人民出版社 1985 年版，第 56 页。
⑩ 李桂林等编：《中国近代教育史资料汇编·普通教育》，上海教育出版社 2007 年版，第 45 页。

科书无异于"军队用腐朽之军器，始基一误，贻害终身"①。 民国成立后，教育部要求"清学部颁行的教科书，一律禁止使用；民间通用的教科书，如在内容和形式上，不合共和宗旨者，由各出版书局修改，学校教员亦可随时删改"②。 随着新式学校的陆续创办，人们纷纷将从前清代之教科书"或改头换面，去其尊君亲上之语，删其君主立宪之文，即作为民国之新课本"，而察其内容，"则小学教科书，虽间有改编，无关闳旨，且有时新本反不如旧本之佳；至于中学教科书，则多属换汤不换药，大约将文言文之旧本，译为白话文之新本，将旧制四年之本，减其成分以为新制三年之本"③。 这样的教科书自然无裨于新式教育，只是把"天地玄黄变作某教科书之天地日月耳"④。

（6）师资不足，质量低劣。 据罗振玉估计，以每个学堂 3 名教习计算，清末全国共需教习 1512900 名。⑤ 但当时社会却无法提供足够的师资，于是"陆师学生派充师范，八股专家支持讲席"的现象屡见不鲜。⑥ 据 1909 年统计，专门学校教师中科举出身者占 25％，中学教师中科举出身者占 33％，高小教师中科举出身者占 41％，初小教师中科举出身者占 48％。⑦ 晚清各地兴学，那些"游而未学""三月速成"之辈就成为当时教员的主要来源。⑧ 这些人不仅知识水平低下，如"读'琛'如'探'也，读'埏'如'斩'也"；而且道德人品也低劣，如"有诱妇女入校住宿者"，有"延全校学生在妓寮置酒者"⑨。 即使高薪聘请洋教习也不例外，如清末河南高等学堂日文教习三

---

① 陆费逵:《论今日学堂之通弊》,《教育杂志》第二年第一期,1910 年版。
② 陈学恂主编:《中国近代教育史教学参考资料》中册,人民教育出版社 1987 年版,第166—167 页。
③ 贾丰臻:《今后之教育界》,《教育杂志》第四卷第六号,1912 年。
④ 舒新城编:《中国近代教育史资料》下册,人民教育出版社 1985 年版,第 950 页。
⑤ 转引马自毅:《辛亥前十年的学堂、学生与学潮》,《史林》2002 年第 1 期。
⑥ 王忍之等编:《辛亥革命前十年间时论选集》第一卷下册,生活·读书·新知三联书店 1960 年版,第 537 页。
⑦ 陈翊林:《最近三十年中国教育史》,太平洋书店 1930 年版,第 168 页。
⑧ 《奉天提学张筱浦学使致江苏总学会书》,《北洋学报》丙午年第四十册,1906 年。
⑨ 《江苏学务总会致各分会书》,《申报》1906 年 7 月 23 日,第二版。

宅喜"到堂二年余,所授仅日本俚语"①。某学堂聘请日本人讲授物理,他在课上给学生讲声学时"拿着一把音质极差的小提琴,演奏各种各样的流行歌曲就是授课的内容"②。于是,学生和家长皆对老师渐渐失去信任。1906年顾颉刚进入长元吴公立高等小学校,"刚入校时,真是踏到了一个新世界",不久,"他渐渐对于教员不信任了,认为他们对于所教的功课并没有心得,只会顺了教科书的字句而敷衍,……况且教科书上错误的地方,他们也不能加以改正"③。人们在乡民口中也时常听到这样的言论:"我们去年雇的那个教员很好,今年雇的这个教员不好,明年的教员,我们还没有雇妥呢。"④这样,教育者"视学校为稗贩知识之地,学生之为良为劣不顾";求学者亦"视学校外形之大小与建筑之美恶以定去就,教师之为甲为乙不问"⑤。

(7)科举思想依然残存。清末朝廷在各级学堂施行功名奖励,大学毕业奖给进士出身,高等学堂等毕业奖给举人出身,中等学堂等毕业奖给优贡、拔贡、岁贡等贡生出身,高等小学堂毕业奖给廪生、增生、附生等生员出身,以吸引士子进入学堂。这使"学生以得官为求学之目的,以求学为得官之手段"⑥,对科举功名思想的复活起到推波助澜的作用。人们在街市中"见黄纸条遍贴各家门首,有所谓增附优廪者,有所谓部试已录恩赐举人或进士者,有所谓由某国某大学毕业得给某科学士或秀士者,有所谓以内阁中书、七品小京官及陆军副军校、协军校等补用者"。不少学堂仍依科举考试例发榜报喜,如山西大学堂学生毕业榜,"以红绫金字制成,悬挂于巡抚衙门照壁

---

①　朱有瓛主编:《中国近代学制史料》第二辑上册,华东师范大学出版社1986年版,第637页。

②　卫礼贤:《中国心灵》,国际文化出版公司1998年版,第129页。

③　顾潮:《历劫终教志不灰——我的父亲顾颉刚》,华东师范大学出版社1997年版,第17页。

④　谭挺生:《我国小学现状之检讨》,中华书局1936年版,第95页。

⑤　朱元善:《学校风潮论》,《教育杂志》第五卷第四号,1913年,第50页。

⑥　朱有瓛主编:《中国近代学制史料》第二辑上册,华东师范大学出版社1986年版,第138页。

之上，……挂榜之日，巡抚号房分别按名写成喜报"[①]。内地有人仅仅高等小学毕业亦鸣锣报喜。[②] 这给新教育的发展带来消极影响，若学堂毕业有给奖者，"添招新生尚为踊跃，其未经给奖者，学生之数皆极少"[③]。民国以后，科举奖励虽然被废止，但此种思想却深入人心。"父兄送子弟入学，仍以功名相期；子弟入学，亦以得一官半职、扬名显亲自许。"[④]梁启超直言"现在教育未脱科举余习也"，学校"形式上虽有采取新式教科书，而精神上仍志在猎官"[⑤]。因法政类学校毕业生容易进入官场谋得官职，此类学校遂"一枝独秀，入学新生，动辄数百"[⑥]。如 1912 年全国专科学校学生共计39633 人，而法政专科学生为 30808 人，占 77.7％；1914 年全国专科学校学生共计 31346 人，法政专科学生为 23007 人，占 73.3％；到 1920 年，法政学校学生占全国专科学校学生之总比例，仍达 62％以上。[⑦] 人们"驰书为子弟觅学校。觅何校？则法政学校也。旧尝授业之生徒，求为介绍入学校，入何校？则法政学校也。报章募集生徒之广告，则十七八法政学校也"[⑧]。

2.5.2　后果

教育与社会是密不可分的，教育改变社会，社会影响教育。新教育在清末民初发展的过程中患上了"转型期综合征"，从而给社会带来一系列严重后果。

（1）新教育的贵族化阻碍了新式教育普及。新式教育与传统私塾相比

---

① 朱有瓛主编：《中国近代学制史料》第二辑上册，华东师范大学出版社 1986 年版，第107 页。

② 《教育杂感》，《教育杂志》第 3 卷第 1 期。

③ 朱有瓛主编：《中国近代学制史料》第二辑上册，华东师范大学出版社 1986 年版，第137 页。

④ 舒新城：《近代中国教育思想史》，中华书局 1932 年版，第 435 页。

⑤ 《梁任公莅教育部演词》，《东方杂志》第十四卷第三号，1917 年。

⑥ 朱有瓛主编：《中国近代学制史料》第三辑上册，华东师范大学出版社 1986 年版，第613 页。

⑦ 李华兴：《民国教育史》，上海教育出版社 1997 年版，第 115—116 页。

⑧ 朱有瓛主编：《中国近代学制史料》第三辑上册，华东师范大学出版社 1986 年版，第655 页。

需要训练有素的老师、专门的管理机构、特别的教学设施，因而其办学费用比较高昂。　然而，政府拨给新式教育的办学经费十分有限，收取学费成了新式教育的重要经费来源。　清末朝廷以"初办学堂，一切费用甚巨"为由要求"学生补贴学费"①。　学部曾规定初等小学学费为每人每月银圆三角，高等小学学费为每人每月银圆三角至六角，中学堂学费为每人每月银圆一至二元，高等学堂学费为每人每月二元至三元。②　此外，学堂中伙食费、操衣费、学杂费等其他费用也相当可观。　如上海浦东中学堂每学期学费十五元，膳宿费二十五元，课业用品费五元，共银四十五元；高等小学堂学费十二元，膳宿费二十三元，课业用品费四元，共银三十九元；初等小学堂学费三元，课业用品费一元，共银四元。③　而清末"一般子弟之父兄，终岁所入，不满二百金者，十居八九"④，这样，"享学校出身者，均富民子弟……白屋之民，望学校若阶天"⑤，致使"校舍如云，生徒寥寂"⑥。　民初，学校面貌日新月异，学费数目亦相当可观。　学生"进大学每年要五六百以至千元，进中学每年二三百元，进小学每年也要数十元至百元"⑦，因此，非中产以上家庭的人无法入学。　以浙江一师附小为例，学生家庭职业中教育界者占总数的12％，工业界者占总数的11％，商业界者占总数的33％，军界者占总数的10％，政界者占总数的10％，农业界者占总数的4％，赋闲者占总数的15％，其他者占总数的5％。⑧　正如学者所言："学堂的增加并不意味着受教育人数的增

---

①　朱有瓛主编：《中国近代学制史料》第二辑上册，华东师范大学出版社 1986 年版，第95 页。

②　转引沈洁：《废科举后乡村学务中的权势转移》，《史学月刊》2004 年第 9 期。

③　朱有瓛主编：《中国近代学制史料》第二辑上册，华东师范大学出版社 1986 年版，第461 页。

④　《论宜多设徒弟学堂》，《东方杂志》第二卷第十一期，1905 年。

⑤　张枬、王忍之等：《辛亥革命前十年间时论选集》第二卷下册，生活·读书·新知三联书店 1960 年版，第 696 页。

⑥　约皃：《教育界之困难》，《教育杂志》第二年第十二期，1910 年。

⑦　庄泽宣：《如何使新教育中国化》，中华书局 1938 年版，第 183 页。

⑧　王卓然编：《中国教育一瞥录》，商务印书馆 1923 年版，第 300 页。

加，相反，由于学堂学费的提高，贫穷的农家子弟失去了上学的机会。"①

（2）新教育的西方化降低了社会认可度。 近代新教育从西方移植而来，与传统教育迥然不同，如宽大的教室、崭新的仪器、亮丽的校服，在广大民众眼里完全是个陌生的"他者"。 据郁达夫回忆，"'洋学堂'的三个字，成了茶店酒馆、乡村城市里的谈话的中心"，甚至有离城五六十里路远的乡下人，"都成群结队，带了包袱雨伞，走进城来挤看新鲜"②。 由于新式学堂与当地社区的隔离，往往门禁森严，外人难以一窥其究竟，因此不少人对新学堂抱有严重偏见，"习体操也，谓将练习飞檐走壁，以为窃盗之预备；学唱歌也，谓将练习吹弹演唱，以为优伶之预备"③。 一些人鄙视乃至敌视新式教育，如清末直隶民众以为"吾家子弟，每日以采薪拾菜为生活，入学堂是绝我生路"④。 西康百姓则表明"倘如要我们子女入学读书，我们当父母者，宁肯扑河而死"⑤。 为了减少办学的阻力，学部不得不下令各地设立劝学所"说明学堂为培养学童之道德，并不得误认为新奇，自生疑阻"，并"说入学于谋生治家大有裨益。 说入学之儿童，可以强健身体"⑥。 民初，共和制度确立，义务教育盛行，但人们对新式教育仍喋喋不休，以为"晚间放学之过早，在校时间之过少"，不如私塾"终日书声琅琅，日晡犹喧"⑦，并以种种托词逃避接受新式教育，或曰"吾家贫不能读也，或曰吾少失怙不能读也，或曰父母以谋生为急，与其学书不成，无宁习一技片长，犹得稍助家计"⑧。

（3）新教育的无序化导致学生质量低下。 由于新教育在办学过程中缺

---

① Marianne Bastid，*Education Reform in Early 20th-Century China*，University of michigan，1988，p75。

② 郁达夫：《郁达夫自传》，江苏文艺出版社 1996 年版，第 13 页。

③ 《论我国学校不发达之原因》，《申报》1909 年 5 月 24 日，第三版。

④ 李桂林等编：《中国近代教育史资料汇编·普通教育》，上海教育出版社 2007 年，第 111 页。

⑤ 张敬熙：《三十年来西康之教育》，商务印书馆 1939 年版，第 135 页。

⑥ 朱有瓛主编：《中国近代学制史料》第二辑上册，华东师范大学出版社 1986 年版，第 145 页.

⑦ 朱有瓛主编：《中国近代学制史料》第三辑上册，华东师范大学出版社 1990 年版，第 296 页。

⑧ 庄俞：《小学教育现状论》，《教育杂志》第五卷第三号，1913 年，第 33 页。

少合格的教科书和高水平的师资，教学方法杂乱无章，从而造成学生质量低下。 人们发现"高等小学之学生，考其程度，即为初等小学；中学校之学生，考其程度，俨然高等小学"；而大学招考之学生，"阅其文及科学造诣，竟有不及高等小学校优秀之儿童"①。 如 1909 年学部调山东高等学堂 13 名毕业生复试，"其平均分数不及六十分，英文一门分数至多者不过二十分"；同年，学部考试各省赴美留学之学生，山东高等学堂选送 6 人均以不及格被摒弃，"闻其于英文题目，皆不知出处，故无从着笔"②。 20 世纪 20 年代中山大学入学考试国文试卷中"差不多有三分之一是不通的"，一些人"连写几百字的短文也写不通"③。 尽管这种情况并非普遍存在，但折射出新教育水平令人担忧。 由于新教育不曾注意"生产知识之灌输，生产技能之养成"④，学生毕业后"除少数之升学或留学东西洋外，类皆进退维谷，上则无更入高等专门之资历，下则乏从事实际生活之知能"，最终"流为高等游民"⑤。 如天津公立中学"毕业生升学者三分之一，谋事而未得事者，占毕业生总数二分之一"。 而江苏中学"毕业生升学者百分之二十五，谋事而不得事者百分之三十"⑥。 时人戏称"学校多一毕业之学生，社会即增加一失业之分子"⑦。 因此，新教育之病"不在学堂之不兴，而在学堂之无效"⑧。

2.5.3　原因

清末民初新式教育在其转型过程中出现病态现象是多方面因素造成的，既有传统教育惯习延续的因素，又有社会转型迟缓的原因。 这一现象值得人

---

① 刘鹗书：《学校招生问题之商榷》，《都市教育》第二期，1915 年。

② 朱有瓛主编：《中国近代学制史料》第二辑上册，华东师范大学出版社 1986 年版，第 625—626 页。

③ 庄泽宣：《如何使新教育中国化》，民智书局 1929 年版，第 27 页。

④ 舒新城：《近代中国教育史稿选存》，中华书局 1936 年版，第 61 页。

⑤ 李桂林等编：《中国近代教育史资料汇编·普通教育》，上海教育出版社 2007 年版，第 958 页。

⑥ 朱有瓛主编：《中国近代学制史料》第三辑上册，华东师范大学出版社 1986 年版，第 385 页。黄炎培：《黄炎培教考察育日记》，商务印书馆 1914 年版，第 142 页。

⑦ 古楳：《现代中国及其教育》下册，中华书局 1934 年版，第 430—431 页。

⑧ 《论中国学堂程度缓进之原因》，《东方杂志》第六期，1904 年。

们深入反思。

首先是近代资本主义工商业不发达。 众所周知，近代新教育是西方资本主义的产物，为资本主义工商业培养人才。 而近代中国资本主义工商业因遭受列强侵略和封建剥削而严重滞后，除了通商口岸等沿海都市受外国经济的冲击而有畸形的发展外，其他地区依然是十分落后的农耕经济，既不能给新式教育提供雄厚的资金支助，也无法给新式学生创造足够的工作岗位。 这使得新式教育的发展因缺少坚实的社会基础而走上歧途。 舒新城指出："在国内的生产制度，仍以小农为本位，社会生产制度未变，即欲绝尘而奔，完全采用工商业社会之教育制度。"①必然会背道而驰。

其次是近代中国教育转型不彻底。 清末民初，内忧外患交相煎迫，救亡图存迫在眉睫，人们不顾国情与历史，积极模仿西方教育制度，大力兴办新式学堂。 学者指出："旧有的各种制度往往是由于中国民族危机感的巨大压力，由于西方资本主义文明强大的示范作用的影响，而被人为地迅速取消的。 而另一方面，新制度的有效运作需要一系列相应的条件的支撑，而在中国社会内部，原先并不存在这样一些支持新制度的文化与社会条件，或者这些社会条件的生长速度来不及达到对新制度进行支持的程度。 这就使得新制度的推行难以形成人们原先所期盼的效果。"②因此，清末民初教育转型犹如一锅夹生饭，半生不熟。 梁启超曾为此打了个形象的比方，"譬有千年老屋，非更新之，不可复居。 然欲更新之，不可不先弃其旧者。 当旧者已破、新者未成之顷，往往瓦砾狼藉，器物播散"③。

再次是官府对新式教育横加干涉。 清末民初各地学堂大多为官绅把持，他们"不想去完成自己的责任，只图维护自己的尊严，敷衍自己的体面"④，遂把学堂当衙门，内"有亲兵、有巡丁、有茶房、有鼓号兵、有剃发匠，尤奇

---

① 吕达、刘立德主编：《舒新城教育论著选》，人民教育出版社 2004 年版，第 437 页。

② 萧功秦：《危机中的变革——清末现代化进程中的激进与保守》，上海三联书店 1999 年版，第 223—224 页。

③ 梁启超：《饮冰室合集》专集之六，中华书局 1989 年版，第 30 页。

④ 《论中国教育之弊》，《申报》1906 年 12 月 5 日，第二版。

者有用印家人"①，"大摆其官之排场，大吐其官之气焰"②，如江苏两江师范学堂学生不足 600 人，而夫役竟达 135 人之多。③ 1914 年黄炎培在内地游历时所见学校，几乎无一不带几分官气，校门前必悬挂两块牌子，"书学校重地，闲人莫入字样"④。 政府把持新教育的发展大权，"名则曰政府提倡教育，其实乃将一切教育成为行政官吏化"⑤，譬如师生在学堂时，"入其门有门焉者司出入也，入其庭有庭焉者听传呼也，入其堂有堂焉者搽黑板也，入其室有室焉者供茶水也"⑥，官场气派十足。 由是，新式教育失去了改革的自主性与教学的独立性，唯行政命令是从，弊端层出不穷。

最后是办学者得非其人，敷衍了事。 当时有人指出："今日教育之无成效，由于学堂办理之不善"，而"学堂办理之不善，有设备不合者，有教授不合者，而其不合之原因，则办事者学力不足，热心不足，因循敷衍，误会失当为之也"⑦。 这一语中的，道出了清末民初新教育病因之所在。 兴学者把办教育作为获取名利的手段，"牧令援以超升，绅耆因之以敛费，富室子弟恃为进身之路"⑧，因而他们把大量时间和精力投入无休止的争名、夺利、揽权之中，"如大敌之将临，如仇雠之不相下，各置学校于不问"⑨，无心关注教育，"大多头痛医头，脚痛医脚，支离破碎，成效难期"⑩。 而教育界中"昔之拥皋比者，今或一行作吏而南面坐矣；昔之以教室为生涯者，今或奔走

---

① 《江苏咨议局调查两江师范学堂报告》，《教育杂志》第三年第三期，1911 年，第 35 页。

② 《论学务不起色之二大原因》，《大公报》1903 年 12 月 8 日。

③ 《江苏咨议局调查两江师范学堂报告》，《教育杂志》第三年第三期。

④ 朱有瓛主编：《中国近代学制史料》第三辑上册，华东师范大学出版社 1986 年版，第 297 页。

⑤ 蒋方震：《今日之教育状态与人格》，《改造》第三卷第七号，921 年，第 19 页。

⑥ 图书课员韩梯云：《教育费将来之困难》，《直隶教育杂志》第二年第十六期，1906 年。

⑦ 陆费逵：《论今日学堂之通弊》，《教育杂志》第二年第一期，1910 年版。

⑧ 王忍之等编：《辛亥革命前十年间时论选集》第二卷下册，生活·读书·新知三联书店 1960 年版，第 670 页。

⑨ 《论学堂不宜有争端》，《申报》1906 年 6 月 28 日，第二版。

⑩ 朱有瓛：《中国近代学制史料》第三辑上册，华东师范大学出版社 1986 年版，第 30 页。

风尘中而为政客矣；昔之以主持田舍学校者，今或不屑于小就，趾高气扬，飞翔于都会之学校"①。 于是，官场中腐败现象渗入教育领域，新教育遂沦为官府的附庸，致使百病丛生。

清末民初新教育患上的"转型期综合征"，既是社会转型不彻底的产物，也是新旧教育过渡无序的结果。 这种现象的出现不但影响了 20 世纪初期教育的发展，而且影响到 20 世纪中后期教育的进步。

---

① 王葵:《现今教育无实效之原由及应行改良之点》,《教育杂志》第六卷第二号,第 32 页。

3

中国近代社会之畸变

在过渡时代的中国，传统社会积重难返，近代社会结构正在建构，于是，各种社会现象纷呈杂现，社会转型步履维艰。

3.1 教会报刊对晚清社会陋习的揭示与批判

鸦片战争后，西方传教士纷纷来华并创办众多报刊以传播教义。 1868 年美国传教士林乐知在上海创办《教会新报》，1874 年《教会新报》改名为《万国公报》，成为西方传教士在华创办历史最长、发行最广、影响最大的中文报刊。 《教会新报》和《万国公报》如何审视晚清社会陋习并提出相应的改良方案值得探究。①

---

① 王林的《西学与变法——〈万国公报〉》(齐鲁书社 2004 年版)关注《万国公报》对女性缠足问题的看法,杨代春的《〈万国公报〉与晚清中西文化交流》(湖南人民出版社 2002 年版)提及《万国公报》对中国习俗的评析,杨代春的《早期〈万国公报〉的禁烟宣传》(《湖南大学学报》2003 年第 5 期)和王海鹏的《〈万国公报〉反鸦片言论特点刍议》(《北方论丛》2008 年第 6 期)谈及《万国公报》禁烟宣传及其特点,王海鹏的《〈万国公报〉与天足会》(《贵州社会科学》2006 年第 1 期)介绍《万国公报》的反缠足言论,等等。

3.1.1　教会报刊中的鸦片陋习

鸦片学名罂粟，俗称大烟，因其具有麻醉、催眠、镇静、止痛等功能，早在明末就被当作药材进口。 荷兰、葡萄牙最早向中国贩卖鸦片，但数量不多。 18世纪东印度公司取得生产和销售鸦片特权后，英国从此向中国大量输入鸦片，鸦片遂在中国泛滥成灾。 据估计，清末中国吸烟之人将近一千万。 其中，既有贵族、官僚，也有太监、差役，还有士人、商人，更有农夫、娼妓等。 官员中每百人有四十人吸烟，农夫中每百人有五六人吸烟，娼妇中每百人有三四十人吸烟，弁兵中每百人有二三十人吸烟，读书人中每百人有二三十人吸烟，太监中每百人有五十人吸烟，旗人中每百人有三四十人吸烟。 鸦片产地每百人中有四五十人吸烟，北京城内每百人中有二十余人吸烟，通商口岸每百人中有三十人吸烟，官府衙门内每百人中有七八十人吸烟。 总之，中国每百人中有近三十人吸烟。[①] 由此可见吸食鸦片者人数之众、范围之广。

吸食鸦片不仅给人身带来严重的危害，而且给社会造成不良的后果。 首先，伤体害神。 《万国公报》通过白描的手法勾勒鸦片鬼的肖像，"瞪眸翻白，满面发苍"，"形容憔悴，魂魄消亡"[②]，"体羸骨露，唇黑面黄，人形渐变为鬼形"[③]。 其次，败坏伦理。 中国传统社会重视伦理道德，"仁、义、礼、智、信"成为规范人与人之间关系的准则。 然而吸食鸦片的恶习使得君臣、父子、兄弟、夫妇、朋友五伦俱废，"因食鸦片烟，晨昏颠倒，以事一人，则事君不忠也；簟席长眠，不能晨昏定省，以事二人，则事亲不孝也，甚至手足分离，垛口不吹，兄弟阋墙也；入门交讁，琴瑟不调，夫妻反目也；良朋益友，相谏成仇，朋友不信也"[④]。 最后，毒化风气。 鸦片流毒，伤风败俗。 这些人"女兮晋妹，男也刘郎，只图欢乐，那管闲忙，蚕眠依枕，燕

---

① 《鸦片烟来历》，《教会新报》，华文书局股份有限公司影印本，第441页。
② 孙若瑟：《鸦片词》，《万国公报》，华文书局股份有限公司影印本，第4412页。
③ 何玉泉：《鸦片烟策论》，《教会新报》，华文书局股份有限公司影印本，第3341页。
④ 何玉泉：《鸦片烟策论》，《教会新报》，华文书局股份有限公司影印本，第3341页。

息在床，卧如伏犬，吸类贪狼"①。 一些瘾君子不以为耻，反而"以吸烟为尊，不许亲友劝导，觉为应分吃"②。 总之，吸食鸦片导致"倾家荡产者有之，败节毁名者有之，累祖及父者有之，断子绝孙者有之，卖妻鬻孥者有之，青年亡身者又有之"③。

众所周知，"天下引人入迷者，非止鸦片一物也，而华人第知鸦片迷人"④，这又是为何呢？ 人们"或因案牍劳形，借以为提神之具；或因身体羸弱，借以为调补之剂；或因名场失利，借此消愁；或因工作苦辛，聊思活络"⑤。 林乐知在《万国公报》上撰文认为"鸦片之性主乎静，静则收敛而心同枯槁。 ……东人性近于静，迷于鸦片者恒多。 而静中之物，鸦片之累为最深"⑥。 正是吸食鸦片所产生的平静舒适的感觉，给了中国人好静的性格以极大的安慰，故而中国人对鸦片有一种独特的嗜好。

然而，吸食鸦片既不符合基督教教义，也阻碍上帝福音传播。 为此，教会报刊采用多种形式，宣传禁烟主张。 诗词作为民众所喜闻乐见的一种语言艺术形式，因节奏感强、韵律优美而广为传播，因此《万国公报》刊登不少禁烟诗词，如宋书卿在诗中云，"婉劝休尝鸦片烟，不惟无益费金钱。 吸时可笑迷双眼，瘾到堪嗤耸两肩。 貌若鸠形神易耗，毒如鹤顶寿难延。 人间烟火君休食，莫误青春美少年"⑦。 这首诗既指出民众吸食鸦片的危害，又告诫人们远离鸦片的流毒。 晚清社会中不但男子吸食鸦片成风，而且女子也沾染此等恶习，造成女子"不讲刺绣纺织之工，不行盥濯烹饪之事，孝顺翁姑之德全无，慈爱儿女之心未有"⑧。 刘来甫则在诗中劝导女子"休吸洋烟当蜜甜，遵循姆训更加严。 虽呼鸦片无谁觉，到底蛾眉惹众嫌。 榻上眠防男女

---

① 孙若瑟：《鸦片词》，《万国公报》，华文书局股份有限公司影印本，第 4412 页。
② 顿醒子：《再答鸦片烟为害》，《教会新报》，华文书局股份有限公司影印本，第 462 页。
③ 张静澜：《戒烟公所劝文》，《万国公报》，华文书局股份有限公司影印本，第 4487 页。
④ 林乐知：《中西关系略论》，《万国公报》，华文书局股份有限公司影印本，第 1834 页。
⑤ 花之安：《自西徂东》，上海书店出版社 2002 年版，第 67 页。
⑥ 林乐知：《中西关系略论》，《万国公报》，华文书局股份有限公司影印本，第 1834 页。
⑦ 宋书卿：《劝戒鸦片烟诗》，《教会新报》，华文书局股份有限公司影印本，第 888 页。
⑧ 杨监堂：《劝戒吸烟妇十勤诗》，《万国公报》，华文书局股份有限公司影印本，第 4391 页。

杂，灯前卧恐是非添。听人劝化安闺间，转劝他人勿自残"①。女子吸食鸦片败坏妇德贞节、毒化社会风气，与传统伦理道德大相径庭，因而遭到人们的口诛笔伐。趣谈类似小说，短小精悍，富有哲理，因而《万国公报》时常刊登一些禁烟趣谈，如"南昌某姓以磨豆腐为业，其妻每怠于操作，某屡殴之，妻勿能堪，向人乞烟膏少许，涂抹口角，诈为服毒。某不知其诈，大恐受累且惧大，佐理之人百方营救，或有以旱烟油告者，乃遍觅旧烟杆，刮取得碗计，用以灌入。讵此物入口，毒性大发，咽喉缩紧，气息不能出入，立即殒命。按此妇本可不致于死，其夫亦未必欲其死，乃徒以救死之，故而速之死，数也有命焉？"②这则趣谈虽没有直陈鸦片危害，但鸦片之危害已昭然若揭。奏折出自朝廷重臣之手，具有一定的权威性和强大的影响力，于是《万国公报》经常登载禁烟奏折，如郭嵩焘在奏折中提出禁烟之举重在养成士人廉耻之心，"宜先示限三年，……逾期不能戒者，官吏参革，生监、举人褫斥"；而凡文武应试士子，"童生吃食鸦片烟，皆先停考，监生入场者，廪保坐黜。廪生吃食鸦片烟，皆先停止，保人滥保者，教官亦坐黜"③。官府的告示在百姓眼中显得威严有力，于是《万国公报》也登载禁烟告示，如《上海海防分府准奉宪札禁鸦片烟示》等，借告示的庄严性与威慑力来扩大禁烟活动的宣传效果。

如何从根本上消除中国人吸食鸦片的陋习？传教士宣称"只有基督能拯救中国解脱鸦片"④，也就是说中国人唯有信奉上帝，方能改邪归正。但是，教会的精神救治在效果上远不如民间的药物治疗，教会报刊也不时刊登民间药方来帮助民众戒烟，如《万国公报》曾登载"用甘草一味熬膏，调入烟中，吸食二三日"，或"每日用鳝鱼一二条滴血，冲酒服，瘾小者吃四五十条，瘾大者吃百余条"。这些偏方效果如何，人们不得而知，但它们"既不费钱，又不伤人"，有裨于禁烟。⑤ 鸦片战争后，国门洞开，外来商品蜂拥

① 刘来甫：《勤劝化》，《万国公报》，华文书局股份有限公司影印本，第 4392 页。
② 《服烟救误》，《万国公报》，华文书局股份有限公司影印本，第 4954 页。
③ 《郭钦差奏禁鸦片稿》，《万国公报》，华文书局股份有限公司影印本，第 3902 页。
④ 顾长声：《传教士与近代中国》，上海人民出版社 1995 年版，第 47 页。
⑤ 《汇集戒烟片烟经验良方》，《教会新报》，华文书局股份有限公司影印本，第 767 页。

而入，其中也包括西洋戒烟药。教会报刊特为戒烟药大做广告，以期推进禁烟活动，如《万国公报》曾刊登上海老德记药房的一则戒烟药广告，"新到外国包戒洋烟白药粉，每英洋一元买药粉六十包。如烟瘾一钱大，每日服药一包半，三日后减半，以后逐日减服，减尽自能断瘾。倘瘾大者，照上还加。服药时用温水吞下，凉水亦可"①。这则广告包含了戒烟药的价钱、功效、服法等信息，为患者戒除烟瘾提供了方便。

3.1.2　教会报刊中的缠足陋俗

缠足是中国传统社会一大痼疾。它肇始于五代，发展于宋元，盛行于明清。"不知裹足从何起？起自人间贱丈夫。"②这是因"小脚女人不仅迎合了封建统治者与士大夫视女性为玩物的低级趣味，也有效地满足了封建男子的所谓'瘦欲无形，越看越生怜惜'，三寸金莲，'柔弱无骨，愈亲愈耐抚摩'的病态性意识和审美观"③。

缠足作为一种社会习俗，世代绵延不绝。由于女子"鲜有读书明理，率视缠足为不可少之举，积习相沿，牢不可破"。而"世人娶妇，不问妇德，先问女足，若使莲船盈尺，则虽德容兼备，必将指为大疵"④。娶妇者"既爱其残缺，愈残缺愈视为完全"，于是，养女者"自不得不肆其戕伐，愈戕伐愈见其培植"⑤。这样，缠足之风愈演愈烈，"于城市则染之较深，于乡曲染之较浅"⑥，不仅缙绅富贵人家女子裹足，而且里弄人家女子也裹足。

一般地，女子从小便开始缠足。她们在缠足过程中既要遭受肉体的痛苦，双足"用布紧裹，层层缝口，俨似火烧，酷如夹棍，以致皮肉腐烂，脓血淋漓"⑦；又要饱受精神折磨，"日夜痛楚，眠食俱废，难以解释，实为罪

---

① 《上海老德记药房告白》，《教会新报》，华文书局股份有限公司影印本，第3269页。
② 袁枚：《随园诗话》卷四，江苏古籍出版社2000年版，第87页。
③ 乔志强：《中国近代社会史》，人民出版社1992年版，第493页。
④ 贾复初：《缠足论》，《万国公报》，华文书局股份有限公司影印本，第16218页。
⑤ 高国光：《锦州劝诫缠足浅说》，《万国公报》，华文书局股份有限公司影印本，第23577页。
⑥ 《裹足论》，《万国公报》，华文书局股份有限公司影印本，第5364页。
⑦ 曹子渔：《缠足论》，《教会新报》，华文书局股份有限公司影印本，第833页。

孽，毕生无舒畅之心"①。因而，"伤身之事非一，而缠足为先。苦身之事非一，而缠足为甚"②。教会报刊揭示缠足之弊，害自己，害后人，害社会。首先是缠足束缚妇女行动的自由，因"两足骨肉已拆，最易倾跌，扶持需人，行动难以自便"③；其次是缠足影响妇女身心的健康，危害子孙后代的成长，因"裹足女人尝少走动，血气不舒，易生疾病，产子艰难，其身多软弱，故生子女亦少强壮"④；再次是缠足阻碍日常生产活动，"经营局厂，制造货物，虽男子之责，其需女工者亦不少"，而"缠足之人，惟有安坐家中，刺绣描花已耳"⑤；最后是缠足败坏社会风气，"娆娇体态，惹人眺视，致邪僻狂，且每生淫念"⑥。尽管缠足陋习危害深重，但为何仍在传统社会中苟延残喘？"一虑联姻之不合格，二虑亲友旁观之贬驳，三虑沦于奴婢之贱，四虑妯娌之藐视，五虑夫男之纳妾。"⑦

有人称"缠足是自古流传的风俗，妇女为了顺从礼俗，不得不缠"。《万国公报》指出："考中国古世，无论尧女舜妃，如娥皇女英者，绝无缠足之事。孔子以后，阅一千年，称妇女之装饰者，亦未闻兼及莲钩。降至李唐末造，始有此风。"⑧女子缠足虽是旧老习俗，但并非自古就有。也有人称"缠足乃妇德的体现，女子为了顺利出嫁，也不得不缠"。《万国公报》指出："中国妇人所重者三从四德，足之缠不缠，其细焉者也。女之所重在心之贤不贤，不在足之缠不缠。若不论心而论足，不揣本而齐末。"⑨女子之贤否在心而不在足。还有人称"妇女缠足可以更加艳美、娇娆，女子为助容貌，不得不缠"。《万国公报》指出："缠足始自五代之窅娘，窅娘乃乱世

① 德贞:《施医信录缠足论》,《教会新报》,华文书局股份有限公司影印本,第 826 页。
② 永嘉祥:《戒缠足论》,《万国公报》,华文书局股份有限公司影印本,第 18085 页。
③ 德贞:《施医信录缠足论》,《教会新报》,华文书局股份有限公司影印本,第 826 页。
④ 花之安:《自西徂东》,上海书店出版社 2002 年版,第 121 页。
⑤ 贾复初:《缠足论》,《万国公报》,华文书局股份有限公司影印本,第 16219 页。
⑥ 抱拙子:《厦门戒缠足会》,《万国公报》,华文书局股份有限公司影印本,第 6119 页。
⑦ 《天足旁论》,《万国公报》,华文书局股份有限公司影印本,第 19492 页。
⑧ 立德夫人:《缠足两说》,《万国公报》,华文书局股份有限公司影印本,第 15275 页。
⑨ 伉爽子:《缠足辨》,《教会新报》,华文书局股份有限公司影印本,第 882 页。

之尤物，生而足纤，非缠而使然。 世人惑焉，以为美足。"①这纯粹是颠倒美丑，混淆是非。 "华女天然双足，本极悦目，一经缠裹，即不足观。"②女子不但未因缠足而获得娇媚的效果，反而因缠足破坏了自然之美观。 更有人认为"妇女缠足之事，乃家庭小事，无关大体，亦可随众"。 《万国公报》指出："治乱之几系乎人心，人心之隐兆于风俗，人心风俗之原，政体之所由系，安有人心之惑、风俗之伦而与政体无关者乎？"③女子缠足不是涉及个人家庭的小事，而是事关世道人心的大事。 教会报刊的论争有助于人们澄清对缠足的模糊认识。

上帝造人，"无论男女，手足皆同"，但中国将"女子生成之善足，缠束紧扎欲其金莲尖小，殆嫌上帝造女子之足尚未尽善，当再加以矫揉之功而后全美"。 这本身就是违反上帝意愿、偏离人道精神的。 男女之别，"须其面别以形，雄其吭别以声"④，而中国女子却裹其足以示差别。 这是男权至上、男尊女卑思想的极致表现。 由是，《万国公报》等不遗余力地称赞不缠足者，"完天地自然之气，尽父母爱子之心；顺天之道，不夺于人工；循古之绎，不染于习俗"⑤，以鼓励女子放足。

如何革除缠足之陋俗？ 《万国公报》以为"凡百恶俗，皆由不学"，呼吁兴办女学，"务使人人知缠足为毁体、媚人之事，可耻可伤，互相劝导，则不禁自绝"；严禁官员之女缠足，"有缠足者，罪其父母，如此，则贵家皆不缠足，其缠足者，不编而自成贱籍"；号召士大夫立戒缠足会，"同志入会者，皆自戒其妇女，而互相稽查，违则斥出议罚"；要求工厂"所用女工不收小脚。 如此，则人人知缠足则觅食艰难，贫家必自戒"；请求"来华传教士定一教规，凡入教之家，皆放其足，悬为厉禁"⑥；开征缠足捐，"按户按口遍量，其足凡小三寸者，日捐钱三十文，足以五分递加，钱以五文递减；足大

---

① 《劝汉装女子遵古制》，《万国公报》，华文书局股份有限公司影印本，第1002页。
② 立德夫人：《缠足两说》，《万国公报》，华文书局股份有限公司影印本，第15276页。
③ 林寿保：《缠足论》，《教会新报》，华文书局股份有限公司影印本，第828页。
④ 林寿保：《缠足论》，《教会新报》，华文书局股份有限公司影印本，第828页。
⑤ 《劝汉装女子遵古制》，《万国公报》，华文书局股份有限公司影印本，第1003页。
⑥ 贾复初：《缠足论》，《万国公报》，华文书局股份有限公司影印本，第16219—16220页。

至五寸半，日捐钱五文，若至六寸，即可免捐。且每年编审一次，更改其册，更小者照数加捐，放略大者，照数减捐"，这样，"吝惜捐款之各妇女，咸思避重就轻，未缠足之足，不劝而自止"，达到"不禁而禁"之目的。① 为了减轻妇女放足之痛苦，《万国公报》也介绍诸多放足之法，如女子在白天行动时，"别以狭布两条（即如脚带之式），紧缠于脚踝之上，俾血止之流者较缓"，以免肿痛；夜间睡觉时，"脚已平伸，脚带便可全解"；放脚初始疼痛时，"以两手搓捺约一点钟，面又抹以膏油，使其略得滋润"②。这一切不仅减少了女子的痛苦，而且推进了天足运动。

3.1.3　教会报刊中的其他恶俗

赌博源于人类早期的娱乐游戏，后来演变成一种丑恶习俗。"先秦时期，博戏尚能留存些原始意味的娱情成分；到秦汉后，则完全演变成'戏而取人财'的赌博之技；南北朝时期，赌博之戏畸形繁荣；及至唐代，采选叶子戏（赌博的方式）在士大夫间颇受欢迎，风靡一时；宋元时，赌博已经由一种陋习发展到一种新兴行业，赌博业成为帝国的重要经济支柱；到了明清时期，赌博活动更加猖獗。"③这是因为"在社会文明程度并不发达的中国社会，除了一年当中屈指可数的几个节日外，几乎没有什么日常正当的娱乐方式，那么，对于一些数量可观的不甘寂寞的人来说，充裕的时间和一定的财力就为赌博的滋生和蔓延提供了条件"④。

晚清赌博花样繁多，传统的有麻将、骨牌、花会、牌九、白鸽票、赶绵羊、升官图、斗蟋蟀、放鹌鹑、抛骰子等，西洋的有扑克、彩票、奖券、赛马、轮盘赌等，可谓五花八门。晚清白鸽票从南洋传入后，流行各地，譬如在上海初始只有别发、望益等数家售白鸽票，后来售白鸽票"竟有四五十

---

① 《天足会陈词》，《万国公报》，华文书局股份有限公司影印本，第 19083 页。
② 立德夫人：《劝戒缠足丛说》，《万国公报》，华文书局股份有限公司影印本，第 19426—19427 页。
③ 徐凤文、王昆江：《中国陋俗》，天津人民出版社 2001 年版，第 139—140 页。
④ 梁景时、梁景和：《中国陋俗批判》，团结出版社 1998 年版，第 255 页。

家", "熙熙而来、攘攘而往者,日买万几"①。

好赌之人,流连赌场, "日夜酣战,眼目昏花,腰臂疼痛,元神疲极,伤在血气。 或夜深群息,艰得饮食,则忍饥忍渴,或兴高神倦,恣任口腹,则过醉过饱,其伤在脾。 或夏月蚊成阵而熏蒸,炎火之下受暑不觉,或冬天鸡报晓而奔驰霜露之中,冒寒可虞,其伤在肺"②。 总之,赌博使人耗精疲神、损身丧命。 天伦之乐,人之常情,然痴恋赌博者, "不谅亲恩,反成仇怨",借 "重债使高堂日夜愤郁",造成 "子不能婚,女不能嫁,使衣食艰辛,终身失所",赌博更使得夫妇之间 "动辄反目,甚有因废簪珥争愤投缳者"③。 赌博者不顾伦理道德, "一入赌场,遂成列数,百计打算,总是一片贪心,两相倾危,转生无穷恶念",于是, "手口眼眉尽是劫人之利匕,弟兄叔侄亦加巧陷之阴机"④,即便 "好友同场,亦俨如仇敌。 只管自己赢钱,那管他人破产"⑤。 这表明赌博毒化社会风气,破坏社会稳定。

赌博之害甚于水火,小至个人旷时废日、贻误家计,大到倾家荡产、妻离子散,甚至盗心顿起、危害社会。 这不仅引起了政府官员的重视,而且引起了教会人士的高度关注。 他们认为赌博盛行之因在于官员整饬不严,若 "有犯禁赌博之人,即行拘究;遇有包庇赌博之人,即行斥革;遇有开场聚赌之所,即行查封充公", "使赌徒无藏匿之区,地方无聚赌之所,巡丁差役无包庇之端,官吏缙绅无食铜之弊",则赌博 "不禁自禁,终而不禁自绝"⑥。 他们要求教徒须 "清心寡欲", "不得涉赌博之事。 倘入教而复蹈赌博,劝之不听则逐之出教,令他悔悟"⑦。

溺婴是中国传统社会的另一不良现象,且所溺多为女婴。 春秋战国时期,民间就有 "产男则相贺,产女则杀之"的事情;魏晋时已有 "盗不过五女

---

① 《赌风日炽》,《万国公报》,华文书局股份有限公司影印本,第 8138 页。
② 宋书卿:《录戒赌十则》,《教会新报》,华文书局股份有限公司影印本,第 667 页。
③ 宋书卿:《录戒赌十则》,《教会新报》,华文书局股份有限公司影印本,第 656 页。
④ 宋书卿:《录戒赌十则》,《教会新报》,华文书局股份有限公司影印本,第 647 页。
⑤ 《戒赌十条》,《万国公报》,华文书局股份有限公司影印本,第 7494 页。
⑥ 《论封禁赌馆宜绝其源》,《万国公报》,华文书局股份有限公司影印本,第 4814 页。
⑦ 花之安:《劝禁赌博》,《万国公报》,华文书局股份有限公司影印本,第 9030 页。

之门"一说;元代郑文和称"世人生女,往往多至淹杀"。 明清时,期溺婴已成风气,如无锡县"溺女成风,效尤日甚,甚至男孩亦溺"①。 晚清之时,溺婴之风愈演愈烈。 《万国公报》曾以《婴孩惨死》为题报道宁波"有烧化女婴事,观者数百人,惨气逼天,心胆几为之碎,挨身逼视,觉烟雾中,始则呱呱啼,继则吱吱叫,不一时皮骨俱焦,竟如一肉饼,即系石而沉之江"②。 这种残忍行为令传教士大为震惊。 他们细究其因,一是贫穷而无力抚养。 根据历史上的粮食产量估算,一个人须有 4 亩土地才能存活,而咸丰元年(1851)人均耕地仅有 1.78 亩。③ 这使得清末民众生活十分艰难。 于是,"荒歉之年,民间多弃婴不育,盖以米珠薪桂,度日维艰。 为父母者,自顾不暇,不遑顾及所生"④。 二是重男轻女思想的影响。 虽然男女皆是父母骨肉,但是传统农耕社会需要大量劳动力,民众"重男轻女"思想根深蒂固,"男孩子是父亲的期望,是母亲的理想,是祖父祖母的骄傲"⑤;相反,女孩则成为家庭的一种负担,这是由于女子长大出嫁时,父母得陪上一笔嫁妆。 因而父母溺杀女婴之现象便司空见惯了。 三是社会风气的缘故。 "近世多溺婴之俗,呱呱坠地,即付沉沦,习俗效尤,恬不为怪。"⑥这样,溺婴在人们眼里就习以为常了。 女婴出生后,父母"或以生育太多,厌而溺之;或以屡产皆女,忿而溺之",或"以养女需乳,不利速孕,急而溺之"⑦。

"天欲生之,人欲杀之,逆天者亡,杀人者死。"因而传教士在报刊中大力呼吁国人珍爱生命,并强调"今日之女,异日之母也。 今日生女之母,当年未溺之女也。 ……三代不育女者,其家毕绝。 盖使一人溺女,人咸效之,则人将无女矣。 人将无女,则人将无妻矣。 人将无妻,则人将绝矣"⑧。 这是从人类繁衍生命、生生不息的角度揭示出溺女行为的严重后果。

---

① 转引刘昶:《清代江南的溺婴问题》,《苏州科技学院学报》2008 年第 2 期。

② 《婴孩惨死》,《万国公报》,华文书局股份有限公司影印本,第 5033 页。

③ 梁景时、梁景和:《中国陋俗批判》,团结出版社 1998 年版,第 104 页。

④ 《灾区恤产保婴说》,《教会新报》,华文书局股份有限公司影印本,第 668 页。

⑤ 麦高温:《中国人生活的明与暗》,中华书局 2006 年版,第 233 页。

⑥ 《灾区恤产保婴说》,《教会新报》,华文书局股份有限公司影印本,第 668 页。

⑦ 余治:《戒溺女文》,《教会新报》,华文书局股份有限公司影印本,第 1122 页。

⑧ 余治:《戒溺女文》,《教会新报》,华文书局股份有限公司影印本,第 1123 页。

3.1.4　教会报刊错失历史机遇的原因

教会报刊揭露晚清社会陋习、倡导社会习俗改良，这在一定程度上推动了近代社会进步的步伐。晚清天足运动在教会报刊的推波助澜下亦如火如荼地开展，并取得显著成效，如山东济南府"城中之女人，不缠足者居多，不愿再缠其女之足者，常居多数"①。尽管如此，教会报刊在晚清社会习俗改良中却没有占据主导地位。究其原因主要有以下几个方面。

其一，"耶稣拯救中国"论调的迷失。传教士认为中国社会陋习的产生"不在于对未知事物以及新生事物的害怕与恐惧，也不在于对当今社会中的那些思想体系宗教般的依附，它是中华民族历史发展的必然结果。假如中国人改变了他们的思想观念，他们的行为肯定会做出相应的变化"②。因而，他们试图用上帝的福音去感化"异教徒"并清除各种陋俗。这样，教会报刊不遗余力地宣传"圣子耶稣之救世福音，不但合于拯救西国之用，亦合于拯救中国之用"③，也就是说只有耶稣才能拯救中国，只有信奉基督教才能革除中国社会的陋俗。"在中国历史上，多数时间里没有强大的、高度组织性的宗教，……儒家的伦理支配着社会价值体系。"④传教士欲以耶稣教义取代儒家思想，严重脱离了中国的国情。这使得教会报刊对晚清社会陋习的批判，既没有触及根本，也削弱了震撼力。

其二，殖民主义文化心态的作祟。传教士在殖民主义向全球扩张的大背景下来到中国，这使他们的言行不可避免地带有殖民主义倾向和文化霸权色彩，不可避免地站在殖民者角度审视中国社会。虽然部分传教士对中国文化抱欣赏的态度，但"从整体上说，面对中西文化之间存在的差异，近代传教士的态度是唯我独尊，排斥异端。近代的传教精神更多地体现出西方列强的殖

---

① 《天足会第十次之报告》，《万国公报》，华文书局股份有限公司影印本，第 24967 页。

② 罗斯：《变化中的中国人》，时事出版社 1998 年版，第 58 页。

③ 林乐知：《国运之盛衰在于教道》，《万国公报》，华文书局股份有限公司影印本，第 23791 页。

④ 杨庆堃：《中国社会中的宗教》，上海人民出版社 2007 年版，第 22 页。

民精神"①。 这使得传教士在倡导社会风俗改良时，"以救世主自居，把中国人视为'土著''异教徒''蛮族'，而要加以'驯化'或'改造'，对中国人的民族风俗和民族感情表现出粗暴的不尊重态度"②。 正如学者所言："传教士带着征服心理、施主的傲慢和种族偏见来布道，坚持自己有权挑战古老的风俗和权威，谴责传统的礼仪、信条和神明，剥夺异教徒的精神传统和文化身份，因此是一种明目张胆的精神侵略和文化帝国主义。"③这种傲慢心态与殖民态度削弱了传教士在晚清习俗改良中的作用。

其三，"西方中心论"的偏见。 工业革命尤其是资产阶级革命后，西方社会突飞猛进，资本主义制度确立，自由民主理念传布，这样，"西方中心论"便油然而生。 "西方中心论"是一种世界观，认为西方有着固有的优越性，无论过去还是现在抑或将来，西方都将占据世界中心。 因而，传教士往往在特定的思维框架中预设评判标准，自觉或不自觉地用西方标准来考量中国的陋习。 诚如学者所云："他们的眼睛里嵌着自身历史文化的瞳孔，因应着当时当地不同的现实需要，故此对于中国的反映有真实的一面，也难免有变形、歪曲的一面；有受其社会文化心理需求左右、优先摄取或夸大反映的部分，也有视而不见、充耳不闻的盲点。"④这种聚焦点的偏差使得传教士在审视晚清社会陋习时以偏概全，在倡议改良陋习时以西化中，从而使得其改良方案无法获得国人的认同，遂被排斥在时代洪流之外。

3.2 清季胡仿兰事件再研究

1907 年江苏北部沭阳县发生的"胡仿兰事件"，震惊全国，舆论哗然。

---

① 孙江：《十字架与龙》，浙江人民出版社 1990 年版，第 82 页。

② 严昌洪：《20 世纪中国社会生活变迁史》，人民出版社 2007 年版，第 475 页。

③ John K. Fairbank, The Missionary Enterprise in China and American, Harvard University Press, 1974, p36.

④ 麦高温：《中国人生活的明与暗》，中华书局 2006 年版，"西方的中国形象"译丛总序，第 2 页。

"胡仿兰事件"发生后,"士大夫为之揭橥,各新闻记者为之评议,大吏为之伸雪"[1]。偏僻之乡,一女子之死为何掀起如此波澜?各方势力如何介入该事件并展开激烈的话语争夺?尽管学界对此案做了一些研究,但仍有待于进一步深入探究。[2]

3.2.1 事件详由

胡仿兰原为沭阳县西乡胡家圩人,后嫁与本县上马台地方徐嘉懋之子徐沛恩。胡仿兰之舅胡轼钧毕业于上海东城师范学校,时常从沪上买一些"洋书"带回家阅读,在其舅的潜移默化下,胡仿兰也非常喜欢阅读这些"洋书"。后"因海上书报流传各地",胡仿兰遂用其平时积蓄购买了《瀛环全志》《西洋历史》暨算学、物理、修身各教科书等,还订购了《时报》《汇报》《东方杂志》及各种白话报等,每有空闲,便"殷勤翻阅"。徐家"虽坐拥厚资,良田遍野,然翁不知报为何物,姑不知书为何物",嗤笑胡仿兰"津津读洋书,顾欲从洋教耶",胡仿兰也由是未得"翁姑之欢心"。

虽然胡仿兰身处乡村,但其志向高远,"平时以振兴女学为己任,恒谓欲兴女学,必除女害,除害必自放足始"。她不仅自己带头放足,还"时时以天足丛书等劝导戚族姊妹",其妯娌及眷属也跟着放足。这可惹恼了徐家人,他们"疾首痛心,若负大仇,既以氏之放足为家道不祥,愈以氏之劝人放足为妖言惑众,且谓合邑不放足而氏独放足,惹人笑骂,未免辱及祖宗,更以氏足既放,其所生之女必不缠,而其子尤不娶缠足之女,谬种流传,必至祸延孙子"。在徐家人眼里,女子放足不仅给家族带来不祥与耻辱,而且会影响到下一代,祸及子孙,于是杀机渐萌。徐家人"始则阴谋暗算,欲用桎梏主义,驱使豪奴悍仆硬将放足复缠,继则以缠其足无以缠其口,缠其身未能缠其心,一变桎梏主义为鸩毒主义,阴谓斩草不如除根,今日稍留怪因,它日仍

---

[1] 《宋观察康复致江苏教育总会书》,《申报》1907年7月13日,第十版。

[2] 杨念群:《从科学话语到国家控制——对女子缠足由"美"变"丑"历史进程的多元分析》,《北京档案史料》2000年第4期。夏晓虹:《从新闻到小说:胡仿兰一案探析》,《中国文化》第17、18期。鞠萍:《从胡仿兰案看清末女性放足与兴女学运动》,《华中师范大学研究生学报》2007年第3期。

成恶果"，遂决心痛下毒手。①

1907 年 4 月 20 日，徐家人将胡仿兰锁入房中，给以鸦片，"令其自裁，不予饮食者四日"。徐家一位女仆偷偷告诉胡家，胡家速派轿子来接，却为公婆家所阻拦，且放言"只能抬死的回，休要想活的返"。胡家无计可施，"以为翁之主动权在姑，姑苟离家，则翁焰稍熄"。而婆婆有位兄弟住在县城，胡家怂恿婆婆之兄弟接其往城，以缓和紧张局面，但婆婆以"吾大事未果不往城"为由回绝。这样，胡仿兰"如孤军围坐城中，粮绝水枯，救援路断。纵能稍缓须臾，终难赊欠一死；与其饿死之缓，不如药死之速"，便饮药自尽。②

"胡仿兰事件"之所以发生，与沭阳当地的历史文化背景有着很大关系。首先是"沭阳地居淮北，风强悍俗，伊古以来号称难治"③。缠足是中国古代社会的一项陋习，也是封建统治者和士大夫病态心理和畸形审美观的体现。后来，缠足陋习在民间广为流传，蔚然成风。清末不缠足运动兴起，当时沭阳"风气闭塞，妇女皆以足小为美观，否则必贻翁姑讪诮、丈夫厌弃"④。其次是当地士绅群体弱小。众所周知，科举功名和退休官员构成地方士绅的主体。沭阳天足会会长吴铁秋在致江苏教育总会书中云："沭阳三十年无科第，五十年无仕宦，捐纳虚衔而无实官，读书有授徒而无游幕，以故沭阳有董而无绅，实则有民而无士。"⑤后来他在沭阳教育会演说中提到当地读书人不多，不及总人数的三分之一。⑥ 这使得清末沭阳士绅群体十分弱小，无法在地方社会中发挥重要作用。再次是民众观念落后保守。沭阳民众在"八股时代不读仁在堂、目眄斋以外之书，科举时代直以停科举、立学堂为不祥之事。既以出门旅学为冒险，复以立社阅报为异端，不求其颠，不讯

---

① 《江苏教育总会接沭阳宋观察敦甫来函》，《大同报》第 7 卷第 17 期，1907 年。
② 《江苏教育总会接沭阳宋观察敦甫来函》，《大同报》第 7 卷第 17 期，1907 年。
③ 《沭阳吴君铁秋致教育总会书》，《申报》1907 年 5 月 20 日，第 26 版。
④ 耿文田：《沭阳胡仿兰女士传略》，《申报》1926 年 4 月 13 日，第 3 版。
⑤ 《沭阳吴君铁秋致教育总会书》，《申报》1907 年 5 月 20 日，第 26 版。
⑥ 《吴铁秋对于沭阳教育会演说稿》，《竞业旬报》第 11 期，1908 年。

其末，一闻未闻、见未见，辄曰此洋教、此洋教，吾中国堂堂大邦而为此乎？"①最后是地方官员昏庸无能。虽然清末新政废科举、兴学堂，但"沭阳办学堂，非为培养人才、开文明而办学堂，直为地方官考成计而办学堂"。当时沭阳县学训导一直未到任，唯有年逾六十教谕一人滥竽充数，"不知旧学问为何物，其于新学识可知矣"。"历任长官蒙蔽于上，尸位学师蔽障于下，使村学究愈得有所借口，而生父兄子弟无穷进化之阻力"。吴铁秋直言："沭阳之败坏，不败于官师之手，吾不信也。"②

此外，徐嘉懋夫妇虐杀胡仿兰，这与传统女性的家庭地位有着莫大关系。传统伦理纲常使得妇女成为男人的附庸，通过婚姻形式可实现附庸关系的转移。"婚姻的完成意味着对妇女的身体及劳役控制权力由原来的生父转到另一个男系家庭手上。"此时，妇女"身份类似外来的'闯入者'，对于男系的宗法稳定造成一定程度的威胁"，因而控制女性的身体成为男人不二的选择。③而胡仿兰亲自放足并想进学堂，冲击了男系宗法家庭的稳定，致使徐家人对其痛下毒手。根据李埙报告书，1907年春，两江女子师范学堂招生，胡仿兰想去报考，遭到婆家的阻拦而未成，而她"励学之心益切，翁姑以为该氏洋教之心始终不渝，一经入学未免有玷祖宗，而死氏之心乃于此决"。胡仿兰知道徐家人欲对她下毒手，"遂将平时所阅书籍陆续带回兄家，翁姑以氏既能将书带回，将来必自行潜逃，祸患莫测"，不如早下毒手。④

3.2.2 各界反响

"胡仿兰案"发生后，江苏道员宋敦甫来到沭阳督办河务工赈，获悉此事，大为震惊，觉得"此事于女界前途关系甚巨"，而"沭人非独不以女士之死为无辜之冤，反谓因放足而死有应得之咎"，乃"备叙始末，分布各处，为女士伸雪"⑤。《申报》《时报》《大同报》等竞相报道胡仿兰惨死之情，舆

---

① 《沭阳吴君铁秋致教育总会书》，《申报》1907年5月20日，第26版。
② 《沭阳吴君铁秋致教育总会书》，《申报》1907年5月20日，第26版。
③ 柯惠玲：《近代中国革命运动中的妇女》，山西教育出版社2012年版，第95页。
④ 《淮徐海留沪学界公推调查员李埙报告书》，《申报》1907年7月22日，第10版。
⑤ 《女士放足被逼毙命骇闻》，《申报》1907年6月14日，第11版。

论一片哗然，世人为之震惊。

"胡仿兰事件"被曝光后，两江总督端方对此颇为重视。他认为胡仿兰之行并无不合之处，其翁姑所为"形同故杀"，且"自有此事，沭民谓放足得罪翁姑而死，相率以放足为戒，而凡为翁姑者，益将恣肆悍戾，无复人理，实为风俗之患"。想要打破此类积习痼弊，"非令其荷校，游示城乡，榜之通衢，不足警动国人之耳目而使之开化"。如果有功名之人参与此事，"亦应详革究办"。在清朝廷之大员中，端方稍具开明意识，积极推行新政。为此，他饬令沭阳知县查明胡仿兰"如何身死，有无他故，抑实系因放足殒命"①。

清末民间团体尤其是江苏教育总会和上海天足会则围绕此事大做文章，并为此展开激烈的话语权争夺。它们都想利用此事来控制话语的走向，借此扩大自身的社会影响，进而寻找切入地方社会的契机。

江苏教育总会始于1905年张謇、沈孚恩、黄炎培等人在上海组建的江苏学务总会，以"专事研究本省学务之得失，以图学界之进步，不涉学界外事"为宗旨。② 江苏教育总会在得到宋敦甫有关"胡仿兰事件"的详细报告后，立即把报告递交给两江总督端方。它在致两江总督端方书中指出，"尊长凌虐卑幼至死律有明文"，要求严惩徐嘉懋夫妇，并声称"不意同在吾帅景风淑气之中，而尚有此黯雨愁云之惨"，以突显此事件性质的恶劣，来博取上层社会的关注；同时又质问"宰斯邑者何以亦毫无惩创，而尚待学界之报告"，"岂地方官亦以为妇固宜死而嫉视此妇"，对地方机构的干预能力提出怀疑；进而认为胡仿兰不是死于徐家人之手，而是死于众人之手，由于"乡愚不识字者众，尤鲜与上等社会交接"，"顽固士绅嫉视一切新政，而以为甚于洪水猛兽"，因而"嫉视伊妇提倡放足，以为妖言惑众"，其结论是"普通教育之消亡，其流毒乃至此极"③。

江苏教育会将"胡仿兰之死"置于兴办新教育这一"国事"话语之中，

---

① 《江督饬究女士放足被逼毙命案》，《申报》1907年6月25日，第2版。
② 谷秀清：《清末民初江苏省教育会研究》，广西师范大学出版社2009年版，第39页。
③ 《江苏教育总会致江督端午帅书》，《申报》1907年6月26日，第4版。

"一方面固然与教育习惯从教育方面问题有关,另一方面则在于为介入其中提供一个合法合理的借口"①。它强调"此事关系江北女学前途,非同个人生命可比",并借胡氏之口云"死不足惜,惟念创兴女塾之志未就"②,请求两江总督端方"罚徐氏巨资建设女学,即名以女士之名"③,意在利用"胡仿兰事件"来扩大新式教育的影响并借此强化自身的话语权力。

胡仿兰案发生后,当地"人士横加徐氏应得之咎,即誉该翁姑有正俗之功",保守势力的愚昧不化仍是社会进步之绊脚石,由是江苏教育总会感叹"而今而后,将沭阳之为翁姑者,皆有强死其儿媳之权;为儿媳者,皆有将屈死于翁姑之手","中国女界与人种,其不长此柔弱者几希"④。这样,胡仿兰案件不再停留在简单的抗争与进步的追求层面,而是提升到强国保种之高度。

"胡仿兰事件"不仅引起了江苏教育总会的关注,而且同样引起了上海天足会的注意。1895年传教士创办上海天足会,立德夫人出任会长,"以苦劝中国女子不缠足为宗旨"⑤。上海天足会从报章获悉此事后,一方面上书两江总督端方,斥责"徐嘉懋夫妇狠心蔑伦,忍施毒手",另一方面又称"斯事倘传布外洋,必遗西人笑柄,且恐举天下闻之,无男无女,无复敢昌言天足事""于天足会进步大有阻碍,伤匹妇之心其事小,阻进化之风其害大",要求"立檄徐嘉懋夫妇到案彻究,从严惩罚",并"颁发匾额,旌表徐胡氏",以慰冤魂而资开化。⑥此后,上海天足会拟通过开特别大会,将胡仿兰事迹列入天足会季报,"更演成戏剧,付诸梨园,以为永远之纪念","使下流社会群知女界文明有女士其人者,足资本观感"。然而,当江苏教育总会在上两江总督端方书中要求"上海天足会及各处不缠足会应开追悼会以增女界之价值"时,上海天足会却为了争夺话语的控制权而拖延举行,并向江苏教育

---

① 谷秀青:《清末民初江苏省教育会研究》,广西师范大学出版社2009年版,第148页。
② 《淮徐海留沪学界公推调查员李埌报告书》,《申报》1907年7月22日。
③ 《江苏教育总会致江督端午帅书》,《申报》1907年6月26日,第4版。
④ 《江苏教育总会接沭阳宋观察敦甫来函》,《大同报》第7卷第17期,1907年。
⑤ 《天足会缘起并开会办始末纪要》,《天足会报》1907年第1期。
⑥ 《沈仲礼观察上江督端午帅书》,《申报》1907年6月27日,第3版。

总会发难道，"女士事实调查未确，大都得之传闻，倘率尔开会登坛演说，无所凭倚，何能慨平言之以动听众"，且"仅得女士死事之惨状，未得女士身后之荣旌，则令听之者徒增悲愤之心，莫识劝惩之实，恐与天足前途大有影响"①。 我们可以说追悼活动实际上是一种利用"死者"的手段，正因为"死者"在某种程度上成为重要的政治资源，于是两个派别之间才发生了这种控制"死者"的争夺。

众所周知，清末的反缠足运动大多由社会精英发起，且处于精英空言鼓动的状态，缺少强有力的控制手段，因而很难在社会中扩张势力。② 天足会此时利用"胡仿兰事件"正式建立起与官方的联系，从而使反缠足运动制度化、合法化。 在官方势力的参与下，天足会把纪念胡仿兰的行动演变成一场声势浩大的反缠足运动。 1907 年 5 月，苏州天足会召开追悼会纪念胡仿兰。8 月，苏州天足会会长谢长达偕同潘韬芬、王季常来到沭阳筹备纪念胡仿兰追悼会。 8 月 25 日，在官方的大力支持下，纪念胡仿兰追悼会在沭阳山西会馆隆重召开，与会者达四五百人，县令俞夒拊及其夫人蔡华娟和女儿俞漱芳、俞沁芳也到会，"诸女士登台演说，委婉剀切，闻者鼓掌"。 天足会趁势于次日在当地召开放足大会，"来宾愈众"，于是沭阳这样偏僻的地方，在"得二三女杰现身说法"之后，人们"耳鼓脑筋，经一番震荡，长一番智识"③。

天足会也从国族视角解读"胡仿兰事件"④。 时人曾在《天足会报》撰文，直言胡仿兰事件不但折射出当时社会之保守，"吾国内地之不开通如是，吾国内地不开通之女子且残忍如是，吾国之人牢守习俗而不易变化乃至如是"；也凸显出人性之冷漠，"胡之翁姑夫子与夫邻里戚党等诸人，岂非所谓凉血无脑之人？ 岂非与非澳等洲之野蛮无教化之人同其心性乎？"更关系到

① 《天足会沈仲礼观察致宋敦甫观察书》，《申报》1907 年 7 月 31 日，第 12 版。
② 杨念群：《从科学话语到国家控制——对女子缠足由"美"变"丑"历史进程的多元分析》，《北京档案史料》2000 年第 4 期。
③ 《沭阳追悼会纪事》，《申报》1907 年 10 月 25 日，第 12 版。
④ "国族"是一个近代以来在欧洲形成，此后被广泛使用的概念。它是农业社会向工业社会过渡的产物，构成了现代性的根本因素。（朱新春：《对民族概念的一些思考》，《现代国际关系》，2019 年第 11 期）

"吾国前途之进步", "实不知为吾国前途增几许恶梦"①。

3.2.3　积极影响

胡仿兰被翁姑虐毙后,各界人士纷纷声讨。 宋恕曾赋诗以志悼念, "谁道神州是专制,舅姑威重辟为轻"; "孔妻孟母皆天足,惨俗无关宋以前"; "世间多少徐家妇,万鬼啾啾竟孰怜"!② 后人也作诗文凭吊, "痛女界千年桎梏,轮到侬身,岂甘终缚;提倡新机,同胞共享自由福,祛除浇俗"③。 江苏教育总会既痛斥徐嘉懋夫妇的卑劣行为, "苟论其罪状,灭私德则不恩,背公理则不仁"④; 还指责 "沭阳人士风气闭塞,尚以为妇死固宜,丧心病狂"⑤。 胡仿兰与其丈夫徐沛恩结婚十多年,生一子二女, "伉俪无他嫌"。 胡仿兰在临终绝笔中自云: "过徐门已近十载,虽不贤,亦无大过。"⑥然而,徐沛恩在这场惨案中 "忍心割爱,直任其父母施此残酷之手而不略加谏阻", "专以顺亲为尽职,不能会小杖受大杖逃之义",以求免徐氏之一死。⑦

如何处置 "胡仿兰事件"中的徐嘉懋夫妇? 社会各界众说纷纭。 中国传统 "以礼立法",造成 "法律儒家化"。 传统法律讲究按照身份秩序的差等对待,依照贵贱、尊卑、长幼、亲疏的差异来决定罪行有无及其处置方式,⑧ "翁姑杀子妇,在律无死理",在人们看来, "薄惩实不足以示儆,且于社会无大益"。 徐家在当地颇为富有,家中资产值数万金。 江苏道员宋敦甫以 "沭阳视财产重于生命"为由,主张从重处罚,罚没其资产来创办公益事业, "既可以垂诫他人,亦以慰女士未竟之志"。 当时比较适合作为公益事业创办的有两项:女学和不缠足会。 办不缠足会不需要这么多钱,仍以设女学为

① 《沭阳胡女士事关中国进步说》,《天足会报》1907 年第 1 期。
② 胡珠生编:《宋恕集》,中华书局 1993 年版,第 887 页。
③ 《吊沭阳胡仿兰女士》,《申报》1912 年 5 月 28 日,第 2 版。
④ 《江苏教育总会接沭阳宋观察敦甫来函》,《大同报》第 7 卷第 17 期,1907 年。
⑤ 《江苏教育总会致两江总督端午帅书》,《申报》1907 年 6 月 26 日,第 4 版。
⑥ 《沭阳徐氏夫妇临终绝笔》,《申报》1907 年 7 月 24 日,第 3 版。
⑦ 《江苏教育总会接沭阳宋观察敦甫来函》,《大同报》第 7 卷第 17 期,1907 年。
⑧ 黄金麟:《历史、身体、国家:近代中国的身体形成》,新星出版社 2006 年版,第 94 页。

较妥,至于"罚金数目应由沭阳县与本县绅士酌议"①,徐嘉懋也"以此案一日不结,则身家一日难安",向沭阳县令俞夒拊提出"情愿捐出田五顷,为女士开办学堂"②。据查,徐家当时有"田亩三十余顷,时值五六万金,而其呈验契券为数仅十七顷,只及其半",而沭阳县令俞夒拊在罚没其家产时未派人清查,同时徐家通过动用关系,只罚了三四千贯,便"含糊了事,未予深究"③。江苏教育总会根据苏州天足会会长谢长达的报告,上书两江总督端方,指出"罚产徒有其名,兴学尚难为继",考虑到徐嘉懋夫妇年事已高,不能不稍留赡养之资,由官府秉公酌断,保留若干作为赡养之资,其余充当办学经费。④

怎样表彰胡仿兰以伸张正义、唤醒民众? 传统中国,朝廷通过旌表妇女,维系伦理道德,巩固社会秩序。众所周知,朝廷旌表妇女以"贞孝节烈"为衡量标准,显然胡仿兰达不到要求,但其"读书报,知大义,遵王制,革陋俗,百折不回,至死不悔",与杭州八旗女子惠兴所为颇为相近,于是江苏教育总会提请两江总督援引惠兴受旌表之例,请求朝廷旌表胡仿兰。上海天足会则请两江总督端方"书匾旌门""以从观听而维风俗"⑤。事后不久,两江总督端方便下令"予以匾额,为之表扬"⑥。然而上海天足会会长沈仲礼认为徐嘉懋夫妇在地方已身败名裂,人们咸以为其怙恶成性,"倘奉宪台赐之匾额,送至伊家,亦徒增伊夫妇之恶感",不如等将来女学堂成立,"悬匾其中,以资观感,庶足以慰幽魂而伸公愤"⑦。

胡仿兰在绝笔中特别提及兴办女学和保护女儿两件事,"念创兴女塾之志未就,女儿又小,将来必致缠足"⑧。在官府的督促和民间的推动下,1908年胡仿兰女学堂在沭阳正式创办。胡仿兰毙命后,其3岁女儿被携归母

---

① 《宋观察康复致江苏教育总会书》,《申报》1907年7月13日,第十版。
② 《批准胡仿兰女学》,《天足会报》1908年第1期。
③ 《沈仲礼观察上江督端午帅禀》,《申报》1907年10月7日,第19版。
④ 《江苏教育总会上江督端书》,《申报》1907年11月12日,第12版。
⑤ 《宋观察康复致江苏教育总会书》,《申报》1907年7月23日,第10版。
⑥ 《江督褒扬徐氏妇因放足被逼毙命案》,《申报》1907年7月24日,第3版。
⑦ 《沈仲礼观察上江督端午帅禀》,《申报》1907年10月7日,第19版。
⑧ 《沭阳徐氏夫妇临终绝笔》,《申报》1907年7月24日,第3版。

家。 江苏道员宋敦甫鉴于徐家人顽固保守，提议胡仿兰之女由其母家人抚养教育，以免遭其祖父母之虐待。①

清末，天足运动解放妇女身体，兴办女学则启蒙妇女思想，二者相辅相成。 尽管江苏教育总会与上海天足会在"胡仿兰事件"上争夺各自的话语权，但双方又并肩作战，互为奥援。 江苏教育总会在上两江总督端方书中指出，"风气开通之郡邑，习俗渐见转移；而内地锢弊之区，官府之文告既病其艰深，社会之演说或疑为萎琐，……使四万万人半为无足之民"②，突出天足运动的受阻在于教育的停滞与观念的落后。 而上海天足会会长沈仲礼在上两江总督端方书中直言，"风化初开，发起不易，往往文明教育一触顽固之脑筋，辄相龃龉，……（胡仿兰事件）伤匹妇之心其事小，阻进化之风其害大"③，强调文明教育与社会进化唇齿相依。 它们试图在兴女学与反缠足之间构建桥梁，"望女教育之进步，以默化缠足者之脑筋，而变为天足思想之感觉"④，从而推进妇女自身的真正解放。

1907 年"胡仿兰事件"实质上是"新"与"旧"之争。 以江苏教育总会和天足会为代表的进步势力，以胡仿兰之死为契机，大力倡导兴办女学，积极推行天足运动，沉重打击守旧势力。 以地方官员和顽固士绅为代表的保守力量，在"胡仿兰事件"中，"不以女士之死为无辜之冤，反而谓因放足而死为应得之罪"⑤，徐嘉懋夫妇勾结官府，隐瞒财产，逃避惩罚。 为此上海天足会会长沈仲礼直言此案关系到沭阳县令的名誉，呼吁两江总督端方彻查彻究。⑥ 在这场斗争中，进步势力既得到了舆论的支持，如《申报》《时报》《大同报》等相继报道胡仿兰案件，社会反响强烈；也得到了官方的认可，两江总督端方在接到各方报告后，迅速批示严惩并"予以匾额，为之表扬"⑦。

---

① 《宋观察康复致江苏教育总会书》，《申报》1907 年 7 月 23 日，第 10 版。
② 《江苏教育总会致两江总督端午帅书》，《申报》1907 年 6 月 26 日，第 4 版。
③ 《沈仲礼观察上江督端午帅书》，《申报》1907 年 6 月 27 日，第 3 版。
④ 《沭阳胡女士事关系中国进步说》，《天足会报》1907 年第 1 期。
⑤ 杨味西：《徐烈妇逼死之冤》，《天足会报》1907 年第 1 期。
⑥ 《沈仲礼观察上江督端午帅禀》，《申报》1907 年 10 月 7 日，第 19 版。
⑦ 《江督褒扬徐氏妇因放足被逼毙命函》，《申报》1907 年 7 月 24 日，第 3 版。

官方的态度对"胡仿兰事件"的最终处置具有决定性影响。 清末兴学放足既是社会进步的体现，也是历史发展的必然。 "胡仿兰事件"以及围绕该事件爆发的新旧之争，对于清末民初的"兴学""放足"运动起到了积极的推动作用，并直接影响了一批以此为题材的文学、戏剧等艺术作品的诞生，对于民间文化生活与风俗习惯的改良也有十分深远的影响。 后人耿文田在《沭阳胡仿兰女士传略》中强调"女士以提倡文明被迫而死，是死于暴悍，实为文明殉身也。 今地方女学寖兴，饮水思源，皆女士一身所赐"①。 于是，以胡仿兰为原型的戏剧与小说纷纷涌现，如1908年的剧本《沭阳女士》、1909年蒋景缄的短杂剧《足冤》与南武静观自得斋主人的小说《中国之女铜像》。

3.3 晚清新政时期乡民毁学述论

20世纪初，清政府为了摆脱日益严重的社会危机，挽救岌岌可危的专制统治，宣布实行"新政"，推行一系列改革措施，在文教方面集中表现在废八股、变科举、兴学堂方面。 随着清政府《钦定学堂章程》和《奏定学堂章程》的颁布，全国各地出现了一股兴学热潮，尤其是在1905年清政府宣布废除科举制度之后，人们竞相捐款办学，甚至出现人力车夫、孤寡遗孀等捐款兴学的现象。 然而与此同时，全国各地也出现了一股毁学暗流，乡民捣毁学堂的事件层出不穷。 这种现象颇耐人寻味。

由于乡民文化水平普遍低下，他们对新政举措不甚了解，遂"因疑生忌，因忌生恨"，捣毁学校、殴打警卒之事，"司空见惯，层出不穷"②。 1904年江苏无锡发生毁学事件，接着山东的沂州、江西的乐平、四川的夔州及广东等地皆发生乡民毁学事件。 关注时务的《东方杂志》惊呼，"自无锡毁学之事起，四川、江西旋有毁学之事，今则广东毁学之事又见矣"。 这些地方

---

① 耿文田：《沭阳胡仿兰女士传略》，《申报》1926年4月13日，第3版。
② 丁守和主编：《辛亥革命时期期刊介绍》第四册，人民出版社1986年版，第265—266页。

毁学，"考其原因，无非为抽捐而起"①。 民众"观于无锡、广安之暴动，以抗捐为惯习，尤而效之"②，于是毁学风波迭起。 1905 年 8 月，江苏如皋石庄镇因布匹改为统捐，乡民疑为兴学之故，两月之内迭起毁学风潮。 1906 年 7 月，直隶灵寿、平山两县数千百姓因"愤学堂捐，复将两县所设学堂焚烧"③。 同年 9 月，安徽歙县罗凤藻等人创办学堂，谣传将抽人口捐、米捐、菜子捐、牛猪捐等，民众于深夜捣毁学堂。④ 1910 年毁学事件更是发展到顶峰，全国各地接连不断，有案可查的就达数十起，"自正月内江苏宜兴县乡民误会调查户口始以调查员皆学界中人也，于是群起捣毁学堂"，由是"湖南饥民焚毁巡抚衙门，并及学堂；浙江之慈溪、绍兴、严州、台州、处州、嵊县、奉化、长兴，江苏之太仓、东台、镇江、扬州、淮安、海州或焚毁十余校或焚毁数十校，而直隶之易州，安徽之怀宁，广东之连州，无不有毁学之事"⑤。 尽管各地乡民的毁学都有各自具体的原因和不同的特点，但概括起来说，这些毁学大致可以分为四类。

第一类是户口调查触发谣言，从而导致毁学。 调查户口是清政府新政的一项活动，也是中国历史上第一次具有现代性的人口统计，其目的在"使他日编订宪法、组织议会、颁布自治制度之际，预核全国人民，厘定选举区，划分自治制，具权利能力者几何人，应负担义务者几何人，服役兵事者因是而定其额，征收国税、地方税因是而剂其平"⑥。 然而乡民却对户口调查怀有强烈的猜疑心理，于是各种流言蜚语便在社会中迅速蔓延开来。

乡民仍沿袭反洋教思维惯性，疑调查户口为洋人所指使。 如江苏宜兴因清查户口而流行谣言，"谓将人名造具清册，售与外人作海中造铁轨三千里下桩之用，以致扰动乡民"，又"以清查造册诸人，大半为学堂教习"，于是

① 《毁学果竟成为风气耶》，《东方杂志》第一年第十一期，1904 年。
② 《破坏学堂匪徒之何多》，《东方杂志》第一年第九期，1904 年。
③ 刘大鹏：《退想斋日记》，山西人民出版社 1990 年版，第 153 页。
④ 存萃学社编：《辛亥革命资料汇集辑》第一册，（香港）大东图书公司 1980 年版，第 165 页。
⑤ 蒋维乔：《论宣统二年之教育》，《教育杂志》第三年第一期，1911 年。
⑥ 《清查户口问题》，《东方杂志》第四年第四期，1907 年。

"群集学堂，将书籍仪器等物，聚而焚之，教习学生，同被殴辱"①。 而浙江湖州也因调查户口而导致巫师造谣惑众，"言查去之户口，系卖与洋人作海塘打桩之用"，并称查去之户口若不从速收回，乡民必将死尽，真是危言耸听，乡民深信不疑，遂把学堂捣毁。 江苏如皋也有调查户口风波，乡民因调查人员询问生辰而心生疑虑，继因某户死人而谣言四起，"谓学堂将八字卖与洋人，群谋毁学"②。

因新政不断扰民，乡民们更怀疑调查人口是朝廷为日后抽人丁捐、兵役税而耍的花招。 江苏震泽县梅堰镇乡民以为地方自治局调查人口是为了抽收人丁捐，因而聚众与调查户口之绅士为难，继而拆屋毁学，伤及无辜。③ 编钉门牌本是调查户口过程中的一项活动，但它却引发了民众无限遐想。 如广东连州乡民因疑编钉门牌为筹办人捐而毁学。 调查户口、编钉门牌本与学堂毫不相干，只因参与调查者大多为学堂中人，乡民遂把学堂当作打击的靶子，毁学之事就顺理成章了。

第二类是改庙宇为学堂，乡村旧俗受到冲击，加之乡民利益受损，这自然引起一些乡民的强烈不满。 自戊戌维新后，改寺庙为学堂蔚然成风。 新政兴起后，移风易俗日益开展，毁庙兴学更成风气。 各地兴办学堂大多利用庙宇或祠堂为校舍，并挪用庙产等钱财作为办学经费。 这种情况在江苏非常突出，以吴县、江都、高邮、南通、邳县、阜宁 6 地为例，学堂所占用的寺庙在各地寺庙中的百分比分别为 67.8%、50%、78%、100%、30.9%、71%。④ 这样一种直接冲击和破坏乡村信仰系统的举措自然激起民众的不满和反对。 乡民因维护迷信旧俗而毁坏学堂之事屡见不鲜。 如江苏江都梁垛场发生毁学之事"则缘改佛寺为学堂，乡民不悦而起"⑤。 安徽怀宁毁学是

---

① 《常州毁学》,《教育杂志》第二年第三期,1910 年。
② 《江苏如皋县乡民滋事》,《东方杂志》第七年第八期,1910 年。
③ 《毁学类志》,《教育杂志》第二年第四期,1910 年。
④ 王树槐:《中国现代化的区域研究:江苏省》,(台湾)"中央研究院"近代史研究所 1984 年,第 210—211 页。
⑤ 朱有瓛主编:《中国近代学制史料》第二辑(上册),华东师范大学出版社 1987 年版,第 226 页。

由于乡民认为"以神庙作学堂，于神像不利"①。浙江慈溪乡民因学堂设在永明寺内，屡有啧啧怨言，乃借迎神赛会之机捣毁学堂。② 直隶易州乡民因天旱进城求雨，发现城中寺庙的佛像被自治局毁坏，怒不可遏，便焚毁自治局、中学堂等房屋百余间。③ 常熟教员赵半部借用圆应庵，将佛像迁移，乡民闻之，将校具捣毁。④ 浙江余姚乡民举行神会，遭当局禁止，参加神会的乡民乃抬神像入城，烧毁绅商房屋，并捣毁几所新办学校。⑤ 由于宗族祠堂是乡民的思想和精神的集散地，是他们寄托对祖先的哀思与商议地方公共性事务的重要场所，而当祠堂被改为学堂时，乡民担心祠堂将被学堂长期占据，遂采取激烈的毁学手段。譬如浙江处州宣平乡民"疑祠宇将为学堂所占据，遂有焚毁黑板、封闭祠门之举"⑥。

乡民与学堂之间存在利益冲突也在一定程度上诱发了毁学事件的发生。当庙堂中的田产被拨充学堂经费时，一些人不能再染指这些钱款，个人私利受损，因而在乡民中挑拨离间，酿成毁学之祸。浙江乡民的毁学风波在相当程度上缘于寺庙、庙产、会产被占。譬如浙江严州遂安学堂之毁，"实因学堂租息，向由余识龙霸收，经众追取，余识龙遂怂恿乡民，纠众将学堂捣毁"⑦。会稽"许国泰等倡设南池小学，将本村广度庵改作校舍，逼供内拨三宝户广施荣汤会田四亩作为经费"，该庵住持也无异言，乡民相互串通，纠众捣毁学堂。⑧ 嵊县北乡因庵产若干亩被"拨充城中大同学校常年经费"，王姓族人"突聚数百人，各带器械，屯聚城外，声言欲拆毁学堂"，西乡东山庄某"更带领多人，向学堂逼还公产"⑨。慈溪乡民因有流言"学堂将会田

① 《闹学类志》，《教育杂志》第二年第七期，1910年。
② 《毁学类志》，《教育杂志》第二年第四期，1910年。
③ 《中国大事记》，《东方杂志》第七年第八期，1910年。
④ 《江苏学务文牍》第六册，第570页。
⑤ 《浙江余姚县乡民暴动捣毁学堂》，《东方杂志》第七年第七期，1910年。
⑥ 《闹学类志》，《教育杂志》第二年第七期，1910年。
⑦ 《浙江乡民毁学余闻》，《东方杂志》第7年第5期。
⑧ 《毁学类志》，《教育杂志》第二年第五期，1910年。
⑨ 《浙江乡民毁学案续闻》，《东方杂志》第七年第六期，1910年。

充公"，乃聚集千余人，闯进学堂，"意图将全体教员悉行烧毙"[1]。 庙堂庙产被拨给学堂，不仅乡民不满，而且僧人也不满。 事实上，不少毁学活动是由乡民和僧人共同发起的，借以表达各自的不满情绪。 这是因为寺庙大都有一定产业如房产、田亩，而兴学后房产被学堂占用，田赋被学堂挪用，此举损害了僧人的利益，自然激起了他们的不满。 僧人中狡黠者"利用兴学之朝命，以寺院改为僧学堂，预为保全私产之计"，而愚昧者"则积怨莫泄"，付诸暴举。[2] 如江苏镇江顺江洲学堂原借文昌阁庙宇为校舍，住持道士陈宗元不以为然，多次向学堂董事王效伯提出迁徙要求，王效伯没有答应，陈宗元遂怀恨在心，借乡民举行赛会之际，唆使民众捣毁学堂。[3] 江苏海州小学堂设立于观音堂中，并截取庙田为经费。 该寺僧人心生恶念，乃率众闯入学堂"拆毁原有神像及至圣神位"，嫁祸学生，破坏学堂。[4]

第三类是官绅苛捐，激变毁学。 新政时期各地兴办学堂，"多于已经加抽各项之外，重复加抽"[5]，这导致学堂捐太重，民众不堪重负。 而一些"劣绅莠士，借兴学为名，鱼肉乡里，侵吞公款，致教育之声价日堕，教育之信用全失，毁学之风，因此而滋"[6]。 浙江景宁县沙溪学堂被毁，缘于该堂创办"以盐竹两捐为经费，均用强手段抽取，每年并计不下千余金"，办学之绅"竟借学为名，擅收肥己"[7]。 湖州长兴县合溪镇乡民因该处学堂抽收屠户山货牙行规费，纠众毁学。[8] 遂昌乡民毁学是由于"遂邑学绅，出入公门，鱼肉乡里"。 自治学员下乡"勒派鸡猪牲捐，众心不服，誓灭学堂，以安农业，并要求退还前任学租"[9]。 定海乡民"因官胥加征粮耗，……遂聚

① 《浙江慈溪县乡民滋事焚毁学堂》，《东方杂志》第七年第四期，1910 年。

② 《劣僧亦思抗阻学务耶》，《东方杂志》第一年第十二期，1904 年。

③ 《顺江洲毁学罢市闹学详情》，《教育杂志》第一年第六期，1909 年。

④ 《恶僧毁学》，《教育杂志》第三年第一期，1911 年。

⑤ 中国历史第一档案馆、北京师范大学历史系编：《辛亥革命前十年间民变档案史料》上册，中华书局 1985 年版，第 49 页。

⑥ 《中国政治通鉴·教育篇》，《东方杂志》第九年第七期，1912 年。

⑦ 《浙江乡民毁学余闻》，《东方杂志》第七年第五期，1910 年。

⑧ 《浙江长兴县乡民滋事毁劫学堂及教堂》，《东方杂志》第七年第八期。

⑨ 《浙江遂昌县乡民滋事捣毁学堂监狱及巡警总局》，《东方杂志》第七年第十一期。

众入城拆毁警署，并疑所征粮耗为学堂经费，遂将学堂捣毁"①。 淳安风气闭塞，乡民"多仇视新政，复经劣绅无赖从中鼓煽，……以求免清厘并停办学堂等事为名拥众入城，捣毁师范学堂"②。 江苏江宁学堂被毁，则缘于自治研究所的毕业生来到乡下，"广刷报纸，散卷开贺，为敛财之计，甚有勒派分资者"③。 而江西宜春县乡民毁学"实由该革绅卢元弼，恃充劝学所总董，引用朋党，借学苛捐，威逼乡民所致"④。

第四类是饥民滋事毁学。 清末灾荒不断，据统计，1900—1910 年间仅直隶一省就有 418 个州县受灾，波及 27380 个村庄。⑤ 灾荒驱使乡民把愤怒发泄到学堂等新政产物之上。 江苏盐城，"适阴雨连绵，米价昂贵，……小民度日困难，挺而为乱，迁怒学堂，聚众捣毁"。 东台拼茶场灶民因米价飞涨，虽由"平籴局定价每升九十文，为数仍昂"，借毁学之举"以示泄愤"。 浙江遂安乡民也因米价飞涨而迁怒学堂。⑥

中国社会素有重教兴学的传统，为何乡民却在清末大规模捣毁学堂呢？历史是复杂的，任何历史活动并非简单的历史表象所能反映。 事实上，在乡民毁学表象的背后隐藏着更为复杂的社会原因。 具体如下。

其一，由于新式学堂是"新政"的产物，而"新政"在老百姓眼中等同于苛捐杂税，因而"人视学堂如横暴之关卡，……无怪乎仇学毁学之案层见而叠出也"⑦。

清政府的"新政"是在国库空虚、民穷财尽的情况下施行的，因而每举办一事皆赖搜刮民脂民膏才得以进行，于是出现了五花八门的捐税：根据田赋、漕粮和田房契税的附加税；商店、房屋和租房的课税；宰杀猪、牛税；生

---

① 《各省军事纪要》，《东方杂志》第四年第七期，1910 年。

② 《各省军事纪要》，《东方杂志》第四年第十期，1907 年。

③ 转引周积明等：《震荡与冲突：中国早期现代化进程中的思潮和社会》，商务印书馆 2003 年版，第 66 页。

④ 中国历史第一档案馆、北京师范大学历史系编选：《辛亥革命前十年间民变档案史料》上册，中华书局 1985 年版，第 355 页。

⑤ 池子华：《中国近代流民》，浙江人民出版社 1996 年版，第 56 页。

⑥ 《毁学类志》，《教育杂志》第二年第五期，1910 年。

⑦ 天咫：《论学堂经费宜先正名》，《教育杂志》第二年第二期，1910 年。

铁、纸张、兽皮、木材、煤炭、豆类、食盐、烟叶、食油和轮船票的税；出口的大米、生猪、陶器、烟酒等税；手推车和青楼妓院的税；等等。 结果是老百姓的钱财被大把大把花掉了，老百姓却没有得到任何一点实际好处，只是直观感受到"以前不办新政，百姓尚可安身，今办自治巡警学堂，无一不在百姓身上设法"①。 为此，汉口的《公论新报》发表评论指出，新政"仅仅是一个蒙蔽我们的弥天大谎，以此作为由头来经常榨取我们的财富而已"。 这是因为"清朝的新政，是属于上流阶层、服务于上流阶层的设施：反映他们的利益，训练他们的子侄，替他们维护治安"，因而引起了民众的普遍不满。②

作为"新政"产物的学堂也正是赖这些捐税而建立起来的，而地方官绅却借机大肆敛财。 这是由于"学堂为奉旨举办之事，故尊王一派人不得而非之学堂；又为外人许可之事，故媚外一派人不得而非之学堂；又为开通风气之事，故新党一派人不得而非之学堂"。 于是"凡立一学堂则经费甚巨，初以公款充其费，继则搜刮民财，不肖官吏藉此渔利"③。 官绅"充公勒派，为所欲为"，甚至有"借办学之名，私发彩票，在各处强售"④，学堂建成后，"房屋器具，饭食仆隶，仪器书籍，其种种开销既极繁多，且强半之事物为内地人所不习知，遂得任意报销，恣其中饱"，结果"以经理学堂起家者"不绝于耳。 学堂遂成为官绅的"娱老之地""威福之地""殖产之计"⑤。"其敛无名之费，填无底之囊，剥削小民之膏血，以肥官绅之身家，则昭昭无可掩矣。"⑥而学堂太奢华又给官绅敛财大开方便之门。 《东方杂志》尝叹"中国之造学堂，每染衙门习气，自大门房、茶厅、轿厅以至大会客厅、小会客厅、洋式餐房，陈设华丽"⑦。 又如江苏师范学堂"校舍俱系洋式，壮丽

---

① 《中国大事记》，《东方杂志》第七年第十二期，1910年。

② ［美］周锡瑞：《改良与革命——辛亥革命在两湖》，中华书局1982年版，第138、139—141页。

③ 刘大鹏：《退想斋日记》，山西人民出版社1990年版，第158页。

④ 《示禁学界私开彩票》，《教育杂志》第1年第5期。

⑤ 《论学堂之腐败》，《东方杂志》第一年第九期，1904年。

⑥ 《记江西袁州乡民暴动事》，《东方杂志》第六年第三期，1909年。

⑦ 沈亮棨：《普及教育节省经费条议》，《东方杂志》第五年第一期，1908年。

宽广不亚日本帝国大学，建筑之费初定二十万两，后因推广规模，再支五十万两"①。 光是山西太谷县阳邑镇设立学堂就耗费二千多两银子。 学堂耗费巨款的一个重要原因在于"学堂规模只是敷衍门面"，却十分讲究"铺张华丽"。 这与主持清末兴学重臣张之洞的个人性格有关。 他"少而骄蹇，弱冠为胜保客，习其汰肆；故在官喜自尊，而亦务为豪举"。 这种性格自然影响到他后来所创办的学堂，"自湖北始设学校，而他省效之。 讲堂斋庑，备极艳丽，若前世之崇建佛寺然"②。 这样巨额的办学经费无从着落，便在当地乡民中摊派。

由于"学堂经费，靡所底止，凡设学堂必加征加税，致使民怨沸腾，动辄生变"③。 在日本外务省档案中，山田胜治的报告直率地指出，"新政愈益实行，财政资源愈益枯竭，而人民则愈益痛苦。 常常因为这一点，人民和官府之间的矛盾增长了"，于是"学堂被破坏"④。 虽然官绅以办学堂名义横征暴敛，民众也"未知学堂为何物，但以官厅与地方绅董之哃吓而捐，⋯⋯人民蜷伏于专制积威之下，即未必起而反抗，然不仇官而仇绅，不仇绅而仇学堂，则势所必然矣"⑤。 客观而言，民众之毁学，"固非有意与学堂为难，实由平昔官府之敲扑过甚，故借此而一泄其忿焉"⑥。

其二，新式学堂不被广大乡民所认同，"乡僻愚民，一闻学堂之名，即视之如蛇蝎"⑦，从而毁学。

虽然新式学堂取代传统的私塾与书院是历史的必然，但"仕宦中人，竟言开学堂，不知学堂为何事也；地方绅士，竟言开学堂，则以学堂为利薮；士

---

① 《各省大学堂类志》，《东方杂志》第一年第一期，1904 年。

② 章太炎：《救学弊论》，转引汤志钧：《章太炎年谱长编》下册，中华书局 1979 年版，第 760 页。

③ 刘大鹏：《退想斋日记》，山西人民出版社 1990 年版，第 162 页。

④ ［美］周锡瑞：《改良与革命——辛亥革命在两湖》，中华书局 1982 年版，第 142 页。

⑤ 天悯：《论学堂经费宜先正名》，《教育杂志》第 2 年第 3 期。

⑥ 《毁学果竟成为风气耶》，《东方杂志》第一年第十一期，1904 年。

⑦ 《教育普及议》，《东方杂志》第一年第四期，1904 年。

林中人，竟言开学堂，只以学堂为糊口也"①。 这种貌合神离的新学堂在大多数人眼中远不如昔日书院和私塾在地方教化和知识启蒙中所起的作用，不少人对新学堂抱有成见并且鄙视新学堂，"说什么学校里面唱歌、体操和剪纸、拌泥等手中劳作，都是鬼混"，更有甚者以"科举已废，吾家子弟，可不必读书"为由抵制新学堂，因此新学堂很难博得大众尤其是下层民众的赞同。 而学堂学生的趋新言行与传统伦理发生冲突，他们"入家庭则礼节简慢，遇农工者流，尤讪诮而浅之"，这更招致民众的不满。② 再加上学费高昂，名额有限，"得入校者，千人中不及一人"，且"近城镇者入之，僻远不与，有势力者入之，寒微不与"③。 一般地，"穷人既无时间，又无金钱上学；小商人的'中间层'和富农认为，初等学堂不适于在社会上发迹，就他们的微薄收入而言，中等和高等学堂又过于昂贵"④。 学堂遂沦为有权有势有钱人的天下。 这样的结果自然使民众更加不喜欢学堂。 由是人们喋喋不休，"学堂之害，良非浅鲜，自学堂设立以来，不但老师宿儒坐困家乡，仰屋而叹，即聪慧弟子，亦多弃儒就商。 凡入学堂肄业者，莫不染乖戾之习气，动辄言平等自由，父子之亲，师长之尊，均置不问"⑤。 不少人竟谈学堂色变。 "在保守派人士看来，新学堂和任何一种中国传统的教育制度相比较，在组织上似乎更加接近于基督教堂。 ……在顽固派人士看来，教育改良意味着：把地方上的宗教设施移作俗用，把低等阶层中的'浮薄'成分募集到有教养的上层来。"⑥20世纪开始屡屡发生的乡民毁学堂的事件已再好不过地表明，老百姓在新式教育中所感受到的只是他们不得不交纳的沉重学税，以及学堂对宗族庙宇、祠堂的占用，所表达的是他们多数人被迫退出教育场域

---

① 张枏、王忍之编：《辛亥革命前十年间时论选集》第一卷下册，生活·读书·新知三联书店1960年版，第537页。

② 庄俞：《论小学教育》，《教育杂志》第一年第二期，1909年。

③ 故宫博物院明清档案部编：《清末筹备立宪档案史料》下册，中华书局1979年版，第984、985页。

④ ［美］周锡瑞：《改良与革命——辛亥革命在两湖》，中华书局1982年版，第141页。

⑤ 刘大鹏：《退想斋日记》，山西人民出版社1990年版，第162—163页。

⑥ ［美］周锡瑞：《改良与革命——辛亥革命在两湖》，中华书局1982年版，第47—48页。

的愤恨与仇视。① 清末日本驻长沙领事村山也在秘密报告中指出："焚烧学堂的意义在于：近年来，为了解决教育经费的巨量开支，地方百姓的负担大为加重。……但是，穷人子弟并未在学堂里得到任何好处。"②这道出了毁学问题的症结所在。

此外，学生在学堂所学得的声光化电、法理税则和欧罗巴、亚西亚这些东西都是属于城市的，它们与农村社会不仅隔膜，而且遥远。 过去的士人从农村起程，后又大多回到农村；而今之学生从农村出发，融入城市，大半不再回到农村。 这样，读书人疏远农村社会和下层人士，农村社会和下层人士也疏远读书人，成千上万的乡民开始不喜欢学生和学堂，他们视学生为异己，视学堂为教堂，传统社会中士与农之间那种相亲相爱的紧密关系被斩断，代之以仇恨、愤怒和敌视。③ 因此学生与乡民的冲突时有发生，1910 年直隶易州毁学就是典例。 据地方官奏报："值天气亢旱，有高陌社等处十八村民众，于六月二十日祈雨进城，由学堂门前经过，该堂学生在外聚观，私议愚民迷信。 祈雨人闻之，即与辩论。 斯时人多势重（众），遂拥入学堂，将门窗器具均有砸毁。"④这在中国历史上是罕见的景象。

其三，清末社会转型期民众普遍地存在着惊慌的心理惯性，这加剧了社会的动荡不安，容易触发各种变乱。 乡民毁学就是在这种集体无意识的社会氛围中产生的。

在清末社会转型期中，传统社会正在土崩瓦解，而新的社会秩序亟待建立，再加上战争、瘟疫、天灾、人祸交织，民众普遍拥有焦虑、恐慌、紧张等社会心理。 由于乡民长期处于紧张、激动的情绪之中，因此流言在一定程度上左右着乡民的行为取向。 社会学家认为，"为了赋予集体行为以合理性和

① 应星：《社会支配关系与科场场域的变迁——1895—1913 年的湖南社会》，杨念群主编：《空间、记忆、社会转型》，上海人民出版社 2001 年版，第 278 页。
② ［美］周锡瑞：《改良与革命——辛亥革命在两湖》，中华书局 1982 年版，第 165 页。
③ 杨国强：《二十世纪初年知识人的志士化与近代化》，《浙江社会科学》2001 年第 6 期。
④ 中国第一历史档案馆、北京师范大学历史系编选：《辛亥革命前十年间民变档案史料》上册，中华书局 1985 年版，第 64 页。

合法性，在既定的文化内部，社会准则的矛盾或社会准则的变化以及某些秩序的代表人物的背叛或支持，一般地都是必要的"①。 由于所有新政活动皆为官绅所把持，而"野老乡竖，于一切新政，既为平素所未见未闻，一旦接触于耳目间，自不免传为异事，演成不经之说。 而从事其中者，或不脱盛气凌人之习，不为解说其原委，其在举动轻脱之人则尤足使乡民饮恨，由是乐于有事之徒从而乘之，遂以酿成非常之祸"②。 即使是与兴学无关而与新政相关的人口普查乃至编钉门牌也会在社会上激起强烈的反响，人们担心会由此引起增捐加税，因而广泛反对。 于是学堂这类设施，经常被乡民们挑选出来，当作暴烈行动的打击目标。③ 由于"官民之间，平时隔绝已久"，"凡一切新政，皆疑绅士无故生事，遂钉忿绅界，要进城毁学杀绅"④。 而"偏僻之地乡民素视学堂与教堂无异，闻一二无稽之言，随声附和，星火不息，遂至燎原"⑤。 1910年清政府调查户口引发谣言导致毁学就是典型例子。 不过有些流言完全是个人不满情绪的发泄，不具有社会指向性，但在动荡岁月中也同样能激起社会反响。 如广东潮州大埔乡民毁学"实由生员李兆春欲充学堂宣讲所员绅，未遂所欲，造谣煽惑"⑥所致。

其四，这是缘于文化归属感的破灭。

清末废科举、兴学堂，使广大下层民众缺少文化归属感。 有学者认为，科举考试这套机制不仅使统治阶级内部得以整合，而且使被统治阶级也认同了这种支配关系，从而使这种关系有了合法性。 但在学堂中，受教育者对未受教育者、受高等教育者对受初等教育者的支配关系是与富人对穷人、城市对乡村、沿海对内地（及内地对边疆）的支配关系不加遮掩地结合在一起的。所以，学堂已经无法使既有的社会支配关系合法化了。 无论贫富贵贱皆被旧科举所吸附的场景与被新学堂所排斥的场景形成鲜明的对比，这导致了乡民

---

① ［美］周锡瑞：《改良与革命——辛亥革命在两湖》，中华书局1982年版，第164页。
② 《江苏江宁县乡民滋事殴伤调查员》，《东方杂志》第七年第四期，1910年。
③ ［美］周锡瑞：《改良与革命——辛亥革命在两湖》，中华书局1982年版，第144页。
④ 《江西袁州乡民暴动余闻》，《东方杂志》第六年第十一期，1909年。
⑤ 《江苏教育总会咨请保护学堂》，《教育杂志》第二年第六期，1910年。
⑥ 《广东潮州大埔乡民毁学滋事余闻》，《东方杂志》第七年第九期，1910年。

怒烧学堂①。 这表明新学堂缺乏整合社会的能力。 随着新政时期农村日益贫困化，广大乡民几乎处在一种绝望的境地，因此毁学自然而然也就成了发泄情感的手段之一。 而地方绅士在毁学发生后"将学堂匾额，尽行除下，改悬书院匾额"②，以息众怒，则从另一角度反映了乡民对传统教育体制的留恋与回味。

清末新政时期乡民毁学有如下几个特点。 一是地区相对集中。 清末乡民毁学活动最为激烈的地区是江苏和浙江，"聚众毁学，拆屋伤人之事无地不有，无日不有"③。 二是人员比较复杂，夹杂着其他各色人等。 譬如浙江新昌县官立高等知新小学堂就毁于匪徒之手；江苏镇江顺江洲公益初等小学堂就毁于僧人之手；浙江会稽县南池初等小学就毁于地痞流氓之手；江苏海州公立高等小学堂就毁于县令门丁之手；浙江淳安师范学堂被毁就是在一些被排除在权力重新分配之外的绅士鼓动煽惑下发生的。 三是非理性特征。由于农民不是先进生产力的代表，也没有科学的思想理论指导其行动，因而在毁学过程中出现褊狭、激进、非理性的行为也是十分自然的。 如浙江湖州长兴乡民毁学，在巫师"有阴兵相助，无须畏惧"的蛊惑下"益发有恃无恐"④。 而广东连州乡民聚会，勒令各地民众拆毁本地学堂，并驱逐当地绅士，"其不附从者，即指为内奸，声称必惩治之以除后患"⑤。 浙江嵊县某村乡民在毁学过程中更是私立议约，云"有毙一办学人与田五亩、钱二百千"⑥。 这样，乡绅与乡民之间的对立进一步加剧。 乡绅也不顾桑梓之情，竟称乡民为'匪类'，其实他们内心大都知道"捣毁学堂，全系因捐起衅，与寻常抢劫不同"⑦。

虽然清末乡民的毁学并非普遍性事件，只是"民变"的一部分，但它所产

---

① 应星：《社会支配关系与科场场域的变迁——1895—1913 年的湖南社会》，杨念群主编：《空间、记忆、社会转型》，上海人民出版社 2001 年版，第 256—257 页。

② 《常州毁学》，《教育杂志》第二年第三期，1910 年。

③ 《江苏江宁县乡民滋事殴伤调查员》，《东方杂志》第七年第四期，1910 年。

④ 《浙江长兴县乡民滋事毁劫学堂及教堂》，《东方杂志》第七年第八期，1910 年。

⑤ 《广东连州乡民滋事续闻》，《东方杂志》第七年第十一期，1910 年。

⑥ 《浙江乡民毁学案续闻》，《东方杂志》第七年第六期，1910 年。

⑦ 《浙江乡民毁学余闻》，《东方杂志》第七年第五期，1910 年。

生的社会影响却是不可低估的。 首先是严重阻碍了近代新式教育的普及和发展。 "教育普及以学校普设为基，而学校普设必以筹款为基。"而每筹一款随之必毁一学，人们以之为前车之鉴而不敢筹款兴学，视办学为畏途。 这种影响的负面效应是非同小可的。 浙江上虞学堂被毁后，"学生星散"；学堂修复后，教员"瞻前顾后，不复敢安然住堂"，学生也"招之不来"[①]。 "校董不得已，则择其家有子弟，而其力又足使之就学者，亲往敦劝，许以不收学费"等承诺，方才艰难地招到学生[②]。 这对日后教育的发展产生不少消极影响。 杜亚泉曾云："科举之废，学堂之兴亦已十年于兹矣，而教育之普及较之科举时代乃反见其退步。"[③]民国初年四川宜宾的学堂数目就较清末有所减少。 其次是城乡之间的二元对立加剧。 由于毁学活动大多发生在农村，愈来愈多的乡绅因生命财产受到不同程度的威胁而拥入城市，不愿继续待在农村，乡村兴学无人顾问，这导致农村学堂与城市学堂之间的差距不论在数量上还是在质量上都日益加大，像京师大学堂、高等学堂、专门学堂、师范学堂大都集中在京城、省会城市及其他重要城市，中学堂大多设在府厅州所在地，小学堂一般也在府州县所在地[④]。 这样，在中国相当一部分地区，农村的文盲率反而较以前有不同程度上升，"贫民永沦于奴隶，富者益智，贫者益愚，因智而贵，因愚而贱"[⑤]，社会中二元对立更加明显。

清末乡民毁学不仅仅是中国社会阶级对立和阶级矛盾的简单凸显，而且是转型期中国社会历史的特定反映。 它既有乡民对苛捐重税的反抗，具有维护基本生存权的正义性；同时也有乡民对新政举措的不满，具有反现代化的守旧性与落后性。 尽管乡民的毁学具有分散性、自发性，但它在一定程度上有力支持并策应了波澜壮阔的辛亥革命运动。

---

① 《浙江乡民毁学案续闻》，《东方杂志》第七年第六期，1910 年。

② 问天：《述内地办学情形》，《教育杂志》第 1 年第 7 期。

③ 杜玉泉：《论今日之教育行政》，《东方杂志》第八卷第二号，1911 年。

④ 杨齐福：《清末民初新教育发展缺失略论》，《教育史研究》2001 年第 3 期。

⑤ 张枬、王忍之编：《辛亥革命前十年间时论选集》第二卷下册，生活·读书·新知三联书店 1977 年版，第 969 页。

3.4　非典型之教案:清末台州印山学堂毁学案

台州位于浙江东南,三面环山,东濒大海。 同治初年基督教传入台州,发展迅速,光绪二十五年（1899）台州知府高英称台州"教民几有数万之众"①。 这些教民"平日借教肆横,颠倒是非","教士不知,反为庇护,乡民横遭荼毒"②,"浙省教民以台属为最多,亦惟台属教士为最横"③,而地方官"一味曲意将顺,明知其无理亦不敢与较,民固怨教而不易和,教又迫民而使不和"④。 晚清台州爆发教案十多起,影响较大的有海门教案、宁海教案、太平教案、黄岩教案⑤。 浙江巡抚聂缉椝曾在奏折中指出,浙省教案"以浙中为最,浙中又当首推台属"⑥。 清末台州印山学堂毁学案便在这样的背景下爆发了⑦。

3.4.1　案情

台州海门印山上原有尼姑庵,后改为印山书院。 清末新政,地方争相兴办学堂。 光绪二十八年（1902）,海门士绅王梦兰和法国传教士李思聪借印山书院旧址创办毓才学堂,光绪三十一年（1905）,海门天主、耶稣两教教民

---

① 《高英致抚台幕僚朱晓岚、伍兰荪函》,浙江图书馆藏《应万德教案》第十三册,光绪二十五年七月二日。

② 台州市地方志编纂委员会办公室编:《〈台州地区志〉志余辑要》,浙江人民出版社1996年版,第140页。

③ 中国第一历史档案馆等编:《清末教案》第二册,中华书局1998年版,第833页。

④ 中国第一历史档案馆等编:《清末教案》第三册,中华书局1998年版,第871页。

⑤ 中国第一历史档案馆等编:《清末教案》第三册,中华书局1998年版,第12—13页。刘家兴在《晚清浙江教案研究》(杭州师范大学硕士论文,2013年)中统计为18起。

⑥ 中国第一历史档案馆等编:《清末教案》(第三册),中华书局1998年版,第789页。

⑦ 与此案相关的学术研究主要有周东华的《辛亥革命前后浙江省的反基督教研究》和《晚清浙江教案的初步量化分析》、张凯的《官绅分合与清末"教案内政化":以浙江为中心的考察》、邵晓芙的《辛亥革命前十年间浙江民变问题研究》、刘家兴的《晚清浙江教案研究》等,但皆缺少深入研究。

"因筑墙争界，遂致大起冲突"①，李思聪无心办学，次年交由当地士人娄震曜等接办，改名为育才学堂。然而，学堂仍为教会所把持，"学堂教员，教民居其大半，教授法文，闻系天主教士"②。这种"不华不法、非中非外"的办学方式遭到了浙江省视学的批评③。台州知府告知学堂董事，"李教士既已交卸，并宣言不再预闻，前日所聘教员应即会商辞退"④。

光绪三十三年（1907），台州知府许邓起枢以毓才学堂与育才学堂读音混同，且办学又不得法，下令改回印山旧名，以杜绝与教会纠纷；又因海门商业日盛，宜办商业学堂，乃派黄崇威⑤为董事，聘屈映光⑥为校长，称为印山初等商业学堂。但李思聪仍暗中阻挠，坚持要求聘用法文教习，遭拒后乃唆使教徒制造事端。光绪三十四年正月初四（1908年2月5日），李思聪趁春节放假之际，"率众捣毁该学堂，仍改毓才字样，斥逐办事诸人，另开后门直通教堂"⑦。李思聪霸占学堂一事在当时引发轩然大波。

校长屈映光闻讯后立即赶回学校，因被阻无法入内，立即上书台州知府许邓起枢请求查办；并向省里要员控诉"法教士李思聪偕同痞棍多人来堂，捣毁校舍，抢劫校具，涂抹校名，斥逐校员，大肆凶横，形同劫盗"，疾呼"事关大局，务乞主持"⑧。临海教育分会会长周继㵧致电省里官员，称"法教士率领多人，蹂躏新改官立印山学堂即旧名毓才，连日聚积凶徒，几同盗劫，谣言四起，学界恐甚，乞赐主持"⑨。台州士绅杨晨等人请求上峰"速催法领事饬李教士即将学堂交出，以便开学"⑩。天台县秀才陈钟祺则

---

① 《各省教务汇志》，《东方杂志》第二年第二期，1905年。

② 《批饬杜绝教士干预学务》，《申报》1907年8月1日，第11版。

③ 《海门学堂最近之交涉》，《申报》1908年3月1日，第3版。

④ 《批饬杜绝教士干预学务》，《申报》1907年8月1日，第11版。

⑤ 黄崇威（1873—1931），号楚卿，椒江葭沚人。黄崇威祖上是贩运私盐起家的，其19岁时继承父业，扩展盐业。

⑥ 屈映光（1883—1973），字文六，临海东塍人。早年加入光复会，创办临海耀梓学堂，后历任台州印山商业学堂监督、浙江民政长、浙江巡按使、浙江都督、山东省省长等职。

⑦ 《台州府禀省宪电》，《申报》1908年2月14日，第5版。

⑧ 《台州教士毁学案续志》，《申报》1908年2月15日，第6版。

⑨ 《台州教士毁学案续志》，《申报》1908年2月15日，第6版。

⑩ 《台绅电催教士交还学堂》，《申报》1908年2月28日，第4版。

呈函浙江巡抚，"印山案非省札委干员不办"，请速派专人前往查办。①

台州知府许邓起枢在案发后向浙江巡抚等禀报，斥责"此举动野蛮已极"，指出"学堂既被霸占开学无期，学界震动深恐激成巨变"，希望省里大员早日出面协商，督促李思聪等人"将学堂让出，免致学界冲突"②；还派人捉拿参与捣毁学堂之教民方映川和阮老岳。浙省提学使支恒荣接获台州教育分会来电后，回电台州知府"谓此案抚宪已饬洋务局磋商赵主教转饬李教士，将学堂让出自有办法，望传谕教育分会及该校长静候毋躁，免生暴动"③。

法国驻沪总领事喇霮在案发后电告浙江巡抚冯皓，诬称"海门学堂被地方官夺管"，导致"民心不平，易滋事端"，请派人查明办理。④ 因台州知府擒获教民方映川和阮老岳，"该处教民纷纷逃避，家内物件均被抢去"⑤，法国驻沪领事馆又电函浙江巡抚冯皓，请其保护教民。浙江天主教副主教田法福致函宁绍台道张鸿顺，诬蔑士绅黄崇威、陶祝华等霸占学堂，"其居心凶狠甚于盗匪"，叫嚷李思聪"将该劣绅等所派之数十名凶理（手）令退出"为正当之举，并极力替李思聪之所为辩护：首先"竭力捐助，又借与英洋六百元"；其次"创建学堂乏地，由众绅议定，将旧有之印山义塾立据出助与李教士"；再次"盖造洋座，购置图籍仪器，聘请中西教习，一切开办与常年经费，均由自资，分文不求于地方绅士"；最后"此学堂专为裨益贫寒子弟造就人才，所以凡入学者但取膳金不收学费，历三四年相安无异"；要求台州府县切实保护李思聪及其所办学堂，"严提该劣绅黄崇威、陶祝华到案，儆刁横而照约章"。此函将矛头指向以黄崇威、陶祝华为首的海门地方士绅，称其"横行强夺"甚于盗匪，并指出印山学堂由李思聪租地创办，立有字据，与地方官绅无关，借此宣示对印山学堂拥有主权。⑥

---

① 《台州教士毁学案五志》，《申报》1908 年 2 月 26 日，第 4 版。
② 《台州府禀省宪电》，《申报》1908 年 2 月 14 日，第 5 版。
③ 《台州教士毁学案三志》，《申报》1908 年 2 月 17 日，第 4 版。
④ 《台州教士毁学案四志》，《申报》1908 年 2 月 23 日，第 4 版。
⑤ 《台州教士毁学案五志》，《申报》1908 年 2 月 26 日，第 4 版。
⑥ 《海门学堂最近之交涉》，《申报》1908 年 3 月 1 日，第 11 版。

浙江巡抚冯皓告知法国驻沪总领事，"海门绅士前请李教士代办学堂，地系公产，费系公款，嗣由李教士不知担任，宣告推归地方自办，经王梦兰等函禀请款接办"，强调"此次李教士忽尔翻异，学界难免忿激"，希望"和衷商议，以裨学务而昭公道"①，且"台州地方官系拿平日滋事之人，与安分教民无涉"②。他还在公文中明确表示，"印山书院（即印山义塾）原系官地官产，地方绅士无权私相授受，拟改学堂必须禀官立案批准为据"。光绪二十八年（1902）王梦兰等与法国教士李思聪联合办学，改为毓才学堂，"无论有无字据，未经官为批准，均属私人交涉，不足为凭"，即使"王梦兰挽法教士相助，权自我操，主客亦自分明"；光绪三十一年（1905），李思聪退出办学，由王梦兰等接办，"所有王梦兰挽同李教士襄助字据不能再生效力"，后来"屈映光接办学堂，改为印山商业，所有校具等项由王梦兰点交与喻从九"，更与李思聪无关；李思聪"忽图翻异，率众占住校舍，驱逐校员，难保无喜事华民从中播唆，以致轻举妄动"，且"自愿交出在前，万不能重行占住，致伤绅学两界"；李思聪虽然出钱盖了"洋房二座，购置图籍仪器等"，但"当时海门绅商亦经捐募一千四百余元"，追问："其所造洋房究竟建筑工料若干？教堂曾出若干？绅商曾捐若干？"③面对复杂的案情，浙江巡抚冯皓饬令宁绍台道派员主办该案。

因传教士李思聪在自辩中称其强占学堂系奉浙江天主教主教赵保禄之令。为此，浙江洋务局④致函主教赵保禄，强调"印山学堂主权在我，理由既甚完足，证据又极确凿"。其一是"印山书院，原系公地公产，地方官有完全主权，绅士不禀明地方官，无权私授与人；教堂不禀准地方官税契盖印，亦无权承受公产，其理甚明"。光绪二十八年（1902）王梦兰等与教士商量改印山义塾为毓才学堂，"无论有无字样，未经地方官承认，均属私人交涉，

① 《台州教士毁学案四志》，《申报》1908 年 2 月 23 日，第 4 版。
② 《台州教士毁学案五志》，《申报》1908 年 2 月 26 日，第 4 版。
③ 《浙抚为台州教案札提学司宁关道文》，《申报》1908 年 3 月 9 日，第 3 版。
④ 光绪二十一年（1895）浙省在杭州武林门外拱宸桥地方开设商埠、设立租界后，"自是各国官商往来如织，交涉事件日益烦（繁）多，遂奏设通商洋务局"。（中国第一历史档案馆等编：《清末教案》第三册，中华书局 1998 年版，第 464 页。）

不能损及公产所有之权"。 其二是因"学务处禀定学堂章程，非官办学堂无由出身"，光绪三十二年（1906）李思聪自愿将学堂交出，由娄震曜接管自办，并将毓才学堂改名为育才学堂，所有从前捐助已无效力；光绪三十三年（1907）育才学堂又改为印山初等商业学堂，派校长屈映光接收，此次学堂接收"系接自娄震曜，非接自李教士"，李思聪"竟越权干涉，占据学堂，岂非大错特错？"至于600洋元捐款，"系教堂捐助地方公益之事"，与学堂毫不相干①。

正当各界交涉之际，李思聪竟在印山学堂擅自开学，一时群情激愤，"全台士民愤激，恐成暴动"②。 台州士绅致电浙江巡抚等要员，指出李思聪"纠党开学，教焰大张，士民愤激"，坦言"难保无民人从中滋事，事关大局"③。 值此危急之际，临海县令潘崇桂、宁海县令江文光和候补县令李陶朱被派往海门查办此案。 他们先是前往印山学堂查看，发现大门紧闭，"门首有印山初等商业学堂字样，已被李教士用石灰涂抹，改作毓才字样"，但"所有门户一切尚无捣毁痕迹"；尔后赶往教堂会晤李思聪，"初时竟置之不理"。 他们质问李思聪："贵教士去年已将育才学堂退归海门绅士自办，现复收管是何意见？"李思聪狡辩道："学堂房屋是伊所造，虽退归绅士，凡事须与伊商量，现在不与伊说即改印山，后伊将法教习荐与印山学堂又未承允，所以函致赵主教，初三晓主教来电令伊将学堂收回自管"。 他们反驳道："印山基址，本系地方公产，亦系由地方殷富捐集经费"，李思聪"系属外人，何能擅造房屋？ 即使亦有经费助人，应于退还时说明何人，当时并不议及，即须划清亦尽可照数算还，何得仍然占据"，至于"改作印山学堂，未曾通知，则中国自办学堂自有主权，所荐法文教习，因小学堂无兼课法文章程，无须聘用"，与李思聪"再三磋商，坚执不允"，实属强蛮无理④。

---

① 《浙江洋务局为印山学堂事复赵主教函》，《申报》1908年4月10日，第11版。
② 《公电（台州）》，《申报》1908年3月16日，第4版。
③ 《印山学堂最近交涉》，《申报》1908年3月21日，第4版。
④ 《查复印山学堂交涉情形》，《申报》1908年4月3日，第3版。

随着地方局势的变化与中外交涉的深入，洋务局总办王丰镐①与主教赵保禄经过多次磋商，双方达成协议。光绪三十四年（1908）六月，双方订立《天主教堂归还印山学堂条款》。其主要内容如下：其一，台州府海门印山学堂归地方办理；其二，学堂房舍墙垣（前系教堂建造）并器具什物用费议价洋银 7400 元，由地方官督同绅士筹款归还天主堂；其三，学堂与教堂之间建筑界墙，彼此界墙中均不开门；其四，准许教民入学；其五，释放在押教民方映川和阮阿岳。②从条款中可以看出，地方士绅虽然收回学堂，夺回主权，但仍赔付一大笔钱，释放被拘教民，准许教民子女入学。

随后，地方士绅将补偿款交给赵保禄，临海县令孙文诒与传教士李思聪交割学堂。这样，印山学堂毁学案正式了结。

台州印山学堂毁学案了结后，社会舆论未平息。《浙江日报》刊发评论指出："方事之初，教士借口于校由彼筑，种种要求，不可理喻。官争于上，绅争于下，相持半年，立约五条，而印山学堂仍为我有，不可谓交涉之进步也。"强调此案之焦点在争夺学堂主权，"教士所争者，该校主权也；官绅所争者，亦该校主权也"。文章还对条款中的各项内容进行了评点。针对第一条"台州府海门印山学堂今议归地方总理"，文章指出此条表明学校主权"固在我"，"然不曰从此归地方而曰今议归地方，所谓议者果议决否也。且不曰归地方管理，而曰归地方总理。有总理必有副理、协理，总理归地方，副理、协理又归何人也。若能添教堂不得干预或不涉教堂之事六字则尽善矣"。针对第二条"学堂房舍墙垣系教堂建造，并其器具什物用费，筹还价洋七千四百元，永清纠葛"，文章指出："夫曰教堂建造，则似教堂产业矣；然观该款标题为归还印山学堂，则又非似教堂产业，而但借款建造者也。要之，系教堂产业则予以价洋，彼即应契卖；系借款建造则必有借券，我亦应收回。今款中不一言及，安保日后不生纠葛也。"况且"台绅迭次公电公呈，似建造时固有地方公款在内，而非尽学堂之款"。针对第三条"于教堂

---

① 王丰镐，江苏上海县人，壬寅科（1902）举人，光绪三十二年（1906）报捐道员，指分浙江。

② 《订立天主教堂归还印山学堂条款》，《申报》1908 年 7 月 7 日，第 10 版。

界墙外别筑一学堂界，并约定彼此界墙内均不得开门，杜争执而免侵约"，文章指出：此"法至善"，"惟所谓中间余地照现时地状南北二丈七尺、东西十三丈二尺订立界石作为官地者，果官地耶？民地耶？民地也，则何夺之为官地？官地也，则何必曰作为官地？且既作为官地矣，则官立之学堂与夫地方官为地方公益之事固皆可用。而今乃欲禁教堂之用，而并学堂、地方官一切禁之，有所有权而无使用权，夫也太可怜矣。且不但不能用也，并不能践，以我之人不能践我之地，毋乃失权太甚乎？"针对第四条"教民亦准入学，自是不分民教，一视同仁"，文章指出："近来教民入学，每因不肯谒圣致启风潮。何不于款中声明须与平民一律遵守学规，以省日后无穷之口舌。"针对第五条，文章指出："教民方某、阮某及其余各教民，昔因关于此案在押而缉拿，今因此案议结而开释而吊销，固当然之办法也。然所谓关于此案者果如何之关系耶？风闻教士占学堂、肆要挟皆该教民等为虎作伥，故地方官押之拿之；果尔，则押者应办不应释，拿者应追不应销也。奈何因案结而遂宽纵乎？"此外，文章还指出："既费七千余元之巨款以收回此校矣，则办学诸绅当念议结之如何困难？筹款之如何不易？痛定思痛，精益求精，锐意改良，热心任事，庶可无罪于地方。如其不然，则是牺牲多数人之公款以制造少数人之私产。"①此文对条款中各项针砭可谓鞭辟入里。

尔后，《浙江日报》又发文，针对浙江洋务局要求地方官出告示以保护教堂教士，指出印山一案"固未闹教也，教堂无恙，教士无恙，但闻教士占学堂、逐学生，不闻平民毁教堂、伤教士，其保护之周至明矣"。主政者仍"千言万语，三令五申"，是否多此一举？因"教民入学不愿谒圣人"，文章直言："吾国学堂实孔教学堂，不尊孔即不应入学，既入学不能不尊孔。"文章指出"在押教民不应轻释"，强调"此案要点在先问教民有罪无罪，有罪则追究抢索为一事，治罪为一事，不能因此而宽彼也；无罪则既彼抢索，复遭管押，地方官妄押失主，咎无可辞，又非仅仅追究所能赎愆而补过也"。尽管学堂"添设法文随意科一事"没有在条款中列入，上海某报以此"谓吾官吏能保主权"，但文章"以吾之教科而必委屈迁就，以副彼之美意，恐主权之存

---

① 《书海门印山学堂条款后》，《浙江日报》1908年7月9日。

者亦仅矣"①。

3.4.2 反应

在印山学堂毁学案中,官府、绅士与教会之间存在着错综复杂的关系,既互相利用又相互指责,既有主权的纷争也有财产的争夺。

(1)印山学堂毁学案实质上是清末教案的延续,也是教会与教士介入地方政治空间的表现。

明末清初传教士来华后,迫于形势采取"文化适应"策略,先是"援儒入耶",幻想"以耶代儒";而晚清传教士以坚船利炮为后盾,来华后实行"文化改造"政策,试图以西方宗教取代儒家伦理进而殖民中国,其所作所为与西方军事侵略、政治殖民如出一辙。 在不平等条约和侵略势力的庇护下,近代在华传教士之行为日益背离了宗教的原旨而显得十分野蛮。 他们凭借侵略特权,介入地方事务,冲击社会秩序,影响权力运作。 如浙江天主教主教赵保禄"狡诡奸猾而又深悉内地隐情,平日依教横行,纵容包庇,官场久已畏之如虎"。 他在宁波大办寿宴时,"门外彩篷搭至数里,事毕谢步,已革提标中军参将周有胜乘马前驱,气焰可知"②。 光绪二十五年(1899)总理衙门与法国主教樊国梁商订章程,"总主教或主教其品位既与督抚相同,应准其见督抚。 大司铎亦准其请见司道,其余司铎准其请见府厅州县,督抚司道府厅州县各官亦按照品秩相答",因此"教士等竟有用僭地方官仪仗情事"③。 如台州"海门天主神甫楚门乘坐四人抬的大轿,轿夫的头上戴着清朝官员的红缨帽,路人为之侧目"④。 这自然冒犯了官府的权威,必然引起官府的强烈反对。

官府在地方权力结构中居于核心,其权威地位不容挑战。 传教士介入地方事务打破了原有的权力结构,挑战了官府的权威地位。 戊戌时期康有为曾

---

① 《书洋务局致赵主教函后》,《浙江日报》1908 年 7 月 16 日。
② 中国第一历史档案馆等编:《清末教案》第三册,中华书局 1998 年版,第 790 页。
③ 中国第一历史档案馆等编:《清末教案》第三册,中华书局 1998 年版,第 992 页。
④ 《黄岩文史资料》第 8 辑,1986 年,第 91 页。

指出："顷闻山东知县赴任，须先谒教士，州县见教民畏之如虎。"①晚清以来教案频发，官员在处理教案时秉承清廷制订的"持平办理、民教相安"原则。 光绪二十五年（1899）总理衙门在拟订《地方官接待教士事宜五条》中云："如民教涉讼，地方官务须持平审办，教士亦不得干预袒护，以期民教相安。"②光绪二十七年（1901）慈禧太后发布懿旨："（地方官）遇有民教争讼，听断持平，无偏无激。"③因此，浙江巡抚冯皓在处理印山学堂毁学案时再三强调，"以办学始，以争校终，两边均不好看。 本部院于调和民教，整顿学务，必期两得其平"，希望宁绍道与主教赵保禄"和衷语结，是为至要"④。

但教会在交涉过程中态度强硬，咄咄逼人。 浙江天主教主教赵保禄在致法国驻沪领事函中指责浙省洋务局故意让教士李思聪停课，并威胁"海门学堂迟恐有乱事"。 法国驻沪领事函电浙江巡抚诘问道："浙江官宪如果欲保治安，所有权力足以遏乱。 海门有统领、管带，若有乱事，定惟各官自任，而台州知府为最因其不以礼待教士，因此百姓咸以教士为非。 如欲李教士停课，知府不应如此。"还要挟"将无辜被押之方启明、阮老岳二教民先行释放，并将牌票吊销，即可请赵主教令李教士停课，以俟此案办结"⑤。

义和团运动后，清政府加强对教会的保护并加重对护教不力官员的惩处，遭受反洋教斗争沉重打击之教会也被迫调整传教政策，在一定程度上限制并约束教士和教徒的行为。 这样，地方官府与教会之间的权力博弈有了一定的回旋空间。 在印山学堂毁学案中，地方官府宣称"印山书院，原系公地公产，地方官有完全主权，绅士不禀明地方官，无权私授与人；教堂不禀准地方官税契盖印，亦无权承受公产"⑥，借此声明维护自身权威。 浙江洋务局

---

① 清华大学历史系编：《戊戌变法文献资料系日》，上海书店出版社 1998 年版，第 717 页。

② 王彦威等编：《清季外交史料》第 6 册，国家图书馆出版社 2015 年版，第 2653 页。

③ 戴逸、李文海编：《清通鉴》第 19 册，山西人民出版社 2000 年版，第 8674 页。

④ 《浙抚为台州教案札提学司宁关道文》，《申报》1908 年 3 月 9 日，第 4 版。

⑤ 《法领事诘问海门学案》，《申报》1908 年 3 月 24 日，第 3 版。

⑥ 《浙江洋务局为印山学堂事复赵主教函》，《申报》1908 年 4 月 10 日，第 11 版。

在与主教赵保禄交涉的过程中直言，"此事阅时已久，不宜再延，既承贵主教雅意和商，若筹确实之办法，亦不外学堂交还地方，请贵主教三思而行。 若欲谋地方教会之永远相安，舍此别无办法；倘日久相持不下，众愤难平，窃为贵主教所不取"①，试图以民愤为借口给教会施压。 台州知府也直言："海门教焰素横，此次竟敢伙同教士捣毁学堂，尤与寻常不同，影响及于全国学务甚巨。 若不从严惩办，何以安地方而保主权。"②

"小民不能堪命，而惟入教者可以恃神甫、主教之力，以与官相抵制，于是入教者遂多。"③这使得晚清教会信徒泥沙俱下。 如在印山学堂毁学案中，参与破坏学堂的教民方映川"曾于数年前私将印山地基卖与天主堂"，阮老岳"曾吞没印山学款"④。 地方官在处理此案时采取软硬兼施策略，一方面积极抓捕参与毁学的教民方启明（映川）和阮老岳（阿岳），拘押在狱，以示惩戒，这在一定程度上打击了教会的气焰；另一方面发布声明大力保护教堂，强调此案"系李教士个人交涉，与教堂无关，所拿之方启明等二犯，均案中要犯，并非安分教民"⑤。

（2）士绅作为四民之首在地方社会中占据重要地位，充当官员与民众的中介，"就地方事务为官员们出谋划策，同时在官吏面前又代表了地方利益"⑥。

众所周知，士绅维系着传统乡村社会秩序，掌握着地方社会各种资源。晚清教民和平民发生冲突时，教民不再诉诸士绅而是吁请教会干涉，动摇了士绅的权威与地位。 教案的巨额赔款和教会强占、盗卖房产田地又侵夺了原本由士绅掌控的地方资源。 这样，士绅与教士之间的矛盾日益激化。 印山学堂毁学案发生后，台州士绅义愤填膺，痛斥李思聪之举，"举动野蛮""行同劫盗"。 林丙修等士绅上书当道指出，"海门旧有印山书院，经董王梦兰擅向教堂募捐，使教士从中干预，遂有不华不法、非中非小之恶劣学堂"，痛

---

① 《浙江洋务局为印山学堂事复赵主教函》，《申报》1908 年 4 月 10 日，第 11 版。
② 《补录台州知府禀浙抚文》，《新闻报》1908 年 4 月 12 日，第 3 版。
③ 《论教案之由来》，《东方杂志》第一年第十期。
④ 《禀报印山学堂现办情形》，《申报》1908 年 4 月 10 日，第 11 版。
⑤ 《禀报印山学堂现办情形》，《申报》1908 年 4 月 10 日，第 11 版。
⑥ 张仲礼：《中国绅士》，上海社会科学院出版社 1991 年版，第 67 页。

斥教士李思聪"在台以来迭酿巨祸,大背教规",请"法领事及法主教迅将教士李思聪他调,或严加训饬,勒令赔偿"①。但在开学日期迫近和教会置之不理的情况下,台州士绅杨晨、周继㴒等人以"该教毒焰稍杀,闻李教士亦略有悔心"为由主动妥协,希望"李教士即将学堂交出,以便开学,捣毁案另行再议"②。

其实,在印山学堂毁学案中,士绅与官府之间关系也相当紧张。在学堂创办时,王梦兰"吞没东山垫款",遭到官府追缴,遂"将印山书院献于教堂,得以归并各款,消灭波痕"③。后来娄震曜接办育才学堂,浙江提学使对其高度不信任,询问台州知府:"娄震曜虽热心学务,才具是否胜任?该处公正绅士尚有何人可举?"④当娄震曜以"经费无着,赔垫已多"为由请款时,浙江布政使喻方伯批驳道:"海门育才学堂既有网轮各捐,又有涂地租息,经费已自不少,何致尚须筹垫?"且直言"绅董胥吏,串通吞没,旧款无着",还指令"台州府即按所陈各节调查明确,会同新任吴丞实力整顿,并将原有学堂各款饬县分别查追以充公用"⑤。士绅王梦兰、娄震曜从李思聪手中接管毓才学堂后,"仍听教士暗中干涉",毁学案发后,他们"反甚快意"⑥。这凸显了士绅与官府在办学过程中的利益冲突。因士绅王梦兰与教士李思聪"理论无效",临海知县潘崇桂欲赴宁波与教士孙树望进行磋商,但学界以潘崇桂"所说不甚可靠且恐生枝节"为由予以中止。⑦印山学堂毁学案将要议结时,台州学界以"此案曲折甚多,须由学界公举代表帮同议结,方免偏枯故"为由,推举许耀、杨镇毅二人为代表,"以便会同王道与法主教妥议了结"⑧。因主教赵保禄在交涉过程中"词颇强倔",浙江洋务局总办王丰镐托人转告台州士绅不妨"来电力争","预备将来不至大受亏损"。

---

① 《海门最近学堂之交涉》,《申报》1908年3月1日,第3版。
② 《台绅电催教师交还学堂》,《申报》1908年2月28日,第4版。
③ 《海门最近学堂之交涉》,《申报》1908年3月1日,第3版。
④ 《批饬杜绝教士干预学务》,《申报》1907年8月1日,第11版。
⑤ 《批饬维持海门学务》,《申报》1907年11月23日,第4版。
⑥ 《台州教士毁学案续志》,《申报》1908年2月15日,第6版。
⑦ 《台州府禀商印山教案》,《申报》1908年6月18日,第4版。
⑧ 《台州学界公举代表议结印山案》,《申报》1908年6月2日,第4版。

台州知府许邓起枢则告知地方士绅"清算还款固为正本",即使将"法文列入随意科"并延聘法文教习也是权自我操,还揶揄士绅"深悉此中之理由","决不敢妄有抗违"①。 虽然地方士绅被迫接受由洋务局总办王丰镐与主教赵保禄议定的条款,但台州学界仍愤愤不平,开会誓不承认,"印山建筑费原系取之地方,教堂早经推还,此时何用清算? 法文列入随意科,违背部章,已非丧失国权甚多",恳请迅转洋务局取消不公平条款。②

当然,士绅与官府在印山学堂毁学案中也曾有选择地进行合作。 士绅利用民众非理性的情绪和官府对民变的担心,进而向官府施加压力。 海门士绅先以"学界震动深恐激成剧变"要求台州知府和浙江巡抚与主教赵保禄和法驻沪领事交涉,督促教士李思聪归还学堂。③ 当李思聪强占学堂后,他们又以"全台士民愤激恐成暴动"④,"难保无民人从中滋事"⑤相挟,迫使当局与赵保禄进行交涉。 为了偿还教堂七千四百元,台州士绅挪用平粜局经费并请求台州知府从纂修临海县志存款、工艺局捐款、军装局军火售款中拨付归还。 与此同时,印山学堂重新开办,"添造课堂、开拓墙垣及修改房屋、添置仪器图画",所需甚巨。 因经费短缺,士绅请求官府将"台属渔团局款,每年除开支外约余二千余元,似可尽数拨入印山学堂,作开办及常年经费"⑥。

3.4.3 性质

清末台州印山学堂毁学案是一起非典型教案,其中夹杂着主权的争夺、财产的纷争和学务的处置。 时人指出:"中国之教案不当谓之教案,而可谓之律案。 盖其事之起无一由于宗教者,其起事之由,恒由于锥刀之末,民之与教所争者皆细微耳。"⑦

---

① 《台州府禀商印山教案》,《申报》1908 年 6 月 18 日,第 4 版。
② 《印山毁学案又起波澜》,《申报》1908 年 4 月 26 日,第 5 版。
③ 《台州府禀省宪电》,《申报》1908 年 2 月 14 日,第 5 版。
④ 《公电(台州)》,《申报》1908 年 3 月 16 日,第 4 版。
⑤ 《印山学堂最近交涉》,《申报》1908 年 3 月 21 日,第 4 版。
⑥ 《禀陈筹拨学堂经费情形》,《申报》1908 年 10 月 1 日,第 11 版。
⑦ 《论保教适所以仇教》,《外交报》第 4 卷第 16 期,1904 年。

　　教育权是近代国家主权之一。 鸦片战争后，传教士凭借特权纷纷在华创办学堂，"以学辅教"，借此减轻传教过程中的阻力。 于是，教会学校林立。 清末"新政"兴学堂成为社会各界的共识，也成了救亡图存的手段。 由是，学堂数量猛增。 这样，教会学校和新式学堂之间龃龉不断，部分冲突演化成为教案。 在印山学堂毁学案中，各界围绕"学堂"展开激烈争夺，一些士绅依附教会创办学堂，部分士绅联合官府改办学堂，教士李思聪则利用特权抢占学堂。 他们围绕办学堂之地、造房子之钱、购图书仪器之费等争论不休。 教方强词夺理，声称学堂"由李教士自资创造"，并由驻沪法总领事、驻京法公使备案在册，诬蔑士绅"横行强夺""居心凶狠甚于盗匪"；官方则据理力争，强调"印山书院原系官地官产，地方绅士无权私相授受"，辩驳在办学过程中"当时海门绅商亦经捐募一千四百余元"，"教堂曾出若干？ 绅商曾捐若干？ 尽可查明商办"①。 因此，学者认为清末浙江教案"更多地涉及'细事''争产与干讼'，教务教案'内政化'趋势加速"②。

　　因清末学堂章程规定"非官办学堂无由出身"，教士李思聪力不从心，遂退出办学③。 但他又不甘心失去对学堂的掌控，提出聘用法文教习等无理要求，遭拒绝后便捣毁学堂，阻挠办学。 这表明印山学堂毁学案触及了学务处置问题。 其实，当时官员非常重视兴学过程中教民与学堂之关系。 山西巡抚岑春煊提议在文庙祭祀时让"习教生员"助祭，"使不习教之士人可泯排斥之见，习教之士人亦以有事为荣"④。 浙江洋务局道员世增提出教会学堂"难禁其设立"，"须遵部颁中小学堂格式，教自为教，学自为学，不得强学徒必须奉教。 如能恪遵部章"，应"奏请一体给予出身，以期笼络学徒，使为国家之用"⑤。 他们期望借此消解教会与学堂之张力、教士与民众之冲突。

　　总之，清末台州印山学堂毁学案是在特定历史背景下爆发的一起非典型

---

　　① 《浙抚为台州教案札提学司宁关道又》，《申报》1908 年 3 月 9 日，第 4 版。

　　② 张凯：《官绅分合与清末"教案内政化"：以浙江为中心的考察》，《世界宗教研究》2014 年第 2 期。

　　③ 《浙江洋务局为印山学堂事复赵主教函》，《申报》1908 年 4 月 10 日，第 11 版。

　　④ 中国第一历史档案馆等编：《清末教案》第三册，中华书局 1998 年版，第 236 页。

　　⑤ 中国第一历史档案馆等编：《清末教案》第三册，中华书局 1998 年版，第 874 页。

教案。 案发后,官府、士绅和教会围绕着主权的争夺、财产的纷争和学务的处置展开了激烈交锋,他们之间既有冲突,又有合作,还有利用,经过多方磋商,最后了结该案。 台州印山学堂毁学案从微观层面凸显了晚清教案的复杂性,进而反映了清末社会变迁的多样性。

3.5 民国时期城市苦力的多维研究

"苦力"指在城市里从事重体力劳动而工资低廉的人,包括车夫、轿夫、搬运夫、清道夫、挑水夫、码头小工等。 苦力既是城市化的产物,又依附城市而生存。 民国时期,随着城市化进程加速,大量移民涌入城市充当苦力,从事繁重体力劳动。 "每一个城市都有一部分苦力,独轮车夫,码头工人,双轮车夫,挑运工人,垃圾工人,葬事工人和人力车夫。 总计全国的数目,不下数百万。"[①]在民国时期的城市苦力中,人力车夫数量最多,影响也较大。 本文以民国时期沪宁杭城市人力车夫为考察中心,从城市化揭示人力车夫的时代背景,从底层视角反映人力车夫的群体状况,从日常生活还原人力车夫的整体形象,进而凸显民国时期城市苦力的边缘场景。[②]

---

① 邱脖盼译:《中国的人力》,《劳工月刊》第五卷第七期,1936 年 7 月。
② 民国时期,一些社会学者开始关注城市中人力车及人力车夫群体,如夏庆鎏、夏庆台的《杭州人力车概况及车夫生活概况》,言心哲的《南京人力车夫生活的分析》,上海市社会局的《上海市人力车夫生活状况调查报告书》,陶孟和的《北京人力车夫生活之情形》,王本慈的《南京市人力车夫生活改善之商榷》,王刚的《救济上海人力车夫计划草案》,郭崇阶的《上海市的人力车问题》,谷士杰的《中国的人力车夫问题》,等等。20 世纪 80 年代后,城市史、社会史研究兴起,江南地区人力车及人力车夫再度引起学者关注,其中既有全局性的研究,如王印焕的《民国时期人力车夫分析》和《交通近代化过程中人力车与电车的矛盾分析》;也有区域性或局部性的研究,如邵雍的《1935 年上海法租界人力车夫罢工初探》,孔祥成的《现代化进程中的上海人力车夫群体研究》,邱国盛的《从人力车看近代上海城市公共交通的转变》,马陵合的《人力车,近代城市化的一个标尺:以上海公共租界为考察点》,何兰萍的《人力车与近代上海都市居民生活》,何建国、谢永栋的《近代城市发展中的规范与危机:1934 年上海人力车纠纷探析》,郑忠、王洋的《城市边缘人:民国南京人力车夫群体探析》,等等。这些研究成果皆以单一视角考察人力车夫的群体状况,无法真实再现人力车夫的生活状况。

3.5.1 城市化与民国时期沪宁杭人力车的兴衰

城市化既是人类文明高度发展的产物，又是人类文明高度发达的表征。工业革命后，工商发达，开启了西方城市化之进程。鸦片战争后，开埠通商，拉开了中国城市化之序幕。民国时期，上海、南京、杭州等地城市化步伐加快，马路不断延伸，道路更加平坦，如 1927 年上海工务局筑路 320582 米，其中柏油路 3009 米，占总数的 1.0%；砂石路为 8219 米，占总数的 2.6%；煤屑路为 124076 米，占总数的 38.7%。[①] 移民不断涌入，人口急剧增加，如 1930—1937 年上海城市人口从 314 万增长到 400 万，1927—1936 年南京城市人口从 36 万增加到 100 万，[②]1927—1931 年杭州城市人口从 380031 增至 523569。[③] 在城市化进程中，上海发展为远东商贸中心，南京转变为民国政治中心，杭州则演变为旅游休闲中心。

随着城市人口急剧增加和空间不断扩大，传统交通工具无法满足城市化进程的需要，人力车由是获得了巨大的发展空间。上海人力车 1915 年为 13816 辆，1920 年为 15373 辆，1924 年为 19882 辆[④]，1934 年为 24309 辆[⑤]，1946 年为 26890 辆[⑥]。南京人力车 1927 年为 5457 辆，1930 年为 8223 辆，1933 年为 9493 辆。[⑦] 杭州人力车 1918 年为 1700 辆，1930 年为 3105 辆，1933 年为 4240 辆。[⑧]

---

① 《上海市工务局之十年(1927—1937)》,转引张仲礼等主编:《长江沿江城市与中国近代化》,上海人民出版社 2002 年版,第 612 页。

② 转引张仲礼等主编:《长江沿江城市与中国近代化》,上海人民出版社 2002 年版,第 406 页。

③ 建设委员会调查浙江经济研究所编:《杭州市经济调查》,1932 年印本,第 36—37 页。

④ 《上海北京人力车业情形》,《中外经济周刊》第 120 号。

⑤ 李文海主编:《民国时期社会调查丛编》城市劳工生活卷下册,福建教育出版社 2005 年版,第 1202 页。

⑥ 《南京等四十七市县人力车及车夫人数》,《社会行政统计》第二十九号,1947 年。

⑦ 李文海主编:《民国时期社会调查丛编》城市劳工生活卷下册,福建教育出版社 2005 年版,第 1237 页。

⑧ 夏庆鋆、夏庆台:《杭州人力车概况及车夫生活概况》,《市政月刊》1930 年第 3 期。蔡斌咸:《从农村破产所挤出来的人力车夫问题》,《东方杂志》第三十二卷第十六期,1935 年。

20世纪初，汽车、电车等新式交通工具传入中国，这既是城市化的产物，又推进了城市化的进程。1908年上海有轨电车开始正式运营。电车"俾乘客得减其光阴与金钱之耗费，而增其交通或往返之便利"[①]。如1912年上海电车公司载客量为40734233人次，1921年为119558769人。[②] 虽然汽车与电车风驰电掣，快捷便利，但"路线短，行程少，不能满足市民需要"[③]。这样，"凡是公共车辆不能直达的地方，人力车依旧是人们唯一的代步工具"[④]。因为人力车小巧灵活，可以在城市的大街小巷通行无阻，并可随时随地上下客人，"核其费用，且反比电车或公共汽车为合算"[⑤]，因而深得民众青睐。

在城市化过程中，公园、戏院等公共空间的出现，马路、路灯等公共设施的设立，在一定程度上改变了人们传统的生活方式。人们抛弃单调沉闷的日常生活，竞相向往斑驳陆离的城市生活，如清末上海四马路一带茶肆酒楼云集，"每至下午，游人如织，士女如云，间以马车、东洋车，东驰西骤"[⑥]。人力车的出现则在一定程度上满足了城市生活的需要。在城市中，男人"西装、大衣、西帽、革履、手杖外加花球一个，夹鼻眼镜一副，洋泾话几句，出外皮篷或黄包车一辆"[⑦]。在上海四川北路、霞飞路、外滩等地，乘客侧坐在车里，脚几乎跷到黄包车夫背上，十足地表演着"坐黄包车艺术"[⑧]。随之，妓女"借此为出游之具，招摇过市，大出风头"[⑨]。舞女也喜欢或包人力车或坐人力车外出，虽然"电车与公共汽车价廉而速，包车与黄包车价廉

① 甘作霖：《上海三电车公司之组织》，《东方杂志》第十二卷第一期，1915年。

② 徐雪筠等编译：《上海近代社会经济发展概况（1882—1931）》，上海社会科学院出版社1985年版，第217页。

③ 陆坚心：《20世纪上海文史资料文库》第9册，上海书店出版社1999年版，第360页。

④ 甘来：《掌故人力车沧桑史》，《申报》1946年8月23日。

⑤ 《特区车商发表》，《申报》1934年7月29日。

⑥ 何荫柟：《钮月馆日记》，《清代日记汇抄》，上海人民出版社1982年版，第352页。

⑦ 《时髦派》，《申报》1912年1月6日。

⑧ 《黄包车》，《华安》1934年第3期。

⑨ 《包车出风头》，《金刚钻月刊》1934年第9期。

而慢"，但乘人力车要派头。① 此外，人力车"在构造上有力学原理，使之坐上人之后，利用重量的压力促使车轴向前滚动"②，橡胶轮胎、滚珠轴承、弓形钢筋等使车子行驶平稳，弹簧坐垫使乘客更加舒适；而"两旁的房屋、绿树、男男女女的行人都缓缓地向后移动，如一张影片一般"③。 不少市民也由是喜欢坐人力车。

在传统社会中，人们的日常生活受到昼夜更替自然规律的约束，往往日出而作，日落而息。 在城市化过程中，煤气灯、电灯等西方照明工具的传入及其在公共场所的普遍使用使得夜如白昼，如上海租界"自宵达旦，灯火辉耀，与日市无异"④，"自午后以至夜间十二点钟，无一刻不车水马龙，声如鼎沸"⑤。 这从根本上颠覆了人们传统的生活方式。 "照明工具的进步使白天和黑夜的界线减弱，人们对睡眠以外的夜晚时间可以更自由地安排……有钱人晚上可以到娱乐场所去消遣娱乐，享受夜生活，而贫穷的工人、车夫等下层劳动者，以及勤俭的商贾街贩，为求衣食生计，往往延长劳动时间，夜晚也继续劳作，更加繁忙和劳累。"⑥而星期成为都市生活新的时间概念，市民的休闲生活也因之而转变。 人们的休闲活动跨出地缘和亲缘的范围，进入公园、影院、舞厅、商场等公共空间领域。 随着休闲活动的深入，人们有意识地拓展交际圈。 学者曾提出人口密度与人际关系对等的理论学说，即当一个半径为 10 英里的圆周圈内人口密度为 1 人/平方英里时，圆周内总人数为 314人⑦。 城市密集的人口为民众人际交往提供了无限的可能，而人力车则为民众开拓交际网络提供了现实的可能，"使人们市内跨街区流动更为便捷，所

---

① 《舞女喜坐人力车的妙解》，《都会》1939 年第 14 期。

② 邓云乡：《增补燕京乡土志》下册，中华书局 1998 年版，第 499 页。

③ 吴圳义：《上海租界问题》，正中书局 1981 年版，第 383 页。

④ 转引李长莉：《中国人的生活方式：从传统到近代》，四川人民出版社 2008 年版，第 416 页。

⑤ 《论洋场地气之迁移》，《申报》1889 年 12 月 7 日。

⑥ 李长莉：《中国人的生活方式：从传统到近代》，四川人民出版社 2008 年版，第 418页。

⑦ 忻平：《从上海发现历史——现代化进程中的上海人及其生活》，上海人民出版社 1996 年版，第 280 页。

用时间缩短，以往流动所受交通的阻隔大大减少，散居四处的居民们，可以方便地到达商业区去聚集活动"①。

　　然而，城市化既刺激人力车发展，又促使人力车衰落。 在城市化进程中，汽车、电车等新式交通工具以其速度快、运量大、价格廉等优势挤压了人力车的存在空间。 据调查，城市中人力车一般只能载 1 人，时速为 6 公里/小时；而电车可载 50 人，时速为 8.8 公里/小时。② 1930 年上海租界电车头等车厢每英里票价为铜圆 7.26 枚，而人力车每华里票价为铜圆 24 枚。③ 这样，人力车市场占有率受到不少冲击，如上海人力车市场占有率从 1926 年的33.55％降到 20 世纪 20 年代末的 11.42％。④

3.5.2　民国时期沪宁杭人力车夫的底层视角

　　底层研究（Subaltern Studies）始于 20 世纪七八十年代的印度史研究。1982 年古哈（Ranajit Guha）、查特吉（Partha Chatterjee）、哈蒂曼（David Hardiman）等研究南亚历史的历史学家在其撰写的《底层研究》第一卷中提出了"底层"这个研究命题。 所谓底层，指"南亚社会中处于从属地位下层的总称，不论是以阶级、种姓、年龄、性别和职位的意义表现的，还是以任何其他方式来表现的"⑤。 底层研究是作为殖民主义精英主义和民族主义精英主义的反抗而出现的，实质上是一种关于受压迫下层群体的研究。 它借用了葛兰西的"底层"概念，又借鉴了汤普森和霍布斯鲍姆等社会史家"从下层看历史"的研究旨趣，试图再现并重写底层历史⑥。 底层研究重新审视历史并

---

　　① 李长莉:《中国人的生活方式:从传统到近代》,四川人民出版社 2008 年版,第 405—406 页。

　　② 沙公超:《中国各埠电车交通概况》,《东方杂志》第二十三卷第十四期,1926 年。

　　③ 陈文彬:《近代城市公共交通与市民生活:1908—1937 年的上海》,《江西社会科学》2008 年第 3 期。

　　④ 邱国盛:《人力车与近代城市公共交通的演变》,《中国社会经济史研究》2004 年第 4 期。

　　⑤ 王庆明:《底层视角及其知识谱系——印度底层研究的基本进路检讨》,《社会学研究》2011 年第 1 期。

　　⑥ 王庆明:《底层视角及其知识谱系——印度底层研究的基本进路检讨》,《社会学研究》2011 年第 1 期。

建构历史的理论自觉可以化解正统话语对历史的遮蔽，直达历史真相。 人力车夫因地位低下而长期不被人们所关注，与印度社会底层相似，因而底层视角可以再现民国时期人力车夫的原貌。

民国时期，沪宁杭等地的城市化不但增加了人口数量、提高了人口密度，而且拓展了城市空间、丰富了娱乐生活。 人力车的出现满足了城市生活的流动性和高频率特点，人力车夫则伴随着城市化大潮涌现。 如 1927 年杭州市人力车夫为 7850 人，1934 年为 11950 人[①]；1933 年南京市人力车夫估计在 15000 人以上[②]；1934 年上海市人力车夫为 80649 人[③]。 这些人绝大部分为来自外地农村的农民。 据学者研究，上海 71％的人力车夫来自农村，南京56.96％的人力车夫来自农村，杭州 57.97％的人力车夫来自农村。[④] 民国时期，战乱不断，灾害频发，民不聊生，百姓纷纷涌入城市寻找活路。 "西方的城市化是建立在工业拉力与农业推力相平衡的基础上，但中国近代的城市化是在半殖民地半封建社会中仓促启动的，'商强工弱'的经济结构，本身就没有充分吸收农业劳动力的水平。"[⑤]这样，农民进城后被迫像牲口一样出卖劳动力，拉人力车便是其无奈之选择。

城市是人类文明高度发展的产物，也是充满理性和规则的社会空间。 晚清上海公共租界工部局规定人力车不能在马路中央跑，应靠近路左边走；拉车时，数辆车子要单行，不能并行；夜间须点燃车灯；停车上客时必须将车子靠近路旁；等等。[⑥] 众所周知，人力车夫因缺少教育而文化程度低下。 据统计，南京 1350 名人力车夫中未入学者 939 人，约占总数的 70％；不识字者

① 《杭州市人力车夫及车租统计》，《国际劳工通讯》第 7 期(1934 年)。

② 李文海主编：《民国时期社会调查丛编》城市劳工生活卷下册，福建教育出版社 2005年版，第 1238 页。

③ 李文海主编：《民国时期社会调查丛编》城市劳工生活卷下册，福建教育出版社 2005年版，第 1202 页。

④ 邱国盛：《北京人力车夫研究》，《历史档案》2003 年第 1 期。

⑤ 王洋：《关于人力车夫群体的研究述评》，《安徽广播电视大学学报》2012 年第 3 期。

⑥ 《上海人力车夫互助会概况报告》，张研、孙燕京主编：《民国史料丛刊》第 778 册，大象出版社 2009 年版，第 335—336 页。

917 人，占总数的 67.94％；不能阅报者 1128 人，占总数的 83.56％。① 人力车夫因文化素质低下而无法理解并接受城市规则，进而阻碍自身融入城市之中。 他们进城后虽然跟人学了些"大转弯""小转弯""红灯""绿灯"等知识才开始拉车上路，但对交通规则不甚了解，经常在大街上横冲直撞而遭警察打骂、市民嘲笑。 如 1921 年 5 月初日本作家芥川龙之介从上海乘火车来杭州，在火车站前上了一辆人力车，"车把刚刚拉起，车子就突然向狭窄的道路中冲去"②，吓了他一跳。 又如在上海南京路与浙江路口，一辆人力车跑得太快，闯过了停车线，差点撞上路过的汽车，结果挨了巡捕的棒打。③

城市化一方面使得人们之间前所未有地频繁接触，另一方面这种接触呈现出浅表性、非情感性与匿名性。 社会学中的匿名理论认为，人处于匿名时会因不必承担破坏规范的后果而放纵自己的行为。 城市中人际交往的匿名性使得人们逃脱社会规范的束缚，做出其平时很少做甚至根本没有做过的行动来。④ 人力车夫踏进城市后失去传统伦理道德的约束，"他们原有的淳朴天性泯没了，濡染成了一种欺诈、贪狠、野蛮和卑鄙的习气"。 碧翁曾在文中写道："你走在路上，向来是他们兜你坐车的，到这时（下雨）也许你在招唤他，他兀自埋着头，拖了空车，假装没有听到往前行。 这也是他们的计划，这样装腔作势，你便不能少他的车价；你大声唤了他回来时，他先注意你的上下身，上身有没有雨伞，足上有没有皮鞋，假使统统没有的话，他的竹杠手段来了。"他们拉客时非常势利，"你假使和一个洋人在一起走路时，你便没有叫到他拉的可能。 因为他全神贯注的希望，就在这个洋财神身上"，可是到了目的地，"走了几里路，只给他一毛钱"，虽然怨气冲天，但强悍者"高声操了他的乡音，骂几句极下等的俚语，带着悻悻的形色，挽了车杠快快地自怨自艾走开"；软弱者"连骂声也不敢提高的悄悄走了"。 倘使那坐车者是本国同胞，他会一把扯住衣领，不依不饶地索要车钱，即使加了些钱给他，

---

① 李文海主编：《民国时期社会调查丛编》城市劳工生活卷下册，福建教育出版社 2005 年版，第 1274—1275 页。
② 芥川龙之介：《中国游记》，中华书局 2007 年版，第 61 页。
③ 《浙江路口的一个人力车夫》，《民国日报》副刊《觉悟》1920 年 9 月 13 日。
④ 郑杭生：《社会学概论新修》（修订本），中国人民大学出版社 1999 年版，第 186 页。

他还要说些刺耳的言语。① 他们经常敲诈顾客，通常在顾客付钱时将银洋换成铜、铅铸成的假钱，并气势汹汹地要顾客拿钱来换；还不时欺负老弱，如宁波王夏氏乘船抵沪，雇人力车夫林德清的车送箱笼至西门斜桥居安里一号，林德清以该妇年老可欺，遂乘其不备，载着箱笼逃走。②

人力车夫大多来自乡村，憨厚朴实，但一些人进城后渐渐染上各种陋习，如抽烟、喝酒、赌博、嫖娼等。 如在上海304名人力车夫中，吸烟者81人，占总数的26.64％；喝酒者24人，占总数的7.89％；既吸烟又喝酒者40人，占总数的13.16％。③ 又如在南京1350名人力车夫中，赌博者有145人，占总数的10.74％。④ 第二次鸦片战争后，随着外国鸦片输华合法化与国内鸦片种植数量日渐增加，鸦片售价逐渐降低，每钱从几十文至一二百文不等，贫民百姓吸食鸦片者众多，人力车夫也不例外，如上海人力车夫中有20％—30％抽大烟。⑤ 娼妓是一种社会病态现象，明清时期江南等商业城市娼妓盛行。 近代城市化后，大批女子走进城市，因无一技之长而难以就业，迫于生活，出卖肉体。 据不完全统计，20世纪30年代初上海妓女有10万—12万人。⑥ 在上海"花烟间"，人们只要花上100文就可由妓女陪吸烟，花上1元洋银即可与妓女共宿，因此"肩挑、贫贩、船户、车夫与夫乡人之入市贸易者，往往甘之如饴，咸思问鼎而染指焉"⑦。 不少人力车夫每日所得"除房饭费数十文之外，俱消耗于此乡"⑧。 其实，包括人力车夫在内的下层民众"涉足烟赌娼，既有文化低下，情趣粗俗的因素，也有其寥落寂寞、苦

① 碧翁：《上海的人力车夫》，《上海生活》第4卷第12期，1940年。

② 《黄包车夫十分可恶》，《申报》1928年5月3日。

③ 李文海主编：《民国时期社会调查丛编》城市劳工生活卷下册，福建教育出版社2005年版，第1207页。

④ 李文海主编：《民国时期社会调查丛编》城市劳工生活卷下册，福建教育出版社2005年版，第1276—1277页。

⑤ 转引卢汉超：《霓虹灯外：20世纪日常生活中的上海》，上海古籍出版社2004年版，第85页。

⑥ 转引李长莉：《中国人的生活方式：从传统到近代》，四川人民出版社2008年版，第495页。

⑦ 《维持风化议》，《申报》1885年7月13日。

⑧ 黄式权：《淞南梦影录》，上海古籍出版社1989年版，第102页。

中作乐的心理需要"①。

　　帮会是与家族、行会相鼎立的一种特殊社会组织，"它不但不受封建行政系统的限制，也不受家族与行会组织的约束，可以称得上是家族与行会组织之外的第三社会组织"②。　在封建社会，下层民众遭受专制皇权的压迫与官僚地主的剥削，痛不欲生，但在暴力的威慑下无力反抗，乃采取秘密结社的方式，与统治者进行抗争。　移民初入城市，孤苦无依，而帮会以"义气"相标榜、以"互助"相号召，强调"有难同当，有福同享"，使得移民自然而然地亲近它，因而下层民众加入帮会者屡见不鲜。　人力车夫在城市中经历种种欺凌，为了"保护"自己，一些人主动加入帮会。　据统计，20 世纪 30 年代上海 90％的人力车夫加入青帮。③　包惠僧指出上海人力车夫"差不多是流氓无产阶级"④便是例证。

3.5.3　民国时期沪宁杭人力车夫之日常生活

　　日常生活为"使社会再生产成为可能的个体再生产要素的集合"⑤。　它主要包括"以个体的肉体生命延续为目的的生活资料获取与消费活动"，即日常消费；"以日常语言为媒介，以血缘和天然情感为基础的个人交往活动"，即日常交往；"以及伴随上述各种活动的日常思维或观念活动"，即日常观念。⑥　一般日常生活指衣食住行、婚丧嫁娶、饮食男女等。

　　为了赚钱养家糊口，人力车夫整天跑个不停。　据统计，上海人力车夫拉车的平均时间为 11.24 个小时⑦，南京人力车夫拉车的时间一般为 7—10 小时⑧。　另据言心哲对南京 1350 名人力车夫的调查，每日工作 7 小时者有 166

　　① 樊卫国：《近代上海的奢侈消费》，《探索与争鸣》1994 年第 12 期。
　　② 陈旭麓：《陈旭麓文集》第二卷，华东师范大学出版社 1997 年版，第 205—206 页。
　　③ 朱邦兴等编：《上海产业与上海职工》，上海人民出版社 1984 年版，第 676 页。
　　④ 包惠僧：《包惠僧回忆录》，人民出版社 1983 年版，第 77 页。
　　⑤ 赫勒：《日常生活》，重庆出版社 1990 年版，第 3 页。
　　⑥ 衣俊卿：《现代化进程中日常的批判》，《天津社会科学》1991 年第 3 期。
　　⑦ 李文海主编：《民国时期社会调查丛编》城市劳工生活卷下册，福建教育出版社 2005 年版，第 1251 页。
　　⑧ 都锦生：《南京人力车夫生活》，《健康生活》1934 年第 2 期。

人，占总数的 12.30％；每日工作 8 小时者有 163 人，占总数的 12.07％；每日工作 9 小时者有 154 人，占总数的 11.41％；每日工作 10 小时者有 223 人，占总数的 16.52％。① 尽管人力车夫如牛马般劳作，但高额的车租吞噬了人力车夫的大部分收入，其所得微不足道。 如上海人力车夫每天交付租金后所得只有三四百文。② 上海市社会局曾对 340 名人力车夫每月净收入做过统计，其中 5—9.99 元者有 186 人，占总数的 54.71％；10—14.99 元者有 92 人，占总数的 27.06％；也就是说 81.77％的人力车夫收入在 15 元以下。③ 这样的收入甚至不如一般苦力，如 1932 年上海男工每月平均工资约为 15 元，女工每月平均工资为 12 元，童工每月平均工资为 8 元。④ 人力车夫微薄的收入要养活一家老小十分艰难，往往入不敷出，如上海人力车夫每家平均月支出为 16.53 元，月收入为 11.52 元；南京人力车夫每家平均月支出为 22.11 元，月收入为 23.81 元。 于是，人力车夫中欠债者比比皆是，如在上海 304 名人力车夫中，欠债者有 150 人，占总数的 49.34％；⑤在南京 1350 户人力车夫家庭中，欠债者有 547 家，约占总数的 40.52％。⑥ 这使得人力车夫的生存状况进一步恶化。

食物是人们生存的必需品。 人力车夫从事高强度体力劳动，需要大量食物来补充能量。 但他们靠拉车挣钱少，平日所食多为饭粥或面食之类，以青菜、豆腐等佐餐，几乎不吃鱼肉。 即使如此，他们仍无法天天填胞肚子，从吃干饭变为喝稀饭，每日三餐减为一日两餐，有时还免不了忍饥挨饿。 如杭州人力车夫平时二饭一粥者占 54.93％，一饭二粥者占 30.01％，一饭一粥者

---

① 李文海主编：《民国时期社会调查丛编》城市劳工生活卷下册，福建教育出版社 2005 年版，第 1247 页。

② 李次山：《上海劳动状况》，《新青年》1920 年第 6 期。

③ 李文海主编：《民国时期社会调查丛编》（城市劳工生活卷下），福建教育出版社 2005 年，第 1216 页。

④ 吴泽霖：《中国的贫穷问题》，《申报月刊》第 3 卷 7 号，1934 年 7 月。

⑤ 李文海主编：《民国时期社会调查丛编》城市劳工生活卷下册，福建教育出版社 2005 年版，第 1230 页。

⑥ 李文海主编：《民国时期社会调查丛编》城市劳工生活卷下册，福建教育出版社 2005 年版，第 1262 页。

占 15.06%。①

衣服不仅可以蔽体保暖，而且可以显示身份，因而具有自然属性与社会属性。 在传统社会，士农工商，衣服有别。 下层苦力大多上穿褂子、下着裤子，用粗布制成。 人力车夫收入少，有时连饭都吃不上，更无钱添置衣服。因此他们终年衣衫褴褛，夏天光着上身，冬天穿着破棉衣。 当他们感到实在不能再穿的时候，便到旧货摊上去买一件。② 城市中人口密集，房屋紧张，房租昂贵。 民国时期，上海普通房屋租金每月大多 8 元以上，南京一般房屋租金每月大约 10 元。③ 人力车夫无力承担高昂房租，单身者只好"如猪一样，七八人或五六人挤卧于"车行阁楼上，有家眷者则"在荒地上或污水河岸边，用竹木破席铁片，搭成一鸽窝式矮窄之房屋"④。 随着鸽窝式房屋的日渐增多，棚户区也随之在城市中出现，人力车夫成为棚户区的主要居民。 在民国时期上海最大的棚户区——药水弄中，60%左右居民为人力车夫。⑤ 这些棚屋大都是一个单间，约 12 英尺宽，24 英尺长，房柱用的是毛竹，房顶用的是茅草，墙壁也是由竹篱笆糊土而成，房门用草帘或布帘，泥地充作地板，许多屋子甚至没有窗户。⑥ 总之，人力车夫平日"所食者仅为最粗劣的糟糠，所服者仅为可蔽体的百结鹑衣，所住者仅是聊蔽风雨的茅舍"⑦，但其日常生活开支却耗费了收入的大部分。 20 世纪 20 年代上海人力车夫每家每月开支平均为 16.53 元，其中食物费用为 10.89 元，占总数的 65.88%；衣服费

---

① 蔡斌咸：《从农村破产所挤出来的人力车夫问题》，《东方杂志》第三十二卷第十六期，1935 年。

② 朱邦兴等编：《上海产业与上海职工》，上海人民出版社 1984 年版，第 675 页。

③ 朱懋澄：《劳工新村运动》，《东方杂志》第三十二卷第一期，1935 年。李文海主编：《民国时期社会调查丛编》（城市劳工生活卷下），福建教育出版社 2005 年版，第 1256 页。

④ 郭崇阶：《上海市的人力车问题》，《社会半月刊》创刊号，1934 年。

⑤ 转引卢汉超：《霓虹灯外：20 世纪日常生活中的上海》，上海古籍出版社 2004 年版，第 119 页。

⑥ 转引卢汉超：《霓虹灯外：20 世纪日常生活中的上海》，上海古籍出版社 2004 年版，第 111 页。

⑦ 吴泽霖：《中国的贫穷问题》，《申报月刊》第 3 卷第 7 号，1934 年。

用为 0.68 元,占总数的 4.11%;房租费用为 1.94 元,占总数的 11.74%。[①]
上海人力车夫的恩格尔系数为 65.88%,这表明其生活处于贫困状态。[②]

　　娱乐为人生而应有的生活方式,可以调节工作之疲劳,陶冶个人之情操,恢复体力,继续工作。 城市中娱乐场所众多,娱乐形式五花八门。 然而人力车夫迫于生计只得无休止地、麻木地拉车,既无金钱也无时间去享受娱乐休闲,如在南京 1350 名人力车夫中,704 人全年无休假,占总数的 52.15%;770 人平时无娱乐,占总数的 57.04%。[③] 他们主要的闲暇活动为睡觉、聊天,偶尔打扑克、下象棋、搓麻将、看戏听曲等,如在南京 1350 名人力车夫中,听书的有 178 人次,占总数的 13.19%;看戏的有 132 人次,占总数的 9.78%。[④]

　　人力车夫"终日奔驰于炎夏溽暑之中,涸耗元气;而严冬酷寒之际,衣食缺乏,无家可归,以剥损其精力"[⑤];拉车时"其急迫之呼吸,所吸又为通衢上污浊之尘芥,实有害于肺部之健康;而其身体终日着汗垢所渍之衣服,尤易染受各种疾病"[⑥]。 这伤害了人力车夫的身体健康。 如杭州市人力车夫中患心脏病者人数众多。[⑦] 一些人力车夫因此而倒毙于路旁。 1935 年 2 月 14 日《中央日报》曾报道,南京市"一人力车夫,年约四十岁左右,拉一空车,倒毙于国府路实业部斜对门,后经法医检验,确系因病身死"。 人力车夫平日患病后缺医少药,得不到治疗,如在南京 1350 名人力车夫家中,全年无医

　　①　李文海主编:《民国时期社会调查丛编》城市劳工生活卷下册,福建教育出版社 2005 年版,第 1257 页。

　　②　一般地,恩格尔系数在 59% 以上为贫困,50%—59% 为温饱,40%—50% 为小康,30%—40% 为富裕,低于 30% 为最富裕。

　　③　李文海主编:《民国时期社会调查丛编》城市劳工生活卷下册,福建教育出版社 2005 年版,第 1276—1277 页。

　　④　李文海主编:《民国时期社会调查丛编》(城市劳工生活卷下),福建教育出版社 2005 年版,第 1276 页。

　　⑤　《上海车夫教会第三年报告书(一九一五年至一九一六年)》,《申报》1916 年 8 月 3 日。

　　⑥　李文海主编:《民国时期社会调查丛编》城市劳工生活卷下册,福建教育出版社 2005 年版,第 1145 页。

　　⑦　蔡斌咸:《从农村破产所挤出来的人力车夫问题》,《东方杂志》第 32 卷第 16 期,1935 年。

药费者有 713 家，占总数的 52.81％。① 这也影响了人力车夫的寿命长短，据调查，民国时期上海人力车夫的平均寿命约为 43 岁，其死因主要为传染病、肺结核、肠胃炎等。②

民国时期，外来人口大量涌进城市，尤以适婚的青壮年男性为多，如 20 世纪 30 年代上海青壮年男性占人口总数的 37％—38％，这导致男女比例失调，造成婚嫁困难，当时上海社会平均婚嫁率仅为 3.8‰。③ 宁杭城市中的人力车夫也以青壮年为主。1934 年上海市社会局调查发现，71％的人力车夫年龄在 26—45 岁之间，平均年龄为 35.55 岁。④ 1933 年言心哲调查了南京 1350 名人力车夫的年龄，20—39 岁者有 948 人，占总数的 70.22％。⑤ 杭州市人力车夫中 20 岁以上者占总数的 24％，30 岁以上者占总数的 30％，40 岁以上者占总数的 24％。⑥ 因收入微薄、地位低下，人力车夫中无力娶妻者众多。如南京 1350 名人力车夫中有 339 人未婚，占总数的 25.11％。⑦ 当时有一首民间歌谣形象地描述了单身车夫的生活："买米一顶帽，买柴怀中抱，住的茅草屋，月亮当灯照。"⑧由是不少人力车夫养成了嫖娼宿妓的恶习。

人力车夫作为民国时期城市苦力的典型，在工作上"无论冬夏，供人驱走如牛马"；在生活上"衣食不周，鸠形鹄面"；在社会上"受尽横暴，遭尽

① 李文海主编：《民国时期社会调查丛编》城市劳工生活卷下册，福建教育出版社 2005 年版，第 1257 页。

② 转引卢汉超：《霓虹灯外：20 世纪日常生活中的上海》，上海古籍出版社 2004 年版，第 74 页。

③ 忻平：《从上海发现历史——现代化进程中的上海人及其生活》，上海人民出版社 1996 年版，第 76、78 页。

④ 李文海主编：《民国时期社会调查丛编》城市劳工生活卷下册，福建教育出版社 2005 年版，第 1206 页。

⑤ 李文海主编：《民国时期社会调查丛编》城市劳工生活卷下册，福建教育出版社 2005 年版，第 1239 页。

⑥ 纷纷：《杭市人力车与车夫》，《寿险界》1934 年第 4 期。

⑦ 李文海主编：《民国时期社会调查丛编》城市劳工生活卷下册，福建教育出版社 2005 年版，第 1264 页。

⑧ 中共上海市委党史研究室编：《上海出租汽车、人力车工人运动史》，中共党史出版社 1991 年版，第 84 页。

恐怖"①。 马克思指出，"他们是什么样子的，这同他们的生产是一致的——既和他们生产什么一致，又和他们怎样生产一致"②。 民国时期沪宁杭人力车夫如牛马样生活与奴隶般劳动恰是当时城市苦力的真实写照。

---

① 《人力车夫之福音》,《申报》1922 年 8 月 11 日。
② 中共中央编译局编:《马克思恩格斯选集》第一卷,人民出版社 1972 年版,第 25 页。

4 中国近代思想文化之鸟瞰

鸦片战争后，国门洞开，以儒家经典为核心的传统思想文化在西方资产阶级思想文化猛烈冲击下走向衰落，以救亡图存为中心的近代思想文化快速成长。然而，中国近代"数千年未有之大变局"使其思想文化在发展过程中呈现古今并存、新旧交织、中西对峙的局面。

4.1 梁启超的社会保障思想

社会保障是指国家和社会通过国民收入的分配和再分配依法对社会成员的基本生活权利予以保障的社会安全制度。社会保障是现代国家和文明社会的标志，它既是社会成员的"安全网"，又是社会进步的"缓冲阀"。由于中国是一个以农耕为主的早熟型农业社会，人口数量庞大和生产机制脆弱，这就需要社会建立一整套相对完善的保障制度。虽然中国古代没有系统的社会保障制度，但社会保障思想早在先秦时期便产生了，并对后世社会产生了深远影响。

近代中国由于外国资本主义的入侵和本国封建势力的压迫，天灾人祸不断，民众颠沛流离，饿死、病死者每年数以千万计。梁启超作为晚清有影响力的思想家，目睹生灵涂炭、民生艰难，提出了社会保障思想。学术界对梁启超的思想研究比较充分，但对其社会保障思想的研究相对不足，因而有必要做进一步研究。

4.1.1　历史上自然灾害与社会保障

所谓灾荒，那是由自然界的破坏力对人类生活的打击超过了人类的抵抗力而引起的损害；而在阶级社会里，灾荒完全是由人和人的社会关系失调而引起的，是人对于自然条件控制的失败所招致的社会物质生活上的损害和破坏。我国从公元前 1766 年至公元 1937 年，发生的有迹可循的各种灾害约 5258 次，平均每 8 个月遭灾 1 次。① 李约瑟教授根据史料统计："中国每六年有一次农业歉收，每 12 年有一次大饥荒。在过去的 2100 多年间，中国共计有 1600 多次大水灾，1300 多次大旱灾，很多时候旱灾和水灾会在不同地区同时出现。"②有学者总结我国历代灾荒的特点，"不但空间上益趋于普遍化，而且在时间上亦愈见普遍。空间上普遍化之结果，即形成无处不灾、无处不荒之现象；时间上普遍化之结果，即形成无年不灾、无年不荒的现象"③。近代中国也不例外。

晚清时期，灾荒频繁，据不完全统计，在 1840—1911 年间，我国共发生大水灾 232 次，旱灾 140 次，六级以上地震 40 多次，大风灾 40 次；④种类繁多，水灾、旱灾、风灾、地震、蝗灾等交织，尤以水旱灾为甚；灾情严重，饥民遍地，房屋倒塌，稼禾枯萎，牛马倒毙。如此频繁而严重的自然灾害在生产水平不发达、保障系统不健全的中国，大大恶化了民众的生存环境。而清政权敲骨榨髓，外国列强入侵中国，大大削弱了民众的生存能力，致使"中人之家，恒苦不赡；食力小民，丰岁犹且饥寒"⑤。由是梁启超"认为中国亡征万千，而其病已中于膏肓，且其祸迫于眉睫者，则国民生计之困穷是

---

① 邓云特：《中国灾荒史》，上海书店 1984 年版，第 51 页。
② 蔡勤禹：《国家、社会与弱势群体》，天津人民出版社 2003 年版，第 11 页。
③ 邓云特：《中国灾荒史》，上海书店 1984 年版，第 49 页。
④ 龚书铎主编：《中国社会通史》晚清卷，山西教育出版社 1997 年版，第 475—481 页。
⑤ 梁启超：《饮冰室合集》文集二十一，中华书局 1989 年版，第 24 页。

已"①。

然而清政府对民众之生计问题置若罔闻,采取饮鸩止渴的做法:一是施行多养兵的办法以解决下层低级民众之生计,"他国养兵为国防问题,我国养兵则为救济社会问题也";二是实行多设官的办法以解决中上层民众之生计。 此举不能使全国无业之人皆为兵或为官,只能"救济其一部而已"②。这样的结果是"全国人民什中八九,欲求一职业以维持生命,且不可得",而民众"万事皆可忍受,而至于饥寒迫肌肤,死期在旦夕,则无复可忍受"③,势必铤而走险。 为此,梁启超提出了以解决民生为主旨的社会保障思想。

中国古代的社会保障体系在抵御自然灾害、稳定社会秩序等方面起到了一定的作用,然而这种保障机制在近代却不能很好地发挥作用,灾荒与贫困等社会问题依旧。 梁启超将其归结为两方面原因。 其一在于国内政治之不良,"灾变不能尽诿诸气数,而强半由人事使然。 而现在之政治现象,则直接间接以导致灾变之发生"④;其二在于外国资本之侵略,"全国困穷,各业凋敝,人人有生计艰难之叹",这是"各国之经济势力,侵入我中国之后,破灭我中国之职业,吸尽我中国之利益故"⑤。 因而改良政治和抵御侵略是解决近代中国社会保障问题的关键。

4.1.2　梁启超社会保障思想的主要内容

梁启超作为晚清著名的思想家,虽然没有系统地阐发社会保障思想,但其有关社会保障的言说仍零星见诸报刊。 梁启超的社会保障思想大致可以概括为以下几个方面。

(1)广设善堂、赈灾救济。

"善堂之意,仿自周官,相赈相救,谓之任恤。"善堂属于我国古代社会的救济机构,历代王朝多有创设。 晚清时期的善堂主要有养济堂、育婴堂、

①　梁启超:《饮冰室合集》文集二十一,中华书局 1989 年版,第 23 页。
②　梁启超:《饮冰室合集》文集三十三,中华书局 1989 年版,第 47 页。
③　梁启超:《饮冰室合集》文集二十一,中华书局 1989 年版,第 23 页。
④　梁启超:《饮冰室合集》文集二十一,中华书局 1989 年版,第 39 页。
⑤　梁启超:《饮冰室合集》文集二十九,中华书局 1989 年版,第 27 页。

栖流所等，它们所扮演的大多是保守性角色，旨在维护传统的社会秩序及价值，因而在社会变化剧烈之近代自然就难以胜任。

近代社会由于自然灾害的频发，大批流民充塞于途，"饿殍塞途，转徙而之四方者，常数万计"①。各地"虽设有栖流所、施医局、养老院、育婴堂诸善事，然大抵经理不善，款项不充"，致使流民无所归依，四处漂泊，衣食无着。梁启超提出各地应想方设法扩充善堂，收容流民，展开赈救。华人冒着种种危险，来到异国他乡谋生创业，备尝艰难辛苦，"或疾病死丧，或失业穷饿，天涯惨戚，有甚于寻常数倍者"②，梁启超要求海外各地善堂"因其旧址，普加劝厉，益求扩充，增定条规，自由保护"③。

中国传统救济思想以"养"为主，主要面对孤、独、鳏、寡，"此四者天民之穷而无告者也"，这种被动救济理念是农业文明的产物，积久弊生，反而助长了被救济者的依赖思想。1878 年李鸿章在天津创办广仁堂，试图克服旧式善堂重养轻教的局限而施于救治的功能，提出善堂应"兼筹教养"，使流浪者在堂内学得手艺，"学成者听其出堂自谋生路"④；而西方近代救济思想则以"教"为主，这种积极救济理念是工业文明的结果。特别是传教士在华创办的慈善事业，往往"教养兼施"，这种化消极救济为积极教育的救济理念对中国传统救济理念产生了重大影响。人们认识到"盖养之者，饱暖一时；教之者，饱暖终身也"⑤。因而梁启超融合中西两种不同的救济理念，指出国内的善堂须"教养兼行"，既要承担起"救荒恤贫，训婴治病"等职能，又要担负"宣讲圣谕，印刷善书"等职责；海外的善堂则"以教代养"，挑选有志之士，向众人宣讲谋生之术，并刻印有用之书，当作善书散发。梁启超还把开办善堂作为未来设立议会之初步尝试，这是因"首事诸人，多为众信，渐至一乡，议院之基"⑥。魏丕信在研究 18 世纪中国的救灾过程中，也发现这些

---

① 梁启超：《饮冰室合集》文集二十一，中华书局 1989 年版，第 23 页。

② 梁启超：《饮冰室合集》文集三，中华书局 1989 年版，第 5 页。

③ 梁启超：《饮冰室合集》文集三，中华书局 1989 年版，第 6 页。

④ 蔡勤禹：《国家、社会与弱势群体》，天津人民出版社 2003 年版，第 49—50 页。

⑤ 蔡勤禹：《国家、社会与弱势群体》，天津人民出版社 2003 年版，第 73 页。

⑥ 梁启超：《饮冰室合集》文集三，中华书局 1989 年版，第 6 页。

人（地方上的首领）是通过地方社会的"推举"共同选择、权势较量，以及无数习惯做法而得到这些位置的，实际上他们是代表当地社会与地方官员打交道，处理地方事务，后者同样也委托他们去做大量的半官方事务，这使他们的活动带有一定现代议会政治的色彩。[①] 梁启超设善堂立议会的主张使其赈灾救济思想有了新的内容，这表明他已认识到社会问题的解决有待于政治制度的变革。

（2）讲求卫生、保民恤民。

在现代国家中，公共卫生制度和公共卫生机关是文明社会的表征。在传统中国，一般来说，道德和秩序是国家关注的要点，而地方的福利和卫生，是国家仁政的体现，虽然也受到国家的重视，但不直接关系到国家的统治秩序，很少会从制度上加以建设。这使中国的卫生事业在晚清时期因缺乏制度性建设而显得相对滞后。[②]

近代中国卫生事业的落后是有目共睹的，梁启超通过中西卫生事业的对比，进一步指出了这种落后状态。近代以来，西方国家重视卫生事业的建设，"讲求摄生之道，治病之法，而讲全体，而讲化学，而讲植物，而讲道路，而讲居宅，而讲饮食之多寡，而讲衣服寒热之准，而讲工作久暂之刻，而讲产孕，而讲育婴，而讲养老，而讲免疫，而讲割扎"[③]。而中国社会因缺乏现代卫生制度，瘟疫肆虐，丧失生命者数以万计。且中国之医生，"询其为学也，则全体部位之勿知，风土燥湿之勿辨，植物性用之勿识，病证名目之勿谙"，这些人"皆粗识字略解文理，学为八股八韵而不能就者，乃始弃而从事于此途"[④]，"持此为倚市糊口之术，杀人如麻"[⑤]。这使梁启超认识到保民恤民"必自医学始"[⑥]。

---

① 魏丕信：《18世纪中国的官僚制度与荒政》，江苏人民出版社2003年版，第70页。
② 余新忠：《清代江南的瘟疫与社会———一项医疗社会史的研究》，中国人民大学出版社2003年版，第218页。
③ 梁启超：《饮冰室合集》文集二，中华书局1989年版，第69页。
④ 梁启超：《饮冰室合集》文集二，中华书局1989年版，第70—71页。
⑤ 梁启超：《饮冰室合集》文集二，中华书局1989年版，第71页。
⑥ 梁启超：《饮冰室合集》文集二，中华书局1989年版，第72页。

保民恤民是我国古代仁政思想的体现。《周礼》云："疾医,凡民有疾病者分治之;司救,凡有天患民病,则以王命施惠。"每逢荒乱之时,当权者往往"令郡县博选名医,多领药物,随乡开局,临症裁方,多出榜文,播告远近。但有饥民疾病,并听就厂领粟,赴局支药"①。这种传统恤民思想是与小农经济社会相适应,而不能适应近代社会大变动的实际状况的。为此,梁启超积极汲取西方现代卫生观念,大力提倡"开医学会以通海内海外之见闻,刊医报以甄中法西法之美善;立医学堂,选高才之士,以究其精微;设医院,循博施之义,以济贫乏"②。

作为文明古国,国人卫生习惯一直不太好。"不讲究卫生,几乎所有的中国人都有此特点。他们甚至不把已经了解的卫生规则当回事。"③外国人也认为"支那人贪鄙龌龊,风俗败坏,倘来者日多,则其恶俗将如传染之病,遍于国中,悉成秽土"④,国人也因此在海外屡受歧视或被排斥。于是梁启超提出"远法商周之旧制,近采泰西之新政",设立卫生机关,灌输卫生观念,摈弃不良习俗,"内豁壅污之积弊,外免邻国之恶诮,民生以利,国体以尊"⑤。

（3）改良农业、移民垦荒。

中国是一个农业大国,"以农为本"思想根深蒂固,而自然灾害经常威胁到人们的生活,这使人们很早就把发展农业作为防灾备荒的重要举措。

晚清时期,"重商主义"风起云涌,"言治国者,多言强而寡言富。即言富国者,亦多言商而寡言农"⑥。梁启超认为在中国这样一个农业人口众多的大国,这种舍本而逐末的做法并不能真正强国富民,"工商业固所重,然尤以开垦荒地,改良农业为本。历览各国产业发达之顺序,皆以农为先

---

① 邓云特:《中国灾荒史》,上海书店 1984 年版,第 218 页。
② 梁启超:《饮冰室合集》文集二,中华书局 1989 年版,第 72 页。
③ [美]明恩溥:《中国人的素质》,学林出版社 1999 年版,第 127 页。
④ 梁启超:《饮冰室合集》文集三,中华书局 1989 年版,第 5 页。
⑤ 梁启超:《饮冰室合集》文集二,中华书局 1989 年版,第 19 页。
⑥ 梁启超:《饮冰室合集》文集一,中华书局 1989 年版,第 129 页。

河"①。 他将"纯然以天产财货者"名为狭义的农业，而将"天产物再加工制然后成为财货者"名为广义的农业，并指出："今中国人所能继续从事者，惟狭义的农业；若广义的农业，不惟未有者未从发生，即已有者亦同归澌灭矣。"这导致民众生计艰难，"岁暖而号寒，年丰而啼饥"②。 梁启超还倡议百姓种植经济作物，从事广义的农业，以增加收入，改善生活，他在文章中指出："凡上农之治田也，必察其土宜，而慎择其所植同一地也，所植之种，为贵为贱，其产值之相悬，乃至如一与一百二十之比例。"他进而以其故乡为例指出："植橘之利，三倍于薮谷；植蒲葵之利，五倍于薮谷；植桑之利，十倍于薮谷。"并举其故乡特产新会橙为例，形象说明种植经济作物的好处，如每亩地可收橙六千斤，价值五百四十两有余，与种谷物相比，可谓一比九十。③ 这反映出梁启超把发展农业尤其是新式农业作为改良社会、预防灾荒的主要手段。

中国的农业生产，"数千年来，术不加精，土不加烧，欲研究其技术，而政府无学术以教我；或借经验小有所得，而独力不能举，而政府莫为我助，因循废弛，以至今日，他国同一面积之地能食十人者，我则食一二人犹不足，故益人浮于地为患"。 而西方各国"汲汲讲求农政，改良土壤，同一面积，能使所产倍蓰于昔时，故虽地不加广，而其获实与加广无异"。 因各国"境内人口有疏密，耕地有广狭，故其政府常为内地移民之业，损有余补不足，而能剂其平"④。 而我国"蒙盟各部，奉黑吉各省，青海西藏苗会各疆，琼澳各岛，其万里灌莽，未经开垦者不必论。 即湘鄂腹地，江南天府，闽粤泽国，……其荒而不治之地，所在皆是"，移民垦荒大有可为，既可增加粮食产量，又可减少饥荒人口。⑤ 但清政府对此不闻不问，民众"欲往从之，则无机关以向导我于现在，无法律以保护我于方来，坐是株守一隅，束手待毙"，梁启

---

① 梁启超：《饮冰室合集》文集二十一，中华书局 1989 年版，第 119 页。
② 梁启超：《饮冰室合集》文集二十一，中华书局 1989 年版，第 24 页。
③ 梁启超：《饮冰室合集》文集一，中华书局 1989 年版，第 114 页。
④ 梁启超：《饮冰室合集》文集二十，中华书局 1989 年版，第 8—9 页。
⑤ 梁启超：《饮冰室合集》文集一，中华书局 1989 年版，第 130 页。

超把它归结为"政治之不良使然"①。

（4）发展实业、丰歉互补。

近代以来，中国社会内忧外患交织，割地赔款不断，民穷财尽。 在通都大邑中，"十年前号称殷富之区者，今则满目萧条，而商号之破产，日有所闻，金融紧迫，无地不然，自上至下，皆有缫然不可终日之势"②，"因为全国生产的泉源已涸到底，人民想卖他的力气换个半饱，也没有地方可卖"，且"军阀招兵，打军阀的也招兵，外国也来招兵"，这样"不生产的人一天一天增加，想生产的人也没有地方生产"③，因而发展实业尤为迫切。 "就国家一方面论之，万事皆有可补救，而独至举国资本涸竭，驯至演成国家破产之惨剧，则无可补救。"④中国只有拓展实业，发展生产，才能救民于水火之中。 为此，梁启超强调"处今日之势，非增兴各种新工业，不足以拯民于水深火热之余"⑤，并指出"苟实业更不振兴，则不出三年，全国必破产，四万万人必饿死过半"⑥。

人多地少的矛盾在清代一直困扰着中国社会的发展。 薛福成曾指出这种矛盾的严重后果，"昔供一人之衣食，而今供二十人"，使得人们"生计之艰，物力之竭，日甚一日"⑦。 马罗利也认为，"致使中国成为饿荒恶神常临之地者，其根本之原因，实由于人口之过挤"，"若将中国自身之人口问题，置之不问，一味听天由命，则过去及现在已遭遇之一切惨剧，势必将重演于中国今日所认为最繁盛之区域"⑧。 因"全国人口岁增，而荒不加垦开，农业不加改良，所产之米不加多"，全国各地米价不断上涨。 为了平抑米价，解决饥荒，梁启超提出因势利导，自由流通，丰歉互补。 他认为"同一物也，而甲地之价贵于乙地，则必甲地之求此物者过于供，而乙地之供此物

---

①　梁启超：《饮冰室合集》文集二十，中华书局1989年版，第10页。
②　梁启超：《饮冰室合集》文集二十一，中华书局1989年版，第24页。
③　梁启超：《饮冰室合集》文集四十三，中华书局1989年版，第88页。
④　梁启超：《饮冰室合集》文集二十一，中华书局1989年版，第23页。
⑤　梁启超：《饮冰室合集》文集二十，中华书局1989年版，第10页。
⑥　梁启超：《饮冰室合集》文集二十一，中华书局1989年版，第122页。
⑦　薛福成：《出使英法义比四国日记》，岳麓书社1985年版，第298—299。
⑧　邓云特：《中国灾荒史》，上海书店1984年版，第85页。

者过于求也。 是故以此物供之于甲地则得利丰，而以供之于乙地则得利啬，懋迁之民，必舍啬而趋丰"①。 这实际上是我国古代调粟思想的延续。 孟子云："河内凶，则移其民于河东，移其粟于河内；河东凶亦然。"②这里包含了移粟就民、移民就粟的思想。 由于我国地域广阔，各地气候不同，物产也各不相同，这为区域之间相互调剂提供了可能。

（5）改革币制、拓展生计。

近代中国币制非常混乱，银圆与铜钱并存，各地币值不一。 由于"币制紊乱，百物腾踊之故，民每岁所入与前相等者，今则资用效力不及其半"③，而"货币为交易媒介，握全国生计之枢纽，币制不定，则国民生计，永无发达之期"④。 梁启超认为"中国不改革币制，则生计界永无发达之期，始终既必出于改革。 早一日则得一日之益，迟一日则受一日之敝"⑤。 针对各国货币金本位制度，他根据当时社会的实际情况，主张中国仍须采用银本位，"苟能大劝工艺，则利用银价低落，对于金本位之国贸易可以得莫大利益"⑥。因国际市场上金贵银贱，这样，中国出口货可以畅销，外国进口货反而滞销，民众的生计也由是得以解决。

"治生之业，素为士大夫所轻蔑，全国号称秀异之民，皆坐食分利以涸富源，致全国渐成干瘪。"⑦梁启超呼吁人们尽快转变观念，积极寻求谋生之道。 如何拓展生计？ 梁启超认为政府应义不容辞地担当引导职责。 譬如民国初年（1912）八旗兵流落街头，游手好闲，寻衅滋事，梁启超指出，政府应采取安抚措施帮助他们实现就业以稳定社会。 他认为八旗将士应分级优恤，将军都统副都统之类人员发给薪俸，参领佐领之类人员发给三年薪俸，普通兵丁则发给十年薪饷，并仿照日本明治时期"给与藩士秩禄公债之法"，按照

① 梁启超：《饮冰室合集》文集二十五，中华书局1989年版，第94页。
② 杨伯峻、杨逢彬注译：《孟子·梁惠王》，岳麓书社2000年版，第3—4页。
③ 梁启超：《饮冰室合集》文集二十一，中华书局1989年版，第24页。
④ 梁启超：《饮冰室合集》文集二十，中华书局1989年版，第1页。
⑤ 梁启超：《饮冰室合集》文集十六，中华书局1989年版，第123页。
⑥ 梁启超：《饮冰室合集》文集八，中华书局1989年版，第38页。
⑦ 梁启超：《饮冰室合集》文集二十八，中华书局1989年版，第45页。

各人应领俸饷总额发给公债券，每八十两薪酬给予一百元债券，"而此种债券，国家为之设法，广其利用之途，且教以利用之述，苟办理得宜，则旗民生计可以日裕"①。

4.1.3 梁启超社会保障思想的重要来源

梁启超自幼便接受严格的儒家思想教育，对儒家经典十分推崇，称"《论语》为二千年来国人思想之总源泉。《孟子》自宋以后，势力亦与相埒。此二书可谓国人思想之支配者"②。这样，传统儒家思想成为梁启超社会保障思想形成的重要源泉。

传统社会的赈济政策为梁启超的社会保障思想描绘了蓝图。《管子》一书曾指出，"善为国者必先除其五害"："水，一害也；旱，一害也；风雾雹霜，一害也；厉，一害也；虫，一害也""五害已除，人乃可治"。（《管子·度地》）这说明人们在上古时期就已隐约认识到社会保障与社会政治之间的关系。而《周礼》则详细记载了古代赈灾恤贫的措施，"以保息六养万民：一曰慈幼，二曰养老，三曰赈穷，四曰恤贫，五曰宽疾，六曰安富"。（《周礼·地官》）这里所说的爱护幼童、尊养老人、赈济穷人、帮助贫困者、宽待疾病者、安定富足者都属于社会保障的范畴。这些传统资源为梁启超社会保障思想的形成提供了养料。

大同世界是中国的"乌托邦"，也是众人的"理想国"。"大道之行也，天下为公，选贤与能，讲信修睦。故人不独亲其亲，不独子其子，使老有所终，壮有所用，幼有所长，鳏寡孤废疾者，皆有所养。"（《礼记·礼运》）大同思想中的"互助博爱"理念为梁启超的社会保障思想的形成提供了理论准备。梁启超日后在中国公学演说中指出中国社会制度颇有互助精神，"故中国数千年来经外族之蹂躏，而人数未尝减少"③，正是其大同思想的自然流露。

---

①　梁启超:《饮冰室合集》文集八,中华书局 1989 年版,第 54 页。

②　梁启超:《饮冰室合集》专集七十一,中华书局 1989 年版,第 1 页。

③　丁文江、赵丰田编:《梁启超年谱长编》,上海人民出版社 1983 年版,第 901 页。

中国传统民本思想源远流长。春秋战国时期，以孔子、孟子、荀子为代表的儒家构建了民本思想的基本框架。孔子说："百姓足，君孰与不足；百姓不足，君孰与足？"①孟子说："以不忍人之心，行不忍人之政，治天下可运之掌上。"②荀子说："君人者，爱民而安，好士而荣，两者无一焉而亡。"③历代统治者也十分重视保民、救民。朱元璋说："天以子民之任付于君，为君者欲求事于天，必先恤民。恤民者，事天之实也。"④"民为邦本，本固邦宁"的民本思想为梁启超社会保障思想的形成提供了养料。

在人类社会初期，当有人受到饥寒或疾病威胁时，他人会给予其衣食等生活方面的帮助，这种互助互济的人道精神使人类得以生存和繁衍。人道精神在中国传统社会中并不罕见，如儒家的仁义、墨家的兼爱和佛家的慈悲便反映了这一点。而宋明理学强调"天地之性，人为贵"，并提出"民胞物与"的思想，使人道原则获得了更丰富具体的内涵，并成为一种稳定的价值定式。⑤梁启超的社会保障思想正是这种价值定式的延续。

鸦片战争后，西方思想文化纷至沓来，近代社会保障思想也随之东传。这样，近代西方社会保障思想成为梁启超社会保障思想形成的另一重要源泉。随着西学东渐与国门洞开，西方社会保障思想逐渐映入人们的眼帘。如冯桂芬曾介绍"荷兰国有养贫、教贫二局，途有乞人，官若绅辄收之，老幼残疾入养局，廪之而已"⑥。刘锡鸿出使英国，看到"（英）人无业而贫者，不令沿街乞丐，设养济院居之，日给飧餐"，并称赞西人"以济贫拯难为美举，是即仁之一端"⑦。薛福成在英国参观一个贫孩院时发现院中男女孩都"能自给自食，无饥寒之虑"，感叹"古圣先王慈幼之道，保赤之经，乃于海外遇之也"⑧。晚清时期国人对西方社会保障的介绍为梁启超社会保障思

①　杨伯峻、杨逢彬注译：《论语·颜渊》，岳麓书社 2000 年版，第 150 页。
②　杨伯峻、杨逢彬注译：《孟子·公孙丑上》岳麓书社 2000 年版，第 56 页。
③　张觉：《荀子译注》，上海古籍出版社 1995 年版，第 89 页。
④　张廷玉：《明史》第 1 册，中华书局 1996 年版，第 24 页。
⑤　张岱年、方克立：《中国文化概论》，上海人民出版社 1983 年版，第 901 页。
⑥　冯桂芬：《校邠庐抗议》，中州古籍出版社 1998 年版，第 154 页。
⑦　刘锡鸿：《英轺私记》，岳麓书社 1986 年版，第 129 页。
⑧　薛福成：《出使英法义比四国日记》，岳麓书社 1986 年版，第 272 页。

想的形成奠定了思想基础。 而西方自由经济学说如英人英格廉、意人柯莎、日人井上辰五郎的生计学说和亚当·斯密的生计自由理论则对梁启超社会保障思想的形成厥功甚伟。 梁启超认为西方的生计学（经济学）为当今世界最盛行之学说，"西国之兴，不过近数百年，其所以兴者，种因虽多，而生计学之发明，亦其最要之一端也"①。 他还编纂了《生计学学说沿革小史》，对西方经济学说做了深入的介绍。 传统经济学主张国家的职责就是维护社会秩序，而自由经济学认为国家应采取措施，创办福利事业，改善国民生活。 这使梁启超的社会保障思想能够超越传统进入近代。 亚当·斯密认为将穷人集中救济反而加深了贫穷问题，应该为他们创造工作机会，使他们独立解决生活问题。 这是亚当·斯密的生计自由理论的精华所在，梁启超也完全认同这种思想，并称"斯密亚丹所倡生计自由主义，全世界至今受其赐"②。

梁启超将中国古代赈济思想与西方社会福利思想相结合，提出构建新的社会保障模式。 这种新的社会保障模式表现在梁启超抛弃了将社会保障视为怜民、爱民的传统观念，确立了人民有难、国家有责的现代意识。 随着近代西方资产阶级民权观念的传入，国家在社会保障方面的职责被越来越多的人所认识。 人们认识到"人民之于国家，休戚相关，患难与共，其于救济事业，自当视为政府对于人民应尽责任"③。 梁启超的社会保障思想正是这一思想的初步体现。

梁启超的社会保障思想虽然比较零碎、不系统，但还是有不少亮点，既继承了中国传统社会保障思想的精华内容，如救贫济弱；又吸收了西方近代社会保障思想的合理成分，如以教代养。 当然梁启超的社会保障思想也存在明显的不足，比如反对以阶级斗争和暴力手段来解决社会问题，而是主张以阶级调和与劳资合作方式来实现社会互助，其理由是中国"无所谓劳资阶级"，因而也"无斗争之可言"。 他在文章中指出，"对于劳资关系问题，以为总须要双方养成交让互助的精神，才可以得到圆满解决。 一面资本家要

---

① 梁启超：《饮冰室合集》文集十二，中华书局 1989 年版，第 10 页。
② 梁启超：《饮冰室合集》文集二十五，中华书局 1989 年版，第 94 页。
③ 蔡勤禹：《国家、社会与弱势群体》，天津人民出版社 2003 年版，第 77 页。

常常顾念劳动者利益，于可能的范围内加以十分优待，而且叫他们和公司发生实利上永久的关系；一面工人虽应该极力主张自己权利，却须以不妨碍公司生存发展为限"，"劳工境遇之改善，并非除斗争革命外别无其他手段可以得到，斗争革命的结果，劳工境遇亦并不见得便增高"[①]。 他认为当前中国急需解决的"乃生产问题，非分配问题"，因此中国社会前途"当以奖励资本家为第一义，而以保护劳动者为第二义"[②]。 然而，梁启超通过游历美国认识到"慈善事业易导人于懒惰而生其依赖心，灭其廉耻心者也。 此所以此等事业虽日兴，而贫民窟之现状亦日益加甚也"，深叹社会保障机制并非万能，社会主义革命不可避免。[③]

梁启超的社会保障思想是其思想体系中不可分割的组成部分，也是其社会改良思想的重要内容之一。 梁启超社会保障思想的提出既是近代中国社会矛盾和阶级斗争尖锐的结果，又是传统思想与西方文化调和的产物，并在一定程度上完善和丰富了梁启超的思想体系。

4.2 现代化与近代中国的文化取向

现代化是人类社会发展的趋向，是文明层叠累加的必然结果。 美国学者、普林斯顿大学历史学家布莱克认为，现代化是人类文明的一个重要转折点，在整个人类历史上，能够与今天的现代化相提并论的社会变革只有两次，一次是人类的诞生，另一次是文明的出现，而今天人们所经历的现代化，则是人类历史上第三次最伟大的社会变革。[④] 以色列学者艾森斯塔得对现代化的形态做了这样的界定："从历史上看，现代化是一个朝着欧美型的社会、

---

① 梁启超：《饮冰室合集》文集四十三，中华书局 1989 年版，第 102 页。
② 梁启超：《杂答某报》，《新民丛报》第 82 期，1906 年。
③ 梁启超：《饮冰室合集》专集二十二，中华书局 1989 年版，第 40 页。
④ 布莱克：《现代化的动力》，四川人民出版社 1988 年版，第 94 页。

经济和政治系统演变的过程。"①欧美学者普遍认为现代化社会的共同指征为：工业市场经济、大规模的科层组织、较高的识字率、正规教育的普及、社会流动人口的增加、价值观念的适应性转换、社会结构的主动性变迁等。②这是典型的以西方文明为参照系的现代化模式。1960 年欧美日学者云集日本的箱根，召开了"国际上第一次认真而又系统地讨论适于现代化的问题"的国际学术讨论会，现代化的基本标准在会上得到了初步的确定，诸如城市化社会流动和参与、世袭集团的瓦解、传播系统的扩展、科层制度的不断成长、文化知识的普及等。③这些标准都是以现代社会为范式，但毕竟初步勾勒出了现代化社会的形态。

现代化作为一种社会发展趋向，早在 17 世纪便在西欧资本主义国家中开启，其表征为工业化。它作为资本主义制度的附着物，随着资本主义制度的扩张而扩散到世界各地，并且愈演愈烈，从而极大地改变了人类的生活方式及其存在状态。于是，现代化逐渐演绎成为一种具有世界性的社会运动，成为人类社会发展进程中的一次重大飞跃。

现代化作为社会发展的趋势和人类文明进步的象征，在世界各地的演进并不是同步的。由于现代化早期孕育于欧美资本主义国家，因而欧美国家的现代化是原生的、内发的，而其他国家或地区的现代化则是次生的、外发的，这是因为欧美等发达资本主义国家较早地完成了现代化进程，导致国际政治、经济、军事格局的变化，并对落后国家或地区的生存和发展构成了现实的、直接的威胁，迫使它们走现代化的道路。然而，滞后国家或地区的现代化进程没有任何先例可循，而现代化成功的样板却是欧美资本主义文明。这样，西方社会的现代化模式成为后进社会走现代化道路的必然抉择。

近代中国在西方资本主义列强的侵略和压迫下，沦为一个半殖民地半封建社会，中华民族处于生死存亡的紧要关头。为了拯救苦难深重的中国，国

① 孙立平:《传统与变迁——国外现代化及中国现代化问题研究》,黑龙江人民出版社 1992 年版,第 24 页。

② 孙立平:《传统与变迁——国外现代化及中国现代化问题研究》,黑龙江人民出版社 1992 年版,第 25 页。

③ 布莱克:《比较现代化》,(台湾)自由出版社 1976 年版,第 148—149 页。

人开始寻找中国社会走现代化道路的各种方案。 在第一次鸦片战争后，外国资本主义的坚船利炮轰碎了天朝"万邦之主"的美梦，一些进步人士从睡梦中惊醒，认识到西方列强不再是昔日的蛮貊之夷，而是一个个拥有高度工业文明的强国，如果中国要与它们抗衡，就必须向西方学习，学习它们先进的技术。 是故魏源在鸦片战争的硝烟未消之际，就挥笔泼墨，洋洋洒洒写了50万字的《海国图志》，提出了"师夷长技以制夷"的原创性命题。 虽然魏源思想深处的"夷夏"情结未泯，但他认识到"蛮夷"有超"华夏"的地方，并发出"师夷"的呐喊，这是对传统天朝观的突破，展现了现代化社会模式的强大吸附力。 随着国门的进一步洞开，人们对西方社会的认识越来越深刻，对现代化的认同也越来越强。 冯桂芬痛陈华夏不如远道而来的"夷狄"之邦，"人无弃才不如夷，地无遗利不如夷，君民不隔不如夷，名实必符不如夷"①，主张"以中国之伦常名教为原本，辅以诸国富强之术"，"始则师而法之，继则比而齐之，终则驾而上之"②。 他的"四不如"和"师""比""驾"都是以西方现代化社会为比照而得出的结论。 魏源、冯桂芬二人主张向西方学习，走现代化的道路，仍然只是停留在思想议论阶段，而没有真正付诸实践。

在第二次鸦片战争后，西方资本主义工业文明进一步在人们面前凸显，国人对现代化的表层部分——科学技术的感受更加深刻。 以奕䜣、文祥为首的中央大员和以曾国藩、李鸿章、左宗棠为首的地方实力派，为了挽救清王朝统治的危机，掀起了以学习西方科学技术为中心的洋务运动，现代化运动这才真正在中国付诸实践。 洋务派引进西方生产技术，创办西式军工企业，譬如江南制造局、福州船政局、天津机器局等；还创设了近代学校，培养新式人才，诸如上海广方言馆、北京同文馆、天津电报学堂、北洋水师学堂等；同时又开办了大批民用企业，如开平煤矿、上海机器织布局、兰州织呢局、漠河金矿等。 虽然洋务运动在主观上是为了巩固清政府的统治，但在客观上却使中国社会在现代化进程中迈出了具有历史性意义的步伐。

---

① 冯桂芬：《校邠庐抗议》，中州古籍出版社 1998 年版，第 198 页。
② 冯桂芬：《校邠庐抗议》，中州古籍出版社 1998 年版，第 199 页。

甲午之战，北洋水师全军覆没，清兵一触即溃，清廷丧师失地，被迫签订了屈辱的《马关条约》，洋务派的"自强梦"幻灭了，现代化的初始萌芽夭折了。现代化在中国的尝试没有使中国走向富强，反而使之遭受进一步蹂躏，这驱使国人深入探讨现代化的本质。他们通过对中日两国现代化道路的比较，认识到物质层面的现代化只是现代化的外部表征，而制度层面的现代化才是现代化的根本。因此，以康有为、梁启超为首的资产阶级维新派发起了戊戌变法运动，企图实施制度层面的现代化。他们主张学习西方的政治制度，在中国设议院，实行君主立宪，传播自由、民主等西方政治观念，改革官制以适应科层制社会的需要，革新财政，效仿西方采用预决算制度，创办学校，普及教育，等等。现代化的特性在这里得到充分的展示，现代化的进程也得到很大的推进。可惜好景不长，现代化的矫健步伐因戊戌政变而搁浅。此后，以孙中山为首的资产阶级革命党人发动了辛亥革命，推翻了清王朝的统治，建立了资产阶级共和国，设立了资产阶级性质的议会，确立了总统制，颁布了具有浓厚西方色彩的宪法，倡导自由平等，奖励私人资本主义经济，解除人身依附，等等。中国社会的现代化进程在辛亥革命时期逐渐加速，并向更广更深层次推进。然而辛亥革命的失败使得中国社会的现代化道路再度受挫。

现代化是一个包含众多因素的整体性过程，其内在因素都不是孤立存在和发生的，而是彼此紧密相连的。近代中国现代化道路抉择的艰难曲折促使人们进一步深入探讨现代化的本质特性。在经历了物质层面和制度层面的现代化挫折后，人们终于认识到思想层面现代化的必要性。在西方资本主义国家的现代化过程中，资本主义精神的生成，启蒙思想的熏陶，民主、自由、平等观念的洗礼，都起着相当重要的作用。它们模塑了人们的价值观念及文化心态，并导致现代化主体——人的自我转换。"现代化的人"是现代化进程中最重要的一个因子。西方近代思想家、理论家如卢梭、伏尔泰、孟德斯鸠、狄德罗等在思想层面的现代化方面都各自做出过独特的贡献，从而使得欧美资本主义国家的现代化过程走向完善。中国近代有识之士在政治现代化受挫之后，通过深刻的反思，悟出没有思想层面的现代化洗礼就没有现代化的一切，认识到思想层面的现代化才是现代化问题的核心。因此，从梁启超的"新民说"开始到陈独秀的"国民性改造",人们把目光聚集在民族文化心理的重塑上,重新审视了中国传统文化并揭示其惰性,主张对传统文化进行创造性的转换,矫正国民的劣根性,从而完成思想层面的现代化。 这个现代化设想由于种种原因而没有完成,成了水中月、镜中花,也严重阻碍了近代中国社会现代化的实现。

由于近代中国是在外国资本主义侵略者的刀光剑影中被迫走上现代化道路的,是一种外发次生型的现代化,因而在现代化过程中面临着如何处理传统文化与现代化的关系问题。 中国要走现代化道路,就必须向西方学习,以西方文化为参照,大规模地引进和效仿西方资本主义文明,这必然会对固有的传统文化构成强大的冲击,引起民族文化认同的危机。 民族危机逼迫国人走现代化道路,全面接受西方文化;而文化危机却导致人们趋向守旧,执着于传统。 于是,民族危机和文化危机的双重使命使得国人在文化抉择上产生偏差,出现了文化保守主义和文化激进主义两种不良的文化态度。

文化保守主义,或称为守成主义,它强调现存文化状态的合理性和现行语言的有效性。 其典型特征为:在文化变革的力度、速度方面,主张缓变、渐变;在文化变革的内涵方面,主张变与不变的统一,认为文化中的外延部分是可变的,而其核心部分则是不可变的;在文化变革的趋向方面,强调文化的民族性、特殊性。

文化保守主义发端于19世纪末20世纪初世界范围内的反现代化思潮。它是在原生型的资本主义文化扩张过程中衍生的,"是在腐蚀性的启蒙理性主义的猛烈攻击之下,针对历史衍生的诸般文化与道德价值所做的意识性防卫"①。 它在本质上是反现代的,但它本身并不是贬义词,更不是反动落后的代名词,仅仅是表达了这样一种倾向:认为各个文化都有个体性且独特的,都是人类文化中的合理组成。 随着世界范围内现代化思潮愈演愈烈,文化保守主义思潮也在世界各地得到热烈的回应。

中国是个历史悠久、传统文化积淀深厚的国度。 随着现代化运动在近代

---

① 艾恺:《文化保守主义——世界范围内的反现代化思潮》,贵州人民出版社1991年版,第14页。

开启，文化保守主义思潮便在这片古老的东方大地找到了立足点，其代表人物为梁启超和梁漱溟。 第一次世界大战给欧洲各国人民带来了深重的灾难，现代化运动所造就的高度文明顿时处于崩溃的边缘，诱发了世界范围的文化大反省。 斯宾格勒的《西方的没落》一书便是这种思想的典型表现。 第一次世界大战后，梁启超到欧洲做了一次走马观花式的考察，看到战后欧洲城市的颓垣断壁、社会的萧条衰败、百姓生活的凄惨困苦，对西方现代文明的认识顿时产生了 180 度大转弯。 昔日热心讴歌西方文明的梁启超此时却为西方文明唱起了挽歌。 他说："当时讴歌科学万能的人，满望着科学成功，黄金世界便指日出现。 如今功总算成了，一百年物质的进步，比从前三千年所得还加几倍。 我们人类不惟没有得着幸福，倒反带来许多灾难，好像沙漠中失路的旅人，远远见个大黑影，拼命往前赶，以为可以靠他向导，那知赶上几程，影子却不见了，因此无限凄惶失望。"① "欧洲人做了一场科学万能的梦，如今却叫起科学的破产来。"②此时的梁启超不再指责"孔学之不适于新世界多者矣"，反而转身回眸于传统文化的博大精深，认为富有深厚底蕴的中国文化最合当今世界之新潮，主张以中国的固有文化来拯救处于危机中的西方文化。 他满怀激情地号召青年，"立正，齐步走！大海对岸那边有好几万万人，愁着物质文明的破产，哀哀欲绝地喊救命，等着你来超拔他"③。梁启超的登高一呼，无疑给近代以来向西方学习、倡导现代化的先进人士泼上了一盆冷水。 正如胡适所言："自从中国讲变法维新以来，没有一个自命为新人物的人敢公然毁谤'科学'的，直到民国八九年间梁任公先生发表他的《欧游心影录》，科学方在中国文字里正式受了'破产'的宣告。"④ "科学破产说"是梁启超保守主义文化思想形成的标志。

文化保守主义思想的另一大家便是梁漱溟，其所著的《东西文化及其哲学》可以说是近代中国文化保守主义的宣言书。 他认为，文化的差异在于意欲的冲动方向不同。 根据意欲的不同趋向，梁漱溟把西方文化、中国文化、

---

① 梁启超：《饮冰室合集》专集二十三，中华书局 1989 年版，第 12 页。
② 梁启超：《饮冰室合集》专集二十三，中华书局 1989 年版，第 38 页。
③ 梁启超：《饮冰室合集》专集二十三，中华书局 1989 年版，第 38 页。
④ 《胡适文存》二集，黄山书社 1996 年版，第 140 页。

印度文化划分为三种不同路向：西方文化是以意欲向前要求为其根本精神的，中国文化是以意欲自为、调和、持中为其根本精神的，印度文化是以意欲反身向后要求为其根本精神的。他还指出，"西洋人向前逐物，作为理智算计的生活，分别目的和手段，结果把自己生活化为一截一截手段，而大大贬损了人生价值"，"外表生活富丽，内里却贫乏至于零"①。而中国传统文化，追求的是内在的满足和生活的乐趣，于是梁漱溟断言全世界今后都要走孔子之路。

近代文化保守主义者看到了现代化进程中的种种弊端，提醒国人唯科学主义不能给人类带来完全幸福，在一定程度上唤起国人对现代化的本质做进一步思考。此外，文化保守主义者还提出了现代化过程中传统如何与现代契合的问题。在次生型现代化的国家中，对传统的认同与回归是其现代化运作的坚实历史基础，因而二梁（梁启超、梁漱溟）等人充分褒扬民族文化的优点和长处，主张以"返本开新"的方式实现现代化，的确具有相当大的现实意义和理论价值。但由于保守主义思想家并不真正了解西方文化的特质，特别是其中科学、民主的内在价值，其对西方文化的认识出现偏差，犯了以偏概全的错误，因而在理论上又陷入相对主义的困境。他们片面强调文化的民族性而否认文化的时代性，否认文化发展的共同规律，认为中国文化不是不及于西方，而是不同于西方，因而中国文化既不需要，更无必要向西方文化学习。这种虚骄的文化心理不仅模糊了中西两种不同特质的文化，对中国的现代化进程也是相当有害的。

文化激进主义在近代中国主要表现为全盘西化论。其典型特征为：在文化变革的力度、速度方面，主张突变、急变；在文化变革的内涵方面，主张全变，认为文化是可以整体转换的；在文化变革的趋向方面，强调文化的世界性、时代性。

由于近代中国的现代化进程是在外力冲击下进行的，且现代化的样板是西方文明，因此学西方成为近代以来人们普遍的价值取向。然而近代中国现代化进程的曲折和艰难又使国人产生了一种自卑心理和急于求成的情绪，于

---

① 梁漱溟：《梁漱溟全集》卷一，山东人民出版社 1989 年版，第 505 页。

是人们在自我反省的基础上唱出了"全盘西化"的论调,其代表人物则有胡适和陈序经。 胡适在 1929 年英文版《中国基督教年鉴》中发表了《中国今日的文化冲突》一文,正式提出了"全盘西化"的口号。 此后,他又发表了一系列文章,全面宣扬其观点。 在他看来,"我们所有的,欧洲也都有;我们所没有的,人家所独有的,人家都比我们强"①。 他认为中国百事不如人,"不但物质机械上不如人,不但政治制度不如人,并且道德不如人,知识不如人,文学不如人,音乐不如人,艺术不如人,身体不如人"②。 他认为中国文化简直是一无是处,西洋文化却如日中天,代表着世界历史的发展方向,因此我们只有全面接受西方文化,中国文化方有出路。

陈序经则是彻头彻尾的"全盘西化论"鼓吹者。 他在 1934 年出版了《中国文化出路》一书,指出"现在世界的趋势,既不容许我们复返古代的文化,也不容许我们应用折衷调和的办法,今后中国文化的出路,唯有努力去跑向彻底西化的路径"③。 他还说:"从东西文化的程度来看,我们无论在文化哪一方面,都没有人家那样的进步。 ……从东西文化的内容来看,我们所有的东西,人家通通有,可是人家所有的很多东西,我们却没有。 从文化的各方面的比较来看,我们所觉为最好的东西,远不如人家的好。 可是我们认为最坏的东西,还坏过人家所觉为最坏的千万倍。"④他大声疾呼中国文化必须全盘照抄西洋文化,因为"中国文化根本上既不若西洋文化之优美,而又不合于现代的环境与趋势,故不得不彻底与全盘西化。 ……何况西洋文化无论在那一方面,都比中国的文化进步"⑤。 在他看来,中国文化与西洋文化相比,真是天壤之别,"西洋文化在今日,就是世界文化"⑥。 他认为我们不要在这个世界生活则已,如果要了,就得"全盘西化",而且"百分之百的全

---

① 《胡适选集》,天津人民出版社 1991 年版,第 335 页。
② 《胡适选集》,天津人民出版社 1991 年版,第 280 页。
③ 《走出东方——陈序经文化论著辑要》,中国广播电视出版社 1995 年版,第 232 页。
④ 《走出东方——陈序经文化论著辑要》,中国广播电视出版社 1995 年版,第 255—256 页。
⑤ 《走出东方——陈序经文化论著辑要》,中国广播电视出版社 1995 年版,第 258 页。
⑥ 《走出东方——陈序经文化论著辑要》,中国广播电视出版社 1995 年版,第 287 页。

盘西化,不但有可能性,而且是一个较为完善、较少危险的文化出路"①。

"全盘西化论"者注意到了中国现代化进程中传统文化的强大惰性和阻力,意识到不猛烈轰击传统文化这座顽固堡垒,现代化的运作是十分艰难的。 因而,他们发出了"让那个世界文化充分地和我们的老文化自由接触,自由切磋琢磨,借它的朝气来打掉一点我们的老文化的惰性和暮气"②的呐喊。 就这个角度而言,文化激进主义与其说是一种终极目的,不如说是基于传统文化惰性太强、社会变革太难而提出的权宜之计,实际上是"矫枉过正"。 文化激进主义者充分注意到文化的时代性,认识到中国要搭上现代化这列快车,就必须从学习和效仿西方入手,这种开放的文化心态是值得肯定的。 从文化人类学的角度而言,文化激进主义的论调,可以说是一种颇具特色的文化"涵化"理论,这种理论的实质是让各种异质文化在自由冲突中互克互补,融化成为一种新质文化。 "涵化"现象在世界文明发展史中是有不少成功之例的,胡适等人提出的"全盘西化论"也有一定的历史依据。 但是他们忽视了文化的民族性,过分夸大西方文化范式的效应,把现代化模式与西方文化既有程式画等号,只看到传统对现代化进程的消极作用,而没有注意到它的传承作用,彻底否定了现代化的传统根基。 文化激进主义者认为文化本身只有程度上的差异,而没有种类上的不同,后进的文化形态必须彻底与自我决裂,向先进文化看齐。 这种自卑的文化心理抹杀了现代化与传统之间的传承关系,对现代化进程中整合传统起到了阻碍作用。

近代中国现代化进程的特殊情境使人们缺少一个理智冷静的文化环境,特别是西方文化随着列强的侵略进入中国,导致人们对中西文化的认识很难保持理性、客观的态度。 文化保守主义者囿于"中国文化中心主义",往往自觉不自觉地美化传统文化,并力图寻找西方文化的瑕疵,以求在"西风压倒东风"的文化态势下获得心理平衡。 尽管梁启超、梁漱溟对西方文化弊端的抨击不乏真知灼见,但是也有其情绪化、非理性的一面。 而文化激进主义者陷入"西方中心主义"的思想陷阱,表现出强烈的反传统倾向。 尽管胡

---

① 《从西化到现代化》,北京大学出版社 1990 年版,第 389—390 页。
② 胡明编选:《胡适选集》,天津人民出版社 1991 年版,第 366 页。

适、陈序经的"全盘西化论"体现了文化的时代色彩，但他们对中西文化的认识却是以理论预设和情绪纠结来代替理性思考的。 二梁的"文化自大"意识和胡陈的"文化自卑"意识都不是正常的文化心态，反映了中国固有文化在现代化面前缺乏足够的应变能力。

4.3　20 世纪中国文化史研究之回顾与展望

人类历史跨入新世纪的门槛后，中国文化史研究也走完了近百年的历程。 回首过去，我们有必要对百年的文化史研究做简单回顾；展望未来，我们有信心谋划新世纪文化史研究的宏伟蓝图。

4.3.1　孕育与诞生

中国古代的历史典籍多以政治、军事为主要内容，"详于政事而略于文化"，但也不乏文化方面的记述，如"二十四史"中的《艺文志》《经籍志》《儒林传》等，而《明儒学案》《宋元学案》《清儒学案》《汉学师承记》《宋学渊源记》等更是已具文化学术史的雏形。 然而，古代史籍中丰富的文化现象记载并不意味着文化史作为一个独立的学科在近代之前就已经产生。

真正意义上的中国文化史研究揭幕于 20 世纪初。 当时，西方的思想文化如潮水般涌入中国，于是，传统的以王朝政治为中心的旧史学开始转向以人为本的新史学，文化史的出现正是这种转型的结果。 中国文化史学科的拓荒者是梁启超。 早在 1902 年，他有感于"中国数千年，唯有政治史，而其他一无所闻"，大声疾呼"中国文学史可作也，中国种族史可作也，中国财富史可作也，中国宗教史可作也。 诸类此者，其数何限"[①]，力图把人们的目光从传统的政治史导向文化史。 1921 年他受聘于南开大学，讲授"中国文化史"，印有讲义《中国文化史稿》（正式出版时更名为《中国历史研究法》），同时还规划了一个大型的中国文化史写作计划，并拟定了详细的撰写

---

① 梁启超：《饮冰室合集》文集之九，中华书局 1989 年版，第 6 页。

目录，后来写出了作为国立清华研究院教材的《社会组织篇》。 梁启超虽然在文化史研究上开风气之先，但其资产阶级史观使得他在构建中国文化史的框架与体系时显得力不从心，其《社会组织篇》只是中国通史的背景篇，并非真正意义上的文化史著作。 而李大钊在此方面的建树颇多。 他以马克思主义的唯物史观为理论指导，打破传统史学的框架，提出应把众多的文化现象作为一个整体来加以综合研究，建立理论性的文化学与记述性的文化史学科，并赋予文化学和文化史研究特殊地位。 由于思想理论上的不成熟，再加上准备工作的不充分，中国文化史研究在起步阶段成效不大，仅仅翻译了一些日本学者研究中国文化史的著作，如高桑驹吉原的《中国文化史》、白河次郎与国府种德的《支那文明史》、中西牛郎的《支那文明史论》、田口卯吉的《中国文明小史》等。 其间，国内一些学者亦仿效其体例，参酌其史观，开始自行编撰中国文化史著作。 1914 年上海科学书局出版的由林传甲撰写的《中国文化史》就是这种模仿的结果，然而该书在当时并没有引起人们多大的注意。

4.3.2 成长与发展

1921 年梁漱溟出版了《东西文化及其哲学》，这是近代国人第一部研究中国文化史的专著。 尔后，中国文化史研究进入一个短暂而兴旺的时期，一大批文化史研究论著在 20 世纪二三十年代相继出版。 此时，对中国文化史进行宏观研究的著作不可谓少。 如顾康伯的《中国文化史》、常乃德的《中国文化小史》、杨东莼的《本国文化史大纲》、陈国强的《物观中国文化史》、柳诒徵的《中国文化史》、陈登原的《中国文化史》、文公直的《中国文化史问答》、王德华的《中国文化史略》等。 在这些文化史著作中，柳诒徵所著的《中国文化史》被称为"中国文化史的开山之作"，而杨东莼所撰的《本国文化史大纲》则是第一本试图用唯物主义研究中国文化史的著作。 与此同时，对某一历史时期的文化研究也取得很大进展。 如陈德俭的《三皇五帝时代之文化》《夏商时代之文化》《西周时代之文化》《春秋战国时代之文化》，高迈的《魏晋南北朝之文化》，张春华的《唐宋时代之文化》，何炳松的《五代时之文化》，孟世杰的《先秦文化史》，陈安仁的《中国上古中古文化史》《中国近世文化史》，等等。 在宏观研究的同时，微观研究也逐渐引起学人们的注意。 区域文化史研究成就不俗，如夏光南撰写了《云南文化史》，张立志出版了《山东文化史研究》，等等。 中西文化交流史研究成绩斐然，如郑寿麟的《中西文化之关系》，方豪的《中西交通史》，张星烺的《欧化东渐史》，蒋廷黻的《欧风东渐史》，向达的《唐代长安与西域文明》，等等。 专题研究也硕果累累。 1936—1937 年商务印书馆出版了由王云五等主编的"中国文化史丛书"，共有 50 余种，体量相当庞大，内容几乎囊括了中国文化史的大部分内容，可惜其"只可供学者参考，不便于学年学程之讲习"。

这个时期的文化史研究成就是有目共睹的，不少成果迄今仍有一定的参考价值。 但由于历史的局限性，这些研究著作或多或少存在着这样或那样的问题。 就思想观点而言，有的作者持有民族虚无主义态度从而对传统文化全盘否定（如陈序经），有的作者抱着狭隘的大汉族主义思想因而轻视少数民族文化（如陈登原）；就体例而言，它们都缺乏对各分支学科进行综合的、融会贯通的研究，往往只是罗列若干现象，各个部分的内容大体上是独立的。文化史研究当然要包括各分支学科的内容，但是各分支学科的机械组合并不等于文化史，换而言之，文化史作为一个整体，应该有其自身的结构与特点。那么，人们为什么在这时期对文化史研究情有独钟呢？ 笔者认为这与当时中国的社会条件有着密切的联系，也与此时学术研究范式的转型有一定的关联。

一是对中国文化出路强烈的关注。 随着西方文化在近代的大规模输入，中国传统文化的主体地位岌岌可危，未来中国的文化应走什么样的道路成为摆在人们面前的急迫任务。 而第一次世界大战的惨剧充分暴露出西方社会的弊端，其文化取向也遭到人们的怀疑。 人们认识到要解决中国文化何去何从的问题，就必须了解中国文化的历史和现状。 很多学者正是抱着这一目的去从事文化史研究的。 如柳诒徵的《中国文化史》就是为了印证"中国文化为何？ 中国文化何在？ 中国文化异于印欧者何在"而作的。

二是唤醒中华民族精神的需要。 20 世纪初，中国在经受一系列内乱外患后，千疮百孔，国力衰微。 于是，一些人产生了自暴自弃的思想，以为"西洋皆好，中国皆坏"，"全盘西化论"思想的出笼更是把这种思想推向极致。民族自信力的丧失既是严峻的社会现实，又是亟待解决的问题。文化史研究的兴起在很大程度上便是为了振奋民族精神，唤起民族自信心。陈登原作《中国文化史》旨在挖掘传统文化的精华以恢复民族的自信力，他说："吾民族处于今日之世界，非百力振作，奋发其为世界雄，恐无以免于劣等民族之讥。""斤斤以中国文化自傲"固然不足取，"然故家乔木，终有令人可以式仰者"；"观于吾国文化之大而且高若此，则使国民得以恢复民族之自信力者，必有在矣，必有存矣"。

三是史学范式转型的需要。传统史学的研究重心在王朝史的更替及统治者的政治活动等方面。20世纪初，传统史学在西方文化的冲击下，偏离了故道，即以帝王为中心的旧史学转向以民族文化为中心的新史学。文化史研究热潮的出现正是顺应了这一学术潮流的需要。柳诒徵自述撰写《中国文化史》的动因时说："世恒病吾国史书为皇帝家谱，不能表示民族社会变迁进步之状况。""止有帝王嬗代及武人相斫之事，举凡教学、文艺、社会、风俗以至经济、生活、物产、建筑、图画、雕刻之类，举无可稽。""吾书欲祛此惑，故于帝王朝代，国家战伐，多从删略，唯就民族全体之精神所表现者，广搜而列举之。"正是由于历史研究中文化史的内容极度匮乏，当时社会尤其是学术界才对文化史表现出迫切的渴求。

此外，国民党政权在20世纪30年代初期出于政治需要，成立所谓"中国文化建设会"，大搞"文化建设运动"，鼓吹"中国的本位文化建设"。1935年10月陶希圣等10位教授发表了《中国本位的文化建设宣言》，提出"国家政治经济建设既已开始，文化建设亦当着手，而且更重要"，主张从中国的固有文化即传统伦理道德出发建设中国文化。这也勾起了一些学者研究中国文化史的兴趣。

总而言之，20世纪二三十年代的文化史研究，作为"新史学"的组成部分，深受西方文化研究的影响，并以宗教、学术、艺术、科学、教育等现象为主要研究对象，注重对文化诸现象分门别类地描述；又由于受到中国治史传统的影响，此时的文化史研究十分重视史料的完备与叙事的完整，但对文化要素之间的联系性及文化形态的整体性缺乏分析和阐发，这便是该时期文化史研究的主要特点。

4.3.3　徘徊与彷徨

从抗日战争到解放战争的十余年间，中国文化史的研究也同其他学科一样，陷入停顿境况。尽管如此，仍有一些文化史论著问世。

此时，综合性的文化史研究著作主要有缪凤林的《中国民族之文化》、陈安仁的《中国文化史》、王治心的《中国文化史类编》、陈竺同的《中国文化史略》和钱穆的《中国文化史导论》。钱穆的《中国文化史导论》一书，1948年由正中书局出版。全书共分十章：一为中国文化之地理背景；二为国家凝成与民族融和；三为古代观念与古代生活；四为古代学术与古代文字；五为文治政府之创建；六为社会主义与经济政策；七为新民族与新宗教之再融和；八为文艺美术与个性伸展；九为宗教再澄清、民族再融和与社会文化之再普及与再深入；十为东西接触与文化更新。这些章节的安排基本上是依照由古及今的顺序，这也表明了作者力图摆脱文化史中一朝一代的局限性和分支学科框架的束缚，把各种文化现象综合起来加以研究的趋向。这使得钱穆的《中国文化史导论》一书具有鲜明的"文化史"特征，这也成为该书的特色所在。然而钱穆的《中国文化史导论》仍然存在着不少问题，这主要体现在他的写作指导思想上。他在书中把文化精神的不同说成根源于自然环境的区别，片面夸大自然环境的决定性作用，从而利用自然环境长期不变的特性来讨论传统社会中"文化精神"的不变性，实际上是用新词汇来宣传"天不变，道亦不变"的旧论调。

陈竺同的《中国文化史略》则是用生产工具的变迁来说明文化的进程。他在该书中指出："文化进程是实际生活的各部门的进程。""社会生产，包含着生产力与生产关系。这本小册子着重于生动去分析文化的过程。至于生产关系，就政教说，乃是权力生活，属于精神文化，而为生产力所决定。"[①]

除了上述综合性著作外，还有罗香林的《唐代文化史研究》、张立志的

---

①　陈竺同：《中国文化史略》，文光书店1948年版，第144、146页。

《山东文化史研究》、徐嘉瑞的《大理古代文化史》、郑德坤的《四川古代文化史》、朱谦之的《太平天国革命文化史》和《中国思想对于欧洲文化之影响》等专门性著作。

4.3.4 停滞与曲折

中华人民共和国成立后，文化史的研究曾一度出现停滞现象。从 20 世纪 50 年代初到 70 年代末，文化史研究整整沉寂了 30 年。这个时期大专院校中几乎没有开设任何一门文化史的课程，科研院所也没有成立一个专门性的文化史研究机构，综合性的文化史研究论著更是罕见，文化理论的研究同样是一片空白。尽管周谷城在"文化大革命"前夕仍在复旦大学开设"世界文化史导论"课，陈寅恪运用文化史的研究方法写出了精彩的文化史著作《柳如是别传》，翦伯赞强调文化是"历史的灵魂"，"不要把历史写成一个无灵魂、无生命的东西"，但这一切都无力改变文化史研究在当时的困境。为什么文化史研究在中华人民共和国成立后一度沉寂了呢？这里既有社会大背景的因素，也有学科自身发展的原因。

首先是当时特定的社会政治生活需要。中华人民共和国成立后，为了国内和国外政治斗争的需要，学术界以极大的热情和几乎全部的精力投入以阶级斗争为纲的深入揭露与批判活动中，批判封建主义的反动行径，揭露帝国主义的侵略本质。这样，阶级斗争超越了一切学术活动并主宰了学术活动，成为霸权话语，并在理论上确立了历史就是阶级斗争史的观念，因而学人们自然不敢偏离这一大方向。由于学术界把全部的精力都集中在这个方面，无力他顾，文化史研究自然受到冷落。

其次是思想认识上存在误区。由于人们把历史唯物主义片面地理解为经济决定论，于是将文化史著作简单地以"文化史观"为由加以否定。其结果是广义的文化史被社会发展史所取代，狭义的文化史则被分解到思想史、哲学史、宗教史等领域。这使得文化史研究为其他专门学科所消融，研究力量也大大削弱，从而失去了自身应有的位置。

此外，随着学术研究的迅速发展，传统的经史子集的分类法逐渐被淘汰，新的学科门类不断出现，人们开始按新的学科门类进行研究。学术研究越深入，分类也就越具体，这反过来又促使学术研究进一步专门化。 与此同时，正是因为人们较多地把注意力集中在各专门学科，所以像文化史这样跨学科的、涉及面广的研究领域很难得到人们的青睐，自然而然地被人们所忽视乃至冷落了。

必须指出的是，虽然文化史研究在中华人民共和国成立后曾一度受到严重的干扰与破坏，但文化史的各分支学科的研究成果依然可观。 如文学史、哲学史、思想史、美学史、宗教史、科学史、艺术史、中外文化交流史、少数民族文化史等的研究都出现了一大批重要的著作，取得了显著的成果。 然而，这些分支学科的局部研究始终不能取代文化史的整体研究。 正是由于综合性的文化史研究的匮乏，人们难以从宏观上把握和认识中国文化史，从而使得文学史、哲学史、思想史、美学史、宗教史、科学史、艺术史等分支学科研究的进一步深入受到严重制约。

此时的文化史研究与中华人民共和国成立前相比，有着十分鲜明的时代特征。 具体地说：第一，文化史研究的指导思想更加明确。 中华人民共和国成立前，虽然学术界也出版了不少文化史研究著作，但大都是用旧观点和旧方法写成的，拘泥于事物的表面现象。 中华人民共和国成立后，学者们自觉地接受并运用马克思主义的历史唯物主义和辩证唯物主义来研究文化史，不仅着力于阐明历史事实，而且更重视探求历史规律。 第二，文化史研究的范围更加宽广。 这不仅表现在中华人民共和国成立前曾涉猎的文化史研究领域于中华人民共和国成立后仍在继续研究，而且还开辟出一些新的研究领域。譬如以前普遍被轻视的劳动人民在生产斗争中所创造的文化，此时却受到人们的高度重视，仅太平天国运动时期就有《太平天国的教育》《太平天国艺术》《太平天国的壁画》等著作问世。 第三，文化史研究的水平进一步提高。 尽管在中华人民共和国成立前文化史研究的著作也不少，但它们在内容上相当肤浅，在方法上相当粗疏。 中华人民共和国成立后，这方面的研究有了质的飞跃，如范文澜的《中国通史》、侯外庐的《中国思想通史》、翦伯赞的《中国史纲要》、郭沫若的《中国史稿》等，都涉及了文化史的内容，并且在内容与形式上皆有了新的变化。

4.3.5　新生与辉煌

中共十一届三中全会后，中国社会进入一个崭新的时代。随着党的工作重心"以从阶级斗争为纲"转向"以经济建设为中心"，一场伴随着社会变革而进行的思想解放运动如火如荼地展开，神州大地出现了一股"文化热"。这样，文化史的研究又重新引起人们的关注。

改革开放后，中国社会发生了急剧的变化，政治、经济、思想、文化等领域都发生了根本性的变革。在这个变化过程中，文化观念的惰性与社会变革的矛盾和冲突成为当代中国社会的现实。当社会改革遇到暂时的挫折时，学术理论界便将批判的矛头指向传统文化，认为文化观念的变革是最深层次的变革，要求建立一种与时代相适应的新的文化体系。另外，正在深入的现代化进程也要以本民族的历史文化为运作基础，这是任何一个民族的现代化进程都不能回避的话题。因此对传统文化进行创造性转换，并从传统文化中挖掘精华，寻求学术资源，成了改革开放中的中国必然的抉择。人们在此时也认识到"忽视中国文化史的历史全貌开展总体研究，不仅妨碍各种学科向纵深发展，更加妨碍我们从总体上认识中华民族的灿烂文明"。这一切皆激发了人们研究文化史的热情。

1978—1979 年复旦大学成立了中国思想文化史研究室，中国社会科学院近代史研究所设立了文化史研究室，蔡尚思的《中国文化史要论》也正式出版，这标志着文化史研究的春天来临。从 1982 年起，北京、上海等地先后多次召开文化史研究学术座谈会，会议指出，"中国文化史的研究，在我国学术领域属于一个巨大的空白"，因此"必须注意填补这个空白，把加强中国文化史的研究提到日程上来"。文化史研究遂在 20 世纪 80 年代后出现生机盎然的景象，具体表现在以下几个方面。

首先是有了专门的机构与专门的刊物。此前，文化史研究基本上呈分散的状态，各自为阵，既没有专门的研究队伍，也没有专门的研究机构，更没有专门的研究刊物。20 世纪 80 年代后，以复旦大学的中国思想文化史研究室和中国社会科学院近代史研究所的文化史研究室的成立与《中国文化研究集刊》的问世为契机，专门的文化史研究机构与刊物相继出现，研究队伍也在不断壮大。 专门的文化史研究机构有清华大学的中国思想文化研究所、黑龙江大学的中国思想文化史研究所、山东大学的传统文化研究所、湖北大学的中国思想文化史研究所等。 已出版的文化史研究专门刊物主要有《传统文化与现代化》（中华书局出版）、《中国文化》（中国艺术研究院主办）、《中国文化研究》（北京语言大学主办）、《东南文化》（南京博物院主办）、《中华文化论坛》（四川省社会科学院主办）、《东方文化》（华南师范大学主办）等。

其次是有了大量高水平的研究论著问世。 20 世纪 80 年代后，文化史著作如雨后春笋般出现，在学界独占鳌头，声势浩然。

文化史丛书陆续出版。 影响较大的有上海人民出版社的"中国文化史丛书"和中华书局的"中国近代文化史丛书"等。 尤其值得一提的是上海人民出版社的"中国文化史丛书"。 该丛书经过社会各界多年的努力，已出版了20 多种，其中葛兆光的《道教与中国文化》和《禅宗与中国文化》、余英时的《士与中国文化》等著作以其敏锐的目光和非凡的卓识获得人们的好评。

文化通史大放光彩。 为了从总体上把握中国文化的脉络，揭示中国文化演变的轨迹与规律，文化通史开始崭露头角。 如郑师渠的《中国文化通史》、冯天瑜的《中华文化史》、谭家健的《中国文化史概要》、刘蕙孙的《中国文化史稿》、胡世庆的《中国文化史》、吴荣政的《简明中国文化史》等著作相继出版。 其中 20 世纪末出版的由郑师渠总编的《中国文化通史》可以说是代表了此时文化通史的最高水平。

文化史的断代研究成绩喜人。 如李福泉和孟世杰合撰的《先秦文化史》、张志哲的《震荡与整合——春秋历史文化流程》、韩养民的《秦汉文化史》、罗宏曾的《魏晋南北朝文化史》和万绳楠的《魏晋南北朝文化史》、赵文润的《隋唐文化史》、姚瀛艇的《宋代文化史》、陈植锷的《北宋文化史述论》、陈宝良的《悄悄散去的幕纱——明代文化历程新说》、南炳文的《清代文化——传统的总结和中西大交流的发展》、黄爱平和王俊义的《清代学术与文化》、龚书铎的《中国近代文化概论》、冯天瑜的《明清文化史散论》及《东方的黎明——中国文化走向近代的历程》、史全生的《中华民国文化史》、肖效钦的《抗日战争文化史》、马怀忠的《中国现代文化史》、张顺清的《中华人民共和国文化史》等著作都是侧重于研究某一个时期的历史文化。

文化史的区域研究发展迅速。 随着区域经济的形成和区域经济开发的掀起，人们围绕区域文化展开了多层次的研究，燕赵文化、齐鲁文化、吴越文化、荆楚文化、海派文化、京派文化、湖湘文化等研究皆在不同程度上填补了以往文化史研究的空白。 如王志民的《齐文化概论》、徐晓望的《福建思想文化史纲》、董贻安的《浙东文化论丛》、侯仁之的《黄河文化》、李权时的《岭南文化》、郑敬东的《中国三峡文化概论》、张正明的《楚文化史》、罗福惠的《湖北近三百年学术文化》等著作都是区域文化史研究的力作。 1991年辽宁教育出版社出版了一套"中国地域文化丛书"，包括巴蜀文化、三晋文化、台湾文化、燕赵文化、三秦文化、两淮文化、中州文化、江西文化、徽州文化、齐鲁文化，全方位展示了不同区域的文化形态，有力地推进了区域文化的研究。

少数民族文化史研究成果显著。 如吴永章的《中国南方民族文化史》、张碧波的《中国古代北方民族文化源流史》、冯继钦等的《契丹族文化史》、蔡志纯的《蒙古族文化》、练铭志的《排瑶历史文化》、佟锦华的《藏族传统文化概述》等著作。 而由李德洙主编的《中国少数民族文化史》更是少数民族文化史研究的集大成之作。

文化史专题研究不断走向深入。 在文化交流方面，主要有周一良的《中外文化交流史》、沈福伟的《中西文化交流史》、李亚宁的《明清之际的科学、文化与社会——十七、十八世纪中西文化关系引论》、陈卫平的《第一页与胚胎——明清之际的中西文化比较》、范存忠的《中国文化在启蒙时期的英国》、于语和等的《近代中西文化交流史论》、梁容若的《中日文化交流史论》和王晓秋的《近代中日文化交流史》等著作。 另外，在宗教方面，有任继愈的《中国佛教史》与《中国道教史》、汤用彤的《隋唐佛教史稿》、洪修平的《中国佛教文化历程》、卿希泰的《中国道教思想史》等著作。

另外，知识性、普及性的文化史著作也纷纷涌现。 如上海古籍出版社的《中国文化史三百题》、山西教育出版社的《中国文化史图鉴》、王力的《中国古代文化史讲座》、阴法鲁的《中国古代文化史》等著作都在社会上颇有影响。

20 世纪 80 年代中后期，改革开放导致传统与现代的冲突，传统文化再度成为人们关注的热点，"中国传统文化与现代化""中国传统文化的再估计""中国传统文化的现代转型""传统文化与当代精神文明建设""中国文化与世界文化""中国文化的未来前景"等成为人们反复讨论的话题。 这样，文化史研究的热点集中在传统文化的基本精神及其与现代化的关系以及在新时期怎样对待传统文化等问题上。

20 世纪 90 年代后，随着社会史逐渐取代文化史成为史坛的主角，文化史也日益与社会史交汇融合，社会文化史的研究开始展现广阔的前景和无限的生机。 这样，文化史研究的焦点又转移到大众文化心理领域，社会风尚、民众心态等成为文化史研究的重要内容。 如乐正的《近代上海人社会心态》、朱英的《商业革命中的文化变迁——近代上海商人与"海派"文化》、杨东平的《城市季风：北京和上海的文化精神》、李少兵的《民国时期的西式风俗文化》、忻平的《从上海发现历史——现代化进程中的上海人及其社会生活》等著作。 正如刘志琴所指出："社会史的繁荣，往往以文化论争为先导，文化史的深入又有赖于在社会史领域内发展。"文化史与社会史是两个有着不同研究对象的学科，然而二者却共同致力于恢复历史中人们生活的完整性，凸显出多学科交叉与整合的学术研究趋向。

4.3.6 未来与展望

百年过去了，新的世纪也降临了，中国文化史研究又开始了新的历程。在新的世纪中，长期困扰文化史研究的概念亟须进一步厘定，理论体系与学科框架也有待于完善，研究方法必须创新，这表明文化史研究在新的一个世纪里任重而道远。

第一，文化与文化史的概念亟待规范。 由于文化内涵的过于模糊，文化史研究难以确定边界和制定规范。 1977 年美国芝加哥大学出版的《新英国大百科全书》对"文化史"下了一个含糊的定义："文化史，即从人们总的文化观点对过去及现在的人类所进行的历史研究。"而 1964 年日本平凡社出版的《大百科事典》则对"文化史"下了另一个定义："文化史……与政治史、法律史、社会经济史等相区别的历史学之一分支，因而它意味着是与人的精神生活相关的历史研究，是艺术、思想等精神的历史。"这里文化史概念的不同显然是源自人们对文化内涵的理解不同。 这样，文化史要么被写成一个无所不包的大拼盘，要么被写成一部专门史。 因而，文化史研究虽然一度如日中天，但很快便黯然失色。 在近年出版的《中国历史学年鉴》中，"文化史"往往不再是独立的栏目，而被"思想史"和"社会史"所分割归并，个中原因恐怕就在于此。 当前，规范学科的概念、确定学科的研究对象、制定学术的规范、构建学科的科学体系是文化史研究的当务之急。

第二，文化史研究的新领域有待开拓。 随着 20 世纪 90 年代社会史研究的兴起，文化史研究逐渐走向多元化与平民化，其研究内容也有所变化，从注重精英文化转向关注大众文化，这使得古往今来人们的生活风貌、衣食住行、社会交往以及人际关系等都成了研究的对象。 这样，社会文化史等边缘交叉学科便产生了，刘志琴的《近代中国社会文化变迁录》可以说是这个领域的代表作之一。 此外，科学文化史、民俗文化史等交叉学科也正在逐步成长。

第三，文化史研究手段趋向多样化。 文化史是一门多维的综合的学科，它既包含又超越政治史、思想史、宗教史等分支学科，因而其研究必然借鉴其他学科的研究手段与学术观点，于是哲学、文学、人类学、心理学等学科自然而然地落入其学术视野之中。 正如姚蒙所指出的："史学研究范型的变革已是确定的趋势，文化研究将对这一变革起很大的推动作用。 而文化史研究是文化研究的重要内容，这样，人们在研究过程中就必须结合历史唯物主义原则，应用现代文化人类学、社会学、社会心理学等方法展开研究。"

4.4 中国近代史的研究现状及其趋势

随着中国社会进入近代，有关中国近代史的研究就已开始了，如鸦片战争后魏源著《圣武记》、太平天国时张德坚纂《贼情汇纂》、戊戌变法间梁启超撰《戊戌政变记》等。 民国时期人们重视中国近代史的研究，孙中山授意刘成禺编写的《太平天国战史》、蒋廷黻的《中国近代史》等著作纷纷问世。

此时，中国共产党人探究中国历史尤其是中国近代史，厘清中国社会的性质、中国革命的性质，以期更好地推动社会革命。 1941 年毛泽东在《改造我们的学习》中说："近百年的经济史，近百年的政治史，近百年的军事史，近百年的文化史，简直还没有人认真动手去研究，……对于近百年的中国史，应聚集人才，分工合作地去做，克服无组织的状态。 应先作经济史、政治史、军事史、文化史几个部门的分析的研究，然后才有可能作综合的研究。"①于是，李平心著《中国近代史》和《中国现代史初编》、范文澜撰《中国近代史》（上编第一分册）等。

4.4.1 中国近代史研究的状况

中华人民共和国成立后，中国近代史研究开始进入新阶段。 学者把这个时期的中国近代史研究分为 3 个阶段：1949—1965 年为初创阶段，建立了马克思主义的史学体系，开展了系统规范的资料整理工作；1966—1976 年为停滞时期，历史沦为政治工具，史学遭受重创；1978 年之后改革开放，中国近代史研究出现前所未有的繁荣局面。②

（1）中华人民共和国成立后，中国近代史的研究以历史唯物主义为指导思想，受到高度重视，获得空前发展。

1950 年 5 月中国科学院近代史研究所正式组建，以华北大学历史研究室人员为班底，范文澜出任所长。 这是新中国设立的第一个历史学研究所。③近代史研究所的研究方针为："学习马列主义、毛主席思想，以历史唯物论的观点和方法来研究中国近代史。 批驳旧历史中错误荒谬的观点，发扬中国人民革命的英勇事迹，回复人民历史的真面目，因此政治理论学习与业务研究采取并重不偏的态度。"其研究任务定为"编写中国近代史"，"搜集整理中

① 中共中央文献研究室、中央档案馆编：《建党以来重要文献选编（一九二一——一九四九）》第 18 册，中央文献出版社 2011 年版，第 298 页。

② 徐秀丽：《中国近代史 70 年（1949—2019）》，《经济社会史评论》2019 年第 2 期。

③ 1954 年，近代史研究所改名为"历史研究第三所"，1959 年恢复原名。

国近代史资料及编制中国近代史年表"并开展专题研究。① 1955 年中国科学院哲学社会科学学部成立，近代史研究所所长范文澜、副所长刘大年、胡绳等入选学部委员。②

学者指出，1949 年后，在唯物史观指导下的革命史学由边缘走向中心，由异端变为正统，中国近代史研究领域全面确立了马克思主义的绝对支配地位。③ 马克思主义是产生于西方历史脉络中的进步思想，它对资本主义的批判，对经济因素的强调，对普通民众的重视，对阶级斗争的揭示，引领了 19 世纪后的时代主潮，对后世的政治思想和学术思想产生了巨大影响。这是中国近代史学者接受唯物史观最重要的基础。④ 1954 年胡绳发表了《中国近代历史的分期问题》，提出中国近代史开端于 1840 年鸦片战争，下限为 1919 年五四运动，以太平天国、戊戌维新和义和团运动、辛亥革命"三次革命高潮"为主线。胡绳的"三次革命高潮"说成为中国近代史主流话语体系的核心，此后的中国近代史教科书和论著大致以"三次革命高潮"为主线，以"八大事件"为中国近代史基本内容。

为了更好地开展中国近代史研究，系统地收集和整理与中国近代史有关的史料成为当务之急。范文澜提出编辑"中国近代史资料丛刊"的计划，从 1951 年起，中国史学会陆续编辑出版了《鸦片战争》《太平天国》《回民起义》《捻军》《洋务运动》《中法战争》《中日战争》《戊戌变法》《义和团》《辛亥革命》等 10 种专题史料。1952 年中国史学会和中国经济学会组织了中国近代经济史资料丛刊编辑委员会，编辑出版了"中国近代经济史参考资料丛刊"[包括《中国近代经济史统计资料选辑》、《中国近代工业史资料》（两种）、《中国近代农业史资料》、《中国近代手工业史资料》、《中国近代对外贸易史资料》、《中国近代铁路史资料》、《中国近代航运史资

① 转自赵庆云：《中国科学院 1950 年率先成立近代史研究所考析》，《清华大学学报》2018 年第 2 期。

② 陈园园：《1950 年代当选的哲学社会科学学部委员构成分析》，《历史教学问题》2010 年第 1 期。

③ 徐秀丽：《中国近代史 70 年（1949—2019）》，《经济社会史评论》2019 年第 2 期。

④ 王建朗：《中国近代史研究 70 年（1949—2019）》，《近代史研究》2019 年第 4 期。

料》、《中国近代外债史统计资料》、《旧中国公债史资料》等]、"帝国主义与中国海关资料丛编"（包括《中国海关与缅藏问题》《中国海关与英德续借款》《中国海关与义和团运动》等）、"中国资本主义工商业史料丛刊"（包括《北京瑞蚨祥》《上海民族橡胶工业》《上海市棉布商业》等）、"上海资本主义典型企业史料"（包括南洋兄弟烟草公司、荣家企业、刘鸿生企业等）。

（2）1965年11月姚文元发表了《评新编历史剧〈海瑞罢官〉》，把学术问题说成政治问题；同年12月戚本禹发表了《为革命而研究历史》，声称根本没有纯粹的学术问题，一切学术问题都是政治问题。当史学研究沦为政治的婢女，严肃的学术研究自然无处容身。据学者统计，在10年"文化大革命"期间，我国发表的有关近代史方面的文章未超过200篇，而其中堪称研究论文的只有一二十篇，主要是围绕《清宫秘史》、"评法批儒"和"评《水浒》"发表的文章。[1]

（3）1978年党的十一届三中全会后，中国社会走向改革开放，引发了全面而深刻的思想解放运动。随之，人们的思想观念和思维方式都发生了根本性的变化。这一切皆给中国近代史研究带来了新的生机。

随着中国社会从以阶级斗争为中心向以经济建设为中心的转移，史学研究的主旨也逐渐转变。1979年中国人民大学教授戴逸提出不能用阶级斗争代替一切，生产斗争、民族斗争、科技发展都是阶级社会发展的伟大动力，推动历史前进的直接的主要动力是生产斗争。[2] 这样，人们观察近代中国的视角从阶级与革命转向国家与社会发展，注意到追求国家独立与国家富强是近代中国所面临的两大主要任务，认识到中国近代历史实质上是一个追求近代化的过程。1980年李时岳在《历史研究》第1期发表《从洋务、维新到资产阶级革命》，提出了中国近代史演变过程中的农民战争、洋务运动、戊戌维新、辛亥革命"四个阶段"论，对洋务运动予以充分肯定。

---

① 王建朗:《中国近代史研究70年（1949—2019）》,《近代史研究》2019年第4期。

② 戴逸:《关于历史研究中阶级斗争理论问题的几点看法》,《社会科学研究》1979年第5期。

随着改革开放的深入和社会建设的发展，中国近代史研究不断向新的领域拓展，出现了社会史、文化史、乡村史、城市史、女性史、口述史、环境史等新的研究领域。 学者形象地称之为"中心衰落、边缘崛起"。 这样，中国近代史研究呈现出"百花齐放、百家争鸣"的气象。

4.4.2　海内外中国近代史研究的范式

范式（paradigm）是美国著名科学哲学家托马斯·库恩（Thomas Kuhn）在《科学革命的结构》中提出的概念。 他说："范式就是一种公认的模型或模式"，"在科学实际活动中某些被公认的范例——包括定律、理论、应用以及仪器设备统统在内的范例——为某种科学研究传统的出现提供了模型"。 在库恩看来，范式是科学家集团所共同接受的一组假说、理论、准则和方法的总和，并在心理上形成科学家的共同信念。

人们借用库恩的"范式"观念总结了中国近代史研究的范式，其中包括"革命史范式""现代化范式"，以及海外的"冲击—反应范式""传统—近代范式""帝国主义范式"和"中国中心观范式"。

"革命史范式"强调以革命史为中心叙述中国近代历史的正当性，"因为近代中国的时代基调是革命，从革命的视角审视，中国近代史上的政治、经济、军事、文化思想、社会变迁，以及中外关系的处理、区域发展、少数民族问题、阶级斗争的状况，无不或多或少与革命的进程、革命事业的成败相联系。 一部中国近代史，如果抓住了这个基本线索，就能够顺藤摸瓜，理清近代中国社会历史的各个方面"[①]。 按照这个范式，帝国主义与中华民族的矛盾、封建主义与人民大众的矛盾是中国近代社会的两大基本矛盾；争取民族独立以反对帝国主义、争取社会进步以反对封建主义是近代社会发展的主要趋势；并以此作为评价历史事件、历史人物的主要标准和参照系。

"现代化范式"突出现代化是人类社会发展的趋势，"鸦片战争以来中国发生的极为错综复杂的变革都是围绕着从传统向现代过渡这个中心主题进行的，这是不以人们意志为转移的历史大趋势。 有了这个中心主题，纲举目

---

① 张海鹏：《20 世纪中国近代史学科体系问题的探索》，《近代史研究》2005 年第 1 期。

张，就不难探索近百年中国巨变的脉络和把握中国近现代史的复杂线索"①。依照这种范式，中国近代史以"近代以来中国人为实现以工业化为核心的经济现代化；为争取民族独立和社会进步而从事的革命化（民族化）；为实现自由平等而进行的民主化；为争取社会文化进步而进行的理性化启蒙运动"等为基本框架；以"现代生产力、经济发展、政治民主、社会进步、民族独立"等为评判价值。②

"冲击—回应范式"始于费正清的 *China's Response to the West*：*A Documentary Survey* 和 *Resarch Guide for China's Response to the West*：*A Documentary Survey*。 费正清指出中国传统的儒家学说长期以来占据意识形态上的正统地位从而使得中国社会保持极大的稳定性，当近代大量西方人来到中国沿海寻求贸易机会时，古老的中华帝国闭关自守，排斥一切外来势力。 他认为传统中国缺乏自身发展的内在动力，只有经过西方的冲击，才能摆脱困境而获得发展。 "冲击—回应"模式是一个以西方人的价值观来认识东方的研究模式，强调西方的挑战对中国是一种刺激，为中国提供了一种进步的机遇。

"传统—近代范式"将传统与近代假设为对立的两极，强调西方近代社会是世界各国发展的"楷模"，中国近代社会从"传统"社会演变为西方的"近代"社会。 历史上中国在西方入侵前一直停滞不前，在"传统"模式中循环往复或发生微小变化，当遭到来自西方的猛烈冲击后，被迫向西方的"近代"社会演进。 "传统—近代范式"把西方的历史经验当作现代化的标准，忽视了历史发展的特殊性与多样性。 因此，"传统—近代范式"与"冲击—反应范式"有着异曲同工之妙。

"帝国主义范式"认为帝国主义是中国近代史上各种变化的主要动因，是中国百年来社会崩解、民族灾难、无法发展前进的祸根。 "帝国主义范式"主要关注的是经济领域，譬如保罗·巴兰认为 19 世纪日本的发达缘于在

---

① 罗荣渠：《走向现代化的中国道路——有关近百年中国大变革的一些理论问题》，《中国社会科学季刊》（香港）1996 年冬季卷。

② 徐秀丽：《中国近代史研究中的"范式"问题》，《清华大学学报》2015 年第 1 期。

世界经济中占据相对独立的地位，而中国的不发达囿于被合并到世界经济体系之中并从属于这个经济体系。

1984 年美国学者保罗·柯文出版了《在中国发现历史——中国中心观在美国的兴起》，1989 年该书中文版在中国大陆问世，此后"在中国发现历史"几乎成了人们的口头禅。这样，"中国中心观范式"便流行开来。它主张从中国历史本身的观点出发——密切注意中国历史的轨迹和中国人对自身问题的看法——而不只是从西方历史期望的观点出发去理解中国历史。有的学者认为柯文并没有提出一种新的解释中国近代史的理论模式，而是在批判了以往研究模式的弊端后提出一种新的研究取向。如夏明方把"中国中心观范式"关于中国近代史的内容归纳为"柯文三论"：在历史变化动力上的"去冲击论"，在历史变化方向上的"去近代论"，在历史变化主体上的"去帝国主义论"。他认为，"中国中心观范式"通过一种看似超然的历史连续性把人们习惯上理解的中国近代化过程消解于无形。①

尽管上述这些观点光怪陆离、新见迭出，但学者一针见血地指出，"国外的研究范式或理论固然为研究中国近代史提供了一种新的分析工具，具有较强的问题意识和导向，对丰富和深化我们的历史研究具有一定的借鉴意义。但另一方面，作为一种分析工具，这些范式和理论都存在将近代中国历史简单化和片面化、削足适履的弊端或局限，甚至带有明显的意识形态色彩，代表了西方学者的立场，各有其产生的时代和学术背景"②。

4.4.3 中国近代史研究的趋势

近年来西方学术界理论精彩纷呈，各种流派迭出。这些理论和方法在传入中国后，深刻影响甚至改变了中国近代史的研究路径。

新文化史。学者指出，所谓新文化史其实就是一种新的研究方法和研究视角，是将社会的和文化的历史作为一个整体来看待、去研究，因而也被称

---

① 夏明方：《一部没有"近代"的中国近代史——从"柯文三论"看"中国中心观"的内在逻辑及其困境》，《近代史研究》2007 年第 1 期。

② 崔志海：《正确看待中国近代史研究范式》，《中国社会科学报》2018 年 11 月 20 日。

为"社会文化史"。 新文化史并不满足于看到最终事实，而是通过对过程的分析，探究事物发展演变的多种可能性。 英国学者彼得·伯克在《什么是文化史》中指出，新文化史的最大特点是研究"作为符号世界"的文化。 新文化史通过语言学转向，强调历史学的叙事意义和功能。 "故事，就是新文化史的目标；叙事，就是新文化史的手段。"①戴维斯的《马丁·盖尔归来》和达恩顿的《屠猫记》可谓海外新文化史的代表作。 复旦大学教授张仲民大力推动新文化史研究，《种瓜得豆：清末民初的阅读文化与接受政治》就是其力作。

新清史。 1967 年 2 月何炳棣在《亚洲研究》上发表的《清代在中国历史上的重要性》，指出了清王朝在中国历史上的重要意义，认为"清代无疑是中国历史上最成功的征服王朝，而这种成功的关键在于，满洲早期的统治者采纳了系统的汉化政策"。 1996 年罗友枝在檀香山第 48 届亚洲研究学会年会上发表了题为《再观清代：清代在中国历史上的重要性》的报告，对何炳棣提出的民族汉化论提出批评。 他认为清朝之所以能统治中国近 300 年，主要原因并不是其走向"汉化"，而是其保留了民族特性，并利用这种民族特性加强与各民族之间的联系，构建了一个多民族的帝国。 这篇文章被视为"新清史"形成的开端。 1998 年罗友枝出版了《末朝皇帝：清帝国社会制度史》，1999 年柯娇燕出版了《半透明的镜子：清帝国意识形态中的"历史"与"认同"》，2000 年路康乐出版了《满与汉：清末民初的族群关系与政治权力（1861—1928）》，2001 年欧立德出版了《满洲之道：八旗制度与清代的民族认同》。 这 4 部著作被视为"新清史"的代表作。 "新清史"重视利用满族、蒙古族等少数民族的史料，强调清朝统治中的满族因素，注重清朝统治与历代汉族王朝的区别，认为满族从未丧失其族群认同。 "新清史"的主要特点是：强调清朝是少数民族建立的"非汉"的"征服王朝"，主张划清与中国历史上汉族王朝的界限；强调清代满洲的族群认同和对民族特色的研究，强调"去中心化"，反对满族被"汉化"的说法和"汉族中心论"；提倡以族群、边疆等视角和新的理论框架来审视清代，强调民族认同中的主观元素；

---

① 马勇：《新文化史在中国：过去、现在与未来》，《史学理论研究》2013 年第 1 期。

提倡采用满文文献、蒙古语文献、维吾尔语文献等研究清史。 "新清史"所主张的清朝"非中国"、"清朝帝国主义"、清朝对各边疆地区的统一为"侵略""扩张"等皆不符合中国的历史实际，为中国学术界所批判。①

全球史。 全球史是近年来一种新兴的史学观念，也是一门新兴的历史学分支学科，它在某种意义上来说是历史学对经济全球化浪潮的一种反应，学者称之为史学界的"全球转向（global turn）"。 1963 年威廉·麦克尼尔的《西方的兴起》出版被普遍认为是"新世界史"（全球史）兴起的一个重要标志。 目前，"全球史"这个概念并没有形成一个明确统一的定义，但人们普遍认同这样的理念：（1）打破民族国家的界限，以跨国家、跨地区、跨民族、跨文化的历史现象为研究对象。 （2）整体观。 将研究对象置于广阔的相互关系情境中来理解和考察。 （3）互动观。 将研究对象置于互动网络体系中，从互动来理解历史，强调互动者互为主体。 （4）反对欧洲（西方）中心论。 （5）力求运用跨学科的研究方法。 其中，"互动"是全球史研究的核心理念。 全球史兴起多年后，人们根据研究主题将其分为 4 个不同的层次：（1）通史类全球史，如斯塔夫里阿诺斯的《全球通史》、杰里·本特利和赫伯特·齐格勒的《新全球史》等；（2）区域性全球史，如伊曼纽尔·沃勒斯坦的《现代世界体系》、贡德·弗兰克的《白银资本》、米洛·卡尼的《世界历史上的印度洋》、彭慕兰的《大分流》等；（3）专题性全球史，如大卫·阿米蒂奇的《独立宣言：一部全球史》、菲利普·柯丁的《世界历史上的跨文化贸易》、克莱夫·庞廷的《绿色世界史》、威廉·麦克尼尔的《瘟疫与人》等；（4）微观个案全球史，如唐纳德·怀特的《世界与非洲的弹丸之地：冈比亚纽米地区的全球化史》、罗斯·邓恩的《伊本·巴图塔的冒险经历：一个 14 世纪的穆斯林旅行家》、托尼奥·安德雷德的《一个中国农民、两个非洲男孩和一个军阀：迈向一种微观全球史》、斯文·贝克特的《棉花：一部全球史》等。② 全球史的视野使得史家跨越民族国家的疆界，关注分

---

① 《美国新清史的来龙去脉》，《中国社会科学报》2015 年 4 月 20 日。刘文鹏：《内陆亚洲视野下的"新清史"研究》，《历史研究》2016 年第 4 期。

② 刘文明：《全球史：新兴的历史学分支学科》，《人民日报》2012 年 3 月 1 日第 7 版。

流、合流、跨文化贸易、物种传播与交流、文化碰撞、帝国主义与殖民、移民与离散社群、疾病与传染、环境变迁等课题。 必须强调的是，全球史并非意味着就要以全球为研究单位，而是在研究问题中带入全球视野。

情感史。 情感是人类以生理为基础而产生的各种态度体验。 美国历史学家芭芭拉·罗森宛恩（Barbara H. Rosenwein）说："对于历史研究而言，情感是无关重要的，甚至是格格不入的。"年鉴学派大师费弗尔在《历史中的情感》中倡导"深入研究人类的基本情感及其表达形式"。 人们认识到"不但情感塑造了历史，而且情感本身也有历史"。 情感史的研究首次将历史研究的重心，从理性转到了感性的层面，代表了历史学的一个崭新方向。 2015年在济南召开的第 22 届国际历史科学大会上，"历史上的情感"成为四大主题之一，有关情感、情绪和感情的研究已成为一种国际性的历史学潮流。 德国成立了一个专业的情感史研究机构——柏林麦克斯普兰克人类发展研究所情感历史中心。 当前情感史的研究更注重采用人类学的方法，通过"深度描写"，发现和重现其中的特定文化意蕴。① 斯坦福大学东亚系李海燕的《心灵革命：现代中国爱情的谱系（1900—1950）》，以爱情为主题，借此勾勒爱情在现代中国的变化。 李海燕的书不但讨论了爱情在现代中国的变迁，而且展示了爱情这一情感表现和行为如何嵌入和改变现代中国人的生活。 哥伦比亚大学历史系林郁沁的《施剑翘复仇案：民国时期公众同情的兴起与影响》以 1935 年施剑翘（原名施谷兰）刺杀军阀孙传芳为父报仇这一事件为考察对象，讨论"公众同情"如何由此案激起并影响了此案最后的审判结果。 林郁沁的书不但揭示了情感如何影响历史事件的进程，而且讨论了情感的历史性，显示了中国社会的近代性。② 2016 年台湾联经出版公司出版了黄克武的《言不亵不笑：近代中国男性世界中的谐谑、情欲与身体》，以明清以来的笑话书、俗曲、艳情小说与民初报纸的医药广告等史料，探究明末至民初之间男性的情绪、欲望、身体与私人生活并分析其所反映之思想、文化意涵。 这

---

① 王晴佳：《当代史学的情感转向：第 22 届国际历史科学大会和情感史研究》，《史学理论研究》2015 年第 4 期。

② 王晴佳：《为什么情感研究是当代史学的一个新方向？》，《史学月刊》2018 年第 4 期。

一切都表明在中国走向近现代的过程中，情感不但发挥了重要的作用，而且情感本身也经历了重要的变化。

概念史。"概念史"一词最早见诸黑格尔（Friedrich Hegel）的《历史哲学》，指基于普遍观念撰述历史的方式。黑格尔认为存在3种历史："原初的历史""反思的历史"和"哲学的历史"。"原初的历史"仅仅描述当下所见到的、听到的事件，不能超越自身所处的时代精神；"反思的历史"超越自身的时代，是一种比较抽象的、具有批判性的历史；"哲学的历史"近乎普遍历史，但还不是哲学的历史，比如艺术、法律、宗教等，可称为"概念史"①。概念史关注文本的语言和结构，通过对历史上主导概念的研究来揭示该时代的特征。其主要内容是通过研究概念在时间和空间中的移动、接受、转移和扩散来揭示概念是如何成为社会和政治生活的核心，讨论影响和形成概念的要素是什么、概念的定义和这一含义的变化，以及新旧概念的替换。目前，国内外的概念史研究形成了两大学术流派：其一是以斯金纳为代表，主要从概念与修辞之间的关系来研究概念史；其二是以德国史学家考斯莱克为代表，其研究理路是将概念的变迁与社会的变化集合在一起进行考察，也即考察社会转型与概念变迁之间的关系。②中国人民大学黄兴涛的《"她"字的文化史——女性新代词的发明与认同研究》和北京师范大学方维规的《概念的历史分量：近代中国思想的概念史研究》都是运用概念史的方法开展中国近代史研究的典范之作。由南京大学孙江教授主编的《亚洲概念史研究》是国内概念史研究的重要阵地。

后现代主义。后现代主义是什么？人们众说纷纭，其说法大体上可以概括为2种：第一，后现代主义是西方社会"后现代时代"的理论表达。也就是说，西方社会已经进入一个新的阶段，即后现代阶段，后现代主义揭示了这一阶段的基本特征。詹明信曾断言"后现代主义是晚期资本主义的文化逻辑"。第二，后现代主义是一种文化立场。具体地说，它是针对现代社会或者说针对现代性的一种批判立场。它是以现代性为依存条件的、边缘性的

---

① 转引孙江：《概念史研究的中国转向》，《学术月刊》2018年第10期。
② 李宏图：《概念史研究的新进展》，《文汇读书周报》2011年1月7日第9版。

反文化。① 后现代主义是在以 1968 年法国红五月运动为标志的转变年代产生的，主张"破权威""去中心""拆结构"。 后现代主义对历史学形成很大的冲击。 海登·怀特被认为是后现代历史学的理论奠基人，他在《元史学》中说，历史是"事实的虚构化和过去实在的虚构化"。 因为过去实在已经不能被感知，必须借助想象的"假想性建构"才能使之"再现"，这就使得历史研究更像文学而非科学。 长期以来，人们相信写出的历史便是过去实际的反映。 然而，后现代主义者却宣称"历史叙事作为一种象征结构，并不复制它所描述的事件，而只是告诉我们从什么方向去思考事件……历史叙事并不摹写它所指示的事物，而只是像隐喻那样使人想起它所指示的事物的形象"。这对现代史学的"求真"造成重大的冲击。② 英国学者彼得·伯克说，后现代主义有助于打破"决定论和客观性神话"，克服以往史家那种"漠视事件和普通人的行动"的高傲自负，让史家懂得要更加谦卑，并减少"化约论"的色彩。 何伟亚的《怀柔远人：马嘎尔尼使华的中英礼仪冲突》被视为后现代史学实践的典范，其对中英礼仪之争的现代主义阐释模式的挑战，从文本的深层结构质疑史料与历史、历史解释之间的关系，对历史事件所处时空语境的强调，等等，都展现了后现代史学所取得的成就。

---

① 刘北成：《后现代主义、现代性和史学》，《史学理论研究》2004 年第 2 期。
② 李剑鸣：《隔岸观景》，社会科学文献出版社 2012 年版，第 12 页。

5

中国近代政治经济之扫描

政治与经济是社会的基石。 中国近代社会是一个半殖民地半封建社会，从而使得其政治与经济都打上了半殖民地半封建的烙印。

5.1 甲午战争前清政府对朝外交的失误

100 多年前的甲午战争以清政府签署丧权辱国的《马关条约》而告终，从而使中国人民付出了巨额的赔款和被迫割让台湾列岛这样惨重的代价。 甲午战争的失败是清政府政治腐朽、经济落后、武备废弛等方面原因所致，而清政府在对朝外交活动中的失误则加速了失败的进程。

中国在历史上长期处于相对稳定的统一状态之中，因而在技术、制度、思想和观念上都比较成熟，从而发展为独特的中华文明，成为东南亚文化圈的中心。 而周边国家的发展却相对落后，因而便养成了国人的优越意识，认为中华民族是世界上最优秀的民族，中国是世界文明的中心，视其他国家为蛮夷，这样就导致了中国在对外交往中形成一种以尊临卑的华夷等级秩序，即把中国作为宗主国，把周边的国家视为臣服的附庸，于是便产生了这种独特的宗藩关系。 藩属国王尊中国为"上国"，定期向中国皇帝进贡，接受册封，而作为宗主国的中国有维持受册封王统的地位并为之排难解纷和使其保持独立的义务。 这种东方式的宗藩关系在渊源上是汉帝国内部皇帝与诸侯之间的关系在中国同"夷狄"关系上的投影，而且结合了儒教的王道思想，以伦理道德为基础，是一种两相情愿、私下相许的关系。 这种关系的扩大和缩小，完全取决于中华帝国"德化"力量的大小。

19世纪中叶，作为宗主国的清帝国被其称为"蛮夷"的西方国家所征服，割地赔款求和，其威信扫地，这样一来以中国为中心的天下秩序自然而然地开始崩溃，因而也使得中国和四邻属国间的宗藩关系受到严重威胁。 此时，清政府的属国正面临被瓜分的危机，法国侵略越南，日本不仅吞并琉球，还对朝鲜虎视眈眈。 由于历史和地理的因素，朝鲜同中国的关系较其他属国更密切，清帝国也十分重视它，并给予特殊待遇。 1875年日本在朝鲜制造了江华岛事件，企图吞并朝鲜，引起了清政府对朝鲜问题的高度关注，其目的是行使并维持属邦的传统宗主权，以及巩固东北边防的需要。 此后，清政府一直以属邦论的观点来处理朝鲜问题，从而在对日外交活动中陷入被动局面，失误频频。

江华岛事件后，中日两国围绕朝鲜的属国问题展开了激烈的论争。 清政府的中国中心主义心态决定了其总想坚持唯我独尊地位，在朝鲜问题上不许他国插手，而日本却企图以西方的国际秩序观念来打破中朝传统关系，从而达到吞并目的。

中国传统的宗藩关系立足于儒教思想，所注重的是仪礼及其形式等，因而属国的内政外交均任其自主，只有当其领土主权受威胁时，宗主国才负起保护责任。 而西欧的属国不仅无国际人格，并且其主权基本上为宗主国所控制，宗主国对属国的内外政命负完全责任，这就意味着完全的隶属。 是故日本政府在江华岛事件后，派森有礼赴华揣摩清政府的心态，试探中朝传统关系的强度。 然清政府为了避免对日交涉的麻烦，竟云"朝鲜虽隶中国藩服，其本处一切政教、禁令，向由该国自行专主，中国从不与闻。 今日本国欲与朝鲜修好，亦当由朝鲜自行主持"①。 森有礼据此认为"朝鲜虽曰属国，地

---

① 故宫博物院：《清光绪朝中日交涉史料》卷一，1932年版，第1页。

固不隶中国，以故中国曾无干预内政，其与外国交涉，亦听彼国自主"①，企图在对朝交涉中撇开中国。 清政府对此反复辩解，恭亲王奕䜣在复照中明确指出，"朝鲜为中国属国，隶即属也，既云属国，自不得云不隶中国。 ……修好条规内载所属邦土，朝鲜实为中国所属之邦之一，无人不知"②。 但森有礼采取先进后退之计，指出"将来我国与朝鲜交涉，凡有该国政府及其人民向我所为之事，即由贵国自任其责"，如果"不能自任其责，虽云属国，徒空名耳"③。 清政府既不愿自任其责，又不愿放弃宗主国地位，在复函中苍白无力地答以"属国有属国分际，古今所同"④，"朝鲜为中国所属之邦，与中国所属之土有异，……修其贡献，奉我正朔，朝鲜之于中国应尽之分也。 收其钱粮，齐其政令，朝鲜之所自为也。 此属邦之实也。 纾其难，解其纷，期其安全，中国之于朝鲜自任之事也"⑤。

日本之所以在属国问题上同清政府进行无休止的纠缠，其目的是迫使清政府放弃对朝的宗主国地位，为其进一步吞并朝鲜扫清障碍。 中日两国的外交纷争实质上是两国争夺对朝控制权的问题。 藩属问题是传统华夏中心观念的产物，在 19 世纪下半叶已经完全不能适应近代国家独立化的趋势和要求，这是一种落后的、陈旧的国际秩序。 针对日本的侵朝野心，清政府此时应该主动抛弃它，明确朝鲜的独立主权，但清政府暧昧的态度恰好为日本侵朝提供机会，也在某种程度上助长了日本的侵略气焰。

1876 年日本在估摸了清政府的态度后，竟公然避开清政府，逼迫朝鲜签订了《江华条约》，规定"朝鲜国为自主之邦"，与日本享有平等权。 日本企图通过明确朝鲜独立国的地位来离间中朝之间传统的宗藩关系，断绝清政府对日朝关系的干涉，从而达到完全控制朝鲜的目的。 因此，美国学者丹涅

---

① 故宫博物院:《清光绪朝中日交涉史料》卷一,1932 年版,第 4 页。
② 故宫博物院:《清光绪朝中日交涉史料》卷一,1932 年版,第 4—5 页。
③ 故宫博物院:《清光绪朝中日交涉史料》卷一,1932 年版,第 4 页。
④ 故宫博物院:《清光绪朝中日交涉史料》卷一,1932 年版,第 5 页。
⑤ 故宫博物院:《清光绪朝中日交涉史料》卷一,1932 年版,第 6 页。

特（Tyler Denett）认为，《江华条约》是日本凿进亚洲大陆的一个楔子。①

清政府此时正被国内的马嘉理事件搞得焦头烂额，对朝鲜问题不做明确答复，日朝之事，任日朝自了，以避免中日失和为上策，这实质上怂恿了日本侵略朝鲜。日本正是看准了这一点，才强迫朝鲜签订不平等条约。《江华条约》的签署极大地损害了清政府在朝鲜的利益，然而清政府既没有向日本提出抗议，也没有责备朝鲜不守本分，反而天真地以为只要朝鲜承认中国为宗主国就行了，他国的承认与否无关紧要。

日本却以《江华条约》为护身符，对朝鲜进行经济上的掠夺、政治上的渗透、军事上的控制，在朝大肆扶植亲日势力，使朝政局更加动荡不安；而且由于此约的签订，中国对朝事务的处置受到很大牵制，尤其是日本的横加指责，昔日的宗主国地位荡然无存，大大便利了日本的侵略活动。

1882 年朝鲜国大院君针对以闵妃为首的亲日派势力，煽动兵变，袭击日本使馆。这就是所谓的"壬午兵变"。

"壬午兵变"后，清政府担心日本采取惩罚性的报复行动，采取先发制人的策略，令丁汝昌、马建忠领兵入朝震慑，平息了兵变，控制了局面。而日本此时却坐待时机，以静制动，其所定的对朝外交政策为"我国尽可能处于被动地位，事事使中国成为主动者"。日本于是以受害者的身份向朝鲜提出种种无理要求，清政府为了息事宁人，不惜牺牲朝鲜的权益。在清政府的授意下，朝鲜向日本赔款 50 万元，并派使团前往日本道歉，还允许日本在朝鲜的使馆内修筑兵营和驻扎军队，借此来换取日本谅解。这样，日本不费一兵一卒就诈取了许多侵略权益，尤为严重的是在朝驻兵，极大地损害了朝鲜的自主权。

清政府内部在"壬午兵变"后出现了要求加强对朝鲜控制的呼声，如袁世凯、陈树棠就提出了废朝为郡，或设置监国，以统管其军政外交等主张。清政府也担心朝鲜的安危会影响自身利益，开始全面调整对朝关系。1882 年清政府和朝鲜缔结了《中朝商务章程》，以条约形式再次明确朝鲜为清属国，

① 泰勒·丹涅特：《美国人在东亚——十九世纪美国对中国、日本和朝鲜政策的批判的研究》，商务印书馆 1959 年版，第 380 页。

清政府拥有不同形式的治外法权。清政府还派遣马建忠、袁世凯等人赴朝，以控制朝鲜的内政外交，并在朝驻军6000余人。清政府的这些行动不但未能巩固中朝传统关系，反而激发了朝鲜人民的强烈民族意识，客观上造成了中朝关系的紧张，为日本的侵略活动提供了方便。

日本针对清政府对朝的干涉活动，立即调整策略，采取怀柔的政策。"壬午兵变"后朝鲜按约向日本赔款50万元，然而日本为了拉拢朝鲜，便将其中的40万元退还给朝鲜以作为其"内政"改革之用，并趁机在朝发展亲日派势力。于是，日本在朝鲜的侵略势力及其影响得到进一步扩大。

1884年日本驻朝公使竹添进一郎策划发动了"甲申政变"。袁世凯领兵控制了政局，日公使自焚使馆，落荒而逃。

此时，日本的军事力量还不足以支持其对中国发动战争，于是它采取"和平"谈判方式，企图从清政府手中夺取侵略权益。1885年日本任命伊藤博文为特派全权大使，赴华与李鸿章在天津举行谈判。而清政府却在"羁縻"方针指导下，确定此时对日交涉的"第一要义为剖析中倭误会打架，以释疑端"[1]，李鸿章正是在这种思想指导下，在谈判中妥协、退让，迁就日方的无理要求。

天津会谈伊始，伊藤博文看到清政府在朝鲜的强大军事力量不利于日本的侵朝活动，想方设法诱使清政府从朝鲜撤兵，便提出了为避免中日失和，不如中国先撤兵的建议。然而李鸿章在谈判过程中不据理力争，斥责日本的侵略行径，反而以日兵尚留朝作为理由，这为伊藤进一步讨价还价提供了机会。李鸿章对伊藤提出的种种无理要求，不但没有驳回，而且还向清政府提议"撤军一层尚可酌量允许"，"至议处统将、偿恤难民二节，一非情理，一无证据"，"本可置之不理"，但考虑到日本"国旗既辱，军威亦损"，如不定出办法，伊藤"既无以复命，更无以息众忿"[2]，因此二者应"酌允其一，俾得转场，而固和局"[3]。李鸿章还认为"总须两边迁就，方可说合"，并

---

① 故宫博物院：《清光绪朝中日交涉史料》卷五，1932年版，第4页。
② 中国史学会编：《中日战争》第一册，新知识出版社1956年版，第527—528页。
③ 中国史学会编：《中日战争》第一册，新知识出版社1956年版，第523页。

担心"再商不成，决裂径去，无可转圜"①。这样，中日双方最后签订了《天津条约》。

《天津条约》规定，两国应于四个月内将各自的军队撤出朝鲜，今后任何一国如果派兵前往朝鲜，应先行文知照对方。此约的签订使朝鲜成为中日共同的保护国，取消了中国作为唯一宗主国的权利，并且确认了日本拥有向朝鲜派兵的特权。这是清政府外交的重大失败，给中朝两国带来极大危害，也使日本的侵略野心得以急剧膨胀。日本外相陆奥宗光认为该约是"表示两国在朝权力均等的唯一的书面文……对于中国可谓是一大打击，多年来中国所主张的属国论的正当性无疑也就大为降低了"②。罗惇曧在评述此约时说："当时鸿章左右，皆不习国际法学，有此巨谬，成公同保护之条约，……以至于甲午遂启大争，成中国之巨祸，皆此约成之也。"③尽管如此，李鸿章并不认为这是外交上的失败，反而认为中国从朝鲜撤兵可"永息争端"，他在奏报签约经过时云，"今既有先知互照之约，若将来日本用兵，我得随时为备，即西国侵夺朝鲜土地，我亦可会商派兵，互相援助，此皆无碍中国字小之体而有益于朝鲜大局者也"④。真可谓荒谬透顶。

1894年，朝鲜爆发了大规模的东学党起义，政府统治岌岌可危。清政府应朝鲜政府的请求，派兵赴朝镇压起义。

清政府在出兵朝鲜时令驻日公使汪凤藻通知日本外务省，"派兵援助乃我朝保护属邦旧例"⑤。日本外务省回复汪凤藻："贵简中有'保护属邦'一语，因帝国政府未曾以朝鲜国为贵国之属邦而加以承认，故明确答复之。"⑥这为其日后出兵埋下伏笔。日本一方面动员人马，另一方面急令驻华临时代理公使小村寿太郎照会总理衙门，"因朝鲜国现有变乱重大事件，

---

①　中国史学会编：《中日战争》第一册，新知识出版社1956年版，第530页。

②　陆奥宗光：《蹇蹇录》，上海人民出版社2015年版，第11页。

③　胡寄尘编：《清季野史》，岳麓书社1985年版，第12页。

④　顾文龙、戴逸主编：《李鸿章全集》奏议十一，安徽教育出版社2008年版，第60页。

⑤　戚其章主编：《中日战争》第9册，中华书局1994年版，第197页。

⑥　戚其章主编：《中日战争》第9册，中华书局1994年版，第197页。

我国派兵为要"①，遂以保护使馆和侨民为借口出兵朝鲜。 清政府获讯后立即照会日本，"应朝鲜之请，本国所派遣之兵员乃援保护属邦之先例，其目的仅为诛戮内地之贼，事件平定后立即撤回"②。 清政府此时仍以空洞乏力、名存实亡的属邦论来抵御日本咄咄逼人的侵略活动，这无异于与虎谋皮，根本收不到任何效果。 而日本政府对清政府的"非朝鲜所请，断不可进入朝鲜内地"的劝告置若罔闻③，派出军队开进汉城，与清军直接对峙。 双方似有一触即发之势。

朝鲜东学党起义被平定后，清政府照会日本，建议双方"先撤兵，后议和"，而日本却狰狞毕露，不断向朝增兵，逼迫清政府接受"先议和，后撤兵"的方案。 在双方剑拔弩张的危急形势下，清政府内部一些人开始动摇，也主张附和日本提出的"先议和后撤兵"的方案。 汪凤藻自东京来电，"建议为大局计，不惜迁就"。 袁世凯也来电云："日本欲寻衅，何患无隙，为避免衅自我开，我先撤也无损。"④这一切促使清政府改变原定的外交方针，从力争双方共同撤军转为中国先撤军。 这个转变使清政府在外交活动中失去了主动权，而日本政府却掌握了外交主动权，并以此步步紧逼，向清政府提出更多、更高的无理要求。

这时中日两国的军队仍处在对峙状态，中日双方互有猜疑，隔阂很深，这就使通过谈判来撤军的可能性化为泡影。 然而日本此时还没有找到表面上适当的借口，不能贸然对中国军队发起进攻，于是日本在清政府同意先撤军的方案之后，又进一步提出改革朝鲜内政的主张，直接插手干涉朝鲜内政。这样，中日双方胶着的局面被打破，形势也随之陡然发生变化。

日本要求平定内乱后，中日两国向朝鲜派遣常设委员若干名，"以促进朝鲜的内政改革"⑤。 清政府提议等中日两国撤兵之后方可改革，然而日本政府强调"倘若不从源头上对弊政做彻底的改革，绝对难以求得将来永远的

① 戚其章主编:《中日战争》第 9 册,中华书局 1994 年版,第 201 页。
② 戚其章主编:《中日战争》第 9 册,中华书局 1994 年版,第 2056 页。
③ 戚其章主编:《中日战争》第 9 册,中华书局 1994 年版,第 206 页。
④ 戚其章主编:《中日战争》第二册,中华书局 1989 年版,第 587 页。
⑤ 陆奥宗光:《蹇蹇录》,上海人民出版社 2015 年版,第 21 页。

安宁""在我国政府获得彻底的安心之前,不管发生怎样的事情,都不能从朝鲜撤出目前驻扎的军队"①,企图借此长期侵占朝鲜。 清政府照会日本,认为"止可由朝鲜自行厘革,中国尚不干涉内政,日本素认朝鲜自主,尤无干预内政之权"②。 日本此时急于吞并朝鲜,对清政府不惜以武力相胁迫,便开动战争机器,准备发动战争。

清政府在硝烟弥漫之际,不在军事上做充分准备,反而一味依赖外国调停,先是期望"以俄制日",后又想"联英制日",还希望美法等列强出面调停。 这种"为了解救自己的燃眉之急,不惜采用一女二嫁的拙劣手段"③,加速了战争的爆发,贻误了战争时机。 因而在甲午战争爆发后,中国军队仓促应战,被动挨打,结果溃师千里,遂酿成中华民族的悲剧。

清政府在朝鲜问题上的外交失败,助长了日本的侵略气焰,壮大了日本的侵略野心,加快了日本的侵略步伐,导致了战争的爆发,也酿成了中国失败的惨剧,从而给中华民族带来深重的历史灾难。 甲午前清政府在朝鲜问题上的外交失败是其腐朽、无能的表现。

5.2 殖民统治初期台湾士人的政治认同与行为抉择

康熙年间清政府统一台湾后,推广儒家文化,施行科举教育。 据不完全统计,清代台湾共出现 33 名进士、305 名举人以及数以万计的生员。④ 这些人是台湾士人群体的主要组成部分,在维系社会稳定、实施道德教化等方面发挥了积极作用。 甲午之战,清政府败于日本,被迫签订《马关条约》,台湾沦为日本殖民地。 在家国巨变之时,台湾士人群体出现了严重分化,或武

---

① 陆奥宗光:《蹇蹇录》,上海人民出版社 2015 年版,第 23 页。
② 王芸生编著:《六十年来中国与日本》第 2 卷,生活·读书·新知三联书店 2005 年版,第 37 页。
③ 陆奥宗光:《蹇蹇录》,上海人民出版社 2015 年版,第 50 页。
④ 毛晓阳:《清代台湾进士增补考》,《台湾研究》2005 年第 3 期;《清代台湾进士名录考订》,《集美大学学报》2011 年第 2 期。

装抵抗，或内渡大陆，或消极退隐，或投靠日本。①

5.2.1 甲午战时中国台湾士人之表现

甲午战败，清政府派遣李鸿章赴日和谈。日本逼迫清政府割让台湾，消息传来，举国哗然。翰林院侍读学士冯文蔚直言："台湾虽孤悬海外，实为南洋七省关键。……倘一旦拱手让人，不特国体有伤，抑且人心将贰。"②吏部给事中褚成博指出："台湾一岛，实腹地数省之屏蔽。……若置之度外，不予保全，窃恐四海生灵，从此解体！"③这一切皆指陈台湾之重要及弃台之后果。

当时在京担任官职的台湾进士叶题雁（户部主事）、李清琦（翰林院庶吉士）及在京参加会试的台湾举人汪春源、罗秀惠、黄宗鼎等闻讯立即上奏，直陈"弃地畀仇、人心瓦解，泣吁效死、以固大局"。他们在奏折中云："今者闻朝廷割弃台地以与倭人，数千百万生灵皆北向恸哭，闾巷妇孺莫不欲食倭人之肉，各怀一不共戴天之仇；谁肯甘心降敌！……与其生为降虏，不如死为义民。或又谓徙民内地，尚可生全。然祖宗坟墓，岂忍舍之而去！田园庐舍，谁能挈之而奔！纵使子身内渡，而数千里户口又将何地以处之？此台民所以万死不愿一生者也。"④在台进士丘逢甲、陈浚英等也联名上书反对割台之议。他们在上书中诉说道："臣等桑梓之地，义与存亡；愿与抚臣誓死守御。设战而不胜，请俟臣等死后，再言割地。"⑤

1895 年 4 月 17 日，李鸿章代表清政府签署《马关条约》，台湾民众获悉后，"若午夜暴闻惊雷，惊骇无人色，奔走相告，夜以继日，哭声达于四野，风云变色，若无天地"⑥。5 月 28 日，李经方代表清政府与日本代表桦山资

---

① 吴文星的《日治时期台湾的社会领导阶层》（五南图书出版公司 2009 年版）和李毓兰的《世变与时变——日治时期台湾传统文人的肆应》（台湾师范大学历史学系专刊，2010 年）对殖民统治初期台湾士人的应对举措做了简要描述与初步分析。

② 《清光绪朝中日交涉史料选辑》，《台湾文献丛刊》第二一〇种，第 203 页。

③ 《清光绪朝中日交涉史料选辑》，《台湾文献丛刊》第二一〇种，第 175—176 页。

④ 《清光绪朝中日交涉史料选辑》，《台湾文献丛刊》第二一〇种，第 231—232 页。

⑤ 王彦威：《清季外交史料选辑》，《台湾文献丛刊》第一九八种，第 255 页。

⑥ 转引陈孔立：《简明台湾史》，九州图书出版社 1998 年版，第 149 页。

纪在基隆口外日本军舰上办理台湾交接事宜。 这样，台湾正式沦为日本殖民地。

台湾沦陷后，士人群体中的不少人坚守民族大义，誓死不从，投身抗日。在日军登陆台湾之前，进士丘逢甲等提出建立"台湾民主国"，在各地设立议院、成立筹防局。 各地议院议员多由士人群体构成，如台北议院议员有贡生陈云林、廪生洪文光等人；台南议院议员中有贡生徐元焯、廪生谢鹏翀、监生陈凤昌、生员林馨山等，举人许献琛出任议长。 各地筹防工作中，举人、进士出身者比比皆是，如台中有进士陈登元、举人潘成清等；彰化有举人施仁恩、施菼等；台南有进士许南英、举人林际春等。[①] 在日军登陆台湾之后，各地士人纷纷投入抵抗活动。 如进士施士洁在日军侵台时与同仁们"枕戈泣血，连结豪帅，敌忾同仇"[②]。 又如日军进犯新竹时，举人谢维岳与生员姜绍祖、吴汤兴、徐骧等组建义勇队，"与日军接仗，互有杀伤"[③]。 徐骧高呼"此地不守，台湾亡矣，吾不愿生还中国也"[④]。 吴汤兴则"书生盛气，誓死为国"[⑤]。

然而，也有一些士人主动投靠日军。 如日军侵犯台湾时，廪生庄士哲"率先表诚于营门，征饷募丁，颇尽力"[⑥]。 监生苏尔"率先表诚，奔走马前，严缉人心，维持地方"[⑦]。 廪生黄肇儒设案焚香，出迎日军。[⑧] 童生吕汝玉"征募粮饷，招募役丁，便运搬，办赁贷，或向导，或慰抚，奔走周旋最力"[⑨]。 日军进攻台湾，"台北、宜兰、新竹绅士如杨士芳、李望洋辈望风送款"，被洪弃生痛骂"诚狗彘之不若"[⑩]。 日军进犯宜兰时，举人李望洋

---

① 转引吴文星：《日治时期台湾的社会领导阶层》，（台湾）五南图书出版公司2009年版，第13页。

② 许南英：《窥园留草》，《台湾文献丛刊》第一四七种，第3页。

③ 罗惇曧等：《割台三记》，《台湾文献丛刊》第五七种，第46页。

④ 洪弃生：《寄鹤斋选集》，《台湾文献丛刊》第三〇四种，第18页。

⑤ 洪弃生：《瀛海偕亡记》，《台湾文献丛刊》第五九种，第11页。

⑥ 鹰取田一郎：《台湾列绅传》，（台湾）华夏书坊2009年版，第204页。

⑦ 鹰取田一郎：《台湾列绅传》，（台湾）华夏书坊2009年版，第29页。

⑧ 鹰取田一郎：《台湾列绅传》，（台湾）华夏书坊2009年版，第114页。

⑨ 鹰取田一郎：《台湾列绅传》，（台湾）华夏书坊2009年版，第200页。

⑩ 洪弃生：《寄鹤斋选集》，《台湾文献丛刊》第三〇四种，第218—219页。

"约各铺户日日候迎日军。……当全台未有剪发时，首先剪发变服，躬迎日军"[1]。洪弃生感叹道："台湾黠者、识事务者多已归心日本，鄙故国。"[2]

5.2.2 沦陷时期中国台湾士人之去向

日本占领台湾后，"占民居、掠民财、淫民妇、戕民命、辱民望"，"妄囚民、妄刑民、妄杀民，囚则极虐、刑则极酷、杀又极冤；孔庙儒林受残毁，书生秀士遭苦辱"[3]。因此，民众纷纷逃离台湾，返回大陆。史载"民之移家者，担簦蹑属，扶老携幼，累重载舟，纷纷蔽海而浮，妓女勾妇，亦有去者"[4]。截至1896年12月，以农、工为业者返回大陆者微乎其微，富商大贾返回大陆者不过十之一二，而贵族士绅返回大陆者高达五成。[5] 其中士人内渡者络绎不绝，进士陈登元、丘逢甲、蔡德芳、许南英、萧逢元等皆返回大陆。如台南进士施士洁一行共计10人，搭"爹利士"轮船回到大陆。[6] 台北生员黄喜彩不愿受异族凌辱，搭舟返回泉州。[7] 1896年12月，台北地区仅剩1名举人、8名贡生；次年1月，台南地区只余2名举人、13名贡生。[8] 当时生员陈洛将士绅内渡之因概括如下：第一，绅士曾身任官职，久受清政府恩宠，值此鼎革，不忘旧恩，应当回去。第二，上层绅士因进士出身而官尊职贵，既蒙清帝隆恩，理应回归。第三，清时举人、进士出身者可补知县以上之官，而秀才有希望成为举人、进士，因此有志于宦途者大多返回。第四，旧例绅士不得出任原籍地官吏，其获清政府任用及各官延聘者，均系幕

---

① 洪弃生：《瀛海偕亡记》，《台湾文献丛刊》第五九种，第22页。
② 洪弃生：《瀛海偕亡记》，《台湾文献丛刊》第五九种，第42页。
③ 洪弃生：《寄鹤斋选集》，《台湾文献丛刊》第三〇四种，第65页。
④ 洪弃生：《瀛海偕亡记》卷下，《台湾文献丛刊》第五九种，第5页
⑤ 转引李毓岚：《世变与时变——日治时期台湾传统文人的因应》，台湾师范大学历史系专刊，2010年，第56页。
⑥ 参见台湾道陈文騄发给施士洁内渡公文，转引孟建煌：《施士洁评传》，福建师范大学博士论文2009年，第92页。
⑦ 台北市文献委员会：《台北市志》卷九"人物志"，台北市文献委员会1980年版，第55页。
⑧ 转引吴文星：《日治时期台湾的社会领导阶层》，（台湾）五南图书出版公司2009年版，第24页。

僚宾朋，颇受礼遇，故此等人家大多内迁。 第五，台地绅士在大陆祖籍有建业住家，父母坟墓亦在大陆祖籍，此等人家亦大多返回。 第六，沦陷后，全岛将永无高等汉文学塾，掌教士绅大多返归。 第七，书院长久关闭，致贫儒无所仰庇。 第八，清时，绅士世家每广厦高堂，侍从奴婢甚多，其家法内外严肃，与官衙无异，但沦陷后，警察宪兵任意穿堂入室，致使妇女惊惶，因此而避归者不少。 第九，清时绅士、绅商具乡望者，均系刚正侃直之人，乡里奸诈者及下流之辈每受绅士之斥责而颇受压抑；沦陷后，奸诈及下流之辈应聘投入基层衙门者为数甚多，每思嫁祸绅士、绅商，以泄宿怨，因而此等绅士返归者甚多。① 也有学人指出："台湾士绅的内渡，除了民族大义、国家气节等精神因素外，与台湾乡绅制度在日本殖民者的统治下遭肆意破坏有着直接的关系。 ……新的殖民制度从根本上断绝了乡绅的仕进之途和政治前景，使大批从事科举的乡绅顿时成为无用的'栋才'；又从警察制度上限制了乡绅的自由和宗族权利，使士人颜面扫地；再从经济层面剥削乡绅的所得，造成田亩收入的减少。"②

根据《马关条约》规定："限二年之内，日本准中国让与地方人民愿迁居让与地方之外者，任便变卖所有产业，退去界外；但限满之后尚未迁徙者，酌宜视为日本臣民。"1895 年 11 月 19 日，日本颁布《台湾及澎湖列岛住民退去条款》，要求"台湾及澎湖列岛之住民，欲迁离台澎者，不论世居住民或暂时寄居之住民，……于明治卅年五月八日之前，向台湾总督府之地方官厅申报，……若在两年犹豫期限终止时仍未退去者，自动成为日本国民"③。 于是，不少台湾人赶在划定国籍日之前返回内地。 据统计，台北地区内渡者1574 人，台中地区内渡者 301 人，台南地区内渡者 4500 余人，全台内渡者6400 余人。④ 1897 年 5 月 8 日为台湾殖民政府划定国籍之日，台湾民众"以

---

① 转引吴文星：《日治时期台湾的社会领导阶层》，（台湾）五南图书出版公司 2009 年版，第 24—25 页。

② 转引郭权：《台湾内渡士绅施士洁研究》，福建师范大学博士论文，2013 年，第 87 页。

③ 转引孟建煌：《施士洁评传》，福建师范大学博士论文，2009 年，第 91 页。

④ 转引吴文星：《日治时期台湾的社会领导阶层》，（台湾）五南图书出版公司 2009 年版，第 27 页。

限期太促,迫得昼夜难安,义民之自尽者约数百人"①。 一些士人也加入内渡者行列,如台北大稻埕廪生陈廷枢、陈植棋,生员何世琨、陈祚年、陈作淦等便在定籍之前返回内地。 1897年春,台地士人向泉州府呈报者达160余人。② 士绅半数返归大陆,"乃因欲继续追求科举制度下的功名及官职,若留在台湾,则唯有降为平民;而以教授汉文为业的师儒,唯恐台岛将永无汉文学塾,日后生计将发生困难,亦选择回归。 此外,许多士绅除在台有田园房舍外,在中国大陆的祖籍亦有事业住家"③。

为了安置这些内迁台湾士子,1896年闽浙总督边宝泉在奏折中提出:"内渡诸生,如内地有籍可归者,准其各归原籍,……收入原籍州县学,一体考等食廪;如无原籍可归者,……亦准附入寄籍州县学,一体送考。 ……至居台粤籍诸生,除已归原籍由粤省办理外,倘有无力回粤,愿入闽寄籍,亦请援照闽籍准入寄籍收考之案,……准其附入闽省寄籍州县学考试。"④1898年台中蔡敏村考入晋江县学,台北何学诗、台南罗启圻和韩拜飏考进龙溪县学。⑤ 1901年,台北庄廷灿"赴漳州府试,又举贡生"⑥,施静在晋江县科举考试中名列榜首,次年施务又在晋江县科举考试中荣登榜首。 1903年,泉州举行科举考试,22名府学优等生中有来自台北的庄庆云,25名县学优等生中有来自台中的丁宝光和施天源。⑦ 福建乡试,"台湾闽籍中额,原有至字号定额三名,后加捐输永远三名,合共中额六名,其田字号中额一名,粤归粤籍考试,向不与闽籍士子统同取中"。 此时,闽浙总督边宝泉"请将台湾内渡诸生乡试,特另编字号,每百名取中一名,自应分别闽籍粤籍办理",礼部议准"嗣后该省乡试,应由监临查明闽籍实在人数,另编至字号,每百名取中

① 《台湾近闻》,《利济学堂报》1897年第12期。

② 转引吴文星:《日治时期台湾的社会领导阶层》,(台湾)五南图书出版公司2009年版,第30页。

③ 李毓岚:《世变与时变——日治时期台湾传统文人的肆应》,台湾师范大学历史系专刊,2010年,第56页。

④ 《礼部议复台湾寄籍内地考试折》,《集成报》1897年第11期。

⑤ 《香芹分藻》,《台湾日日新报》1898年8月30日。

⑥ 鹰取田一郎:《台湾列绅传》,(台湾)华夏书坊2009年版,第61页。

⑦ 许雪姬:《台湾末代举人高选锋》,《台湾文献》直字第一百期。

一名，零数过半，准加中一名，至多不过六名，将来人数不及百名，即毋庸另编，散入大号取中。 其粤籍士子，查明入场人数，实在百名以上，仍另编田字号，照取中一名；如人数不过百名，亦即毋庸另编，散入大号取中"①。此举"系为因时制宜，体恤流离起见"②。 据不完全统计，1897 年台湾士子 140 人参加福建乡试，中举人数不详；1902 年台湾士子 40 人参加福建乡试，来自台北的高选锋、嘉义的黄凤祥、安平的王仁堪分别考中举人。③

滞留台地士子仍对科举考试念念不忘。 1897 年 8 月 8 日林朝崧内渡泉州，恰逢次日福州乡试，乃作诗表达错过乡试的无奈之情。 其在《八月八日在舟中作》云："桂落三山开锁院，群雄此日校文战；邹郭同分市骏金，由基独试吟猿箭。 有人抱璞涉风波，云是当日旧卞和。 怅望玉门难自献，回思刖足一高歌。"④他以楚人卞和自喻，身怀璞玉，却报效无门。 少数士人甚至不惜一切、冒险偷渡赶赴科举考试。 如 1897 年丁酉科福建乡试，新竹士人郑毓臣渡海前往应试，途中被日人拦截而未能成行。 他满怀悲愤赋诗道："踏遍黄槐迹已陈，磨穿铁砚暗伤神。 功名有份三生定，世事如棋一盘新。 五度秋风曾若我，三分明月正怀人。 瀛东多少观光客，挂籍留名话夙因。"⑤ 1903 年癸卯科福建乡试，郑毓臣和堂弟郑养斋再次冒险渡海前往应试，施士洁赋诗记其事云："两世论交重纪群，翩翩公子况能文。 榜头成败君休较，醉睨儿曹灞上军。"⑥而另一位秀才丁锡勋（进士丁寿泉后人）也冒险渡海赴试，因被日人发现而驱赶回台。 洪弃生作诗《赋赠丁茂才锡勋从内兄》，云"君今踪迹又一年，去帆阻滞蛟螭涎；他日未署青山券，此间先买阳羡田"，并注"君今年欲返泉州应省试，被日本验舟驱回，遂营置田亩"⑦。 日人泽

---

① 《礼部议复台湾寄籍内地考试折》，《集成报》1897 年第 11 期。
② 《礼部议复台湾寄籍内地考试折》，《集成报》1897 年第 11 期。
③ 许雪姬：《台湾末代举人高选锋》，《台北文献》直字第 100 期。
④ 林朝崧：《无闷草堂诗存》，《台湾文献丛刊》第七二种，第 18 页。
⑤ 转引汪毅夫：《闽台历史社会与民俗文化》，鹭江出版社 2000 年，第 7 页。
⑥ 施士洁：《后苏龛合集·诗钞卷六》，《台湾文献丛刊》第 215 种，第 125 页。
⑦ 洪弃生：《寄鹤斋选集》，《台湾文献丛刊》第三〇四种，第 286 页。

村繁太郎也观察到当时"返回清国希望通过接受科举考试走上仕途者增加"①。 1903 年癸卯福建恩科乡试,新竹士人苏祖泉上书台湾总督儿玉源太郎,希望殖民当局"无生畛域之见",让台湾士子参加福建乡试,一方面可以展示台湾人才"匪徒寻章摘句、揣摩虚腔而已",另一方面"士子各借科举进身"以"维持东亚太平之局"②。

其实,这些人士并非在政治上归顺清政府或在文化上认同中华,而是基于科举考试的惯性和光宗耀祖的渴求。 他们甚至"一身两用",平日在台经营产业,考试前内渡赶考。 《台湾新报》曾刊文予以嘲讽:"有志功名,固未可厚非,然天下间名利恐无此便宜也。"③

5.2.3 殖民时期中国台湾士人之抉择

不少台地士人内渡大陆后,因谋生困难,思乡心切,迨局势稍定后便返回台湾。 如乙未割台,雾峰林献堂奉祖母之命,率全家 40 余口,内迁泉州晋江,因所携钱财有限,生活艰难,遂带家人返回台湾。 学者认为:"除生计之外,为保全家族在台的庞大财产,是林氏家族不得不返台的原因。"④新港秀才林维朝内渡后,"食指繁多力莫支""家破财空似范贫",考虑到家中祖产和坟墓无人照顾,终于在光绪二十二年(1896)八月回台。⑤ 鹿港秀才丁锡勋内渡后因思乡返台,洪弃生为此赋诗道:"老成凋谢危乱来,全家航海辞蓬岛。 楼台亭阁烽火中,丁令重归颜欲老;中原山水已沉沉,故里风烟殊草草。"⑥彰化生员施梅樵客居晋江,"祖母双鬓,自鹿港寄书促归,……不敢

---

① 泽村繁太郎:《对岸事情》,转引许维勤:《闽台行政建置关系》,福建人民出版社 2008 年,第 253 页。

② 《台湾士人赴福建乡试》,《台湾时报》1903 年 9 月 20 日。

③ 转引吴文星:《日治时期台湾的社会领导阶层》,(台湾)五南图书出版公司 2009 年版,第 28 页。

④ 黄富三:《林献堂传》,"国史馆"台湾文献馆 2004 年版,第 58 页。

⑤ 李毓兰:《世变与时变——日治时期台湾传统文人的肆应》,台湾师范大学历史学系专刊,2011 年,第 58 页。

⑥ 洪弃生:《寄鹤斋选集》,《台湾文献丛刊》第三〇四种,第 286 页。

滞留，遂片帆东渡"①。 后因"台湾全岛颁大赦令，不少内渡唐山者动返台之念头，可是不知如何办理归台手续，或因受种种谣传影响，而犹豫不决"，《台湾新报》建议殖民当局在定籍之后"仍宜采宽大政策，不没收其个人产业"②。 这又在一定程度上吸引了不少士人返回台湾。 举人庄士勋内渡泉州避乱后再回鹿港，赖数十顷之田园维持生计。③ 举人蔡国琳避居厦门后因不舍家产返回台南，申请加入日本籍并出任台南参事等职。④ 进士许南英嘲讽其"半生书癖兼钱癖，末路清人又日人"⑤。

部分滞留台地士人则消极退隐，"或垂帷收徒，或悬壶维生，或寄情诗酒"⑥。 如台北生员陈宝田"闭户勤习书法、绘画"，生员赵文徽设帐授徒，生员黄福元悬壶为业。⑦ 宜兰生员林拱辰"专攻医术，问疾于远近"，生员庄及锋"垂帐授徒，从学者如云"⑧。 鹿港生员洪弃生"不为威屈、不为利诱，以遗民终其生"⑨。 新竹生员王松"杜门避客，号'沧海遗民'"，"青鞋布袜，蔬食啸歌"⑩。 新竹增生郑如兰"闲居于北郭园，优游自适"⑪。 新竹贡生郑如磻"闭户读书，不干世事"⑫。 嘉义贡生赖世观"闲居养志，寄傲南窗"⑬。 鹿港举人庄士勋则"晓窗读书"，不问世事。⑭ 台

---

① 施梅樵：《捲涛阁诗草》，(台湾)龙文出版社 2001 年版，第 7 页。

② 《社说：去就如何》，《台湾新报》1897 年 2 月 16 日第 2 版。

③ 鹿港镇志纂修委员会：《鹿港镇志》(人物篇)，鹿港镇公所 2000 年版，第 76 页。

④ 转引汪毅夫：《台湾近代文学丛稿》，海峡文艺出版社 1990 年版，第 27 页。

⑤ 许南英：《窥园留草》，《台湾文献丛刊》第一四七种，第 87 页。

⑥ 转引吴文星：《日治时期台湾的社会领导阶层》，(台湾)五南图书出版公司 2009 年版，第 24 页。

⑦ 转引吴文星：《日治时期台湾的社会领导阶层》，(台湾)五南图书出版公司 2009 年版，第 31 页。

⑧ 鹰取田一郎：《台湾列绅传》，(台湾)华夏书坊 2009 年版，第 79—80 页。

⑨ 洪弃生：《瀛海偕亡记》牟言，《台湾文献丛刊》第五九种，第 1 页。

⑩ 王松：《沧海遗民剩稿》，《台湾文献丛刊》第五十种，第 63、64 页。

⑪ 鹰取田一郎：《台湾列绅传》，(台湾)华夏书坊 2009 年版，第 126 页。

⑫ 鹰取田一郎：《台湾列绅传》，(台湾)华夏书坊 2009 年版，第 174 页。

⑬ 鹰取田一郎：《台湾列绅传》，(台湾)华夏书坊 2009 年版，第 233 页。

⑭ 鹰取田一郎：《台湾列绅传》，(台湾)华夏书坊 2009 年版，第 207 页。

南举人王蓝石退为训蒙之师，不问政事。[1] 彰化秀才林朝崧回台后，曾赋诗吐露心声："男儿当画凌烟阁，横草功成比褒鄂；不然携家游五湖，万金坐致同陶朱。 奈何一鸣复不跃，行歌长作山泽癯。"[2]其既不能"画凌烟阁"，又不能"坐致万金"而山泽长歌，实属无奈。

台湾沦陷后，尽管许多人返回大陆，但滞留当地者仍为数不少。[3] "持有旧政府时代之学位——举人、贡生、秀才等等者，全岛尚存不少。 渠辈费多年努力而获得之学位，在'新生'台湾等于一片废纸而成无何价值，故其不平不满实有难于掩蔽者。"[4]为了笼络士子人心，消弭民众斗志，1896 年殖民当局颁布《台湾绅章条规》，授予具有科举功名、学问、资产或名望之人绅章，"以优遇前朝旧学士，且劝化笃俗也"[5]。 次年，殖民当局授予 336 人绅章，其中台北地区有 71 人获得绅章。[6] 如贡生赖成筹在日军入侵台北时，出力不少，被授予绅章。[7] 1900 年，台湾总督儿玉源太郎举行扬文会，欲"以文会友"，"借以敦世风、励绩学""搜罗台疆俊杰之士，聿赞国家文明之化"，并出题 3 道，即"修保庙宇议""旌表节孝议"和"救济赈恤议"，要求赴会者"各尽所蕴蓄，临会投文，俾得有奇共赏"[8]。 3 月 15 日，扬文会在大稻埕的淡水馆（原登瀛书院）举行，台湾各地具有进士、举人、贡生、廪生等科举功名者 72 人出席。 总督儿玉源太郎在会上致辞："夫'扬文会'者，搜罗文人学士毕集一堂，施优待文士之典隆，敦风厉学之仪，希冀各展所长，抑又望共赞文明之化也。"[9]儿玉源太郎此举意在笼络传统士人，消解敌

---

① 鹰取田一郎：《台湾列绅传》，（台湾）华夏书坊 2009 年版，第 293 页。

② 林朝崧：《无闷草堂诗存》，《台湾文献丛刊》第七二种，第 116 页。

③ 戚嘉林在《台湾史》中指出，1895 年日本占领台湾时，全台约有 2500 名秀才和 120 名举人。

④ 转引许俊雅：《台湾写实诗作之抗日精神：一八九五——一九四五年之古典诗歌》，台北市编译馆 1997 年版，第 23 页。

⑤ 鹰取田一郎：《台湾列绅传》，（台湾）华夏书坊 2009 年版，第 93 页。

⑥ 转引吴文星：《日治时期台湾的社会领导阶层》，（台湾）五南图书出版公司 2009 年版，第 34 页。

⑦ 鹰取田一郎：《台湾列绅传》，（台湾）华夏书坊 2009 年版，第 26 页。

⑧ 吴德功等：《观光日记》，《台湾文献丛刊》第八九种，第 19 页。

⑨ 黄哲勇、吴福助主编：《全台文》第三十册，（台湾）文昕阁出版社 2007 年版，第 2 页。

对情绪、维护殖民统治。 民政长官后藤新平发表演说，强调扬文会"即在发扬大人之学，大人之学者，即大学之道"，并指出"所谓扬文者，并非徒事虚文，乃发扬俗儒记诵词章之习"，旨在"普及日新之学，文明之德，期与其民之福利，欲解世人眩惑新古之教育不一，使悟其道为一理"①，望诸位"归去当教迪后进，庶无负督宪表扬文之意"②。 举人蔡国琳、李望洋、庄士勋等代表各地士人在会上答词致谢。 蔡国琳称"生乎今世，拔乎流俗，雍容揄扬，和声鸣国家之盛"③。 李望洋道："会设'扬文'，士集台北，无非欲搜桢干之才，以佐文明之治。"④庄士勋云"扬文科肃远墟，宏开胜会，化顽民以多士"⑤。 当晚，彰化贡生吴德功赋诗云："文王歌棫朴，鲁侯咏藻芹。学术加演说，开道心孔殷。"回乡又作诗云："大道千钧挽，吾儒一线存。作人歌棫朴，士贵国弥尊。"⑥这些话语既有奉承巴结之意，又有赓续道统之心。

随着日本在台殖民统治的巩固，部分士人投入殖民统治者的怀抱。 如台北贡生林望周出任大稻埕区长⑦；嘉义童生方展玉就职民政局⑧；宜兰秀才苏璧联从国语学校甲科毕业，任宜兰法院通译⑨。 为了进一步巩固殖民统治，台湾总督府在各地设立"国语传习所"，推行日语。 一些士人主动迎合殖民统治者的需要，纷纷进入"国语传习所"。 如宜兰生员林泽蔡"尤能因时处宜，早悉文明利器，率先学习'国语'（即日语）"⑩。 云林秀才黄服五"早悉文明利器，率先入于'国语传习所'"⑪。 更有士人寡廉鲜耻，如举人陈

---

① 黄哲勇、吴福助主编：《全台文》第三十册，（台湾）文昕阁出版社 2007 年版，第 476—477 页。

② 吴德功等：《观光日记》，《台湾文献丛刊》第八九种，第 25 页。

③ 黄哲勇、吴福助主编：《全台文》第三十册，（台湾）文昕阁出版社 2007 年版，第 6 页。

④ 黄哲勇、吴福助主编：《全台文》第三十册，（台湾）文昕阁出版社 2007 年版，第 7 页。

⑤ 黄哲勇、吴福助主编：《全台文》第三十册，（台湾）文昕阁出版社 2007 年版，第 5 页。

⑥ 吴德功等：《观光日记》，《台湾文献丛刊》第八九种，第 40 页。

⑦ 鹰取田一郎：《台湾列绅传》，（台湾）华夏书坊 2009 年版，第 13 页。

⑧ 鹰取田一郎：《台湾列绅传》，（台湾）华夏书坊 2009 年版，第 238 页。

⑨ 鹰取田一郎：《台湾列绅传》，（台湾）华夏书坊 2009 年版，第 66 页。

⑩ 鹰取田一郎：《台湾列绅传》，（台湾）华夏书坊 2009 年版，第 72 页。

⑪ 鹰取田一郎：《台湾列绅传》，（台湾）华夏书坊 2009 年版，第 264 页。

懋勋等 30 余人欲为台湾总督儿玉源太郎立寿碑。 据载，"儿玉曰：'予功德可颂何？'陈曰：'公来后，较吾等受清国暴政，不啻天壤'"①。

5.2.4　殖民时期中国台湾士人行为之探析

台地僻处东南，人口稀少，闽粤两地穷苦无依者遂纷纷涌入，作奸犯科者也趁机而入。 史载"内地闽、粤滨海各州郡，其游手无艺、不事耕桑者，辄相率就食于台。 或人家不帅教子以及沿海丑徒，一经破案，胥以台为逋逃薮"②。 这些人处于社会底层，生活之艰难与命运之多舛，使得他们更多顾及生存问题，无暇也无须关注道德伦理与民族气节问题。 在国难当头时，部分人不顾民族大义，只追求一己私利。 如以卖草席为生的苗栗人王加芳，在日军进入台北时，立马向日军效忠，并充当向导，引导日军进城，还在城里"乱打门户以征粮饷，疾呼市中以募役丁。 庙宇为仓廪，可以充兵舍。 废屋朽墙，折可为薪"③。 鹿港商人辜显荣在日军登陆基隆时，"手一伞走鸡笼，操官话告日军以省城倥偬状"④。 "日本上山兵五万，看见姓辜行头前，欢头喜面到台北，不管阮娘旧亲情。"殖民统治初期流行于台北艋舺的这首歌谣形象地刻画出辜显荣通敌卖国求荣的丑陋嘴脸。 这种见风使舵的风气也影响到了部分台湾士人。

台湾土地肥沃，气候温和，"以田育稻，以园植蔗"，"所出之米，一年丰收，足供四五年之用"⑤；"所产之糖，全台仰望资生，四方奔走，图息莫此为甚，故为贸易之大宗"⑥。 台地民众"始来非商贾则农耳，以士世其业者十不得一"⑦。 台湾人"大多数只注重经济利益，只追求财富的增加，本身的文化水平不高；而为数不多的士绅移民，在台湾大都从事经商或开垦土

① 《前中国举贡生监及绅商等上日本总督寿碑》，《湖北学生界》1903 年第 4 期。
② 周玺：《彰化县志》，台湾文献丛刊第一五六种，第 501 页。
③ 鹰取田一郎：《台湾列绅传》，(台湾)华夏书坊 2009 年版，第 167 页。
④ 洪弃生：《瀛海偕亡记》，《台湾文献丛刊》第五九种，第 4 页。
⑤ 连横：《台湾通史》，华东师范大学出版社 2006 年版，第 347 页。
⑥ 连横：《台湾通史》，华东师范大学出版社 2006 年版，第 345 页。
⑦ 周钟瑄：《诸罗县志》，《台湾文献丛刊》第一四一种，第 80 页。

地等经济活动而非文化教育活动"①。 这样，人们竞相追逐蝇头小利，而漠视道德伦理。 而台湾儒学发展时间短浅，不少地方直至台湾沦陷之前仍没有建立州县学，如恒春设县后未曾设立县学。 因此，其伦理规范与道德教化没有得到充分发挥。 这样，人们皆以利益为考量，模糊了价值判断与伦理审视。 台湾沦陷后，举人李望洋在宜兰亲迎日军为乡人所耻笑，自嘲"吾以老头皮易兰城生命也"。 他还写诗为自己的行为辩护："春秋绝笔获麟时，历代兴亡读史知；不士考亭持定论，贤奸忠佞到今疑。 ……河山血染千秋碧，翰墨香流百世芳。 凛凛冰霜谁得似？ 孤忠端不让天祥。"②他质疑顾亭林，自比文天祥，毫无是非之心、廉耻之念。 台湾沦陷后，进士黄玉阶则告诉人们"到此者天下形势也。 人力复以不可为何如？ 悲愤赴死以为殉节，慷慨就义以为报国，皆谬"，唯有"恭顺维谨，以称臣日本者，即是所以忠为忠，而复所以智为智"③。 民族气节之丧失驱使少数士人做出荒谬的抉择。

台湾沦为日本殖民地后，部分台湾人士把满汉之间的矛盾与中日之间的敌对关系混为一谈。 如嘉义人林玗认为清朝与日本战败，割让台湾，台人祖宗应"开愁眉于黄泉"，并提出不应抵抗日军，"宜表诚马前，以感谢雪辱解恨之恩"④。 这种错误的思想使得部分台湾士人以为支持日本就是反抗清政府，从而在民族大义与个人私利的抉择上出现偏差。 此外，一些大陆赴台人士的不恰当言论使得部分台湾士人与祖国逐渐疏远。 如1911年梁启超游历台湾，面对台湾士人控诉殖民之恶行，他在演讲中打比方道："假如父母有小孩，但没有养育其小孩的能力，就给与他人，此时小孩不心服，那是不对的。 对待养父母像对父母一样尽孝顺，应该是当然的。"⑤1912年福州乡绅施景琛赴台调查实业，在台南士绅欢迎宴会上发表演说，将殖民统治下的台湾民众比作寄养子女。 他说："鄙人与诸君本为同胞兄弟，嗣因吾父母逼于贫弱，无力支撑，不得已将兄弟托付于吾伯叔之手代谋抚育，吾父母之苦衷当

---

① 纪志霞：《清代台湾士绅阶层研究》，厦门大学硕士论文，2001年，第9页。

② 李望洋：《西行吟草》，龙文出版社1992年版，第153页。

③ 鹰取田一郎：《台湾列绅传》，(台湾)华夏书坊2009年版，第2页。

④ 鹰取田一郎：《台湾列绅传》，(台湾)华夏书坊2009年版，第240页。

⑤ 章开沅等：《辛亥革命史资料新编》第6册，湖北人民出版社2007年版，第239页。

为吾兄弟所共谅也。"①这种观点模糊了民族意识与国家认同，使得部分台湾
士人在情感上逐渐远离祖国，甚至认贼作父也不以为耻。

5.3 民国初年县知事考试

1905 年清政府下诏宣布废除科举制度，延续了上千年的科举制度终于退
出了历史的舞台。 这样，选官用人顿时失去标准，官员任选制度出现真空现
象。 萧功秦认为，旧有的各种制度往往是由于中国民族危机感的强大压力，
由于西方资本主义文明强大的示范作用的影响，而被人为地迅速取消的。 而
另一方面，新制度的有效运作需要一系列相应的条件的支撑，而在中国社会
内部，原先并不存在这样一些支持新制度的文化与社会条件，或者这些社会
条件的生长速度来不及达到对新制度进行支持的程度。 其结果就是会出现严
复所说的"旧者已亡，新者未立，伥伥无归"②的局面。 科举之废犹似有人
"毁其旧屋，露处野以待新厦之成也"，或似有人"于新衣未成立之前，弃其
旧服，兴无衣褐之叹也"③。 于是那些刚刚为废科举而欢呼雀跃的人士已认
识到这种后果的严重性，并转而钟情科举考试这种官员铨选模式。 这是因为
与以前的各种官员任选制度相比，科举考试作为"精英再生机制"在人类历
史上第一次抛开了血缘、门第、出身、家世等先赋性因素，而将无法世袭的学
问作为官员录用的标准。 这不但改变了官员的来源，更新了官员的结构，促
进了社会的流动，而且有利于澄清吏治，防止任人唯亲，确保了官员的优良
素质。 难怪余秋雨说："科举以诗赋文章作试题，并不是测试应试者的特殊
文学天才，而是测试他们的一般文学素养，测试的目的不是寻找诗人，而是
寻找官吏。 其意义首先不在文学史而在政治史。 中国居然有那么长时间以
文化素养来决定官吏，今天想来都不无温暖。"④这表明尽管科举制度已被

---

① 《台湾游记》，《台湾文献丛刊》第八九种，第 50 页。
② 萧功秦：《危机中的变革》，上海三联书店 1999 年版，第 223—224 页。
③ 《西儒李佳白论社新旧学界之法》，《申报》1905 年 11 月 20 日。
④ 余秋雨：《十万进士》，《收获》1994 年第 3、4 期。

废，但考试选才这种方式却没有也不可能被废止。

为了弥补废科举所造成的官员任选的真空现象，清政府在清末最后几年试图重新确立考试用人的铨选模式，曾多次举办留学生和新学堂学生考试，①按照考试成绩奖给功名并授予官职，借此把新人才与旧科举嫁接在一起，还计划颁布《文官考试制度》，后因政府的垮台而作罢。

中华民国成立后，孙中山认识到"任官授职，必赖贤能；尚公去私，厥惟考试"，主张效法西方文官考试制度，设立考试院，重开考试。由于袁世凯篡权，孙中山的主张来不及具体实施，但袁世凯的北洋政府却举行了4次县知事考试，为科举制度向文官制度的过渡做了有益的尝试。

1913年底北洋政府颁布了《知事考试条例》，规定由京中各部及各省选报考生，由内务部组织考试，考场设在众议院所在地。从当时报考的考生来看，大多为法政学堂毕业生及各部裁撤人员，也有一些现任知事，还有一些前清官员。次年2月，北洋政府举行首届知事考试，报考者大约2500人，先举行甄别考试，后举行正式考试，最后录取500余人，大多为前清官员。4月，北洋政府举行第二届知事考试，报名者超过5000人，考试人数大增，这是由于首届考试录取者多为前清官员，因而此次"前清官吏相率来应试"，但"现任各县知事不愿赴考，率皆恋栈畏考"，这样实际参加考试者只有1300余人。这次考试录取的结果仍然是前清官吏居大多数。9月，北洋政府举行第三届知事考试，1915年3月举行第四届知事考试。每届录取为知事的人分为甲乙丙三等，"丙等须交讲习所一年后再试"，"甲乙两等分班觐见后即交内务部存记"②，分发各省候用，但绝大多数未能如愿。1914年11月，700多名录取为知事者因未能分发各省候用而上书内务总长，指斥知事考试实为骗局。由此可见，知事考试的实效并不大。

从考试的内容来看，知事考试已具备现代文官考试的雏形，这是因为知事考试的内容侧重于法律、财经等方面的知识。其中既有法令之解释如"约法规定人民之自由权共有几种，有时此等自由权得加以限制，其理由安在"，

---

① 杨齐福：《清末科举残余略论》，《徐州师范大学学报》2000年第2期。
② 《知事试验已结束》，《申报》1914年3月9日。

也有诉讼案件的判决，还有文牍的草拟，等等。 这反映了知事考试强调对考生具体行政事务的理解力、判别力及实际工作能力的考察，类似于现代文官考试对行政能力的考察，与科举考试只重视"四书""五经"的记诵和诗赋书法的优美形成了鲜明的对比。

当然，知事考试也在一定程度上承袭了科举考试的传统，在形式上采用策问。 如："问乡官之制莫备于周礼，……欧西民族主义说兴，渐演成地方之自治而国日以强。 日本因之，遂有市町自治之制，其用意与周礼合欤？ 比年我国亦有各县自治之设，乃惟不能收效，且将以扰民，厥故安在，改良办法将何出欤？ 从前保甲制久者成效，今若变其法，因时而弛张之，亦与新说有合否？"①人们注意到虽然知事考试的形式是仿旧的，但其内容却是开新的，杂糅古今中外，关注社会现实，富有强烈的时代感。

尽管如此，知事考试依然不能摆脱浓厚的科举残余色彩。 据《申报》报道，知事考试"仍重书法，字不佳者，定落孙山"②。 且政府在人员录取时抱定人唯求旧、器唯求新的原则，因此录取者大多为前清官吏，这样录取的结果是"滥竽者甚多，……有文理不通者，有大写别字者，有素日不能缀二三百字者"③。 虽然政府也标榜以懂法律与否为录取标准，不问其阅历及背景，这使法律学堂学生一阵欢喜，纷纷来京应考，结果仍是名落孙山。 有人曾把清末科举考试与民初知事考试做一比较，"知事试验，种种布置，一仿科场，……编号相类也，放排相类也，颁发之题，吟哦之声，以及点名填卷等，殆无一不相类也。 所不同者，其惟面包一方，火腿两片而已。 惟在应考者一方面而言，则大俱乐部之雪茄烟，东西南北之异样声韵，号棚中之梆子二黄青衣小嗓，亦可为前此棘围中未有之特色，且科举在秋节，今方为春初，时令固大异矣。 ……余无以难，因相与击节赞叹曰：新式之科举"④。 科举考试的弊病也同样在知事考试中表现得淋漓尽致。 虽然北洋当局为此制定了严格的考场规则和考试纪律，在考场上还有"一警官持一白纸揭示至，上书'严搜

---

① 《知事试验之第二试情形》，《申报》1914 年 2 月 28 日。
② 《二十一日知事试验之纪闻》，《申报》1914 年 2 月 27 日。
③ 《知事试验之第二试情形》，《申报》1914 年 2 月 28 日。
④ 《杂评二·新式之科举》，《申报》1914 年 2 月 22 日。

夹袋'四字，字大如斗"，但还是有不少人在"文思艰窘之际辄从袖口或大衣内扯出史论及乡会试题闱墨等书"①。

北洋政府举办知事考试之目的在于"现任知县，非市井无赖之徒，即会党强梁之辈，流品纷杂，吏治卑污"，因而欲"以考试知事实为澄清吏治之根本要图"②，企图重建公开、刚性和程序化的选官制度。 但这种类似于科举的考试的恢复，却使一些人的科举功名意识猛然苏醒。 "政治法律者流咸集于名馆"；"考员亦复打精神，到处探询何人可得试官"③以便请托。 更有甚者竟公然提出恢复科举考试。 譬如广东法政学校学生王尚震上书教育部，要求"解散学校，恢复科举"④。

知事考试是传统科举考试制度向现代文官考试制度过渡的一次尝试，也是现代文官考试的一次不成功的演练。 虽然它仍带有封建科举的烙印，但已初具现代性的特征，为日后的考试改革提供了思想资源。 事实上，知事考试尚未结束，当时的北洋政府内务部就已开始着手筹备文官考试事宜，拟定了文官考试组织法，制订具体实施方案。 这也表明了考试机制在现代社会的强大活力。 葛兆光认为，在一个国家由正当性和合理性包装起来的社会中，每一个需要社会承认才能实现自己理想的人不得不经由考试来检验自己的知识。⑤

5.4　20 世纪初《申报》书籍广告

20 世纪初上海出版业蓬勃发展，1901—1911 年间成立出版社约 104

---

① 《纪知事试验之第一试》，《申报》1914 年 2 月 25 日。
② 《试验知事之谈片》，《申报》1914 年 2 月 3 日。
③ 《都门年景之点缀》，《申报》1914 年 1 月 9 日。
④ 《竟有奏请复科举之法政生》，《申报》1914 年 3 月 22 日。
⑤ 葛兆光：《画眉深浅入时无——从日本的高考试卷说起》，《读书》1998 年第 11 期。

家。① 各出版社为提升书籍销量，竞相发布广告，这样，各类报刊中的书籍广告不断增多。《申报》因其发行量大、影响范围广，逐渐成为各类书籍发布广告的主要平台之一。②

5.4.1 书籍之种类

经笔者抽样统计，1901—1911 年间《申报》每期商品广告平均为 58.5则，书籍广告平均每期约 8.5 则，占比 14.53％；与同期其他商品广告相比，唯有药品保健品广告占比超过书籍广告，平均每期 29.5 则，占比 50.43％。③由此可见，20 世纪初《申报》中书籍广告数量之可观。

20 世纪初《申报》中书籍广告猛增的原因是多方面的，扼要而言：其一，上海出版业的飞速发展。从 19 世纪 60 年代传教士在上海创办第一家传教用出版机构起，上海出版业就进入由传统向近代转型的阶段。太平天国运动时期江南地区出版业遭受战火重创，上海出版业则因租界的存在得以幸免，铅印等近代印刷技术的引进又推动了上海出版业的发展。据统计，从

---

① 陈昌文：《都市化进程中的上海出版业(1843—1949)》，苏州大学博士论文，2002 年，第 74—80 页。

② 学界有关《申报》书籍广告的研究大致可归为四类：其一，时代社会的反观。梁玉泉的《清末上海的书籍市场：1898—1901——以〈申报〉书籍广告为例》(《南京晓庄学院学报》2005 年 5 月)、《从〈申报〉书籍广告看清末新、旧学交融的原生态势》(《广西社会科学》2008 年第 7 期)皆以 1898—1901 年《申报》的书籍广告分类及数量变化说明政治事件和新旧学冲突对书籍广告的切实影响；郭雅倩的《在知识、市场与"时局"之间斡旋——从〈申报〉书业广告看民国上海出版文化(1927—1937)》(上海社会科学院硕士论文，2015 年)透过 1927—1937 年的《申报》书业广告探究同期的社会、政治、经济、文化历史，以观出版机构在多重关系中的斡旋与博弈。其二，书籍广告意义的探究。文娟的《结缘与流变：申报馆与中国近代小说》(广西师范大学出版社 2009 年版)指出《申报》书籍广告对中国近代小说的发展起到了极强的推动作用，而其在《试论近代小说出版中的盗版现象——以〈申报〉小说广告为例》(《明清小说研究》2005 年第 2 期)中再现了 1912 年前出版机构的强烈的版权意识。其三，书籍广告对出版业的影响。宋宜文等的《民初商务印书馆教科书营销策略——以〈申报〉广告为中心》(《合肥学院学报》2017 年第 1 期)探究了商务印书馆在《申报》上的书籍广告策略对其市场以及销量的影响。其四，广告本体的研究。黄佑志的《民初〈申报〉图书广告之研究(1912—1917 年)》(四川大学硕士论文，2007 年)对民初《申报》书籍广告的种类、广告主、书籍市场、广告表现方式等方面进行了系统研究。

③ 本文以 1901—1911 年每年 8 月 15 日的《申报》广告为抽样统计样本。

1896 年起至 1911 年底，上海新成立的出版社约有 119 家，其中 1901—1911 年间成立的出版社约为 104 家。① 其二，《申报》经营策略的调整。 1872 年美查等创办《申报》，1897 年席子佩接任《申报》经理。 此时，《申报》因思想保守而销量大减，1905 年被迫改版，"更新宗旨，扩充篇幅，改良形式，专发电报，详纪战务，广译东西洋各报，选录紧要奏议公牍，敦请特别访员，广延各省访事，搜录商界要闻，广采本地要事，选登时事来稿"②。《申报》创刊之初就定位为纯营利性报纸，"新报之开馆卖报也，大抵以行业营生为计，……若本馆之开馆，余愿直言不讳焉，原因谋业所开者耳"③。因此，《申报》非常重视广告，创刊号就刊登了 23 则广告。 1905 年《申报》改版后，广告版面不断扩大，从八分之一或九分之一版面到半版甚至接近整版广告；形式更加多样，从以文字为主转向图片辅助，并在头条新闻或评论栏目前增添广告。 著名出版史家张静庐回忆道："《申报》这一个名词，在中国境内，几乎没有人不晓得的，无论这个人识字不识字，或是老年的妇女、年青的小孩子，他都晓得。"④这样，《申报》吸引了愈来愈多的出版商前来投放广告。

这个时期《申报》书籍广告中的书籍除了淫秽书籍及革命书籍外，种类繁多，大致可归纳为五类，即新学类、古史类、教科类、时政类和小说类。

其一，新学类。 清末新政，改科举，兴学堂，行新法，新学类书籍纷纷涌现。 据冯自由《革命逸史》载，1901—1902 年"上海作新社、广智书局、商务印书馆、新民丛报支店、镜今书局、国学社、东大陆图书局等竞出新籍，如雨后之春笋"⑤。 于是，《泰西艺学通考》《各国政治艺学分类全集》《政治策论新编》《中外分类经济政治汇考》《万国政治艺学全书》《西学自强丛书》《五洲各国政治考》《钱氏中外政学五种》等书籍在《申报》广告中

---

① 陈昌文：《都市化进程中的上海出版业(1843—1949)》，苏州大学博士论文，2002 年，第 74—80 页。

② 《本馆整顿报务举例》，《申报》1905 年 2 月 7 日，第一版。

③ 《论本馆作报本意》，《申报》1875 年 10 月 11 日，第一版。

④ 张静庐：《中国的新闻记者与新闻纸》，光华书局 1930 年版，第 15 页。

⑤ 冯自由：《革命逸史》初集，中华书局 1981 年版，第 115 页。

屡屡出现。①

其二，古史类。 19 世纪后期石印因其在印刷数量、质量和速度方面的优势，迅速取代雕版印刷而广为流行，日人武内义雄在《说〈四部丛刊〉》中云："自清末传石印法，中国出版界遂开一新纪元。……各书肆出石印书甚多，翻印旧书之风气亦渐盛。"②因重印古籍获利颇丰③，各出版机构争相效仿。据陆费逵估算，这个时期石印书业的营业额每年能达到一二百万元。④虽然古史类书籍市场因"废科举、兴学堂"受到沉重打击，但此类书籍广告仍层出不穷，如《读史方舆纪要》（1901 年）、《天下郡国利病书》（1901年）、《正续〈资治通鉴〉》（1902 年）、《二十四史》（1903 年、1904年）、《古今图书集成》（1907 年）、《西清古鉴》（1909 年）、《陆象山先生全集》（1910 年）等。⑤

其三，教科类。 随着新学制的出台和新学堂的兴建，各类新式教科书需求猛增，《申报》中新式教科书广告也随之增多，如"最新中学教科书""最新国文教科书""中学中国历史教科书""增广英文法教科书"⑥等。

---

① 新出《泰西艺学通考》，《申报》1902 年 2 月 13 日，第四版；新辑《各国政治艺学分类全集》，《申报》1902 年 3 月 30 日，第四版；精选《政治策论新编》，《申报》1902 年 4 月 19 日，第四版；新出《中外分类经济政治汇考》广告，《申报》1902 年 9 月 22 日，第十一版；第三版《万国政治艺学全书》广告，《申报》1903 年 5 月 12 日，第四版。（石印）新辑《西学自强丛书》，《申报》1901 年 8 月 26 日，第十一版；《五洲各国政治考》，《申报》1901 年 10 月 11 日，第四版；《钱氏中外政学五种》，《申报》1903 年 3 月 10 日，第五版。

② 叶德辉：《清林书话清林余话》，岳麓书社 1999 年版，第 294 页。

③ 1885 年同文书局翻印《加批四书味根录》获利多达十倍乃至二十倍。

④ 沈洁：《科举改章、停废与晚清书业革命》，《社会科学》2018 年第 12 期。

⑤ 《读史方舆纪要》《天下郡国利病书》，《申报》1901 年 7 月 11 日，第四版；新印大字本正续《资治通鉴》并通鉴目录出书，《申报》1902 年 7 月 12 日，第一版；（石印）殿版直行《二十四史》全书出版广告，《申报》1903 年 4 月 12 日，第四版；五洲同文局《二十四史》广告，《申报》1904 年 1 月 5 日，第五版；钦定《古今图书集成》全书，《申报》1907 年 6 月 17 日，第一版；钦定《西清古鉴》出版广告，《申报》1909 年 2 月 2 日，第一版；大字本《陆象山先生全集》出书广告，《申报》1910 年 7 月 27 日，第五版。

⑥ 《最新中学教科书》，《申报》1903 年 12 月 25 日，第五版；《最新国文教科书（初等小学堂用）》第二册出版，《申报》1904 年 7 月 29 日，第十版；《中学中国历史教科书》，《申报》1909 年 4 月 29 日，第一版；《增广英文法教科书》，《申报》1910 年 2 月 19 日，第一版。

1903—1911 年 15 家出版机构①在《申报》共发布了 215 则新式教科书广告，其中以商务印书馆居多。

其四，时政类。清末日俄战争、预备立宪和地方自治为政法类书籍出版推波助澜。日俄战争时，《申报》书籍广告中出现了大量描述战况的书籍，如《日俄战纪》《日俄战争写真相图集》等②；还有一些与战争相关国家或地区的地理书籍，如《俄罗斯》《满洲地志》等③。预备立宪时，《申报》书籍广告中出现了大量译自日本的法学类书籍，如《日本法规大全》《日本警察法述义》《警察讲义录》《比较国法学》《日本预备立宪之过去事实》等。④地方咨议局筹建时，书籍广告中出现了《咨议局章程笺释》《城镇乡地方自治章程要义》《咨议局章程官写解释》等。⑤

其五，小说类。小说受众广泛，市场广阔，因而各出版社竞相出版。这样，《申报》书籍广告中小说类广告日益增多，如改良小说社的《新列国志》《滑头世界》《官场离婚案》《珠江艳史》《北京繁华梦》《破镜重圆》⑥，

---

①　15 家机构如下：商务印书馆、复兴书馆、南洋官书局、焕文书局、集成图书公司、理文轩、震东学社、乐群书局、文明书局、时中书局、均益图书公司、东亚书药局、彪蒙书室、中国图书公司、新智社。

②　商务印书馆新编《日俄战纪》第一册出版，《申报》1904 年 4 月 27 日，第四版；《日俄战纪》第二十册出版，《申报》1905 年 8 月 19 日，第五版；《日俄战争写真相图集》第二集，《申报》1904 年 12 月 10 日，第四版；《日俄战争写真相图集》第三集，《申报》1905 年 4 月 22 日，第六版；《日俄战争写真相图集》第四集，《申报》1905 年 8 月 19 日，第五版。

③　当今必读之书《俄罗斯》第一编、第二编出版，《申报》1904 年 4 月 13 日，第六版；新译《满洲地志》，《申报》1904 年 5 月 30 日，第六版。

④　新译《日本法规大全》预约广告，《申报》1906 年 10 月 27 日，第五版；汉译《日本警察法述义》，《申报》1907 年 1 月 9 日，第五版；商务印书馆新出政法之书，《申报》1907 年 2 月 23 日第六版，内有《警察讲义录》《比较国法学》《日本预备立宪之过去事实》等书目。

⑤　《咨议局章程笺释》附《议员选举章程笺释》出版，《申报》1909 年 1 月 3 日，第三张第一版；《城镇乡地方自治章程要义》，《申报》1909 年 5 月 1 日，第一版；《咨议局章程官写解释》，《申报》1910 年 8 月 12 日，第一版。

⑥　《改良小说不可不看》，《申报》1909 年 1 月 25 日，第六版；《上海改良小说社辛亥年新出版小说》，《申报》1911 年 3 月 5 日，第五版；《请看新出小说》，《申报》1911 年 6 月 11 日，第一版，内列书目众多。

集成图书公司的"新奇小说"《倭刀恨》《扬州梦》《地府志》①，商务印书馆的翻译小说《黑太子南征录》《神枢鬼藏录》《雾中人》《大食故宫余载》《西利亚郡主别传》②，等等。

　　20 世纪初的《申报》书籍广告形式以 1905 年 2 月 7 日《申报》改版为分界线。 改版前，《申报》书籍广告大多为细长型，一两指宽，纵贯整版，杂以方形版面。 这个时期的《申报》书籍广告大多刊登于第四版至最后一版，少量置于题头。 改版后，《申报》书籍广告大多仍为细长型，方形版面消失，新出书籍广告大多刊载于头版，版面宽度灵活。 商务印书馆、集成图书公司等机构的书籍广告几乎占据了 20 世纪初《申报》书籍广告的半壁江山。

5.4.2　文本之形式

　　20 世纪初《申报》的书籍广告虽然数量可观，但因时代限制，其文本表现形式比较简单，处于单一文字形式向图文并存形式过渡阶段。 其文本主要表现形式可概括为 3 种类型：纯文本式、图文并存式、表格陈列式。

　　（1）纯文本式。

　　纯文本式广告主要通过文字描述进行商品宣传，虽形式上过于单调，易使读者厌烦，却可详述商品相关信息。 前期，《申报》书籍广告采用大字标题、小字正文、罗列书名、标出价格，如申昌书室"新印铅板各种书籍照码折扣出售"③广告、"理文轩广告"④等，因文字紧密、版式划一，令人感到单

---

　　①　集成公司新出各种新奇小说，《申报》1911 年 1 月 21 日，第五版；上海集成图书公司最新小说，《申报》1908 年 11 月 8 日，第一版。

　　②　林琴南先生新译本《黑太子南征录》《玑司刺虎记》《贝克侦探谈初编》，《申报》1909 年 8 月 19 日，第一版；上海商务印书馆最新出版林译《神枢鬼藏录》《十字军英雄记》、新译《空谷佳人》，《申报》1907 年 6 月 4 日，第十四版；商务印书馆最新出版林琴南先生新译小说《雾中人》，《申报》1907 年 3 月 17 日，第一版；新译小说三种出版，《申报》1909 年 10 月 10 日，第一版，内有林译小说《贝克侦探谈后编》《西奴林娜小传》；上海商务印书馆又新出小说九种，《申报》1907 年 9 月 16 日，第二十二版，内有林译小说《大食故宫余载》《双孝子噀血酬恩记》；林琴南先生新译小说，《申报》1908 年 11 月 27 日，第六版，内有林译小说《西利亚郡主别传》《大侠红繁蕗传》《电影楼台》《贼史》《蛇女士传》《一声猿》，等等。

　　③　新印铅版各种书籍照码折扣出售，《申报》1901 年 1 月 3 日，第五版。

　　④　理文轩广告，《申报》1901 年 5 月 2 日，第四版。

调乏味。 后期，《申报》书籍广告使用艺术字体或放大文字作为标题，如"醒世小说《九尾龟》六册出版"①广告中的书籍标题采用斜体字，"商务印书馆书籍新编《英华大辞典》预约广告"②利用大字来凸显书籍定价，旨在吸引读者关注进而产生兴趣，借此提升广告的宣传效果。

（2）图文并存式。

图文并存式广告中图片的宣传作用十分微小，只起到辅助作用。 如 1903 年"《全地球图书总集成》"③广告以书籍剪影清晰展示了书籍厚重的外部特征。 1909 年"《城镇乡自治地方章程要义》出版"④广告中，啄木鸟立于开花树枝图暗寓"施行地方自治真乃驱除民间政治蠹虫之春天"之意。 "初等小学女子修身教科书四五六册出版"⑤广告中的女子图则表明此广告与女性相关；"新编初等三角法教科书出版"⑥广告中将书籍标题置于三角形内，可使读者迅速联想到三角法。 这个时期的《申报》书籍广告中图片与内容的关联程度不一，有的无关联，有的强耦合，但无论如何，图片的使用都重在吸引读者目光。

（3）表格陈列式。

表格陈列式指在书籍广告中运用表格来介绍书籍的相关信息。 如商务印书馆 1904 年"政学丛书"广告和 1905 年最新教科书广告，华商集成图书公司 1907 年新书广告，皆采用大框架标示书名及内容，工整清新，一目了然。⑦ 1910 年商务印书馆"学部审定教科书"⑧广告则将书名与内容每格相对应；1908 年商务印书馆"最新出版小说十二种"⑨广告中，一格一书，方便读者迅

① 醒世小说《九尾龟》六册出版,《申报》1909 年 6 月 30 日,第一版。
② 商务印书馆新编《英华大辞典》预约,《申报》1908 年 6 月 24 日,第六版。
③ 《全地球图书总集成》广告,《申报》1903 年 3 月 31 日,第五版、第六版。
④ 《城镇乡地方自治章程要义》出版,《申报》1909 年 5 月 1 日,第一版。
⑤ 初等小学女子修身教科书四五六册出版,《申报》1909 年 10 月 8 日,第一版。
⑥ 新编初等三角法教科书出版,《申报》1909 年 2 月 1 日,第一版。
⑦ 上海商务印书馆政学丛书,《申报》1904 年 5 月 23 日,第四版;上海商务印书馆最新教科书,《申报》1905 年 2 月 7 日,第六版;华商集成图书公司出版新书,《申报》1907 年 3 月 20 日,第十一版。
⑧ 学部审定商务印书馆教科图书,《申报》1910 年 2 月 19 日,第七版。
⑨ 最新出版小说十二种,《申报》1908 年 10 月 26 日,第七版。

速了解名称与价格。 1909 年集成图书公司书籍广告将各类书籍杂糅在七巧板中，并在每个区块内简介书籍内容，易于读者了解有关信息。① 这种文本表述形式使得内容形态更多样化、读者获取信息更便捷，但也会影响版面的整体设计。

5.4.3　诉求之方式

20 世纪初《申报》书籍广告中书籍种类繁多，目标群体不一，从而使得其诉求方式更加多元。

（1）理性诉求。

理性诉求的广告方式指运用摆事实、讲道理的方式引导受众经过理性思考做出购买行为。 20 世纪初《申报》书籍广告中的理性诉求方式可概括为 3 方面。

①强调质量优势。 时代的发展推动了印刷技术的革新，进而提升了书籍的质量。 20 世纪初上海出版业竞争激烈，印刷质量的竞争自然不可避免。各出版商在《申报》书籍广告中特别强调质量优势，或自卖自夸，如"本庄不惜重价购得乾隆二十九年奉敕续编足本五百卷，照抄续印，特聘名人，重加校订，洁白纸张，鲜新墨色，放大石印，以公同好有目共赏"②，"本坊主人不异重赏编采南菁龙门，敬慕各书院近时名作，参以各社约会课及窗课等大著，特延名宿悉心选录"③；或贬低同行，如"本局爰将九通总序、凡例、卷目以及逐卷序言，无不详晰搜抄，名之曰《九通序例全录》，精印出书。 坊间此书虽间亦有之，但只录序言而不录例目，或录此序而不录彼序，究不如本局之书"④。

②突出致用价值。 "学而优则仕"使得读书之初心被扭曲，而科举考试使得人们把读书当作敲门砖，获取功名利禄。 清末新政，改科举，重新学，不少传统士子顿时不知所措，读啥书？ 怎么读？ 为了应对科举考试，书商迅

---

①　集成图书公司广告，《申报》1909 年 1 月 11 日，第六版。

②　新印乾隆二十九年续编足本五百卷《大清一统志》，《申报》1901 年 11 月 6 日，第四版。

③　新辑《分类史论大成》，《申报》1902 年 4 月 1 日，第十一版。

④　《九通序例全录》，《申报》1903 年 2 月 13 日，第五版。

速推出相关书籍广告，如新出《中外分类经济政治汇考》广告宣称其"搜括宏富，采择精良，诚大小试必需之书"①。新辑《各国政治艺学分类全集》宣称"是书类分十四大纲，学校、财赋、兵制、商务、公法、刑律、天文、地理、格致、制造、声光、化电诸学，推之农学、医学种种，提纲挈要，巨细靡遗，诚为应试之宝"②。广告中"诚大小试必需之书""诚为应试之宝"的字眼更易使士子们将其当作救命稻草，进而扩大销路。西学流行中国，人们争相学习西学以救亡图存，书商趁机推销相关书籍。如《申报》中《英文法释义》广告称此书"虽仅千余言，而文法之大纲已备，手此一编，朝夕讽诵，即可粗通英文，诚初学之阶梯也"③。清末社会凋敝，经济衰落，致富为众所望。《发财新法》广告云："看了此书一定发财，又可抵游历外国考察实业二十年。"④这则广告以发财之路为卖点来吸引读者。一些书籍广告以"留心时事者所必备之书"⑤"谈时务者必不可少之书"⑥等满足了人们的好奇心与虚荣心，也扩大了销路并增加了获利。

③比对书籍价格。《申报》书籍广告中很少同友商书籍进行价格对比，多为"股印"及预约模式下预约价与现货价的对比，其本质则是利用世人贪图便宜的心理，提升书籍销量，从而增加利润。如《日本法规大全》"年内可以出版，每部定价二十五元。凡预约者特别减价，每部十八元"⑦。《光绪朝东华录》"预约券每部廉价洋八元，先交四元予以预约券纸。俟至本年五月底再交洋四元取书三十册，至八月底再取三十册。全书告成之后，将券缴销，每部定价洋十六元"⑧；《新文牍全书》"全书分初二三四五六编……定价洋四元……特设预约半价券，以五百部为限，减收大洋两元，限十月初

① 新出《中外分类经济政治汇考》广告，《申报》1902年9月22日，第十一版。
② 新辑《各国政治艺学分类全集》，《申报》1902年3月30日，第四版。
③ 新出《英文法释义》，《申报》1905年9月9日，第十二版。
④ 《发财新法》，《申报》1910年10月11日，第六版。
⑤ 《五洲事类汇表》告成，《申报》1903年5月3日，第六版。
⑥ 新辑《增图时务汇通》，《申报》1903年7月22日，第六版。
⑦ 新译《日本法规大全》预约广告，《申报》1906年10月27日，第五版。
⑧ 新纂《光绪朝东华录》定期出书先发售预约券广告，《申报》1909年2月20日，第一版。

十截止"①;《日本明治学制沿革史》"定价每部五元,特先发售预约券,每部特别廉价,洋三元"②;大额优惠、半价、分期付款等价格比对方式会使读者产生眩晕,以为有利可图,从而产生购买冲动。

(2)感性诉求。

理性必须说服,感性只需认同。感性诉求方式指受众在情感影响下对商品产生情感认同,进而做出购买行为。20世纪《申报》书籍广告中的感性诉求方式具体表现为以下几个方面。

①以情动人。"感动人"指通过具体的个案来激发人们的情感。如《御批分类历代通鉴辑览》广告以曹砚廷为中心,大肆宣传其精心编校的事迹,"以为小不措意,鲁鱼亥豕,误人考据者,害犹小,误人功名者,害滋大也"③。增辑《经世文统编》广告尽力突出该书的编辑历时两年,"虚心考究,益加校雠,区区苦衷,但恐贻误于人"④。人们自然会因对细心精校、成书不易的同情,主观代入其质量上乘之印象,从而使得书籍更易获得广泛认同。

"唤醒人"指利用民族情感来增加书籍的吸引力。如"新纂《约章大全》预约券广告"宣称"凡政学商界及一般国民有议员资格者,讲求内政,尤必研究外交"⑤;"商务印书馆新译政法各书"广告宣传在预备立宪时期"各地绅衿商民果能讨论宪政,有裨地方,皆有议员之望。上可协赞政府,下可裨益乡里,比从前由科名保举、捐纳进身者,尤有实在展布。是此时,法政等书最为切用"⑥。诸多书籍广告强调"预备立宪时代,人人应置之书,请早购以备研究也"⑦,实为紧跟时代之步伐,唤起人们的爱国热情,借此形式进行推销。

---

① 《新文牍全书》分初二三四五六编初编教育部四册出现预约券减收半价广告,《申报》1908年10月4日,第三版。

② 《日本明治学制沿革史》预约广告,《申报》1908年4月5日,第一版。

③ 新辑《御批分类历代通鉴辑览》出书,《申报》1903年4月19日,第四版。

④ 增辑《经世文统编》,《申报》1902年3月10日,第四版。

⑤ 新纂《约章大全》预约券广告,《申报》1909年3月4日,第三版。

⑥ 商务印书馆新译政法各书,《申报》1908年2月25日,第六版。

⑦ 新文牍预约券减收半价广告,《申报》1908年10月10日,第一版。

②道德感召。　对道德之崇敬自古有之，追求高尚道德亦永无止境。　许多书籍广告便以"读高尚之书，成高尚之人"来标榜。　如《日本新史揽要》广告云："自今视古，国家治乱之所，由典章沿袭之所起，犹可以为殷鉴，而后之视今，亦由今之视古也，史之为用，不亦大乎？"①中西医书广告曰："一旦抱病于医理，竟茫然不知，岂不付诸庸医之手乎？　本局为公益起见，欲求四万万同胞转弱为强，共登寿域，爰辑是书，以备参考。"②《大清法规大全》预约广告言："纸墨精良，装订工整，实为价廉物美。　本局为补助政界、通民智起见，并不牟利。"③这些广告中"以为殷鉴""公益起见""通民智"等词既提升了书籍层次，也凸显了读者之形象，增强了广告的感染力。

③追随热点。　20 世纪初中国社会变化剧烈，热点事件频发，《申报》书籍广告抓住世人关切之热点进行营销。　如美国拒绝改订《中美会订限制来美华工保护寓美华人条款》，舆论一片哗然，1905 年《苦社会》广告便云："是书记载外洋华工事实，历历如绘，悲惨情形，铁人泪下，吾同胞不可不读之书。"④1907 年《家庭现形记》广告则以"预备立宪"之背景，称时下地方自治为"首重"，社会习惯与家庭儿女谈"改良最匪易"，而著者深明小说易动人心，以纪事寓言的方式，"趣味浓深，引人入胜"，强调了解"今日社会之现状，即可以为将来社会改良之预备"⑤。　1910 年上海富商金琴荪被杀案轰动一时，以"金琴荪案"为题材的书籍广告称："其过去之历史与当时之情状，……研其原因者，尤不可不看。"⑥

5.4.4　时代之特征

随着时代的风云变幻，20 世纪初《申报》的书籍广告也被烙上了鲜明的时代烙印，成为社会变化之映像。

---

① 新译《日本新史揽要》，《申报》1901 年 9 月 8 日，第十版。
② 新纂中西医书八种广告，《申报》1908 年 9 月 6 日，第三版。
③ 三版（增订）《大清法规大全》预约本月截止，《申报》1910 年 9 月 18 日，第一版。
④ 《苦社会》出版广告，《申报》1905 年 8 月 26 日，第一版。
⑤ 《家庭现形记》出版广告，《申报》1907 年 12 月 28 日，第一版。
⑥ 金琴荪新书预告，《申报》1910 年 10 月 12 日，第六版。

　　这个时期的《申报》书籍广告与时代共舞。 20 世纪初科举变革，废八股，改策论，但仍有不少人沉迷于"四书""五经"。 《申报》书籍广告中也有不少为"四书""五经"辩护与鼓噪者。 如《四书义经正篇》广告称："举人根本必在四书，四书之义不明，虽有他才，终为无本，今值朝廷更行新政，废八股而试策论，尤以各项考试必归重于四书五经，则四书义之取重不言可喻。"①精选大字《四书五经义》广告则称："奉诏旨，大小考试均用四书义五经义，一时庸陋不堪之作，出而问世者，殊不足为士林圭臬。"②日俄战争时，商务印书馆出版《日俄战纪》系列，如第八册"附印日本上村中将瞭望海参崴俄舰图，俄将司廓理罗甫出海探敌图，又考击日本商船图，俄舰长在烟台与日本大尉互殴落水图，海参崴港内形势图，又海参崴四俄舰图，印刷鲜明，极有可观"。 其在《申报》广告称："搜罗宏富，记载精详，足资考证。"③这从另一个层面凸显民间对日俄战争的关注。 清末，留日学生之数量不断增加并在日俄战争后达到高峰，有 8 万多人。④ 随之，大量译自日本的书籍纷纷问世。 1904 年商务印书馆在《申报》刊登广告称："中国士商欲求览日本刊行图书，久称不便。 本馆知日本金港堂图书公司在日本设立最久，所刊图书风行全国，声望素著，特与定约代理。 凡金港堂发行书籍，图书一经出版即行寄到。 今将已经寄到各种，胪陈馆内，以备士商垂览。"⑤

　　这个时期的《申报》书籍广告从以书籍为中心转变为以出版机构为中心，强化品牌意识。 不少书籍广告在标题中有意突出机构名称，如"上海棋盘醉六堂书坊发兑各种西学时务书籍""上海焕文书局发兑各种大字本学堂书新到《搢绅录》""扫叶山房发兑各种日本精刻诗文集""集成图书公司发行新出再版各种书籍"等。 不少知名出版机构在书籍广告中强化品牌意识，如商务印书馆的书籍广告中除了标题加入发行机构名称外，还以大字方式突

---

　　① 《四书义经正篇》，《申报》1901 年 9 月 16 日，第十版。
　　② 精选大字《四书五经义》，《申报》1901 年 11 月 4 日，第五版。
　　③ 《日俄战纪》第八期出版，《申报》1904 年 12 月 9 日，第四版。
　　④ 实藤惠秀著，谭汝谦、林启彦译：《中国人留学日本史》，生活·读书·新知三联书店 1983 年版，第 39 页。
　　⑤ 商务印书馆广告《日本维新人物志》，《申报》1904 年 3 月 4 日，第四版。

出"学部审定之教科书""府厅州县议员必读""儿童教育必需之品"①等，扩大了品牌效应。

这个时期《申报》书籍广告的版权意识不断增强，保护措施也不断完善。《申报》书籍广告中多有"官署立案，翻刻罚惩"②；"书籍有案，翻刻必究"③"此书亦已存案，同业幸勿翻印，以免鼠角相争"④；"奉道宪给示，禁止翻印"⑤；"道宪存案，翻印必究"⑥；"书经存案，不准翻印"⑦；"如有射利翻印查出，照中西版权例惩究不贷"⑧等字样。这表明书籍版权意识在当时已成风气。

20世纪初，随着上海出版业的蓬勃发展，《申报》书籍广告数量大增。在这些广告中，书籍种类众多，包括新学书籍、重印古籍、新式教材、时政书籍、休闲小说等。因时代与技术的限制，《申报》书籍广告文本形式比较单一，初期较多使用文字表述形式，后期则辅以图片或表格等表述形式。在诉求方式上，《申报》书籍广告既重理性，使读者通过理性思考做出购书之行动；也重感性，使意向者在情感驱使下做出购书之行为。此外，《申报》中的书籍广告随着时代的变迁而变化，反映了时代变化，突出了品牌意识，强化了版权保护。

5.5　20世纪20年代《申报》化妆品广告

《申报》作为近代中国影响力颇大的民间报纸，自创刊以来非常重视广

---

①　府厅州县议员必读，《申报》1911年9月13日，第一版；儿童教育必需之品，《申报》1908年11月30日，第五版。

②　《万国通史》前编，《申报》1901年1月12日，第四版。

③　新出《奏议辑览》，《申报》1901年8月28日，第六版。

④　《史鉴纲目新论》出书，《申报》1901年10月12日，第十版。

⑤　钱辑《各国政治考》，《申报》1902年2月20日，第四版。

⑥　新出《史论正鹄》三集，《申报》1902年4月16日，第十二版。

⑦　鸿文书局《政治丛考》现已出书，《申报》1902年5月29日，第四版。

⑧　新出石印《格致课艺新编》，《申报》1903年3月9日，第四版。

告经营。1912 年史良才改革办报模式，强化广告经营，扩大广告版面，"1915 年 4 月，《申报》广告面积已超过新闻面积"[①]。 20 世纪 20 至 30 年代是近代广告发展的黄金阶段，也是《申报》广告的繁荣时期。[②]

5.5.1 广告之种类

中国古代化妆品历史悠久，但"在洋货进口以前，我国土著化妆品只有粉、黛、脂、香四品"[③]。 鸦片战争后，国门洞开，洋货横行，外国化妆品如潮水般涌入，"牙粉、牙膏、香膏、花露水、生发油、香粉、扑粉、雪花粉等"竞相出现。[④] 民国初年，随着妇女解放运动的兴起和女性地位的不断提高，女性对化妆品的需求日渐增长，化妆品的销量也剧增。 因此，20 世纪 20 年代《申报》化妆品广告日益增多，其表现方式也精彩纷呈。

（1）系列式广告。

系列式广告是指通过同一传播媒介或不同的传播媒介反复传播商品的一组广告，具有刊载连续、内容关联、风格一致、标题相同、正文结构雷同、画面表现关联等特点，往往比单一广告传播更广泛、影响更持久，因此受到广告商和消费者的青睐。

1918 年 4 月《申报》"首创了系列广告后，这一视觉形式的铺展便一发

---

① 许俊基：《中国广告史》，中国传媒大学出版社 2006 年版，第 149 页。
② 肖燕雄、彭凌燕的《三十年代对女性美的消费——以〈申报〉美容、化妆品广告为中心》《湖南师范大学学报》2013 年第 2 期）通过对《申报》美容、化妆品广告中所透露出来女性美的各种元素以及由此而形成时尚美的审美观分析，强调时尚美的价值在于不断创新；张鑫的《"美丽经济"——近代上海化妆品业探析（1903—1945）》（华中师范大学历史学院硕士学位论文，2013 年）探析近代上海化妆品业的发展历史、行业组织以及营销策略等问题；王金阳的《民国时期女性形象的嬗变——以〈申报〉1910—1936 年化妆品广告为例》（山东大学历史学院硕士学位论文，2013 年）从女性地位变化的角度来解析《申报》化妆品广告；任娟娟的《浅析 20 世纪 30 年代〈申报〉化妆品广告的宣传特点——以 1934 年"妇女国货年为例"》〔《剑南文学（经典阅读）》2014 年第 2 期〕将中国化妆品和外国化妆品的宣传策略进行了对比分析，展示了其各具特色的宣传策略。
③ 上海百货公司、上海社会科学院经济研究所、上海市工商行政管理局：《上海近代百货商业史》，上海社会科学出版社 1988 年版，第 82 页。
④ 叶钟廷：《一年来之国货化妆品业》（二），《申报》1933 年 10 月 19 日，第 17 版。

不可收拾"①。 为了推销化妆品,广生行公司在 1928 年 7 月 25 日到 10 月 3 日期间连续刊登了以"暑期演讲录"为主题的系列广告,即广生行暑期演讲录第一课修身、第二课国文、第三课历史、第四课地理、第五课算术、第六课卫生、第七课常识、第八课理化,这些主题分别与本产品的某些特性有机结合,从购买国货即为爱国爱己、国货乃国之命脉、历史上国耻之多、领土的丧失和金钱的外流等方面,采用以情动人的方式,劝说国人不买舶来品而应购买国货精品,并从卫生、常识和理化等角度将"双妹"老牌花露水的香气浓郁、货真价实和品质优良展示于人前。 这种组合式的广告自然要比单一广告更有魅力,更易吸引读者目光。

(2)故事式广告。

故事式广告常借助文学创作的手法,将商品信息通过新颖而又独特的情节表现出来,以吸引他人的目光,进而给人留下深刻的印象。 20 世纪 20 年代《申报》化妆品广告中故事式广告很多,大致可分为两类。

第一类是借助古典小说中的人物来推广产品。 这类广告通常以古代美女如西施、丽娟、林黛玉等为依托,营造出使用其产品就能像她们一样美丽迷人的氛围。 如棕榄香皂广告《谁为千古第一美人》云,"人人皆曰江滨浣纱之西施也。 然西施习修饰、学歌舞,三年之久,然后入吴,则虽天然丽质,亦修饰而后显,故近世美人,无不以上等化妆品为镜台之密友,棕榄香皂即其一也"②;广生行"双妹"老牌艳容霜广告《丽娟》云,"昔汉武帝所幸宫人名丽娟者,玉肤柔嫩,……世上有如丽娟肌肤之柔嫩者,能有几人,但不知她得有美容之术,故能令其肌肤如此之美。 若能常用双妹老牌艳容水,有转媸为妍之妙"③;广生行双妹老牌花露水广告《西子现在芬芳了》云,"昔越国西施,有沉鱼落雁之容,闭月羞花之貌,为越国独一无二之美人,可惜他身有吴狐,其臭非常难闻,……有一日独自于浣纱畔,被越国范蠡见之,惊为天人,即带之回家,用各种药料医她,没有几时,即将其臭味辟除,变为芬芳,

---

① 黄艳华:《近代化进程中的〈申报〉广告设计发展阶段特点研究(1872—1935)》,《南京艺术学院学报》2014 年第 3 期。

② 棕榄香皂广告《谁为千古第一美人》,《申报》1920 年 12 月 17 日,第 15 版。

③ 广生行双妹老牌艳容霜广告《丽娟》,《申报》1925 年 9 月 7 日,第 14 版。

当时范蠡秘传不扰，故后人知此方者甚少，乃不图为广生行双妹老牌主人悉心研究，卒以卫生香料，用化学提炼成一种花露水"①；广生行双妹老牌雪花膏广告《古红楼外史》描述宝玉"凑近黛玉面部时，觉黛玉容颜愈增姣艳，而芬芳之气益形香冽，正欲动问时，忽瞥见梳妆台畔置有广生行双妹老牌雪花膏一瓶"②。

第二类是运用对话形式来推销产品。这类广告通常会塑造一个场景并借助在特定场景中的对话介绍商品。如蔻丹修指用品广告《兰闺密语（窗外人偶闻）》用一对姊妹的闺中对话铺陈产品之妙："（妹）姊姊，你看我的指甲这样难看，如何见人？（姊）我新近得了一个妙法，但是不告诉你。（妹）好姊姊，你要什么我都依你，告诉我罢。（姊笑）你把今早你那甜心人儿来的信给我看。（妹羞）好姊姊，不要胡闹，除掉这个，别样统可以。（姊笑）我不要别样，独要这个……（以下声小听不见了）所谓妙法者非他，蔻丹修指用品是也。"③又如广生行双妹老牌花露水广告则创建女子和男子对面相坐的场景："（女）翁大律师啊，不知怎么我的丈夫时常苛待我，我很想和他离婚呢。（律师）他苛待你的原因，只为你身上有狐臭，是很难闻的，所以讨厌你。（女）那么可以医治吗？（律师）这是很容易的，只要你常用双妹老牌花露水和兰花粉便好了，保你们俩的爱情浓厚而永远呢。"④日常生活情境的创设抓住了读者心理上的"接近性"，使读者在自己熟悉的情境中自然而然地接受相关商品的信息。

（3）悬疑式广告。

悬疑式广告"是在广告开始设置一个悬念，或像是出一道题，使受众产生一系列的疑问与期待，然后逐渐展开情节，运用广告语言将谜底揭开或根本不揭示答案"⑤。这种表现方式故意设置"关子"，唤起人们的好奇心，

---

① 广生行双妹老牌花露水广告《西子现在芬芳了》，《申报》1926 年 7 月 17 日，第 14 版。
② 广生行双妹老牌雪花膏广告《古红楼外史》，《申报》1929 年 1 月 31 日，第 14 版。
③ 蔻丹修指用品丸广告《兰闺密语》，《申报》1924 年 11 月 16 日，第 5 版。
④ 双妹老牌化妆品广告《为什么要离婚》，《申报》1926 年 8 月 6 日，第 14 版。
⑤ 欧阳康：《现代广告——表达与创意》，中国社会出版社 1996 年版，第 139 页。

进而引导人们将对疑问的好奇转移成对商品的兴趣。《申报》化妆品广告中的悬疑式广告屡见不鲜。如旁氏白玉霜广告《侬貌何以美》，先设问"侬之女伴，貌不如吾，则皆疑且忌，或曰侬有妖术，或曰侬有魔法"，旋而作答"其物为何？曰旁氏白玉霜"①。双妹老牌化妆品以"关了天窗说暗话"为题，"各界若问真名姓，只在庚先两字头。请猜敝公司是谁？猜到以后敝公司便要开始说亮话了"②；接着以"打开天窗说亮话"为题，透露谜底为"双妹老牌化妆品"③。

5.5.2 诉求之方式

劝导并游说顾客购买商品为广告之主要目的，因此，商品广告中的诉求方式就显得十分重要。20 世纪 20 年代《申报》化妆品广告的诉求方式可分为理性诉求和感性诉求。

（1）理性诉求。

诉诸理性的广告常采用摆事实、讲道理的方式，向受众展示或介绍有关广告产品，并阐述接受该广告信息能给受众带来的好处，使受众在理性思考、权衡利弊后能被说服而最终采取行动。④

①美丽诉求。"美即权利，受人崇拜，女子无不以美为宝"⑤"容颜的美是每个妇女所最渴望得着的"⑥，《申报》化妆品广告遂聚焦于女子之美，强调美丽容颜的不可或缺，"若容颜娇艳，肌肉软柔，我见犹怜，谁人不断肠？"⑦"世上本来无十足的美人，全凭修饰及表情养成的，中等人材，若肯从事于修饰及讲究风范与表情，则皆可以变成美人了。需要变成美人，眉应该描得远山浮翠，眼必修得秋水无尘……"，只要"调弄双妹老牌茉莉霜把面

---

① 旁氏白玉霜广告《侬貌何以美》，《申报》1920 年 1 月 18 日，星期增刊第 1 版。
② 双妹老牌化妆品广告《关了天窗说暗话》，《申报》1928 年 4 月 1 日，第 14 版。
③ 双妹老牌化妆品广告《打开天窗说亮话》，《申报》1928 年 4 月 3 日，第 14 版。
④ 陈培爱：《广告学概论》，高等教育出版社 2014 年，第 9 页。
⑤ 四七一一香水广告《一枝红艳露凝香》，《申报》1928 年 7 月 4 日，第 20 版。
⑥ 夏士莲雪花膏广告，《申报》1929 年 3 月 24 日，第 20 版。
⑦ 双妹老牌茉莉霜广告，《申报》1927 年 4 月 23 日，第 14 版。

庞儿扮得天仙似的，那时便成了美人，美了自然不怕没有人怜爱了"①。 为此，《申报》化妆品广告不遗余力地暗示人们洁净柔滑白皙娇嫩的肌肤、洁净坚固的牙齿、清新芬芳的口腔、光滑齐整的头发、香气四溢的身体便可称为美。 如广生行雅霜广告称"潘郎美貌、西子娇容，古今艳称，谁不心羡？ 然人皆喜装饰，苦无良法"，雅霜能助诸君圆梦，"此霜既无粉粒又无油腻，一经搽匀，异常舒润，肌肤犹如天然秀艳之妙"②。

②科学诉求。 清末民初，欧风美雨席卷而来，科学知识随之进入中国。 上海作为远东重要商埠和文化交流中心，西方科学知识的输入不但涤荡了民众陈腐的思想观念，而且开启了人们理性的思维模式。 《申报》发表评论指出："容姿之妍媸，虽属天然，惟迩来科学进步，生理发明，亦能以人力补助天工。 惜乎世人昧于科学之理，只知借有毒铅粉之力，以为改换头面之利器，不知皮肤将由是日益粗糙，色艳日益恶劣，不亦弄巧反拙乎。"③不少化妆品广告则凭借所谓"科学知识"来强化营销。 如必素定牙膏广告指出："凡慎于摄身之人应知何谓'去除牙上薄膜'，盖因去除牙上薄膜为保护齿牙最重要之一端耳，如何可去？ ……今年根据科学已发明两种去膜之方法，一使凝固，一使去除，合此二法而成一种牙膏，曰必素定，全世界著名之牙医咸深加赞许并为劝用。"④这则广告在推销牙膏的同时也向消费者传达了相关口腔卫生的健康知识，体现了科学诉求。 又如夏士莲广告大力宣传"夏士莲雪花是宝威大药行从科学发明出来的化妆品，不是那香粉铺里做出来的化妆品，所以他能开通毛管，将里面的积垢排泄，壮补细润，使皮肤滋润活泼"⑤，此处宣传虽有夸大之嫌，却也传播了科学知识。

③比较诉求。 比较诉求是广告中经常采用的诉求手段。 它借助有关信息的对比分析来突出或陈述产品的特性或优点，通常包括三种情形，即产品

---

① 双妹老牌茉莉霜广告，《申报》1926 年 3 月 23 日，第 14 版。

② 雅霜广告《廉价推广风行全国》，《申报》1926 年 3 月 23 日，第 14 版。

③ 伯鲁：《生理上之皮肤美丽法》，《申报》1921 年 7 月 20 日，第 20 版。

④ 必素定牙膏广告《清洁齿牙之重要——健身—增媚》，《申报》1924 年 10 月 29 日，第 14 版。

⑤ 夏士莲广告，《申报》1920 年 9 月 22 日，第 13 版。

使用前后比较、产品更新前后比较和竞争品牌比较。①

　　20 世纪 20 年代的商品广告多聚焦于竞争品牌的比较,《申报》中的化妆品广告也是如此。 如棕榄香皂广告直言：“别种香皂表面上虽然香气扑鼻,一究其原料,大都用猪羊等杂油制造的,虽然仗了苏打的力,亦可以洗涤垢腻,究竟杂油太多,化炼不净,有害皮肤的卫生。 惟有棕榄香皂,是提取棕果和橄榄的二种清油,用科学方法化炼而成,天然纯净,有去垢润肤的功用。凡用别种香皂,皮肤燥裂,雀斑丛生者,赶快请用棕榄香皂。”②这则广告就是典型的比较诉求,通过与竞争品牌在制作原料、使用功效上的比较,凸显了其安全、优质的特点。 此外,《申报》化妆品的广告也采用产品使用前后的对比,如旁氏白玉霜广告中一女子持镜自照自言道：“奇怪奇怪,一个月前,我的面庞是很粗,皮肤是很糙的……今天我起来把镜子一照,却好似换了一个人,面庞不粗了,皮肤也不糙了,雪白粉嫩的好不可爱,然而为什么变这地快,竟想不出是何道理,嘎,是了是了,这是我一个月来天天搽旁氏白玉霜的缘故。”③

　　④代言者诉求。 代言者诉求,即所谓证言式广告,包括专家代言、名人代言和普通消费者代言。④

　　这类广告常常借他人之口来描述产品的优势以显示客观公正之态度。 如棕榄香皂广告以医生之名义推销产品,“医生知道,此皂系棕榄二油用科学法和成,为天然去油污之品,最有效而最和平者,既能美容,又能润肤……所以他也举荐棕榄香皂”⑤。 蔻丹修指用品广告借交际明星之口来扩大其影响,如张黛芬系“吴门明秀,曲眉丰颊,丽质倾城,善歌善舞,朝妆晚卸,芳踪四及,慕其名者殊多。 但张女士曾告人曰：‘余之所以成名者,惟因手指

　　①　邹红梅、王省民：《黑白世界的斑斓——20 世纪初〈申报〉广告表达形式分析》,《电影评介》2006 年第 21 期。

　　②　棕榄香皂广告《棕榄香皂与别种香皂的区别》,《申报》1922 年 12 月 11 日耶稣圣诞增刊第 8 版。

　　③　旁氏白玉霜广告《美容的神品》,《申报》1920 年 3 月 7 日,星期增刊第 1 版。

　　④　林升栋：《20 世纪上半叶：品牌在中国》,厦门大学出版社 2011 年版,第 269 页。

　　⑤　棕榄香皂广告《为什么店伙与医生同举荐棕榄香皂》,《申报》1920 年 12 月 23 日,第15 版。

温柔，指甲光润。手指之所以能臻今日之满美者，惟余常用蔻丹修指用品故也。故蔻丹修指用品实为余妆台之良友、修饰之恩物。'"①而蔻丹修指用品广告还借消费者之口来增进其影响，如"王凤仙，美女子也。手白且嫩，尝以骄其女伴李秀英。秀英自恨手劣，往往哭泣终宵，又见交际场中，凤仙恒占上风，愈不能平"，试用蔻丹修指用品数月之后，"王凤仙不敢再骄人"②。

20世纪20年代《申报》化妆品广告的理性诉求，一方面体现了20世纪20年代化妆品广告的发展日趋成熟，另一方面也是那个年代人们重视科学、追求理性的具体表现。

（2）感性诉求。

诉诸感性的广告则采用感性的表现方式，"以人们的喜怒哀乐等情绪和亲情、友情、爱情以及道德感、群体感等情感为基础，对受众诉之以情、动之以情，激发人们对真善美的向往并使之移情于广告物，从而使广告物在受众的心智中占有一席之地，使受众对广告物产生好感，最终发生相应的行为变化"③。

化妆品广告的受众群体主要是女性，而女性消费者又偏于感性，故诉诸感性的化妆品广告俯拾即是。《申报》中化妆品广告感性诉求大致有三种形式。

①爱情诉求。《申报》中的化妆品广告常将化妆品与爱情联系起来，引发受众对爱情的渴望之情；并将"美"作为通达爱情的必经之路，强调凡渴望爱情的女子都应聚焦于美丽，而美丽则具化为各式各样的化妆品。"如果经由广告宣传使产品增加了并非本来固有的附加价值，那么消费者就有一种超值享受的感觉，他们将更为乐意购买广告主的产品。"④无疑，憧憬美好爱情即成为化妆品最重要的心理附加价值。

---

① 蔻丹修指用品广告《交际明星张黛芬女士之口述》，《申报》1929年4月14日，第18版。
② 蔻丹修指用品广告，《申报》1925年2月15日，第18版。
③ 陈培爱：《广告学概论》，高等教育出版社2014年版，第9页。
④ 孙守安：《广告文化学》，东北大学出版社2008年版，第22页。

棕榄香皂广告将爱情诉求表现得淋漓尽致，"投我以木瓜，报之以琼琚；投我以棕榄，报之以笑脸"①，再配上深闺之中女子打开床帏，一手拿丝绢半遮面而笑，一手伸出窗外欲接香皂，男子站在窗下双手奉上棕榄香皂的图画，展现少女恋爱的羞涩之态。这样，棕榄香皂成为恋爱男女双方的传情之物，抑或定情之物，广告成功地将其产品与爱情融为一体。而另一则棕榄香皂广告则将其受众目标从青年女子扩大到中年妇女，"女子美而无泽，犹萝兰之艳而无香，欲求面貌之丰满、神态之动人，惟有用最上等之棕榄香皂为唯一妙法，……中年女子欲保存其绮年玉貌，而结合夫妇间固有之爱情者，急宜购用此棕榄香皂为要"②。将棕榄香皂定位为爱情保鲜的重要法宝和家庭幸福的必要之物。广生行双妹老牌超等檀香水广告更将香水作为"御夫之术"予以宣扬。其广告词云："奁妆盥罢，滴数滴双妹老牌超等白玫瑰香水于内衣或手帕中，兰麝失其功，香惊四座，斯时意中人前来，闻此比花还香，瞩目四顾，不见有花，香自意中人身上来，此情此景，能有不为之拜倒石榴裙下者耶。敬告闺阁名媛，欲操纵意中人之爱情者，更不可不用之。"③这样，香水或花露水成为男女双方俘获爱情的秘诀。广生行双妹老牌香水、花露水广告更直言："天下本无十全十美之人，要皆由于装饰得法，即可化媸为妍，故姿色平庸者，只需将双妹老牌化妆品常常敷用，则皮肤姣嫩，容光焕发，虽仅三分姿色，俨若十分美人。"④这对渴望爱情、寻找幸福的女性来说具有很大的煽动性和吸引力。

②交际诉求。20世纪20年代，上海兴起了新的交际热潮，跳舞和游园成为当时人们时髦的交际方式。"跳舞真正成为风靡上海的娱乐形式是在20世纪20年代。……它适应了都市居民社会交往日益个人化的趋势，为市民提供了全新的交往方式。"交际舞顿时在沪风靡一时，"颇有不能跳舞，即不能承认为上海人之势"⑤。不少化妆品广告趁机推销产品。如《申报》中四

---

① 棕榄香皂广告，《申报》1920年12月21日，第13版。
② 棕榄香皂广告《夫妇恩爱之秘诀》，《申报》1921年4月20日，第13版。
③ 双妹老牌超等檀香水广告，《申报》1926年10月1日，第10版。
④ 双妹老牌化妆品广告《十分美人七分妆》，《申报》1928年5月9日，第14版。
⑤ 熊月之主编：《上海通史》第九卷，上海人民出版社1999年版，第177—178页。

七一一香水广告把香水与舞会连在一起，打造其交际明星的形象。 如《一舞再舞兴未已》云："一度舞毕，音乐方息，此时洒四七一一香水数滴于衣襟上，香气四溢，心身为之一爽，再舞更见活泼。"①这则广告直言香水可以为跳舞助兴。 《夜阑人散兴尤浓》云："时已午夜，乐每作必登场，可谓豪兴矣。 或问终夜舞不知倦，何故？ 则曰彼手袋中必有'四七一一香水'一小瓶，时洒衣襟，香气四溢，自可忘倦；或抹额角，精神立觉振作，及久舞过劳，夜不成寐，则洒数滴于枕边，其香气之柔和，确能令人好睡。"②这则广告夸香水既可提神，又可安眠。

除跳舞外，游园也为当时上海比较常见的休闲方式。 "不少市民喜欢假日结伴游园，以洗却都市的烦嚣。"③旁氏白玉霜广告便利用游园来进行营销，"春光明媚之时，仕女出游、宴会而修妆，应搽此霜以增美"④，渲染其增美之效；"乘汽车出游固乐事，但有时尘土四起，最与皮肤有害，预防之方法，在未出行前先搽旁氏白玉霜少许"⑤，强调其防尘之效，为人们出行游玩之首选。

清末教育改革后，男女同校渐为趋势。 蔻丹修指用品广告便利用男女学生之交往推销产品。 其广告词云："男女同校，交际公开，握手言欢，既流行于社会，耳鬓厮磨，尤习见于课堂，接触既密，观察自精，手臂指甲最易注目，如指甲捲皱，手臂粗裂，他人虽未明言，自己实惭形秽。 幸有蔻丹修指用品出，不必多费工夫，即使手如美玉，与人晤对，坦然无忧。"⑥这则广告将女学生视为受众，并把学校生活纳入广告之中，独具匠心。

③爱国诉求。 由于近代中国工业的落后，化妆品大多来自国外，"尤以法国为最多，英日次之"⑦。 这些舶来品打着"风行世界""质料优良"等

---

① 四七一一香水广告《一舞再舞兴未已》，《申报》1928年8月22日，第20版。
② 四七一一香水广告《夜阑人散兴犹浓》，《申报》1928年10月31日，第11版。
③ 熊月之主编：《上海通史》第九卷，上海人民出版社1999年版，第179页。
④ 旁氏白玉霜广告《春光明媚》，《申报》1920年4月4日星期增刊，第17版。
⑤ 旁氏白玉霜广告，《申报》1920年5月2日，第23版。
⑥ 蔻丹修指用品广告，《申报》1924年12月21日，第8版。
⑦ 海客：《谈化妆品》，《申报》1925年9月25日，第17版。

旗号在华倾销，"每岁输入者其数可惊，就中以饰发品一项而论，年亦不下百万金"①，既阻碍了民族工业的发展，也伤害了国人的自尊心。随着 20 世纪初国货运动的兴起，爱国成为化妆品最大的卖点。如雅霜呼吁"请君爱国爱己"②、震寰香蜜水宣称"国货中特出精品"③等。"五卅惨案"发生后，广生行"双妹"老牌化妆品以"同胞注意"为题材，呼吁全国同胞"勿忘五卅之国耻，一致提倡国货，父诏其子，兄勉其弟，朋友相劝，非国货不用"，并强调"本公司痛国家之将亡，悼同胞之惨死，特将原有各种精良化妆品，不惜重大牺牲，更发考求，精益求精"④。广生行"双妹"老牌化妆品广告还采用家书形式进行营销，其广告词云："亲爱的郎君：得接你寄来某仇货化妆品，我非常恐惧，所以不敢试用。……既（现）在劝我亲爱的郎君，切勿再寄此类仇货，恐怕我用了，会蹈某军阀的下场，反累了我亲爱的郎君。亲爱的郎君呵，国货化妆品中，如双妹老牌雪花膏，若涂之面上，自能令人悠然发生爱国之观念，如果你送双妹牌化妆品给我，我就非常感激你，而且相信你是个真正爱国男儿。"⑤当时人们"把'国货'同爱国紧密地结合起来，从而顺理成章地将消费国货的行为纳入爱国主义的内涵之中，把消费国货的行为高尚化"⑥。

5.5.3　广告之特点

此外，20 世纪 20 的年代《申报》化妆品广告还有如下特点。

其一，突出产品功能。众所周知，化妆品的主要功能在于掩饰个人外表的不足、增强外观的吸引力，因此化妆品广告不遗余力地突出甚至夸大其功效，如旁氏白玉霜广告称"御寒耐冬，舍此莫属，保护皮肤，可称元帅"⑦；

---

①　《锡尔康公司三周纪念》，《申报》1929 年 3 月 20 日，第 6 版。

②　雅霜广告，《申报》1921 年 1 月 19 日，第 9 版。

③　震寰香蜜水广告，《申报》1922 年 2 月 8 日，第 8 版。

④　双妹老牌化妆品广告《同胞注意》，《申报》1925 年 6 月 27 日，第 10 版。

⑤　广生行公司广告《一封信》，《申报》1926 年 9 月 11 日，第 14 版。

⑥　王儒年：《申报广告与上海市民的消费主义意识形态》，上海师范大学博士学位论文，2004 年，第 186 页。

⑦　旁氏白玉霜广告，《申报》1920 年 2 月 8 日星期增刊，第 1 版。

嫩面香广告云"粗糙皮肤，能变细腻；黝黑面色，能使洁白；苍老面孔，能化娇嫩；面生雀斑，能渐消除"[1]；发发药水广告吹嘘"能使秃发重生，白色变黑，试用一瓶以后，其效大奏，一试方知"[2]；司丹康美发霜广告直言"于卷梳后遍搽发际，必能使其平服，终日不动，而且光滑齐整，美不胜言，洗发后搽此霜亦佳"[3]；四七一一香水广告突出"纯洁馥郁，去倦益神，常用洗沐，肌肤柔腻"[4]；所梳敦恬牙粉强调刷牙后，"口腔必觉清凉爽快，牙床可以坚固康健"[5]。

其二，植入美女图像。 由于化妆品的主要消费对象为女性，因而《申报》化妆品广告多以年轻美丽的都市女性为代言人，带给女性虚幻的美梦。如"三星"牌雪花精广告图中有一位穿对襟碎花中袖布衫、着素色花边及踝长裙、脚穿尖头高跟鞋的时髦女性面带微笑，颇引人注目。[6] 香亚公司雪花膏、花露水广告中有一位穿紧腰绣边上衣、下着碎花裙子、头盘发髻的时尚女子正在凝视。[7] 固龄玉牙膏广告中的插图为一位身着短袖旗袍、烫波浪卷发的都市女子。[8] 此外，从四七一一香水广告的侧露香肩[9]、柯路辫蓝腰牌爽身粉的半露美背[10]，到"先施"牌花露水的浴盆中微显胸部轮廓[11]，这些女性已成为单纯的"性"符号被媒体滥用。 正如学者所言："将女性美的其他成分，如气质和风韵的美、道德精神的美、理性智慧的美等丢放置于一边，而只将女性视作'性'符号进行关照，关注女性外表的美，注重女性身体的性感

① 嫩面香广告，《申报》1928年2月24日，第1版。
② 发发药水广告《梳妆新法》，《申报》1928年1月5日，第4版。
③ 司丹康美发霜广告，《申报》1925年1月27日，第18版。
④ 四七一一香水广告《一舞再舞兴未已》，《申报》1928年5月30日，第22版。
⑤ 所梳敦恬牙粉广告《健康之基础》，《申报》1923年6月3日星期增刊，第2版。
⑥ "三星"牌雪花精广告《美容秘诀》，《申报》1921年4月15日，第9版。
⑦ 香亚公司广告，《申报》1921年6月16日，第9版。
⑧ 固龄玉牙膏《如此美味》，《申报》1927年7月21日，第8版。
⑨ 四七一一香水广告《阑汤浴罢余香在》，《申报》1928年6月20日，第18版。
⑩ 柯路辫蓝腰牌爽身粉广告，《申报》1927年6月23日，第15版。
⑪ 先施虎牌花露水广告，《申报》1923年7月8日，第16版。

以及女性眉目间的色情成分，就成为男性观看下的女性。"①

其三，重视权益保护。 为了保护消费者权益，《申报》时常刊登防止假冒伪劣化妆品的广告。 如雅霜化妆品的广告称其"商标正面为隶书雅霜二字，字为白地黑边，上格为白地西文雅霜之译意，下格为白地西文大陆之名称，空间系绿色地满绘黑色直线"；"如有类似此式者，其速自动取消，否则本药房得随时依法诉究，莫谓言之不豫也"②。 广生行"双妹"老牌化妆品的广告宣称"本公司之双妹商标曾经在中英等国政府注册，别人不得冒效及影射。 ……惟世风日下，人心不古，有等无耻之徒、奸贪之辈，希图渔利以伪乱真，将所制恶劣之品冒我商标，或摹做招纸之形，肆其影射"③。

诚然，20 世纪 20 年代的《申报》化妆品广告也对当时社会产生了深远的影响。 首先是这些化妆品广告为西方生活方式、思想观念及科学知识的传入提供了平台。 当时大量关于皮肤清洁、口腔卫生、毛发保养等的内容相继见诸《申报》化妆品广告之中，如"靶子"牌肥皂广告称"夫言卫生，必先清洁，欲求清洁，必得精美肥皂勤事洗濯"④，棕榄香皂广告直言"身体上无论染了什么病，都是危险的，若是染了皮肤病，更需要医治，但是最好要在未染之前，先将皮肤，使之清洁"⑤。 这既有助于增强读者科学的卫生知识，也有助于人们养成健康的生活观念。 其次是这些化妆品广告刺激了女性消费者的欲望，驱使人们竞相购买。 如作家琦君在《髻》中写道："我睡觉时挨着母亲的肩膀，手指头绕着她的长发梢玩儿，双妹牌生发油的香气混着油垢味直熏我的鼻子。"⑥沈从文也在《静》中描述道："走到厨房去，翠云丫头正在灶口边板凳上，偷偷地用无敌牌牙粉当成水粉擦脸。"⑦这表明化妆品已被

① 马中红：《被广告的女性：女性形象传播的权利话语研究》，新华出版社 2009 年版，第 154 页。

② 雅霜化妆品广告《大陆雅霜警告冒牌及影戤》，《申报》1928 年 9 月 29 日，第 4 版。

③ 广生行双妹老牌化妆品广告《提防假冒双妹老牌生发油》，《申报》1925 年 6 月 4 日，第 5 版。

④ 靶子牌肥皂广告《卫生第一》，《申报》1922 年 7 月 1 日，第 22 版。

⑤ 棕榄香皂广告《皮肤病与棕榄香皂》，《申报》1923 年 6 月 7 日常识增刊，第 2 版。

⑥ 琦君：《绮君散文》，浙江文艺出版社 2015 年版，第 75 页。

⑦ 沈从文：《沈从文名作欣赏》，中国和平出版社 2010 年版，第 149 页。

社会各界所接受，并在一定程度上刺激了民族化妆品工业的发展。 20 世纪
20 年代上海四家化妆品工厂即广生行双妹老牌化妆品公司、中国化学工业
社、家庭工业社、香亚公司，或添置生产设备，或增加资本建立新厂，或扩充
产品门类。 如 1912 年成立的中国化学工业社，虽"历年仍有亏折"，但
1920 年在沪西槟榔路建立了第一工厂，1923 年续建第二工厂，1928 年又建立
了第三工厂。①

总之，20 世纪 20 年代的《申报》化妆品广告，采用多种表达方式，运用
多样诉求形式，突出产品功能，重视权益保护，传播了西方生活方式和近代
科学知识，刺激了民族化妆品工业的发展。 20 世纪 20 年代的《申报》化妆
品广告不仅折射了当时的社会场景，也凸显了近代广告的蜕变模式，为现代
广告发展提供了必要借鉴。

5.6 抗日战争时期国民政府经济政策

抗日战争全面爆发后不久，日军就占领了大半个中国，沿海经济发达的
地区和几乎所有重要的大中城市都落入敌军之手，在这样的情况下，国民政
府在抗战期间要维持五六百万人的军队和庞大的政府机构，没有有效的战时
经济政策是不可能的。 因此，国民政府采取了一系列战时经济政策，以适应
战争环境的需要。 过去的现代史、革命史、党史对此都毫无例外地持否定态
度，认为它导致了通货膨胀，加剧了对人民的掠夺，促使了官僚资本急剧发
展，阻碍了社会经济的发展。 但是事实上国民政府的战时经济政策使国民政
府有效地支撑了战时财政，保障了战时供给，在一定程度上影响着抗战的进
程，所以我们对战时经济政策不能简单地加以否定，必须做多方面的考察和
全方位的分析，这样才能认清问题的实质。

---

① 亦敏:《中国化学工业社》,《妇女与国货》1936 年第 2 期。

5.6.1　政策之背景

抗战初期，由于国民党军队在外敌面前节节败退，作为中国主要工业地带和金融重心的东部地区沦陷，国民政府的经济形势严重恶化。 战前，我国东部地区经济占国民政府财政收入的 90%。 据国民政府实业部统计，1937 年前全国共有各类工厂 3935 家，而分布在东部省区的就达 2998 家，占总数的 76.19%，且长江下游苏浙沪就有 2336 家，占总数的 59.11%，仅上海一市就有 1235 家，占总数的 31.39%。[①] 抗战全面爆发后，日军首先占领的就是这些经济发达地区，这使得国民政府经济损失惨重，因为构成国民政府收入命脉的关税、盐税和统税三大收入主要来自这些地区，主要工业和金融也集中在这些地带。 这样，其财政顿时陷入危机。

在经济危机的情况下，1938 年 3 月国民政府在汉口召开了临时全国代表大会，通过了《抗战建国纲领》，提出了今后抗战以军事为中心，以经济建设为重点。 这就是说国民政府从抗战一开始便关注到经济建设问题。 蒋介石曾说过，今后形势，三分军事，七分经济。 孔祥熙也说过："现在战争的胜败关键，不仅取决于武力，经济力之强弱与持久力之久暂，尤关重要。"[②]

当国民政府正做着经济梦时，日军又发动了大规模的进攻，1938 年 10 月，华中、华南沦陷，汉口陷落。 国民政府被迫内迁重庆，这样，中国领土的三分之一强，工业生产的 92%，农业生产力的 40% 左右都丧失殆尽。[③] 中国抗战处于危急关头。 为了稳定局势，继续抗战，国民政府采取了一系列战时经济政策。

5.6.2　政策之内容

战时经济政策是国民政府为了解决抗战时财政经济的严重困难而采取的

---

① 中国人民政治协商会议全国委员会文史资料研究委员会：《工商经济史料丛刊》第二辑，文史资料出版社 1983 年版，第 63 页。

② 池田诚：《抗日战争与中国民众——中国的民族主义与民主主义》，求实出版社 1989 年版，第 125 页。

③ 张公权：《中国通货膨胀史（1937—1949）》，文史资料出版社 1986 年版，第 1 页。

非常政策和措施，涉及金融、财税、贸易、工农业生产等各个领域。

（1）财政金融政策。

①大规模发行公债。 沿江沿海地区的沦陷，使国民政府的主要财源几乎全部丧失，财政收入锐减。 1939年，原占国民政府财政收入主体的关税、盐税和统税只有1936年的30％。 随着战争的延续，军费支出浩繁，其他费用也日增，而国库收入日竭，因而只好强行地发行公债，仅1938—1939年国民政府就发行了短期国库券、救国公债、国际公债各5亿元，金公债55亿元，赈济公债300万元，从1938年到1944年，国民政府财政部发行的内债就有18种之多，合计法币151亿多元、英镑2000多万元、美元2.1亿元。

②改革税收制度。 为了增加税收收入，国民政府把税收重点由间接税转到直接税，把统税扩大为货物税，形成几乎无物不税的状况，还增加了新税种，开征遗产税、印花税、食盐附加税等，并大大提高税率。 1940年又颁布了《中华民国公库法》，将地方政府的税收交由中央银行直接收存，以加强政府的调控能力。

③金融中央集权化。 国民政府在战时把中央银行、中国银行、交通银行、农民银行统一起来，实行战时管理，组建了四行联合办事总处（简称四联总处），由蒋介石亲任主任，负责资金的调配和联合贷款等方面的工作；并颁布了《巩固金融办法纲要》，加强对金融的管理，还实行了《非常时期安定金融办法》，限制个人提取存款，等等。 1942年，国民政府又规定全国货币的发行都统一于中央银行，于是中央银行又直接垄断了法币的发行权。 这些措施便于战时金融的稳定，并使其顺利地转入战时体制，迅速进入战时状态。

④外汇管制。 七七事变后，金融市场出现大肆抢购外汇风潮，日本侵略者也利用所掠夺的法币套购外汇，从而使国民政府的金融体系濒于崩溃边缘。 国民政府在1938年3月颁布了《外汇清核办法》，实行外汇管制，由官方垄断外汇的价格，并限制外汇的兑换。

⑤通货膨胀政策。 1940年日军封锁滇越、滇缅公路，并加紧包围内地，导致内地物资奇缺，这样国民政府便强制推行通货膨胀政策，以榨取民间储蓄和商人囤积的物资，将此作为确保战略物资的一种手段。 据官方公布的数字，1937年底国民政府法币发行额为16亿元，1940年6月国民政府发行了

39 亿多元法币,比之前增加了一倍多,同年 12 月法币发行额高达 78 亿多元,在不到半年时间又翻了 1 番,到 1945 年底,国民政府法币发行额为 10310 亿元,8 年内法币发行总量增加了 738 倍。[①] 法币的大量发行,导致了物价飞涨,商业投机猖獗,破坏了民族工业,伤害了民众生活。 但在抗战困难时期,这是确保战时物资供应的一种迫不得已的办法,同时也是对日本侵略者企图实施在华就地补给计划的沉重打击。

（2）经济统制政策。

经济统制是国际上应付大规模战争的惯例。 战时,为了应付财政上的困难,弥补战争的惊人消耗,国民政府采取了经济统制政策,其主要措施如下。

①田赋征实。 1941 年 4 月国民党五届八中全会决定将田赋收归中央,并改征实物。 其具体操作办法是以 1941 年度各省田赋的正税和附加额每元折稻谷 2 市斗为标准,产麦及杂粮地区按等价征收。 这种统制措施是为了加强对粮食的严密控制,以确保战时的军粮民需。 但由于在征收时政府任意提高标准,使人民的负担大大加重,如 1942 年国民政府就将折征标准提高到每元税额折稻谷 4 市斗[②],并在各地随时征购、征借粮食,大量粮食被无偿地以"购"和"借"的名义掠走,加剧了人民生活的贫困。 但是我们也必须注意到 1941—1945 年国民政府通过征实的办法共获得粮食 2.449 亿石[③],这是抗战时期一项重要的物资保证。

②统购统销。 1937 年国民政府设立贸易委员会,下辖复兴、富华、中茶三大公司,负责国统区的生丝、茶叶、猪鬃、桐油等物资的统购统销;另设资源委员,负责对钨、锑、锡、汞等矿产品的统购统销。 1942 年又成立了物资局(后改为棉花纱布管制局),对棉花、纱布实行统购统销。 这些措施使政府得以掌握大量重要的物资。 据统计,抗战时期国民政府共收购茶叶 190 万担、桐油 180 万担、猪鬃 8 万多公担、丝茧 7 万公担、羊毛 44 万多公担,[④]它

---

① 北京师范大学历史系中国现代史教研室编:《中国现代史》下册,北京师范大学出版社 1983 年版,第 144 页。

② 董长芝:《中国现代经济史》,东北师范大学出版社 1988 年版,第 119 页。

③ 杨荫溥:《民国财政史》,中国财政经济出版社 1985 年版,第 119 页。

④ 杨荫溥:《民国财政史》,中国财政经济出版社 1985 年版,第 134 页。

们在对外贸易及创汇偿债等方面起着重要的作用，使我国在战时能源源不断地获取大批军事物资和工业器材，对保证抗战的需要和建设大后方有着积极的意义。 此外，这种政策使政府得以以低价购进，高价出售，获取高额的利润，增加了财政收入，在一定程度上缓解了战时的财政困难。 以棉纱为例，据估算当时收售比价为1∶12，1945年国民政府此项收入就高达490亿元，是当年税收总收入的4.5倍。 有人测算，抗战时期政府统购统销的收入是当年税收总收入的3—6倍。① 但是我们也必须注意到这些收入皆是以牺牲广大民众的利益为前提的，榨民髓以充国库，危害极大。

③专卖制度。 1941年4月国民政府成立了专卖事业管理局，从1942年元月开始先后对糖、烟、酒、火柴、茶叶等6类物品实行专卖。 这一制度的实施使国民政府得以利用其专卖权和专卖品，抬高物价，搜刮民众，无疑使人民生活雪上加霜，却大大便利了政府官员投机倒把、从中牟利。 但它的实施又使国民政府财政收入大增，据统计，1942年的专卖收入达13.57亿元，占当年全部税收的48.65%；1943年的收入达31.57亿元，为同年全部税收的25.8%，②对缓和当时的财政危机还是有一定积极意义的。

（3）经济体系的重建。

①工业内迁与战时的工业政策。 国民政府在抗战艰难的形势下，为了持久抗战的需要，也进行了一定规模的工业建设。 当时西南的工业十分落后，近代工厂只占全国的8%，发电量只占全国的2%，在四川、湖南、广西、云南、贵州、甘肃、陕西7个省份的工厂资本只占全国的4.21%，工人只占全国的0.79%，而西康、宁夏、青海3省无一家近代工厂，③因而试图在这样落后的地区建设工业，其困难是可想而知的。 为此，国民政府组建了西南经济建设委员会，下设中央迁厂委员会，强行将在沿海地区的工厂迁往内地，以作为内地工业建设的基础。 据国民政府经济部统计，从七七事变到1940年陆续迁往西南的厂矿共488家，机器材料达7090多吨，技术工人1200余人，

---

① 杨荫溥：《民国财政史》，中国财政经济出版社1985年版，第141页。
② 杨荫溥：《民国财政史》，中国财政经济出版社1985年版，第127页。
③ 池田诚：《抗日战争与中国民众——中国的民族主义与民主主义》，求实出版社1989年版，第126页。

而且绝大部分都已复工。 大批工厂的内迁有力地促进了当地工业的复苏,内地工业开始呈现生机。 在 1939 年川滇黔三省新兴的工业中,其资本总额逾 2 万元的就有 472 家,其中四川有 382 家,贵州有 49 家,云南有 41 家。①

由于内地工业基础薄弱,再加上抗战时商业资本被破坏,因而需要政府出面对内地工业体系进行构建,于是国民政府经济部成立了工矿调整处,负责向民间工厂发放贷款;四联总处则以政府规定的低利长期贷款形式向各种官营企业提供贷款,1937—1939 年贷款额为 4932 万元,1941 年约 20934 万元,1942 年猛增到 92306 万元。② 这些金融资本的投入为内地工业体系的构建解除了燃眉之急,因而内地工业得以迅速发展。 据有关资料统计,战时内地工厂的开工数目日益上升,1938 年为 209 家,1939 年为 419 家,1940 年为 571 家,1941 年为 866 家,1942 年为 1138 家;③工业生产力也持续增长,若以 1938 年的生产指数为 100,那么 1939 年则为 130.57,1940 年为 188.58,1941 年为 242.96,1942 年为 302.17。④ 即使在比较偏远的西北地区,工业也有一定的发展,如 1944 年陕西省各类工厂剧增至 246 家,资本总额从战前的 1913 万元增加到 9639 万元。⑤ 值得强调的是,战时金融资本流入工业领域是不均匀的,那些所谓国营或省营的官方企业所流入的资本较多,民族工业的资本流入却很少;而且内地工业的发展是畸形的,主要集中在军事及与之相关的部分;在时间上也是短暂的,内地工业的迅速发展在 1942 年后就走下坡路了,民族工业尤为明显。

②战时的农业政策。 国民政府在《抗战建国纲领》中提出,要以"全力发展经济,奖励合作,调剂粮食,开垦荒地,茂通水利"为其中心工作。 此

---

① 彭明主编:《中国现代史资料选辑》第五册,中国人民大学出版社 1989 年版,第 312 页。

② 池田诚:《抗日战争与中国民众——中国的民族主义与民主主义》,求实出版社 1989 年版,第 136 页。

③ 彭明主编:《中国现代史资料选辑》第五册,中国人民大学出版社 1989 年,第 319 页。

④ 池田诚:《抗日战争与中国民众——中国的民族主义与民主主义》,求实出版社 1989 年版,第 138 页。

⑤ 池田诚:《抗日战争与中国民众——中国的民族主义与民主主义》,求实出版社 1989 年版,第 133 页。

后，国民政府把西南农业的开发作为工作重点，制订了战时农业政策，主要
有两个方面：一为开发农村未垦荒地，兴修水利，改良和推广农业生产技术；
二为调剂农村金融，组织生产合作社。

国民政府针对后方荒地甚多的情况，积极劝导民众开荒垦殖，并以种种
优惠措施，如减免租税和承认开荒者的所有权等加以鼓励。这样扩大了内地
的耕地面积，为日后的粮食增产打好了基础，也为安置战争难民创造了条
件。同时国民政府也十分重视兴修水利，以增加农田的灌溉面积。1941年
国民政府在川、黔、滇、桂、陕、甘、豫等7个省完成了15个大型水利工
程、1610个小型工程；1942年扩大到12个省，完成大型水利工程46个、小
型水利工程252个，3年间受益的耕地面积达233万亩，[1]因而即使出现了
1941—1943的自然灾害，农业收成依然基本上保持战前的水平。由于当时百
姓十分贫困，再加上战争的影响，农村资金十分贫乏，国民政府通过发放农
业贷款的形式，在不同程度上扶助了战时的农业生产。1940年国民政府指令
农本局、中国农民银行、交通银行等向合作社、合作金库、农业金库等机构贷
款1532万元，以充实农村金融。1940年2月四联总处向农业大省四川贷款
8000万元，用于发展蚕丝、稻麦、棉花等方面的生产。此外，四联总处还积
极投资于垦荒和水利事业。1941年仅水利贷款就高达3080万元，1942年增
加到7780多万元。[2]因此，抗战时期内地农业在不同程度上有所发展。试
以1938年与1937年相比较，陕西省小麦面积就增加到200万亩，产量达100
万担；四川省产棉花90万担，为上年产量的2倍。据当时14个省统计，
1938年小麦产量为206505千市担，比上年增加5.2%；棉花产量为5611千市
担，比上年增加14%；稻谷产量为815846千市担，比上年增加7%。[3]这还
只是抗战初期的数字，就有力说明了战时的农业是在发展的。另据《国民政

---

① 池田诚：《抗日战争与中国民众——中国的民族主义与民主主义》，求实出版社1989
年版，第131页。

② 池田诚：《抗日战争与中国民众——中国的民族主义与民主主义》，求实出版社1989
年版，第131页。

③ 彭明主编：《中国现代史资料选辑》第五册，中国人民大学出版社1989年版，第
293—294页。

府年鉴》附表中的统计数字，抗战以来西南地区粮食和棉花的产量较战前有显著的增加。 由此可见国民政府战时的农业政策还是有一定成效的。

5.6.3　政策之评价

如何总体评价国民政府战时的经济政策？

第一，从抗战的一些历史事实来看，国民政府的经济政策是有效的，也是成功的。 抗战时期国民政府虽然得过美国"租借法案"的援助，但总量不多，仅有 6.31 亿美元，而同期英国则获得 300 多亿美元，苏联得到 98 亿美元，相比较而言，国民政府的外援少得可怜，只是英国的 2.08%，甚至不及苏联的零头。 这表明中国的抗战基本上是完全依靠自己的。 战争实质上是双方经济实力的较量，而中国的抗战时间长、规模大、程度惨烈，在世界军事史上都是罕见的。 从这个角度来说，没有一定的经济基础和经济实力，抗战是无法坚持下去的。 事实上，中国抗战坚持了 14 年之久，并取得了最后胜利。 这一切与国民政府的战时经济政策是分不开的。 它夯实了中国社会的经济基础，壮大了抗战的经济力量，提高了战时的综合国力。 因此，日本学者菊池一隆说："从抗日角度来看，重庆政府的经济政策不是失败，而是成功的。"[1]

第二，既然国民政府战时经济政策是抗战这一特殊历史时期的产物，服务于抗战这一主要目的，因而人们在评价其历史作用时就必须着眼于战争，认真分析它在战争中所扮演的角色，仔细考察它在战争中所发挥的作用。

经济统制政策使国民政府在战时掌握了巨额的物资，从粮食到矿产，应有尽有。 这对保证军需民用是十分重要的。 这些主要物资在战时向英、美、苏等盟国换回了价值 20 亿美元的军火和其他战略物资，对支援抗战无疑起了不少作用。 另外，政府对国内主要商品如粮食、棉花、纱布等的管制，盐、糖、火柴、烟、酒等的专卖，对保证军需民用、增加财政收入和稳定市场金融，同样起到一定的作用。 战时的财政金融措施虽然存在许多不合理的地

---

[1]　池田诚:《抗日战争与中国民众——中国的民族主义与民主主义》,求实出版社 1989年版,第 141 页。

方，带有掠夺性，但它开辟了新财源，据估算达 2000 亿元左右，大大增加了国民政府收入，缓和了财政危机。 又如发行公债，在一定程度上弥补了抗战初期巨额的财政赤字，帮助政府度过了财政危机，避免了社会经济的崩溃；金融集权化便于政府在战时集中有限的财力，有针对性地应付战争的巨额费用；外汇管制，初步稳定了当时急剧变化的汇率，巩固了法币的信用，实现了国民经济的相对平衡，粉碎了日本侵略者企图破坏中国财政金融体系的阴谋。 内地工业建设，促使了生产力的增长，增强了国防力量，特别是常规武器的生产达到了自给自足。 从 1937 年到 1942 年，中国军队共补充步枪 70 万支，轻机枪较战前增加 1.5 倍，重机枪增加 32 倍，各种大炮增加 2.4 倍[①]，同时还补充了大批战略物资，这些基本上都是由中国内地企业生产供给的。农业生产的复兴，增加了粮棉的有效供给，巩固了战时最重要的物质基础，缓解了战争的社会压力，其积极意义还是不应忽视的。

抗战时，由于战争的侵扰，社会上物资奇缺，物价飞涨，数以千万计的人流离失所。 战时经济政策使政府加强了对生活必需品的控制和调配，对防止投机商囤积居奇，有针对性地调节市场，赈济灾荒，在兵荒马乱的年代维持数亿百姓最低限度的简单生活，避免社会的剧烈动荡，有着一定的作用。 国民政府战时经济政策在某种程度上缓解了百姓生活状况的恶化。

第三，诚然，我们也要看到战时经济政策是一种非常措施，在许多方面有着极不合理性，导致其在实施过程中产生诸多负面效应。 譬如统购统销政策，虽然对战有裨，但弊病丛生。 其一，生产者不能自由出售产品，商人也不能直接收购，只能卖给统制机构，但是统制机构却不能全部收购。 抗战初期，内地年产猪鬃七八万担，而复兴公司只收购 2 万担；有些甚至统而不购，如 1943 年四川省烟叶丰收，但无烟草公司前往收购。[②] 其二，违反价值规律，贱买贵卖，收价大大低于成本价，有的甚至仅为成本价的几分之一，诸如矿产品的牌价只有成本价的 1/4，棉纱的价格只有成本价的 1/10。 这种经济

---

① 池田诚：《抗日战争与中国民众——中国的民族主义与民主主义》，求实出版社 1989 年版，第 136 页。

② 张宪文主编：《中华民国史纲》，河南人民出版社 1985 年版，第 587 页。

政策的不合理性，在某种意义上可以说是政权和制度腐败的反映，因而在实施过程中所产生的负面效应也是十分明显的。 一方面，它加重了人民的负担，极大地损害了民众的利益，也伤害了民众生产的积极性。 通货膨胀政策和专卖制度使物价猛涨，投机成风，大大加重了民众的负担。 政府利用经济统制政策，明目张胆地掠夺，严重摧残了民族工业和农业生产。 如广西地区矿业十分发达，自政府实行矿产统制以来，"政府收价常有不及成本，遂致业矿者因不堪亏折被迫倒闭"①。 因政府压低农产品收购价，农民的利益受到严重损害。 如 1939 年广东省顺德县农民交售生丝，每担"实亏去二百七十元"②；又如桐油，1942 年收购价比市场价每担差 100 元，1943 年则差 1300元。③ 这种统制政策严重挫伤了生产者的积极性，导致人为削减产量，如"桐农以桐油生产不及工本"，"不仅不欲再事栽植，即已成林之桐树任其荒芜，不加整理，甚至砍作柴薪，改种其他作物"④。 另一方面，由于官员贪污受贿，徇私舞弊，直接影响着战时经济政策的运行。 吴玉章曾指出："统制机构与人的问题，仍然难免假公济私，贪污揩油积习在作弊。 尤其令人惋惜的是比较高级的机构，凭政治力量，也在其中牟利。"⑤社会经济生活也因此遭到破坏。 如某养蚕地区在统制后，每家桑叶必卖于统制局，每家养蚕所需桑叶又必须到统制局去买，而且出茧后必须贱卖于统制局，这样，农民遭到统制局无理无情的剥削，不但一点可怜的微利被剥夺，而且投入的人工成本也收不回，时常还要赔钱。 "后来养蚕之家，都不愿养，甚至已养的幼虫，都弃掉了。"⑥正是这些弊病造成了抗战后期民族工商业和农业的严重衰退，例如 1942 年重庆有工厂 871 家，1943 年就倒闭了 270 多家。⑦

---

① 张宪文主编：《中华民国史纲》，河南人民出版社 1985 年版，第 584 页。
② 张宪文主编：《中华民国史纲》，河南人民出版社 1985 年版，第 590 页。
③ 张宪文主编：《中华民国史纲》，河南人民出版社 1985 年版，第 590 页。
④ 张宪文主编：《中华民国史纲》，河南人民出版社 1985 年版，第 587—588 页。
⑤ 彭明主编：《中国现代史资料选辑》第五册，中国人民大学出版社 1989 年版，第 288页。
⑥ 彭明主编：《中国现代史资料选辑》（第五册），中国人民大学出版社 1989 年版，第286 页。
⑦ 石岛纪之：《中国抗日战争史》，吉林教育出版社 1990 年版，第 112 页。

总之，抗战时期国民政府的经济政策，既不能全盘肯定，也不能全盘否定，而是要结合当时的历史做具体的分析。

6

中国近代人物之画像

由于中国近代社会复杂多变，历史人物也是多元的，从湘军将领、维新巨擘、进步报人、地方文人等人物图像中可再现历史的本相。

6.1 梁启超的交友与行走

6.1.1 清末民初恽毓鼎与梁启超的关系

恽毓鼎[①]，字薇孙，又字澄斋，1882 年考中举人，1889 年考取进士，历任翰林院编修、侍读学士、国史馆提调、日讲起居注官、讲习馆总办、编书处总办、宪政研究所总办等职，民国后赋闲在家，以行医卖字为生，是清末民初典型的士大夫。 而梁启超作为清末民初的重要思想家和政治家，宣扬民主思想，传播西方文化，推进政治变革，在当时的历史舞台上风云一时。 然而，在瞬息万变的特定历史时期，这两个代表不同历史发展方向的人物却因历史

---

① 学术界对恽毓鼎的研究刚刚起步，相关研究主要集中在人物介绍和史料价值等方面，如王学泰的《慈禧、光绪身边的史官——从〈澄斋日记〉看恽毓鼎的一生》《紫禁城》2006 年第 7 期）介绍了恽毓鼎的生平活动；赵亮的《一部晚清信史——读〈恽毓鼎澄斋日记〉有感》（《社会科学战线》2007 年第 1 期）和马延炜的《再论〈恽毓鼎澄斋日记〉的史料价值》（《社会科学战线》2008 年第 11 期）指出恽毓鼎日记涉及晚清重大历史事件和重要历史人物，而且保留部分学术文化史料，具有较高的史料价值；史晓风的《晚清恽毓鼎与法国学者铎尔孟交往史料》（《北京师范大学学报》2006 年第 3 期）指出恽毓鼎日记对于中法关系史研究有一定的参考价值；迟云飞的《从恽毓鼎日记看晚清北京城》（《近代中国的城与乡村》，社会科学文献出版社 2006 年）通过恽毓鼎日记来勾画晚清北京城的风貌。然而，学界对恽毓鼎的深入研究并不多见，目前已知的研究成果主要有：李长莉的《开放的时代与保守的个人：一个清末士大夫思想与生活的两重世界》（《学术研究》2007 年第 11 期）和任青的《走近晚清士大夫的心灵世界——读〈恽毓鼎澄斋日记〉》（《中华读书报》2004 年 11 月 13 日）揭示了恽毓鼎复杂的内心世界，指出其内在思想世界是守旧的，而文化生活世界则趋新，这使他与时代的变化具有一定的重合及包容度；苏有全的《史官参政：恽毓鼎的经济思想探析》（《河南师范大学学报》2008 年第 4 期）主要探讨了恽毓鼎的经济思想；林志宏的《〈恽毓鼎澄斋日记〉所见清移民的政治认同》（《两岸发展史研究》第二期，台湾"中央大学"历史研究所，2006 年 12 月）着重考察了恽毓鼎对清廷和民国复杂的政治态度；田彤的《晚清朝臣文化与政治价值取向的两歧——以〈恽毓鼎澄斋日记〉为例》（《辛亥革命史丛刊》第 13 辑，湖北人民出版社 2007 年版）则指出恽毓鼎在价值取向上表现出文化趋新与政治守旧相对立，体现了历史解释的合逻辑性与非逻辑性的统一。上述这些研究成果触及恽毓鼎的生平活动、社会交往、心理变化、政治态度和价值取向等，但对恽毓鼎与梁启超之间关系的探究却付诸阙如。

际遇而扭结在一起,从而凸显出清末民初历史发展的多样性与复杂性。

20世纪初,世界潮流激荡,梁启超自语"须将世界学说为无限制的尽量输入"①,遂撰写文章,传播西方学说,成为"舆论之骄子,天纵之文豪"。其文犹"雷鸣潮吼,恣睢淋漓,叱咤风云,震骇心魄,时或哀感曼鸣,长歌代哭,湘兰汉月,血沸神销,以饱带情感之笔,写流利畅达之文,洋洋万言,雅俗共赏,读时则摄魂忘疲,读竟或怒发冲冠,或热泪湿纸"②。作为典型传统士人的恽毓鼎也被梁启超的论著所吸引。

戊戌变法失败后,梁启超东渡日本。而日本经过明治维新之后,西方文化大行其道,梁启超借机广泛涉猎西方思想学术学说,"思想为之一变"③。他根据"日本人的重述、节述或译文"积极译介西方学说,"所介绍的有霍布士、斯片挪沙、卢梭、倍根、笛卡儿、达尔文、孟德斯鸠、边沁、康德诸人",因此"国内大多数人之略略能够知道倍根、笛卡儿、孟德斯鸠、卢梭诸人的学说一脔的,却不是由于严复几个翻译原作者而是由于再三重译或重述的梁任公先生"④。

梁启超模仿传统学案体撰写了《卢梭学案》《霍布士学案》和《斯片挪莎学案》,介绍了卢梭、霍布斯和斯宾诺莎的学说。19世纪欧洲的自由主义分为英国式和法国式的自由主义,而卢梭的自由主义则是法国自由主义的典范。卢梭宣称"人权者出于天授者也,故人人皆有自主之权,人人皆平等。国家者,由人民之合意结契约而成立者也,故人民当有无限之权,而政府不可不顺从民意"⑤,"自此说一行,欧洲学界,如平地起一霹雳,如暗界放一光明"⑥。梁启超在《卢梭学案》中详尽地介绍了卢梭的社会契约论,指出"民约之议,起于一千五百七十七年,姚伯兰基氏,曾著一书名曰《征讨暴君论》,……其后霍布士、陆克皆祖述此旨,渐次光大,及卢梭,其说益精密,

---

①　梁启超:《饮冰室合集》专集之三四,中华书局1989年版,第65页。
②　吴其昌:《梁启超传》,百花文艺出版社2004年版,第23页。
③　梁启超:《饮冰室合集》文集之十一,中华书局1989年版,第18页。
④　夏晓虹:《追忆梁启超》,中国广播电视出版社1997年版,第70页。
⑤　梁启超:《饮冰室合集》文集之六,中华书局1989年版,第19页。
⑥　梁启超:《饮冰室合集》文集之六,中华书局1989年版,第112页。

遂至牢笼一世，别开天地"①。 他引用了卢梭的一段话来表达社会契约论的
宗旨："卢梭曰：众人相聚而谋曰：吾侪愿成一团聚，以众力而拥护各人之性
命财产，勿使蒙他族之侵害。 相聚以后，人人皆属从于他之众人，而实毫不
损其固有之自由权，与未相聚以前无以异。 若此者即邦国所由立之本旨也，
而民约者即所以达行此本旨之具也。"他还特别指出"卢梭以为民约之目的，
决非使各人尽入奴隶之境"，而在"人人自由，人人平等"②。 恽毓鼎阅读
梁启超的《卢梭学案》，指出"卢氏民约论开十九世纪民主之制"，强调"儒
生笔舌之效，过于开国君相之权"，认为卢梭可谓"世界一人物"；但也指出
梁启超所著的《卢梭学案》"唯详阐其政派，于学派未一字及之，不甚满余
意"③。 梁启超在《霍布士学案》中写道，霍布士"胪举凡人之情状，皆由
利己一念变化而来。 ……故利己一念，实万念之源也。 霍氏因论人生之职
分，以为当因势利导，各求其利益之最大者，以就乐而避苦，此天理自然之法
律，亦道德之极致也"；"霍氏之哲学，理论极密，前后呼应，几有盛水不漏
之观。 其功利主义，开辨端斯宾塞等之先河；其民约新说，为洛克卢梭之嚆
矢"④。 梁启超在《斯片挪莎学案》中指出，斯片挪莎"为荷兰哲学大家，
其论以为凡事物皆有不得不然之理，而天地万物皆循此定轨而行，一毫不能
自变。 故其解自由二字，亦谓为不可避之理而已，而非有所谓人人之自由意
欲者存"⑤。 恽毓鼎言"看梁纂英儒霍布士、荷儒斯片挪莎学案"，"其
（霍氏）宗旨谓凡人之情状，皆由利己一念变化而来，故人生职分，当因势利
导，各求其利益之最大者，以就乐而避苦。 此天理自然之法律，亦道德之极
致也。 其论学颇近《荀子》，论政则近《墨子》，而陈义不如荀、墨之完。
斯氏则谓凡事物皆有不得不然之理，而天地万物，皆循此定轨而行，一毫不
能自变。 故其解'自由'二字，大意谓由此不得不然之理以行，随己意而有

---

① 梁启超：《饮冰室合集》文集之六，中华书局 1989 年版，第 98 页。
② 梁启超：《饮冰室合集》文集之六，中华书局 1989 年版，第 100 页。
③ 《恽毓鼎澄斋日记》，浙江古籍出版社 2007 年版，第 382 页。
④ 梁启超：《饮冰室合集》文集之六，中华书局 1989 年版，第 89—90 页。
⑤ 梁启超：《饮冰室合集》文集之六，中华书局 1989 年版，第 95 页。

所思有所欲，自握天然之权也。 其旨与致良知之说最合"①。 恽毓鼎在这里不但搬抄梁启超的原文，如"凡人之情状，皆由利己一念变化而来，故人生职分，当因势利导，各求其利益之最大者，以就乐而避苦。 此天理自然之法律，亦道德之极致也"；而且还把霍、斯两人的学说与中国传统学说相比较，指出霍布斯之学说"论学颇近《荀子》，论政则近《墨子》，而陈义不如荀、墨之完"，斯宾诺莎之学说"其旨与致良知之说最合"，"哲学之理，明儒逐层剖析，已无遗蕴，西儒探索所得，自有不谋而合者"②。

　　梁启超还陆续撰写了《近世文明初祖二大家之学说》《法理学大家孟德斯鸠之学说》和《乐利主义泰斗边沁之学说》，介绍了培根、笛卡儿、孟德斯鸠和边沁的学说。 梁启超在《近世文明初祖二大家之学说》中详细介绍了培根和笛卡儿的学说，称"为数百年来学术界开一新国土者，实惟倍根与笛卡尔"③。 他指出："倍氏之意，以为无论大圣鸿哲谁某之所说，苟非验诸实物而有征者，吾弗屑从也。 笛氏之意，以为无论大圣鸿哲谁某之所说，苟非反诸本心而悉安者，吾不敢信也。"④恽毓鼎"看梁氏书英儒倍根、法儒笛卡儿学案"，认为"倍为格物派，笛为穷理派，皆以实验为主"，同时又以朱子学说加以附会，强调其"辟空想悬揣之谬，与朱子学派颇近"，指出"其宗旨即朱子《大学补传》'必使学者即凡天下之物'至'全体大用，无不明'一段道理也"⑤。 而与他同时代的孙宝瑄读了《近世文明初祖二大家之学说》后却得出与恽氏完全不同的结论，认为"笛卡儿之学，与我国王阳明先生宗旨无二"，"而倍根颇似朱考亭"⑥。 梁启超的《法理学大家孟德斯鸠之学说》指出，"孟氏学说，最为政治所祖尚者，其政体论是也"，孟氏把政体分为"专制政体""立君政体"和"共和政体"，且"专制国尚力，立君国尚

---

① 《恽毓鼎澄斋日记》，浙江古籍出版社 2007 年版，第 382 页。
② 《恽毓鼎澄斋日记》，浙江古籍出版社 2007 年版，第 382 页。
③ 梁启超：《饮冰室合集》文集之十三，中华书局 1989 年版，第 1 页。
④ 梁启超：《饮冰室合集》文集之十三，中华书局 1989 年版，第 11 页。
⑤ 《恽毓鼎澄斋日记》，浙江古籍出版社 2007 年版，第 381 页。
⑥ 孙宝瑄：《忘山庐日记》上册，上海古籍出版社 1983 年版，第 558 页。

明，共和国尚德"①；因"十八世纪以前，政法学之基础甚薄，一任之于君相之手，听其自腐败自发达"②，"孟氏遂创为三权分立之说，曰立法权，曰行法权，曰司法权，均宜分立，不能相混"③，"后此各国，靡然从之"④。 恽毓鼎读了该书后，高度评价了孟德斯鸠的贡献，认为"孟氏创为行政、立法、司法三权鼎立之论，开欧美立宪之宗，诚伟人矣"⑤。 他还强调"法国大革命，发于卢梭；欧洲立宪政治，发于孟德斯鸠"，从而得出"学说之力，过武力远甚"之结论，充分肯定了西方学说之作用。⑥ 梁启超的《乐利主义泰斗边沁之学说》指出乐利主义"远导源于希腊之阿里士帖菩、伊璧鸠鲁，至于近世，而英国之霍布士、陆克、谦谟复大倡之，而使之确然成一完全之学理，首尾完具，盛水不漏者，则自佐里迷边沁及约翰弥勒""边沁以为人生一切行谊，其善恶标准，于何定乎？ 曰使人增长其幸福者，谓之善；使人减障其幸福者，谓之恶。 此主义放诸四海而皆准"。 因此，乐利主义"为近世欧美开一新天地"⑦。 恽毓鼎看了此书后，认为"近数十年，西人讲卫生，谋公益，创一切便利之举，皆本于边氏主义也"，然又不以边沁学说为然，这是由于"边氏持乐利主义，较量人生苦乐度数，而就其至乐以为善，又推而至他人，使斯世皆得莫不幸福，以为乐利。 然此义未易言。 若所见不明，则陷于私欲，而为浅夫昏子之所为矣"⑧。 恽毓鼎觉得边沁学说"其论人世所谓善恶全无标准，说甚精辟"，与阳明学说"心心相印，若合符节"，疾呼"好学深思之士，如能合中西学案而互证之，岂非快事"⑨。

进化论思想是晚清重要的思想财富。 1898 年之前，梁启超的进化观念主要来源于康有为和严复；1898 年之后，梁启超流亡日本，进一步了解并宣传

---

① 梁启超：《饮冰室合集》文集之十三，中华书局 1989 年版，第 20—22 页。
② 梁启超：《饮冰室合集》文集之六，中华书局 1989 年版，第 112 页。
③ 梁启超：《饮冰室合集》文集之十三，中华书局 1989 年版，第 24 页。
④ 梁启超：《饮冰室合集》文集之六，中华书局 1989 年版，第 112 页。
⑤ 《恽毓鼎澄斋日记》，浙江古籍出版社 2007 年版，第 382 页。
⑥ 《恽毓鼎澄斋日记》，浙江古籍出版社 2007 年版，第 601 页。
⑦ 梁启超：《饮冰室合集》文集之十三，中华书局 1989 年版，第 30—31 页。
⑧ 《恽毓鼎澄斋日记》，浙江古籍出版社 2007 年版，第 381 页。
⑨ 《恽毓鼎澄斋日记》，浙江古籍出版社 2007 年版，第 603 页。

进化思想。 1902 年 3 月他在《新民丛报》发表了《天演学初祖达尔文之学说及其略传》，指出"生物变迁之原因，皆由生存竞争优胜劣败之公例而来，而胜败之机有由于自然者，有由于人为者。 由于自然者，谓之自然淘汰；由于人为者，谓之人事淘汰，淘汰不已，而种乃日进焉"①，因此"近四十年来，无论政治学界、学术界、宗教界、思想界、人事界，皆生一绝大之变迁，视前此数千年若别有天地者然"②。 他还指出："此种学术，不能但视为博物家一科之学，……实普行于一切邦国、种族、宗教、学术、人事之中，无大无小，一切皆为此天演大例之所范围。"③恽毓鼎读了该文后，认为"达氏种源论，推明万物天演竞存之理。 大凡人物之生，有天然淘汰，有人事淘汰，占于优位则胜而存，退于劣位则败而灭，其理甚精"。 他不但从梁启超的著作中领悟了进化论的原理，甚至连字句都相同，如"自（天）然淘汰""人事淘汰"；而且进一步认同进化论学说，指出"（达氏种源论）验之万物，证以中国历史，确不可易。 处今日世界，尤宜熟复斯言"④。

中国传统学术陈腐重重，梁启超欲"运用全新的见解与方法以整理中国的旧思想与学说"。 他在《论学说之势力左右世界》中指出，学术"为天地间独一无二之大势力"，并罗列歌白尼之天文学、倍根笛卡儿之哲学、卢梭之天赋人权、亚丹斯密（今译亚当·斯密）之理财学、伯伦知理之国家学、达尔文之进化论等加以佐证。⑤ 此外，他在《论中国学术思想变迁之大势》中运用进化论的观点来开展学术史研究，提出了新的学术史分期法，在学术史上起到开风气之先的作用，"可以说是第一部的'中国学术史'，也可以说是第一部的将中国的学术思想有系统整理出来的书"⑥。 胡适称"这是第一次用历史眼光来整理中国旧学术思想，第一次给我们一个'学术史'的见解"，

---

① 梁启超：《饮冰室合集》文集之十三，中华书局 1989 年版，第 14 页。
② 梁启超：《饮冰室合集》文集之十三，中华书局 1989 年版，第 12 页。
③ 梁启超：《饮冰室合集》文集之十三，中华书局 1989 年版，第 18 页。
④ 《恽毓鼎澄斋日记》，浙江古籍出版社 2007 年版，第 381 页。
⑤ 梁启超：《饮冰室合集》文集之六，中华书局 1989 年版，第 110—116 页。
⑥ 夏晓虹编：《追忆梁启超》，中国广播电视出版社 1997 年版，第 71 页。

"使我知道四书五经之外中国还有学术思想"①。 恽毓鼎认为《论中国学术思想变迁之大势》和《论学说之势力左右世界》"于中西学派，了如指上罗纹，多发古今人所未发"②，尤其是《论中国学术思想变迁之大势》，"实能提要钩元，从古书无字句处推明微言大义"③，具有较高的学术价值。

20世纪初，国势衰微，列强鲸吞，救亡图存迫在眉睫，梁启超著《新民说》想"要改造中国的民族，要把这老大的病夫民族改造成一个新鲜活泼的民族"④。 他认为"苟有新民，何患无新制度，无新政府，无新国家"⑤，而锻造新民，亟须增进道德，"最必不可少的自然是公德，但私德也十分重要"⑥，因而他大力提倡个人德性修养。 梁启超在《新民说·论私德》中指出："乾嘉以降，阎、王、段、戴之流，乃标所谓汉学者以相夸尚，排斥宋明，不遗余力。 夫宋明之学，曷尝无缺点之可指摘，顾吾独不许卤莽灭裂之汉学家容其喙也。 ……若汉学者，则立于人间社会以外，而与二千年前地下之僵石为伍，虽著述累百卷，而决无一伤时之语；虽辩论千万言，而皆非出本心之谈。 ……才智之士，既得此以为阿世盗名之一秘钥，于是名节闲检，荡然无所复顾。 故宋学之敝，犹有伪善者流；汉学之敝，则并其伪者而亦无之。"⑦恽毓鼎在日记中记载："阅梁纂《私德篇》，通诋本朝汉学家之汩没心性，败坏道德，不成为学。 余深服其言，又深诋貌为朱学，如安溪、当湖、仪封诸儒⑧，论虽太过，然亦有慨乎其言之。"⑨这表明他既赞同梁启超对汉学家的抨击，"汩没心性，败坏道德，不成为学"，并"深服其言"；又认可梁启超对理学家的责难，"貌为朱学"，"论虽太过，然亦有慨乎其言

---

① 胡适:《四十自述》,岳麓书社1998年版,第43页。
② 《恽毓鼎澄斋日记》,浙江古籍出版社2007年版,第603页。
③ 《恽毓鼎澄斋日记》,浙江古籍出版社2007年版,第381页。
④ 胡适:《四十自述》,岳麓书社1998年版,第40页。
⑤ 梁启超:《饮冰室合集》专集之四,中华书局1989年版,第2页。
⑥ 张灏:《梁启超与中国思想的过渡(1890—1907)》,江苏人民出版社1995年版,第107页。
⑦ 梁启超:《饮冰室合集》专集之四,中华书局1989年版,第126页。
⑧ 安溪指李光地,当湖指陆清献,仪封指张廷玉。他们都是清前期理学的重要人物。
⑨ 《恽毓鼎澄斋日记》,浙江古籍出版社2007年版,第386页。

之"①。

　　1903 年梁启超应美洲维新会之邀，从日本横滨出发，开始美洲之行，先
到加拿大温哥华，后转至美国纽约，以了解美国之政治经济、社会文化、人情
风俗等，共历时 9 个月，其行程后辑录为《新大陆游记》。《新大陆游记》
并非一般意义上的游记，"中国此前游记，多纪风景之佳奇，或陈宫室之华
丽，无关宏旨，徒灾梨枣，……今悉删去，无取耗人力目力，惟历史上有关系
之地特详"。此书专记"美国政治上、历史上、社会上种种事实，或时加以
论断"②，可以说是一部全面介绍 19 世纪末 20 世纪初美国政治、经济、文
化、社会等情况的综合性著作。《新大陆游记》既反映了梁启超对域外社会
和城市文明形成了较为全面、深刻的认识，也凸显了梁启超游历美洲之后内
在思想变化的历程，他在游记中"深叹共和政体实不如君主立宪者流弊少而
运用灵也"③。恽毓鼎读了梁启超的《新大陆游记》之后，认为"理想、实
验合而为一，乃成此不刊之论"④；还指出"梁任公素持共和之说，迨游新大
陆归，一变而为开明专制之说，盖阅历而知其弊也。第尚不愿骤反前旨，姑
以'开明'二字斡旋之，其实志在专制"⑤。恽毓鼎在此既指出了梁启超思
想的变化，又阐释了其思想变化的原因，反映出其对梁启超的思想认识逐步
加深。

　　戊戌喋血之后，"清政府不可救药的本质昭然若揭，改良运动固有的激
进一面重新抬头"。梁启超流亡日本后，深受伊藤博文所倡导的"破坏主
义"思想影响，倾向激烈的政治革命。⑥他说："破坏主义者，实冲破文明
进步之阻力，扫荡魑魅罔两之巢穴，而救国救种之下手第一著也。"⑦然而，
梁启超从美洲游历归来后，从前所深信的"破坏主义"主张至是完全放弃。

---

①　《恽毓鼎澄斋日记》，浙江古籍出版社 2007 年版，第 386 页。

②　梁启超：《饮冰室合集》专集之二十二，中华书局 1989 年版，第 1 页。

③　梁启超：《饮冰室合集》专集之二十二，中华书局 1989 年版，第 65 页。

④　《恽毓鼎澄斋日记》，浙江古籍出版社 2007 年版，第 603 页。

⑤　《恽毓鼎澄斋日记》，浙江古籍出版社 2007 年版，第 436 页。

⑥　张灏：《梁启超与中国思想的过渡(1890—1907)》，江苏人民出版社 1995 年版，第 97
页。

⑦　梁启超：《饮冰室合集》文集之五，中华书局 1989 年版，第 50 页。

1904 年他在《论俄罗斯虚无党》一书中称："虚无党之手段，吾所钦佩，若其主义，则吾所不敢赞同也。"①这是其政治思想转变的真实流露。 英国觊觎西藏多日，1909 年英军进犯西藏，策动达赖叛乱。 次年，梁启超在其《西藏戡乱问题》中剖析了清廷驭藏政策两大失误、处置达赖喇嘛政策之影响、如何用兵西藏、将来之外交走向，以及根本解决之方案，并指出此问题要得到根本解决，在于选择奇才出任驻藏大臣。 《论俄罗斯虚无党》与《西藏戡乱问题》是两本政治色彩非常浓厚的著作，然而恽毓鼎却对此非常感兴趣，整日在家"看《饮冰室文集》西藏、俄国虚无党两篇"②。 由此可见恽毓鼎对梁启超论著之喜好。

我国历史上伟人不可胜数，"若古之管子、商君，若中世之荆公""而商君、荆公，为世诟病，以迄今日；管子亦毁誉参半，即誉之者，又非能传其真也"。 1909 年梁启超曾主编《中国六大政治家》，并撰写第一编《管子》、第二编《商君》（麦孟华执笔）和第五编《王荆公》，"既为荆公作洗冤录，又为商君讼直，并述管子传，得六万余言"③，并"贯以时事，参以新解，遂觉别开生面"④。 恽毓鼎以为"皆卓然政治伟人，名实至为精确"⑤，"实为法治家言之金科玉律，不第明古谊发幽光已也"⑥。 梁启超"以发挥荆公政术为第一义，故于其所创新法之内容，及其得失，言之特详，而往往以今世欧美政治比较之，使读者于新旧知识，咸得融会"⑦。 恽毓鼎对梁启超《王荆公》一书给予高度评价，认为"其书发挥荆公政术学行，尽雪宋以后党论之谤，实具卓识"⑧。 他将《管子》《商君》《王荆公》三书进行比较，认为"荆公一编发明设施、政策，尽洗千年怨诬，独具只眼，然意在翻案，究竟偏于辩论。 若管、商二编，所言纯乎法治精神，诸子精蕴，欧日学说，尽入包

① 梁启超：《饮冰室合集》文集之十五，中华书局 1989 年版，第 30 页。
② 《恽毓鼎澄斋日记》，浙江古籍出版社 2007 年版，第 521 页。
③ 夏晓虹编：《追忆梁启超》，中国广播电视出版社 1997 年版，第 25—26 页。
④ 夏晓虹编：《追忆梁启超》，中国广播电视出版社 1997 年版，第 13 页。
⑤ 《恽毓鼎澄斋日记》，浙江古籍出版社 2007 年版，第 546 页。
⑥ 《恽毓鼎澄斋日记》，浙江古籍出版社 2007 年版，第 636 页。
⑦ 夏晓虹编：《追忆梁启超》，中国广播电视出版社 1997 年版，第 26 页。
⑧ 《恽毓鼎澄斋日记》，浙江古籍出版社 2007 年版，第 479 页。

罗，实政治家颠扑不破之作"①。他从架构方面将梁启超的《管子》《王荆公》与麦孟华的《商君》、李岳瑞的《诸葛武侯》相对照，指出梁氏"所著《管子》《王荆公》，叙一人生平之事，而举一朝之时事、百年中之大局悉纳其中，穷原竟委，旁见侧出，为史家开一新世界，真不愧一通字，读而笃好之。第二编《商君》乃顺德麦孟华著，已不如两篇之闳深肃括。第三编为《诸葛公》，乃李岳瑞所著，叙次简略，议论平浅，于忠武精神，十不能传其二三。好题目无好手笔，大是可惜"②；他从内涵方面将梁启超的《管子》《王荆公》与李岳瑞的《诸葛武侯》相对比，指出李岳瑞的《诸葛武侯》"发挥、条理、精神，殊不慊意，逊梁氏《管子》《王荆公》二编远矣"③；他还从文采方面将《管子》《商君》《王荆公》与严复的《天演论》相比较，指出读"管、商、王三子，则反复不厌，以其文笔佳也。严几道之《天演论》最有名，然不免以艰深文浅陋，看似精奥，细按之枵然无物，仍不耐看"④。因此，恽毓鼎"于管、商、王三编，熟玩深思，服膺不释"，称"其足以增吾智识者多矣"⑤。

黄宗羲的《明儒学案》是中国第一部系统的学术史专著，开后世"学案"体之先声。梁启超在《清代学术概论》中谓"清代学术之祖当推宗羲，所著《明儒学案》，中国之有学术史，自此始也"⑥。他在选编《明儒学案》节本时"尽删性理空言"，恽毓鼎称"其识卓矣"⑦。张灏的研究指出，"梁相信虽然从道德修养的观点来看，在陆王新儒家的道德哲学中可以找到一些有用的东西，但许多被用来说明人性和世界本质的'理''气''性'和'太极'这样一些新儒家抽象范畴不再是有效的，必须由现代物质科学和精神科学来取代"，因而梁启超在编辑《明儒学案》节本时着重删除了有关人性和世

① 《恽毓鼎澄斋日记》，浙江古籍出版社 2007 年版，第 495 页。
② 《恽毓鼎澄斋日记》，浙江古籍出版社 2007 年版，第 696 页。
③ 《恽毓鼎澄斋日记》，浙江古籍出版社 2007 年版，第 518 页。
④ 《恽毓鼎澄斋日记》，浙江古籍出版社 2007 年版，第 491—492 页。
⑤ 《恽毓鼎澄斋日记》，浙江古籍出版社 2007 年版，第 521 页。
⑥ 梁启超：《清代学术概论》，天津古籍出版社 2003 年版，第 22 页。
⑦ 《恽毓鼎澄斋日记》，浙江古籍出版社 2007 年版，第 497 页。

界本质的玄学和心理的论述这一部分内容。① 由是，恽毓鼎认为："梁任公评《明儒学案》，极重泰州一派，谓其人皆有气魄，能担当。 如此讲学，乃于国家于社会皆有益处。"②

清末孙宝瑄曾云："报纸为今日一种大学问，无论何人皆当寓目，苟朋友相聚，语新闻而不知，引为大耻。 不读报者，如面墙，如坐井，又如木偶，如顽石，不能与社会人相接应也。"③这表明阅报在清末已蔚然成风。 《国风报》是梁启超为鼓吹立宪而创办的一个重要刊物，设有谕旨、论说、时评、调查、记事、法令、文牍、谈丛、文苑、答问、附录等栏目。 恽毓鼎说："余于近人译著新书，皆阅不终篇，即生倦厌，独《国风报》则读之醰醰有味，益我良多。"④他曾浏览《国风报》第三期，认为"报中所登皆有实益有关系，所著论说，语语搔着痒处"。 "现今报纸丛出，无非造谣言，乱骂人，结党受贿，是非颠倒"，"独此报出于梁任公，学问根底既坚，阅世复多深识，每月二册，皆经国远谟"⑤。 后来，他发现"梁氏所出《国风报》，近数期殊减色。 题目既穷，议论亦乏精彩，似觉江淹才尽。 其录《国会与国民关系》一种，连篇累牍，至六七期而犹未竟，尤非月报所宜，易使读者生厌。法令文牍占一册之强半，皆钞自官书。 中西纪事，皆钞自各报。 文苑无非瘿公、尧生、钝宦数人之诗，竟似为罗、赵、冒刻诗稿矣。 且皆流连风景，无关宏旨。 小说《巴黎丽人传》，支冗平衍，格格不能吐。 此报竟成弩末矣"，遂以《东方杂志》取而代之。⑥ 但他在日记中云："余素乏新识，中年脑力日减，不能更致力新书，而稍有一知半解，不见拙于当代闻人者，则得力于《国风报》《东方杂志》及此种报纸居多。"⑦仍然肯定了《国风报》在传播新知方面的贡献。

---

① 张灏：《梁启超与中国思想的过渡（1890—1907）》，江苏人民出版社 1995 年版，第195 页。
② 《恽毓鼎澄斋日记》，浙江古籍出版社 2007 年版，第 601 页。
③ 孙宝瑄：《忘山庐日记》下册，上海古籍出版社 1983 年版，第 917 页。
④ 《恽毓鼎澄斋日记》，浙江古籍出版社 2007 年版，第 536 页。
⑤ 《恽毓鼎澄斋日记》，浙江古籍出版社 2007 年版，第 479 页。
⑥ 《恽毓鼎澄斋日记》，浙江古籍出版社 2007 年版，第 545 页。
⑦ 《恽毓鼎澄斋日记》，浙江古籍出版社 2007 年版，第 593 页。

　　清末恽毓鼎与梁启超之间的思想交往是单向的,尽管恽毓鼎阅读了不少梁启超的著作,但双方并没有任何形式上的互动。 然而,恽毓鼎通过涉猎梁启超的学术论著,"学问、思想较前大进"①,先是在思想上靠近梁启超,继而在行动上接近梁启超。 这样,民国初年恽毓鼎与梁启超之间的交往便水到渠成。

　　虽然恽毓鼎早就知悉梁启超,其戊戌日记曾载政变时梁启超"改东洋装,为日本人拥护而去"②,但两人之间的直接交往则肇始于民国初期。

　　武昌首义,清廷覆灭,民国创建,国内形势大变。 流亡日本的梁启超大受鼓舞,准备回国。 1912 年 10 月下旬,梁启超归国返京,受到社会各界热烈欢迎。 他在给长女的信中称"都人士之欢迎,几于举国若狂";"此次欢迎,视孙、黄来京时过之十倍"③。 10 月 31 日,梁启超在京湖广会馆开茶话会答谢各界。 他称"此会无以名之,只得名之曰'李鸿章杂碎'而已,政界在焉,报界在焉,各党在焉,军人在焉,警界在焉,商界各行代表在焉,蒙古王公在焉,乃至和尚亦到十余人。 杂沓不可名状,可谓自有北京以来,未有之奇观矣"④。 此时,"京师新会林立,范围皆务为广大,……几欲举国家大政,汉满蒙回藏五大族风俗政教,悉包罗而干涉之"。 恽毓鼎时任社政进行会会长,"专就社会利病所在,发为言论,达于议院及地方长官,以谋兴革而进安全,庶几可收实益"⑤。 作为京师名流,恽毓鼎自然被梁启超列入邀请之名单。 恽毓鼎也欣然应邀前往,"握手致仰慕之忱",并为此深感荣幸。 他在日记中自云"向往任公十余年,见其被服儒雅,依然一书生也,以视□□迥不侔矣",还评价梁启超当时发表有关民国政治的演说,"议论反复甚多,皆事实不张皇"⑥。 这是两人首次晤面。 此后,两人间的交往日渐增多。 1914 年 1 月 8 日,恽毓鼎走访梁启超,梁启超不在家,两人未晤。 是

----

① 《恽毓鼎澄斋日记》,浙江古籍出版社 2007 年版,第 521 页。
② 《恽毓鼎澄斋日记》,浙江古籍出版社 2007 年版,第 169 页。
③ 丁文江、赵丰田编:《梁启超年谱长编》,上海人民出版社 2009 年版,第 425—426 页。
④ 丁文江、赵丰田编:《梁启超年谱长编》,上海人民出版社 2009 年版,第 426—427 页。
⑤ 《恽毓鼎澄斋日记》,浙江古籍出版社 2007 年版,第 586 页。
⑥ 《恽毓鼎澄斋日记》,浙江古籍出版社 2007 年版,第 615 页。

年 4 月 10 日,梁启超之父莲涧先生七十大寿,恽毓鼎写对联一副为梁父祝寿。 次日,恽毓鼎还亲往湖广会馆为梁父祝寿,并出演折子戏《审头》以助兴。 这是两人之间的日常往来。

1911 年恽毓鼎作《崇陵传信录》,"举十九年所见所闻,纂为此录,无恩私,无党议,可以告先帝而质鬼神,扃之箧笥,传诸子孙,他日陵谷变迁,函开心史,三十四年之朝局,庶有大明之一日乎?"①他以"世家乔木之所思,寓故君杜宇之戚,秘之箧笥,初未肯以示人也"②。 民国成立后,革故鼎新,世道大变,恽毓鼎觉得《崇陵传信录》有传世的必要。 1913 年 11 月26 日,恽毓鼎写信给梁启超,请梁氏为《崇陵传信录》一书作序。 梁启超"复书允为跋尾。 且云,未及展诵,已增感叹。 信史示后,先帝为有臣矣"③。 次年 2 月 1 日,梁启超致信恽毓鼎欲在《庸言报》上刊登《崇陵传信录》,恽氏欣然表示同意。 是年 6 月 22 日,恽毓鼎在日记中道:"《庸言报》登余所著《崇陵传信录》,于第五期一次录讫。 此报闻销及万册,可借其力以风行矣。"④这表明恽毓鼎欲凭借梁启超主办的《庸言报》来扩大《崇陵传信录》一书的影响。 日后,法国学人铎尔孟告诉他:"《崇陵传信录》初出,有法兰西学士数人,见而大重之,即用法文照译印行。"⑤这便是佐证。

民国时期,恽毓鼎与梁启超日渐增多的社会交往,表明了两人之间的交往既是双向的,又是深入的。 这也是恽氏开放心态的体现与融入社会的写照,反映了恽毓鼎并没有从政治立场出发,而是基于现实形势的变化,做出顺应举措。

恽毓鼎在其日记中言,"近来新出编译之书,汗牛充栋,阅之心目昏昏,用力劳而所得实小"⑥,然而他对梁启超的论著却情有独钟,如"两日细看梁

① 《恽毓鼎澄斋日记》,浙江古籍出版社 2007 年版,第 781 页。
② 《恽毓鼎澄斋日记》,浙江古籍出版社 2007 年版,第 792 页。
③ 《恽毓鼎澄斋日记》,浙江古籍出版社 2007 年版,第 669 页。
④ 《恽毓鼎澄斋日记》,浙江古籍出版社 2007 年版,第 694 页。
⑤ 《恽毓鼎澄斋日记》,浙江古籍出版社 2007 年版,第 703 页。
⑥ 《恽毓鼎澄斋日记》,浙江古籍出版社 2007 年版,第 515 页。

任公所著《中国学术思想变迁之大势》四章"①。 梁启超的论著之所以能够走进恽毓鼎的视野，固然在于梁氏"为文，善用开阖之势，抑扬之音调，说至透辟处，往往入木三分，阅者无不感动"②。 但是恽毓鼎本人思想的变化或许更为重要。 他"夙讲求经世之学，致力司马通鉴，历代理乱兴衰得失之故，能洞悉本末而详言其所以然"③，这为其日后的思想转变埋下伏笔。

晚清时期，西方文化如江河奔涌，已使文人学士无法置身其外。 恽毓鼎的认知取向在西学的冲击下发生了很大的变化。 1890 年他曾连续五日在家看夏燮的《中西纪事》，表现出对新知识的极大兴趣。 1896 年他读完从友人处借来的薛福成的《庸庵海外文编》，觉得此书"经国远谟，……文亦深有义法，自是不朽之作"，"连日快读，增长识力不少"④。 稍后他又指出"近今经济书，宜推薛叔耘先生《庸庵六种》为第一。 识见既闳远，文字中又有义法"，并感慨"居今日而谈经世之学，洋务必宜究心，格局之奇，情势之变，既为伊古所未有，即不能泥古法以绳之"⑤。 但是，当时"中国知识分子所最感困惑的是中学与西学的异同及其互相关系的问题"⑥。 恽毓鼎认为"固守门户之见，摈斥新学，是不通旧学者也；厌薄本来，尽弃所学而从之，是又不通新学者"⑦，这使其思想取向既守旧又趋新。 一方面，他自称"年逾四十，不能复遂世俯仰以新学媚人"⑧，然又"浏览新学派各书"，认为"其发明主义往往足补旧说所未逮，以渐归于实用，其中诚有可取"⑨，还自云"于新学能得其精神"⑩；另一方面，他认为"新学盛行，固富理想"，然而"终觉旧学深切有味"⑪，因而在"维新之书层见叠出"之时"独于理学、

① 《恽毓鼎澄斋日记》，浙江古籍出版社 2007 年版，第 381 页。
② 夏晓虹编：《追忆梁启超》，中国广播电视出版社 1997 年版，第 6 页。
③ 卞孝萱、唐文权编：《辛亥人物碑传集》，团结出版社 1991 年版，第 738 页。
④ 《恽毓鼎澄斋日记》，浙江古籍出版社 2007 年版，第 111 页。
⑤ 《恽毓鼎澄斋日记》，浙江古籍出版社 2007 年版，第 142 页。
⑥ 余英时：《中国近代思想史上的胡适》，联经出版事业公司 1984 年版，第 10 页。
⑦ 《恽毓鼎澄斋日记》，浙江古籍出版社 2007 年版，第 323 页。
⑧ 《恽毓鼎澄斋日记》，浙江古籍出版社 2007 年版，第 279 页。
⑨ 《恽毓鼎澄斋日记》，浙江古籍出版社 2007 年版，第 323 页。
⑩ 《恽毓鼎澄斋日记》，浙江古籍出版社 2007 年版，第 480 页。
⑪ 《恽毓鼎澄斋日记》，浙江古籍出版社 2007 年版，第 335 页。

史学、古文、诗各书，一见若旧交，深嗜笃好，不忍释手，非此竟无以遣日"①。

当然，清政府对文化政策的调整也在一定程度上影响到恽毓鼎的知识取向。清末，朝政府经过甲午战争的打击，被迫调整文化政策。1898年张之洞撰写《劝学篇》，提出"旧学为体，新学为用"。戊戌变法期间，光绪帝颁布诏书，主张"以圣贤义理之学植其根本，又须博采西学之切于时务者，实力讲求，以救空疏迂谬之弊"②。"新政"时期，人们若"告以尧、舜、禹、汤、文、武、周孔之道，汉、唐、宋、明贤君哲相之治，则皆以为不足法"，"惟告以英、德、法、美之制度，拿破仑、华盛顿所创造，卢梭、边沁、孟德斯鸠之论说，……则心悦诚服，以为当行"③。这样，士大夫不得不调整文化心态，改变立场，以适应已经变化了的社会形势。恽毓鼎曾在日记中写道："身处今日，贵有旧道德，尤贵有新知识，否则将无以自立于社会中。"④

恽毓鼎通过阅读梁启超的论著，了解了一些西方学说，并且对于西方社会也有一定的认知。然而，由于缺少必要的西学知识背景，他对西方学说的理解往往是表面的，如他认为卢梭"为人乃一浮浪子弟，殊无足取"，"其《民约论》提倡自由，遂成大革命流血之变"⑤；且大多浅尝辄止而无法深入，如在评述梁启超所介绍的边沁学说时，他只觉得边沁学说"其论人世所谓善恶全无标准，说甚精辟"，与阳明学说"心心相印"⑥，而与其同时代的孙宝瑄则能进一步指出"彼所论者为一群而言，余则专为个人而言。夫减障一群之幸福，其发源由于个人逞纵乐之志；增长一群之幸福，其发源由于个

① 《恽毓鼎澄斋日记》，浙江古籍出版社2007年版，第205—206页。
② 梁启超：《饮冰室合集》专集之一，中华书局1989年版，第21页。
③ 《清末筹备立宪档案史料》上册，中华书局1979年版，第306页。
④ 《恽毓鼎澄斋日记》，浙江古籍出版社2007年版，第591页。
⑤ 《恽毓鼎澄斋日记》，浙江古籍出版社2007年版，第363页。
⑥ 《恽毓鼎澄斋日记》，浙江古籍出版社2007年版，第603页。

人怀救苦之心"①；甚至前后不一，如认为"卢梭学说则近姚江"②，又以为卢梭的学说"与阳明相出入"③。 这种情况阻碍了他对梁启超所介绍的西方学说的进一步理解，也导致了他对"于近人译著新书，皆阅不终篇，即生倦厌"④，因为"西方理论对于他来说，并不是如理学一般与心性深处相连"，"其中的理论思辨也不同于理学的内在理路，所以在阅读时，往往有着文理上及内容上的理解障碍"⑤。

恽毓鼎在理解西方学说时，"举凡西人今日所有之学，而强缘饰之，以为吾古人所尝有"⑥。 他认为阳明心学可以作为中国复兴的支柱，⑦"今日欲救吾中国，必须以王学为中坚"⑧，因而他时常以阳明心学来比附西方学说。如他认为边沁学说"论人世所谓善恶全无标准，说甚精辟"，与阳明学说"心心相印，若合符节"，而康德、卢梭的学说"皆与阳明相出入"⑨。 这种采用"比附"的方法来接受西学，借此消解内在思想的张力，"反映了一位信守传统道德理念和文化价值的文化人，在西方文化冲击下的应对方式"⑩。 正如葛兆光所云："如果用'翻译'作为'转化'的隐喻，来比拟旧学与新知之间的传递、诠释和理解关系的话，古代中国读书人大凡遇到不可理解的新知，最容易翻拣出来的翻译资源，就是这种经由童年的阅读、成年后的考试

---

① 孙宝瑄：《忘山庐日记》上册，上海古籍出版社 1983 年版，第 572 页。

② 《恽毓鼎澄斋日记》，浙江古籍出版社 2007 年版，第 381 页。后来刘师培也指出卢梭"民权说"与王阳明"良知说"相同，"阳明著书虽未发明民权之理，然即良知之说推之，可得自由平等之精理"。转引龚书铎：《近代中国与文化抉择》，北京师范大学出版社 1993 年版，第 76 页。

③ 《恽毓鼎澄斋日记》，浙江古籍出版社 2007 年版，第 603 页。

④ 《恽毓鼎澄斋日记》，浙江古籍出版社 2007 年版，第 536 页。

⑤ 李长莉：《开放的时代与保守的个人：一个清末士大夫思想与生活的两重世界》，《学术研究》2007 年第 11 期。

⑥ 梁启超：《饮冰室合集》专集之三十七，中华书局 1989 年版，第 55 页。

⑦ "阳明学派"又称"姚江学派"，是"心学"重要流派之一，其主旨为"心即理""知行合一""致良知"。

⑧ 《恽毓鼎澄斋日记》，浙江古籍出版社 2007 年版，第 603 页。

⑨ 《恽毓鼎澄斋日记》，浙江古籍出版社 2007 年版，第 603 页。

⑩ 李长莉：《开放的时代与保守的个人：一个清末士大夫思想与生活的两重世界》，《学术研究》2007 年第 11 期。

在心灵中建构起来的一套知识，通过这些熟悉的旧知识，来想象和重构那些不熟悉的新知识，借助这些早已理解的旧观念，来解释很难理解的新观念，而且，还经由这样一些传统资源的诠释，来平息遭遇新知识新思想时的心灵震撼。"① 王汎森也指出，受旧文化熏陶较深的读书人，有一整套价值观，对于自己所属这个文明的"理想的自我形象"有一套看法，对于种种长期积累的"文化理想"也有其坚持。② 这样，"当一种传统文明与另一种现代文明相撞击时，……他们自觉或不自觉地从自己熟稔的中国历史中去寻找"③，恽毓鼎自然也不例外。 此外，恽毓鼎在接受西方学说时坚持"中土有之"的观点并采用"比附"的方法，受到其友人铎尔孟与伯希和等法国汉学家的直接诱导，也受到英国传教士瑞思义、美国传教士丁义华与李佳白、意大利公使博兰壁、荷兰公使贝拉斯和京师大学堂教习德国人梭司尔格等同情中国者的影响。④ 铎尔孟自云"见中国前贤之言，无一不从吾心坎中流出"⑤，并"极言中国人弁髦旧学之非。 谓欧洲今日程度，始能知中国文学之精，而中国人反弃之以效日本"⑥。 恽毓鼎与铎尔孟往来密切⑦，他以为"西儒论学宗旨，与中儒不甚悬殊，有近程、朱者，有近陆、王者"⑧，因而强调其"为学宗旨，在以中理印西理，复以西理辅中理"⑨。

清末民初，恽毓鼎与梁启超之间通过学说和社会等方面的交往，其内在思想与外部行为或多或少发生了变化，这为后人审视过渡时代的士大夫提供

---

① 葛兆光:《七世纪至十九世纪中国的知识、思想与信仰》,复旦大学出版社 2000 年版,第 610 页。

② 康乐、彭明辉主编:《史学方法与历史解释》,中国大百科全书出版社 2005 年版,第 83 页。

③ 刘君:《"西学中源说"新评》,《安徽史学》2003 年第 4 期。

④ 田彤:《晚清朝臣文化与政治价值取向的两歧——以〈恽毓鼎澄斋日记〉为例》,《辛亥革命史丛刊》第 13 辑,湖北人民出版社 2007 年版,第 548—549 页。

⑤ 《恽毓鼎澄斋日记》,浙江古籍出版社 2007 年版,第 517 页。

⑥ 《恽毓鼎澄斋日记》,浙江古籍出版社 2007 年版,第 607 页。

⑦ 史晓风:《晚清恽毓鼎与法国学者铎尔孟交往史料》,《北京师范大学学报》2006 年第 3 期。

⑧ 《恽毓鼎澄斋日记》,浙江古籍出版社 2007 年版,第 400 页。

⑨ 《恽毓鼎澄斋日记》,浙江古籍出版社 2007 年版,第 385 页。

了范例。　因此，学人指出"在清末民初的剧变时期，这位依附于旧制度而生存、由旧文化浸润养育出来的旧式士人，虽然从其理性思想层面仍然固守着传统价值，具有保守的政治态度，但社会生活环境毕竟已改变了，因而他个人的生活世界也不可避免地受到时代新潮的濡染；而由传统理学所培养的知识理性也导引着他去吸收一些西方学理，因而成为一个新旧学兼有的文化人，呈现出政治思想保守、文化生活趋新的两重世界，恽毓鼎是生活在那个时期'守旧派'士人的一个代表"[①]。　这也印证了"新实非新，旧亦非旧"的观点。[②]

6.1.2　1911 年梁启超台湾之行

梁启超是近代中国的风云人物，他的一生和台湾有着割不断的联系。1895 年，清政府因甲午战败而被迫签《马关条约》，割让宝岛台湾给日本，梁启超与其师康有为联合各省在京应试举人"公车上书"，反对割台，声动中外。　台湾被割让后，梁启超时刻关注宝岛同胞的境况，1911 年他应台湾父老的邀请，终于如愿登上宝岛，"本是同根，今成异国"，沧桑之感油然而生，遂以其饱蘸爱国挚情的笔锋，倾吐了对台湾民众的热爱，披露了殖民统治的黑暗。　学术界对梁启超的研究比较充分，唯独对其台湾之行的研究相对不足，因而有必要做进一步研究。

戊戌变法失败后梁启超避难日本，在日期间他非常关注宝岛台湾人民之命运，因"读其（指日本）新闻杂志，盛称其治台成绩"，与梁启超从台胞口中"所闻有大异乎前，非亲见又乌乎辩之"[③]。　于是，梁启超萌生了赴台湾实地考察的念头。

1907 年台湾士人林献堂出游日本，在奈良戏剧性地遇见梁启超，双方一见如故，入室彻夜长谈。　林献堂向梁启超陈述台湾人民在日本殖民统治下的种种苦难："政治受差别，经济被榨取，法律又不平等，最可悲痛者，尤无过

---

①　李长莉：《开放的时代与保守的个人：一个清末士大夫思想与生活的两重世界》，《学术研究》2007 年第 11 期。

②　孙宝瑄：《忘山庐日记》（上），上海古籍出版社 1983 年版，第 80 页。

③　梁启超：《饮冰室合集》专集之二十二，中华书局 1989 年版，第 197 页。

于愚民教育，处境如斯，不知如何而可？"梁启超根据国内外形势指出，台湾人民应效仿爱尔兰人民之抗英斗争，采用各种"合法"手段，开展民族解放运动。 林献堂听完后，如梦初醒，"自是铭心印脑"①。 梁启超这一番话不但深深影响了林献堂个人的思想与行为，而且间接影响了台湾人民的民族解放运动。 此次拜访结束时，林献堂特别邀请梁启超访台，梁启超也早有此想法，便欣然应诺。 后来，林献堂族侄林幼春又写信给梁启超，再次邀请他访台，信中云："先生救国之诚，薄海同钦，再造玄黄，如或悯此一方，游辙南指，引绳批窍，则螳斧之微，虽碾骨为尘，尚能为厉也。"②1909 年林献堂率二子前往日本东京就学，归途再晤梁启超，详叙殖民官吏在台为非作歹、无恶不作的丑陋行径，如修筑铁路造成"连畦千里没入官"；大修市政导致"老屋十家九家毁"；推行保甲致使"百室为闾闾十比，一人犯科十人坐，知而不诉法同抵"③。 面对台湾人民的苦难，梁启超悲愤不已，认为此行非去不可。

梁启超台湾之行除了实地考察沦为殖民地的台湾社会，并看望处于水深火热中的骨肉同胞之外，还自认肩负着为改造中国寻找可以师法的"夷之长技"的任务。 他曾在信中说："吾兹游本欲考察台湾行政之足为吾法者，而记述之以告国人。"这是由于"台湾居民，皆我族类，性质习俗，同我内地"④。 为此，他详细拟定了十项考察计划，概括地说，首先是台湾的经济问题。 日本统治台湾后，进行金融改革，先是统一为银本位，继而改为金本位。 "其改革之次第如何？ 过渡时代之状态如何？ 改革后之影响如何？"其次是台湾的管理问题。 日本侵占台湾后，在台设立了总督府，建立了一套独特的行政组织，并实施土地调查和户口调查。 这些举措对台湾人民的生活

---

① 林献堂先生纪念集编纂委员会编：《林献堂先生纪念文集》卷三，(台湾)文海出版社 1974 年版，第 520 页。

② 黄德时：《梁任公游台考》，台湾省文献委员会编：《台湾文献》第 16 卷第 3 期，第 7 页。

③ 林献堂先生纪念集编纂委员会编：《林献堂先生纪念文集》卷一，(台湾)文海出版社 1974 年版，第 34 页。

④ 梁启超：《饮冰室合集》专集二十二，中华书局 1989 年版，第 201、203 页。

造成了怎样的影响？ 最后是台湾的生产问题。 台湾沦陷后，殖民政府在当地施行农业改革，兴修水利设施。 台湾的农事习惯大多因袭大陆，他山之石，可以攻玉，在台湾农业改革中有哪些经验可以为我所取？① 美国学者勒文森也认为梁启超游历台湾在于他感到"日本改造台湾的经验"，有些可借鉴来用于中国的改良。②

1911 年 3 月 24 日（农历二月廿四日），梁启超偕长女梁令娴和好友汤觉顿等人从日本神户启程，28 日抵达基隆，登上宝岛。 "蓄志五年，今始克践"③，梁启超非常兴奋，彻夜未眠，然而，当他看到昔日祖国河山，今成异邦领地，不禁悲从中来，"番番鱼鸟似相亲，满眼云山绿向人。 前路欲寻泷吏问，惜非吾土忽伤神"④。

梁启超抵台之后，即刻感受到了殖民统治的淫威。 据甘得中回忆，梁启超所乘的船刚靠岸，"早有总督府外事课中山警视与握手，问先生旅寓，意为择旅社"⑤。 其实，日本警察欲借择旅社之幌子以达到监视之目的。 梁启超日后在书信中也记载了这次遭遇："舟入鸡笼（即今基隆），警吏来盘诘，几为所窘。 幸首途前先至东京乞取介绍信，否则将临河而返矣。"⑥

尽管殖民当局对梁启超访台设置了种种障碍，极力阻挠当地民众与梁启超的亲密接触，但他还是深深感受到台湾同胞与祖国人民之间的浓厚感情。 "鸡笼舟次，遗老欢迎者十数；乘汽车入台北，迎于驿者又数十。"⑦4 月 1 日，台北各界人士冒着被殖民当局拷问的危险在荟芳楼设宴欢迎梁启超，林献堂在特务林立的场合下起身致欢迎词，梁启超也即席做了一小时演讲以示致谢。 他在信中云："遗老之相待，有加无已，自顾何以当此。 昨日乃集百

① 梁启超：《饮冰室合集》专集二十二，中华书局 1989 年版，第 198 页。
② 勒文森：《梁启超与近代中国思想》，四川人民出版社 1986 年版，第 101 页。
③ 梁启超：《饮冰室合集》专集之二十二，中华书局 1989 年版，第 197 页。
④ 范明强：《梁启超别传》，华夏出版社 1999 年版，第 242 页。
⑤ 林献堂先生纪念集编纂委员会编：《林献堂先生纪念文集》卷三，（台湾）文海出版社 1974 年版，第 521 页。
⑥ 梁启超：《饮冰室合集》专集之二十二，中华书局 1989 年版，第 199 页。
⑦ 梁启超：《饮冰室合集》专集二十二，中华书局 1989 年版，第 199 页。

余辈，大设欢迎会于台北故城之荟芳楼。"①次日，梁启超在林献堂、连横等人陪同下赴台中访问，是晚当地诗社栎社举行了盛大欢迎晚会。据《栎社沿革志略》载："梁任公、汤觉顿、梁女士令娴等游台，我社开会欢迎之，4月2日会于瑞轩。社友二十人，来宾二十人。"②8日，梁启超应林献堂之邀下榻于雾峰莱园的五桂楼。在这里，梁启超与贤达名流讲学论世，饮酒唱诗，还时常与林献堂等人促膝谈心，交流见解。

梁启超"忍几多垢辱，始得登岸。而到彼以后，每日又不知积几多气愤"③。在台期间，他的一举一动都受到日本警察的监视，这使其不能畅所欲言，心如刀割，十分悲愤。于是他一方面在各地参观考察，了解实际情况；另一方面撰文揭露殖民统治黑暗，赋诗抒发爱国情怀。

在台北考察时，梁启超"日则诣各局所调查，夜则与遗老相晤对，无片晷得休息也。虽为日尚浅，然已起种种异感"，感到"此间百无所有，惟有一总督府耳。总督天帝也，立宪国之君主，视之蔑如也。其官吏别有一种习气"④，心中大为不快。他目睹殖民政府为了拓宽市区道路而肆意拆毁民房，致使许多人无家可归，风餐露宿，挥笔写下《拆屋行》。"麻衣病瘦血濡足，负携八雏路旁哭。穷腊惨栗天雨霜，身无完裙居无室。……市中华屋连如云，哀丝豪竹何纷纷。游人争说市政好，不见街头屋主人。"⑤《拆屋行》描写之深刻可以与杜甫的《石壕吏》相媲美。刘铭传作为台湾首任巡抚，抚台期间，修铁路，开矿产，振工商，办学堂，厥功甚伟，深得后人景仰。梁启超看到刘铭传在任时所修筑的台北故城已被毁，只留下四个城门，屹然立于西洋建筑与东洋木屋之间，内心非常苦闷，"桓侯刘壮肃，六载驻戎轩。千里通驰道，三关筑旧屯。即今非我有，持此欲谁论"；又看到往日的巡抚衙门，已成为今日的总督府，更是唏嘘不已，"几处榱题敝旧椽，断碑多

---

① 梁启超：《饮冰室合集》专集二十二，中华书局 1989 年版，第 200 页。
② 黄德时：《梁任公游台考》，台湾省文献委员会编：《台湾文献》第 16 卷第 3 期，第 19 页。
③ 梁启超：《与上海某某报馆等主笔书》，《国风报》第 2 年第 8 期，1911 年。
④ 梁启超：《饮冰室合集》专集二十二，中华书局 1989 年版，第 200 页。
⑤ 范明强：《梁启超别传》，华夏出版社 1999 年版，第 244 页。

剥草成烟。伤心最有韩南涧，凝碧池头听管弦"①。

在台中考察时，梁启超广泛听取了各界对台湾总督府施政的批评，对殖民统治也有了更全面更深刻的认识，乃仿白居易的《秦中吟》作《斗六吏》《垦田令》和《公学校》，进一步揭露殖民统治的黑暗，并"寄语国中父老昆弟，勿以亡国二字为口头禅，勿谓大国顺民，可以耕食凿饮也"②。《斗六吏》抨击殖民政府的糖业政策完全是一种变相农奴政策。为了掠夺台湾的物产，殖民政府推行糖业政策，强迫民众将祖先留传下来的土地卖给制糖公司，"但一来农民对土地有传统性之执着，二来收购地价过于低廉，三来农民满望制糖会社创立之后可以增加收入，不期竟欲将其生活基础连根拔起，故农民不愿出卖"，当局遂滥施警威，"设置临时拘押场、临时登记所等，实行压迫农民强制收购"③。梁启超在《斗六吏》中指出，"赫赫糖会社，云是富国基。……府令即天语，岂天乃可违。……出券督画诺，肘后吏执持。拇印失烂熳，甘结某何谁。昔买百缗强，今卖不半之"。这种明火执仗的强盗行为严重侵犯了台湾民众的利益，也深深刺激了梁启超的爱国神经，"入冬北风起，饿殍填路歧。会社大烟突，骄作竹筒吹"④。

《垦田令》抨击殖民政府颁布的土地政策完全是一种赤裸裸的强盗政策。殖民政府颁布"土地收用规则"，任意强取豪夺人民所有的土地，由是霸占了全台370.7万甲土地中的246.3万甲，占总数的66.5%。⑤梁启超在《垦田令》中描述了这种强盗行径。"府帖昨夜下，言将理原隰。自今限名田，人毋过十甲。……旧田卖已空，新田取难袭。鬻身与官家，救死倘犹及。"⑥这首诗形象地描写出殖民政府的贪婪粗暴和台湾同胞的悲惨处境。由此，梁启超指出"台湾人之财产所有权，固无一时可以自信自安"⑦。

---

① 梁启超:《饮冰室合集》专集之二十二,中华书局1989年版,第200、204页。

② 梁启超:《饮冰室合集》专集之二十二,中华书局1989年版,第201页。

③ 林献堂先生纪念集编纂委员会编:《林献堂先生纪念文集》卷一,(台湾)文海出版社1974年版,第78页。

④ 梁启超:《饮冰室合集》专集之二十二,中华书局1989年版,第201页。

⑤ 陈碧笙:《台湾地方史》,中国社会科学出版社1990年版,第202页。

⑥ 梁启超:《饮冰室合集》专集之二十二,中华书局1989年版,第201—202页。

⑦ 梁启超:《饮冰室合集》专集之二十二,中华书局1989年版,第202页。

《公学校》则抨击殖民政府的教育政策完全是一种愚民政策。台湾沦陷后，殖民当局在台实行教育隔离政策，设立"小学校"，作为日人子弟接受初等教育之机关；而设立"公学校"，作为台人子弟接受奴化教育之场所，用来培养忠实的日本臣民。这使得殖民当局视台人教育如儿戏。梁启超在《公学校》中指出："别有号公学，不以中小名。学年或六或四，入者吾隶萌。所授何读本，新编三字经。"[①]"公学校"不仅质量差，而且数量少，严重限制了儿童获取教育的机会，如1904年台湾学龄儿童的就学率为3.8％，1909年仅为5.5％。[②]台湾文化教育相对落后，识字之人本来就少，梁启超担忧这种愚民教育政策会导致十几年后在台湾找不到认得中国字之人，遂发出"汉氏厉学官，自取坏长城；秦皇百世雄，谈笑事焚坑"[③]之感慨。

另外，梁启超在台期间见"其一切日用品，殆无不来自日本，即如所穿之屦及草履，所食之面及点心"[④]都是如此。这是日本在台湾大搞经济垄断，把食盐、烟酒、火柴、煤油等人民生活必需品皆划归政府专卖的结果。所有来自大陆的货物因高额关税被排斥在外，而所有来自日本的货物其价格则远远高于本土的价格，这样，台湾物价之昂贵为世界所罕见。由是梁启超认为"此行所最生感者，则生计上之压迫是也。一受此压迫，殆永劫无摆脱之期"[⑤]。

除了揭露和抨击殖民统治的罪恶外，梁启超还以其诗人的气质和智者的情怀，讴歌民族英雄，赞美锦绣山河，借此培育和激发台湾民众的爱国热情与民族意识。在台北欢迎宴会上，他赋诗抒发山河破碎、手足分离之情，"破碎山河谁料得，艰难兄弟自相亲"；"万死一询诸父老，岂缘汉节始沾衣"[⑥]。在栎社诗会上，他吟诵长诗《游台湾追怀刘壮肃公》，深深缅怀刘

---

① 梁启超：《饮冰室合集》专集之二十二，中华书局1989年版，第202页。
② 戚嘉林：《台湾史》下册，（台湾）自立晚报社1985年版，第227页。
③ 梁启超：《饮冰室合集》专集之二十二，中华书局1989年版，第202页。
④ 梁启超：《饮冰室合集》专集之二十二，中华书局1989年版，第204页。
⑤ 梁启超：《饮冰室合集》专集之二十二，中华书局1989年版，第203—204页。
⑥ 林献堂先生纪念集编纂委员会编：《林献堂先生纪念文集》卷三，（台湾）文海出版社1974年版，第522页。

铭传治理台湾的业绩，"凿山冶铁作驰道，俯海列炮屯坚营。 宅中议设都护府，坐控南北如建瓴。 料民废地正疆界，以利庸调防兼并"①。 在《台湾杂诗》中，他对祖国山河的破碎流露出无限的感慨，"千古伤心地，畏人成薄游。 山河老旧影，花鸟入深愁。 ……岁时不改旧，信是汉山川"②。 他对收复台湾的民族英雄郑成功非常景仰，欲专程去台南瞻仰遗迹，后因故未能成行，只好把情感寄托于诗歌中。 "台南南郭路，胜迹郑王祠。 萧萧海天晚，沉沉故国悲。""三百年前事，重重入眼明。 天开一柱观，日照受降城。 胡虏到今日，儿童识大名。"③这些诗歌都表达了梁启超对民族英雄的仰慕之情。

4 月 28 日，梁启超踏上归途，"归舟所满载者哀愤也。 舟中西望故国，直不寒而栗耳"④。

梁启超游历台湾，虽然时间不长，前后仅十余日，但其此行"在台湾这个海中孤岛的小天地里，却发生了重大的作用，不失为石破天惊的大事件"⑤。梁启超此行于台湾而言，犹如"投下一个石头，使它发生涟漪，对台人民族意识予以鼓励，加强其向心力，对于思想学问方面则有开通风气、振聋发聩的效果"⑥。

宝岛被割占后，台湾民众面临亡国的痛苦与异族的欺凌，其眷念祖国之情十分强烈，因而梁启超的到来受到了全岛各界民众的热烈欢迎，"大家把任公看作是祖国的象征。 与任公接触，等于与祖国接触一样，感觉无上的荣幸"⑦。 台湾父老们多年来郁结在胸中的一股悲愤之气，因为梁启超的到来获得了宣泄的机会；同时，他们眷怀祖国、热爱民族的一颗丹心，也找到了接纳的对象。 "他们正像失路的孩提，历尽艰难险阻，偶然碰到亲人，情不自

---

①　黄德时：《梁任公游台考》，台湾省文献委员会编：《台湾文献》第 16 卷第 3 期，第 20 页。
②　梁启超：《饮冰室合集》专集之二十二，中华书局 1989 年版，第 204 页。
③　梁启超：《饮冰室合集》专集之二十二，中华书局 1989 年版，第 205 页。
④　梁启超：《饮冰室合集》专集之二十二，中华书局 1989 年版，第 203—204 页。
⑤　叶荣钟等：《台湾人物群像》，(台湾)晨星出版社 2000 年版，第 199 页。
⑥　叶荣钟等：《台湾人物群像》，(台湾)晨星出版社 2000 年版，第 203 页。
⑦　黄德时：《梁任公游台考》，台湾省文献委员会编：《台湾文献》第 16 卷第 3 期，第 44 页。

禁地抱着亲人尽情痛哭一样。"①尤其是台湾知识分子，"对于祖国之孺慕，自割台以后，日益热切，但在日人淫威下，绝少宣泄之机会。因任公之声望崇高，号召力甚强，故台人知识分子郁积已久之民族感情获得宣泄之机，因而感到慰抚与温存"②。这样，梁启超此行不自觉地充当了民族使节的角色，进而激发了台湾民众强烈的民族意识。正如梁若容教授所说："任公的'声光魔力'具有'振聋发聩'的作用，他在台湾的短短十日间，使父老们五体投地景仰礼赞。一般青年知识分子，也颇受到他的影响。"③有位学生写道："青年人总是抑制不住一腔热血的奔放，民族观念促使我对日人压迫台胞发生激烈的反对，平时积郁的愤慨，一遇机会当然要爆发出来。"④台湾民众的民族意识也借梁启超访台之机得以流露和强化。

台湾沦陷后，在殖民统治的高压下，"其黠者，狐媚自端为之怅，以求免于祸；其愚者，鱼肉唯命，鼎俎是甘"⑤。而不少有志之士仍在黑暗之中摸索民族解放的道路。譬如林献堂"平素很翘望本岛人伸张权利，并暗中促进此机会的成熟"⑥，梁启超此行促使他走上了民族解放道路。在雾峰停留期间，梁启超劝告林献堂等"不可'以文人终身'，须要努力研究政治、经济以及社会、思想等学问，并即席开列日本书籍三十余种，以后又陆续开列，计达一百七十余种，都是东西的名著"⑦。又据《台湾总督府警察沿革志》载："此间，梁披沥自己之抱负，引世界之亡国埃及、印度、安南等为例，极力鼓

---

① 叶荣钟等：《台湾民族运动史》，（台湾）自立晚报社 1971 年版，第 11—12 页。

② 林献堂先生纪念集编纂委员会编：《林献堂先生纪念文集》卷一，（台湾）文海出版社 1974 年版，第 40 页。

③ 黄德时：《梁任公游台考》，台湾省文献委员会编：《台湾文献》第 16 卷第 3 期，第 58 页。

④ 林献堂先生纪念集编纂委员会编：《林献堂先生纪念文集》卷三，（台湾）文海出版社 1974 年版，第 573 页。

⑤ 黄德时：《梁任公游台考》，台湾省文献委员会编：《台湾文献》第 16 卷第 3 期，第 7 页。

⑥ 叶荣钟等：《台湾民族运动史》，（台湾）自立晚报社 1971 年版，第 25 页。

⑦ 黄德时：《梁任公游台考》，台湾省文献委员会编：《台湾文献》第 16 卷第 3 期，第 24 页。

吹民族主义。"①同时他还赋诗勉励林献堂积极参与地方政治："溪纱浣罢月华明，荇带蒲衣各有情。 我识蓝田千涧谁，出山原似在山清"②。 在这里，他借用杜甫"在山泉水清，出山泉水浊"的典故大力赞美林献堂的政治活动。林献堂也在与梁启超的书信中坦陈心迹："往岁辱临，……欲诱而进之门墙之列，大雅含宏，爱人无己，虽驽驾安敢不自策励。"③正是在梁启超的思想影响下，林献堂日后发起撤销六三法案运动，开展议会设置请愿运动，设立台湾文化协会并创办《台湾民报》，从各方面大力推进民族解放运动，成为台湾民族解放运动的领袖人物。

由于日本在台施行奴化教育，"除教授日语外，殆无内容可言"，因此"整个台湾之知识水准，除少数例外，可谓皆停顿在十六年前之状态。 当时知识分子，对于近代思想、近代知识，与夫国际情势，鲜有所知"④。 而"一般父老除抱残守缺，诵读四书五经外，几乎不知道世间还有思想学问可供探讨"⑤。 这样，台湾文化出现了短暂的"空白时代"。 梁启超赴台后，以其非凡的人格魅力唤醒了知识界，特别是"年轻一辈的知识分子，什么'主义、思想、目的、计划'等向来所未有的新名词大为流行"，同时也刺激了他们的求知欲，"对于新的思想、新的学问发生热烈的追求"⑥。 当时的台湾，"除了老一辈的人以外，一般青年因受日本式教育，对于古奥艰深、思想陈腐的中国古文，已不容易接受。 而任公的平易而富于刺激性的文章，立即如火如荼，深入青年脑海里"⑦。 后来，留日台湾学生所创办的杂志如《台湾青年》《台湾》《台湾民报》及《台湾新民报》，大部分文章都是用梁启超

① 黄德时：《梁任公游台考》，台湾省文献委员会编：《台湾文献》第16卷第3期，第25页。

② 林献堂先生纪念集编纂委员会编：《林献堂先生纪念文集》卷三，（台湾）文海出版社1974年版，第633页。

③ 《梁任公知交书札》，（台湾）文海出版社1974年版，第47页。

④ 林献堂先生纪念集编纂委员会编：《林献堂先生纪念文集》卷一，（台湾）文海出版社1974年版，第40页。

⑤ 叶荣钟等：《台湾人物群像》，（台湾）晨星出版社2000年版，第201页。

⑥ 叶荣钟等：《台湾民族运动史》，（台湾）自立晚报社1971年版，第13页。

⑦ 黄德时：《梁任公游台考》，台湾省文献委员会编：《台湾文献》第16卷第3期，第47页。

式的新文体写的。 梁启超在台期间，因当时的现实状况不允许他用语言直接表达内心的苦闷和现实的不满，只好采取"以诗代言""借诗言志"的方式来委婉表白，因而留下了上百首诗歌。 尤其是他那充满民族意识的诗歌在岛内"不胫而走，传遍全台各个角落"，连十一二岁的小孩也能够朗朗上口。[①] 许多台胞后来也纷纷以诗言志，批评现实社会，指斥殖民暴行。 这"分明受任公作品的影响，是毫无疑问的"[②]。

　　1911 年梁启超的台湾之行，意在参观考察各地，了解实际情况，看望骨肉同胞，汲取经验教训。 在台期间，梁启超与同胞共叙骨肉分离之情，撰文揭露殖民统治黑暗，赋诗抒发爱国情怀。 虽然梁启超游历台湾时间不长，但他对台湾的政治、思想、文化等方面都产生了十分深远的影响。

6.1.3　1911 年梁启超台湾之行的补充

　　学界对梁启超台湾之行做过充分研究[③]，为行文之流畅，也为了让读者更详细地了解此行，现对上一节做补充如下。

　　其实，梁启超游台之动机在结识林献堂之前就已萌生。 19 世纪末帝国主义殖民扩张横扫全球，中国也逐渐沦为半殖民地半封建社会，因此梁启超十分关注列强的殖民活动及殖民地人民的命运。 1904 年他撰写了《中国殖民八

---

　　① 叶荣钟等：《台湾人物群像》，（台湾）晨星出版社 2000 年版，第 203 页。

　　② 黄德时：《梁任公游台考》，台湾省文献委员会编：《台湾文献》第 16 卷第 3 期，第 51 页。

　　③ 台湾方面的研究成果有凡夫的《梁任公与台湾》（《台湾文艺》第 1 卷第 1 期，1964年）、黄得时的《梁任公游台考》（《台湾文献》第 16 卷第 3 期，1965 年）、叶荣钟的《林献堂与梁启超》（《台湾人物群像》，晨星出版社 2000 年版）、陈汉光的《梁启超与台湾及其影响》（《再生》第 3 卷第 1 期，1973 年）、陈少廷的《梁启超对台湾知识分子的影响》（《大学杂志》第 61期，1973 年）、郑淑莲的《梁启超游台与林献堂（1907—1911）》（《弘光学报》第 30 期，1997年）、许俊雅的《试论梁启超辛亥年游台之影响》（《社会科学》2007 年第 3 期）、张佩瑜的《梁启超游台诗文与台湾民族运动》（台湾"中央大学"硕士学位论文，2008 年）等；大陆方面的研究成果有张寄谦的《清末民初孙中山和梁启超等人与台湾的关系》（《台湾研究》1994 年第 2期）、杨齐福的《试论 1911 年梁启超台湾之行》（《台湾研究》2004 年第 5 期）、罗福惠和袁咏红的《孙中山、梁启超旅台的补充研究》（《福建论坛》2004 年第 6 期）、朱双一的《梁启超台湾之行对殖民现代性的观察和认知》（《台湾研究集刊》2009 年第 2 期）等。

大伟人传》，为曾在南洋地区称王的8名中国人立传，并将其与西方历史人物相比较，称其"非摩西则哥仑布立温斯敦也，否则亦克雷武维廉滨也"，且"我先民前此不借政府之力，尚能手辟诸国，或传诸子孙"，充分肯定其拓殖活动。接着他又指出"列强殖民，莫不以政府之力直接间接奖励之，我国则如秦越人之相视肥瘠"，不闻不问，漠不关心，"一旦与文明强有力之国相遇，遂不得不帖服于其统治之下"①，指斥清王朝缺少开拓进取精神从而匍匐于殖民统治脚下。他还揭露殖民扩张的狡狯伎俩："野蛮国之灭人国也如虎，皮肉筋骨，吞噬无余，人咸畏之；文明国之灭人国也如狐，媚之蛊之，吸其精血，以瘵以死，人犹昵之。……前者视为蛮暴之举动，今则以为文明之常规。"②在海外流亡期间，梁启超到过不少殖民地国家，目睹殖民地人民惨状，牵挂台湾同胞命运。而当时日本报刊却为台湾殖民统治大唱赞歌。梁启超觉得台湾所谓"进步"只从"报纸或传闻而知，是否果真良好，还不明白"，欲亲临台湾实地考察，"如政治的大致做法，产业振兴工业进步发展的程度，台湾人的生活情况与清政府时代的比较，还有警察行政的做法，尤其是关于作为警察行政的补助机关，另一方面又作为人民自治团体的保甲制度之实况"③。梁启超欲考察殖民统治下台湾的现状以探究殖民地人民的出路，进而"为警策邦人之资"④。

此外，台湾民众也在翘首期盼梁启超的到来。台湾沦陷后，为了消弭民众的反抗意识，殖民当局在台施行愚民政策。民众"不但无书可读，且新闻杂志之言论文章，皆以总督府之言论为言论，文章为文章，实等于无言论亦无文章"⑤。这使"台湾蛮鄙之乡，声化素隔，略识文字，已成凤毛，虽为

①　梁启超：《饮冰室合集》专集之八，中华书局1989年版，第5页。

②　梁启超：《饮冰室合集》文集之二，中华书局1989年版，第50页。

③　章开沅、罗福惠、严昌洪主编：《辛亥革命史资料新编》第6册，湖北人民出版社2007年版，第240页。

④　许俊雅编注：《梁启超与林献堂往来书札》，（台北）万卷楼图书股份有限公司2007年版，第23页。

⑤　林献堂先生纪念集编纂委员会：《林献堂先生纪念集》卷三，（台湾）文海出版社1974年版，第24页。

血气之伦，实同毛角之族"①，章太炎为此感叹台湾"少士大夫"②。 而台湾岛内"绝少藏书家，所有青年好学者，欲潜心研究，恒苦无取资，即大岛埕及艋舺各书肆，所发售者亦仅手札、诗、小说等，然多缺而不备，无从购取"③。 为了获取新知，人们只好"求之海外，如沪之《万国公报》，戊戌政变后，由横滨获读《清议报》《新民丛报》"④。 台湾士人对梁启超一点也不陌生，公车上书、戊戌变法使其名声大噪，而梁启超的文章"笔锋常带感情"，写出了"人人心中所有、人人心中所无"，风靡海内外，人们争相传诵。 因而，台湾士人十分推崇梁启超。 如林幼春曾致信梁启超云："十年读公书，一旦识公面。 ……诚愿弃素业，从公更研练。"⑤林献堂也致信梁启超表达仰慕之情："先生于满君为民请命，告旋之急，有以慰瞻望之心。"梁启超在某种程度上成了台湾民众心目中的精神导师，如林幼春自饱受殖民统治之痛，"多愁善病，神气沮丧"，一旦接获梁启超书信则"精神百倍，诗思渐佳"⑥。 台湾民众在苦闷之中热切期盼梁启超"游辙南指，引绳批窍，为之导迷"⑦。

梁启超在来台之前对台湾殖民统治并非一无所知，而是有所了解。 除了林献堂在奈良向梁启超讲述的台湾被殖民之惨状。 林幼春也致信梁启超描述台湾民众的悲惨境遇："学校程度甚低，开化无期，生计之途日窘，谋食不

---

① 许俊雅编注：《梁启超与林献堂往来书札》，（台北）万卷楼图书股份有限公司 2007 年版，第 1 页。

② 转引《思想 2：历史与现实》，（台北）联经出版事业股份有限公司 2006 年版，第 211 页。

③ 转引《思想 2：历史与现实》，（台北）联经出版事业股份有限公司 2006 年版，第 214 页。

④ 林献堂先生纪念集编纂委员会：《林献堂先生纪念集》卷三，（台湾）文海出版社 1974 年版，第 24 页。

⑤ 转引林庆彰、陈仕华主编：《近代中国知识分子在台湾》，（台北）万卷楼图书股份有限公司 2002 年版，第 65 页。

⑥ 许俊雅编注：《梁启超与林献堂往来书札》，（台北）万卷楼图书股份有限公司 2007 年版，第 16 页。

⑦ 许俊雅编注：《梁启超与林献堂往来书札》，（台北）万卷楼图书股份有限公司 2007 年版，第 2 页。

易，此岛利薮，向以米糖茶栳为四大宗，今其三已夺于政府外商之手，唯农一道尚足资生，而国赋之外，别有常供，什一之征，不啻四倍。"①洪弃生向梁启超去诗痛诉，"警吏穿房长肆威，催科闯户且攘臂。籍没田园不可堪，忧伤市狱更已矣。保甲横肆何足言，殴挞乱加尤莫比。法律神明中外同，独至台湾法妄抵"②，揭开了台湾殖民统治之面纱。林痴仙则向梁启超去诗直言："仁政噢咻须有术，太平粉饰究何庸？天寒冻杀山头雀，岁歉饥啼择畔鸿。"③一语点破了台湾殖民统治粉饰的表象。但是梁启超对台湾殖民统治仍抱有幻想，因而登岛后发表了一些美化殖民统治的演说。

"诸位原是清国臣民，……（日本）领有（台湾）以后，日本政府抚爱人民，无论交通产业振兴，工业和其他种种设备，施行得当，没有遗憾。诸位如不心服，那是错误的。台湾人即是诸位，假如父母有小孩，但没有养育其小孩的能力，就给与他人，此时小孩表明不心服，那是不对的。对待养父母像对父母一样尽孝顺，应该是当然的。表示不满意是不孝顺的。诸位把日本政府也当作养父母，诚心诚意跟随它，这是当然的。"梁启超还说："从世界上殖民地的情况来看，殖民地一般受支配国的虐待，然而日本（对台湾）则一视同仁，对待诸位跟（日本）内地人相同，受到内地人一样的待遇。"并以意大利把匈牙利作为保护国而匈牙利人"很用功而且达到和意大利同等的文明，终于作为自治团体亲自治理"为例，宣称"假如台湾人也用功的话，达到跟日本人同等的地位亦未可知"。他说"盼望诸位尽量不发牢骚，诚心诚意，忠实行事。希望诸位作为日本臣民越发勤奋"④。这之前，梁启超还曾对来访者说，他"发现（台湾）在所有的方面均有进步，而且政府治理良好，

---

① 许俊雅编注:《梁启超与林献堂往来书札》,（台北）万卷楼图书股份有限公司 2007 年版,第 2 页。

② 许俊雅编注:《梁启超与林献堂往来书札》,（台北）万卷楼图书股份有限公司 2007 年版,第 16—17 页。

③ 许俊雅编注:《梁启超与林献堂往来书札》,（台北）万卷楼图书股份有限公司 2007 年版,第 31 页。

④ 章开沅、罗福惠、严昌洪主编:《辛亥革命史资料新编》第 6 册,湖北人民出版社 2007 年版,第 239 页。

超出想象之外"①。4月2日,梁启超在林献堂、连横等人陪同下赶赴台中,入住丸山旅馆。当晚栎社举行欢迎宴会,林献堂、林幼春、连雅堂、郑毓臣、洪月樵等三十多人出席,林痴仙即席致辞,梁启超起立作答:"今夜酒席中俱文雅之人,只好谈风月,国家政治不必提及。"②在雾峰逗留时,林献堂"曾就台湾隶属于帝国版图一事郑重发问",梁启超说:"与其在清国的顽冥政治下生活,不如当帝国的臣民幸福。"而且他赞扬"本岛发展迅速并各种设施井然有序"③。

梁启超的这番言论实为其权宜之计策。此前曾有报纸诬称梁启超"受日本台湾总督府之招,将往颂其功德"④,而这番美化殖民统治的言论更令其有口难辩。实际上梁启超台湾之行并不顺利,"舟入鸡笼(即今基隆),警吏来盘诘,几为所窘"⑤。由于受到殖民当局的严密监视,梁启超的言论不得不有所顾忌,非其真情之流露。在台北东荟芳酒楼欢迎宴会上,"日官民无一参加,而侦探则四伏",因隔窗有耳,梁启超的演说"辞意委婉,非细味之,不能知其底蕴"⑥。他自嘲道:"席间演说之辞,真不知如何而可,属耳在垣,笑謷皆罪。"⑦他后来在台亲睹同胞苦难后,内心痛恨不已,但"为遗老计,投鼠忌器,犹不敢尽以形诸楮墨"⑧。梁启超内心的纠结从中可见一斑。

梁启超的这番言论与其内心的"日本情结"大有关系。甲午之战,清政府一败涂地,割地赔款,天朝上国的面子荡然无存,国人的心理也遭受前所

---

① 章开沅、罗福惠、严昌洪主编:《辛亥革命史资料新编》第6册,湖北人民出版社2007年版,第240页。

② 张丽俊:《水竹居主人日记》第三册,(台湾)"中央研究院"近代史研究所2001年版,第37页。

③ 罗福惠、袁咏红:《日文档案中的清末革命者和流亡者》,《近代史研究》2004年第4期。

④ 梁启超:《饮冰室合集》专集之二十二,中华书局1989年版,第203页。

⑤ 梁启超:《饮冰室合集》专集之二十二,中华书局1989年版,第199页。

⑥ 林献堂先生纪念集编纂委员会:《林献堂先生纪念集》卷三,(台湾)文海出版社1960年版,第522页。

⑦ 梁启超:《饮冰室合集》专集之二十二,中华书局1989年版,第200页。

⑧ 梁启超:《饮冰室合集》专集之二十二,中华书局1989年版,第203页。

未有的冲击。 人们开始重新审视"东方岛国"日本，并且不吝赞美之辞。 甲午战后，梁启超称赞日本由"古之弹丸"一跃而成为"今之雄国"①，指出"西方全盛之国，莫美国若；东方新兴之国，莫日本若"②。 戊戌政变时，梁启超获伊藤博文等人帮助逃往日本。 他赞美"东方古称君子国，种族文教咸我同"，颂扬"明治新政耀大地，驾欧凌美气葱茏"③，指出"日本以区区三岛，县琉球，割台湾，胁高丽，逼上国，而西方之雄者，若俄若英若法若德若美，咸屏息重足，莫敢藐视"④。 他在亡命日本时，"亲见彼邦朝野卿士大夫以至百工，人人乐观活跃，勤奋励进之朝气，居然使千古无闻之小国，献身于新世纪文明之舞台。 回视祖国满清政府之老大腐朽，疲癃残疾，肮脏蹒跚，相形之下，愈觉日人之可爱、可敬"⑤。 梁启超在日期间受到日本朝野热情款待，"授餐适馆，优待逾恒，忘其在客中"⑥。 他在给夫人的信中说："吾在此乃受彼中朝廷之供养，一切丰盛，方便非常，以起居饮食而论，尤胜似家居。"⑦这样，梁启超对日本的好感与日俱增，甚至一度视日为"第二故乡"⑧，导致其对日本殖民活动的认识发生偏差。

梁启超的这番言论与其"亚洲主义"思想不无联系。 19世纪末20世纪初，中日思想界出现"大亚洲主义"思想。 这种思想认为中日两国乃至亚洲其他弱小国家，同为黄色人种，应该联合起来，共同抵制西方白种人的侵略。⑨此时梁启超深受"大亚洲主义"思想影响，倡言"亚洲之境坏，当亚洲自治之，非他种人之所得攘也"⑩，从而模糊了对日本殖民活动的认识，进而为日本殖民政策做辩护。 他认为"韩人之不自立，而惟人是赖，其天性

①　梁启超：《饮冰室合集》文集之二，中华书局1989年版，第50页。
②　梁启超：《饮冰室合集》文集之一，中华书局1989年版，第43页。
③　梁启超：《饮冰室合集》文集之四十五（下），中华书局1989年版，第2页。
④　梁启超：《饮冰室合集》文集之二，中华书局1989年版，第29页。
⑤　夏晓虹编：《追忆梁启超》，中国广播电视出版社1997年版，第142—143页。
⑥　丁文江、赵丰田编：《梁启超年谱长编》，上海人民出版社2009年版，第103页。
⑦　丁文江、赵丰田编：《梁启超年谱长编》，上海人民出版社2009年版，第108页。
⑧　梁启超：《饮冰室合集》专集之二十二，中华书局1989年版，第186页。
⑨　崔志海：《梁启超日本观的演变与反思》，《江海学刊》2011年第5期。
⑩　梁启超：《饮冰室合集》文集之四，中华书局1989年版，第67页。

也"①，强调朝鲜的灭亡实咎由自取，日本的侵略行为是顺势而为，"夫国必自伐然后人伐，朝鲜苟非自亡，则无人能亡之者，理固然"②。他强调"日本与我唇齿兄弟之国，必互泯畛域，协同提携，然后可以保黄种之独立，杜欧势之东渐"③。梁启超的"亚洲主义"思想使其对日本殖民侵略失去警惕，把日本视作亚洲民族摆脱列强侵略的救星，进而把日本的殖民扩张活动与亚洲人民的反抗殖民斗争相提并论，从而混淆了日本殖民侵略活动的本质。

梁启超的这番美化日本殖民统治之言辞正是其"亲日"心态与"亚洲主义"思想的不经意流露。然而梁启超并没有完全迷失自我，在耳闻目睹日本殖民统治的罪恶后，他立即丢弃心中幻想，猛烈抨击殖民统治。④

梁启超离台后在其文章中似乎很少提及台湾，学者认为这是因其台湾之行后大失所望。其实，梁启超此后仍与台湾士人尤其是与林献堂、林幼春、林痴仙等人飞鸿不断，往来频繁，联系密切。这一切使得梁启超游台的社会影响持续发酵。

首先是梁启超与林献堂之间互动不断。梁启超游台后深知林献堂不仅"于三百万台民将来者甚大"，而且当他"有事于祖国，不得不广求友助"时也为"其重要之一人"⑤。此前梁启超曾筹办国民常识学会，并认为"为祖国起衰救弊计，舍此莫由"。1911年5月，梁启超去信邀请林献堂作为发起人之一，"以为台人倡"，"若能得数百人入此学会，获此常识，则将来一线生机，即于是焉系"，但"欲开此事，最少非得有万数千金不能着手"，希望林献堂"自量己力，更约台岛内同志若干人，为捐募五千元内外，以充开办费"⑥。林献堂接信后"即与痴仙、幼春谋，欲有所义集，而阻力横生，蜚言渐布，不得已遂消弭前说，以图再举"，至于"所言之款"，后交其弟林阶

① 梁启超：《饮冰室合集》专集之二十一，中华书局1989年版，第7页。
② 梁启超：《饮冰室合集》专集之二十一，中华书局1989年版，第20—21页。
③ 梁启超：《饮冰室合集》文集之二，中华书局1989年版，第82页。
④ 参见杨齐福：《试论1911年梁启超台湾之行》，《台湾研究》2004年第5期。
⑤ 许俊雅编注：《梁启超与林献堂往来书札》，（台北）万卷楼图书股份有限公司2007年版，第45页。
⑥ 许俊雅编注：《梁启超与林献堂往来书札》，（台北）万卷楼图书股份有限公司2007年版，第71—72页。

堂带去。① 同年 7 月，林献堂给梁启超寄去"土物、葛布、茶席数事，聊备乘凉解渴之用"②。 梁启超收到茶叶后转赠康有为，康有为"品之谓为清绝"，他即致函林献堂，请其"寄少许，俾申借花之献"③。 林献堂稍后给梁启超寄去数箱茶叶。④ 长期以来，梁启超靠卖文为生，并不时接济同志，"无日不在竭蹶之中，犹幸而不至于冻馁"。 因当时社会动荡，《国风报》滞销，"报费无著接济"，梁启超手头非常拮据，只好向林献堂"求假千数百金暂以相济"⑤。 林献堂接信后立即汇款，并复函称"数既不巨，情无可嫌，即有猜嫌，亦非所计"⑥。 梁启超对"千金之馈"感激不尽，答以"相知厚如我兄，非惟不敢却，抑亦不敢言谢"⑦。 1912 年 3 月，连横前往大陆观光，林献堂又托其带六百元赠梁启超。⑧ 是年 4 月，梁启超作《中国立国大方针》，林献堂获赠后称赞此书"如神医之说病"，"症结之处无不洞中"，"使讳疾者无所昵情，待毙者复有生望，真民国前途之不死药"⑨。1913 年"蛰居海外，郁郁多年"的林献堂"决计屏除一切，买棹西行"，访

---

　　① 许俊雅编注：《梁启超与林献堂往来书札》,（台北）万卷楼图书股份有限公司 2007 年版，第 104 页。

　　② 许俊雅编注：《梁启超与林献堂往来书札》,（台北）万卷楼图书股份有限公司 2007 年版，第 108 页。

　　③ 许俊雅编注：《梁启超与林献堂往来书札》,（台北）万卷楼图书股份有限公司 2007 年版，第 112 页。

　　④ 许俊雅编注：《梁启超与林献堂往来书札》,（台北）万卷楼图书股份有限公司 2007 年版，第 131 页。

　　⑤ 许俊雅编注：《梁启超与林献堂往来书札》,（台北）万卷楼图书股份有限公司 2007 年版，第 117—118 页。

　　⑥ 许俊雅编注：《梁启超与林献堂往来书札》,（台北）万卷楼图书股份有限公司 2007 年版，第 123 页。

　　⑦ 许俊雅编注：《梁启超与林献堂往来书札》,（台北）万卷楼图书股份有限公司 2007 年版，第 127 页。

　　⑧ 许俊雅编注：《梁启超与林献堂往来书札》,（台北）万卷楼图书股份有限公司 2007 年版，第 141 页。

　　⑨ 许俊雅编注：《梁启超与林献堂往来书札》,（台北）万卷楼图书股份有限公司 2007 年版，第 140 页。

问大陆，拜谒梁启超，"亲风采而领教益，用慰渴慕之忱"①。 是年 3 月，林献堂抵达北京，梁启超虽忙于公务，但仍给他介绍一些政界名流以便结识并奉送颐和园游览券五张。② 梁启超觉得林献堂对于"实业之本务，智计犹密"，乃私下询问他："北京电车疑可承办，不审志趣亦以为可小试否？"③由此可见梁启超与林献堂两人之间私交之笃。

其次是梁启超指点林献堂等人诗作。 台湾之行，梁启超借诗言志，与众唱和，"得诗八十九首，得词十二首"④。 林献堂乃向梁启超请教作诗之法，梁启超离台后专门写信告诉他："必读专集，毋读选本；必学大家，毋学近人；先学古本，成就后乃及近体，其不二法门也。 ……而古体则从昌黎入手，次之以东坡、山谷，然后溯源于陈思、阮、陶、鲍、谢，则大成矣。 近体则从义山入手，亦次之以坡、谷，而荡之以放翁、遗山。"⑤林献堂自述"'学诗勉就三多法，受教当年忆任公'，梁启超先生教余学诗之法：多读、多作、多商量"⑥。 林痴仙文采卓然，诗坛大家，倡建栎社；林幼春聪慧好学，思想开阔，栎社骨干。 梁启超与他俩诗文唱和、情投意合。 林痴仙作《次韵寄赠梁任公先生启超》云："新会先生南海徒，环球寻遍佳山水"；"九万鹏程候好风，惊天事业从今始"。⑦ 梁启超则赞扬林痴仙"次韵之

① 许俊雅编注：《梁启超与林献堂往来书札》，（台北）万卷楼图书股份有限公司 2007年版，第 153 页。

② 许俊雅编注：《梁启超与林献堂往来书札》，（台北）万卷楼图书股份有限公司 2007年版，第 155 页。

③ 许俊雅编注：《梁启超与林献堂往来书札》，（台北）万卷楼图书股份有限公司 2007年版，第 156—157 页。

④ 梁启超：《饮冰室合集》专集之二十二，中华书局 1989 年版，第 207 页。另据梁启超致林献堂函云"游台诗词共得七十余首"。参见许俊雅编注：《梁启超与林献堂往来书札》，第61 页。

⑤ 许俊雅编注：《梁启超与林献堂往来书札》，（台北）万卷楼图书股份有限公司 2007年版，第 41—44 页。

⑥ 许雪姬编注：《灌园先生日记》（十三），（台湾）"中央研究院"台湾史研究所 2007 年版，第 196 页。

⑦ 许俊雅编注：《梁启超与林献堂往来书札》，（台北）万卷楼图书股份有限公司 2007年版，第 19 页。

作，坡、谷而远，健者殊置"①。梁启超离台后仍念念不忘评点他们的诗作，称林痴仙的诗"用笔造语往往有新拔处。其病在出笔太易，每篇中恒有失于剽滑率真者，似宜再从昌黎集下番摹仿工夫，植其峻拔兀臬之气，或佐以长吉亦无不可，然后取径山谷，以皈依老杜"，赞林幼春之诗"字字欧心，格律甚严，往往有惊心动魄语，是其所长也。然微嫌疏宕之气少，……宜专宕之以坡、谷"；建议林痴仙"宜先之以韩"，林幼春"宜先之以苏或参之陆"；还向他俩推荐赵熙，②称其为诗坛宗匠，"善诱不倦，每涂乙狼藉，不稍假也。已为两公介绍于其门，虽未得复章，料当不拒"，希望他们"钞所作各数十篇"寄去请教。③后来，林痴仙给赵熙寄去《陪同梁任公先生莱园小集以"主称会面难一举累十觞"为韵分得"十""觞"二字》，其中"花前说天宝，徒使青衫湿"被其改为"惨惨青衫湿"；"嘉会难重遇，顾君更飞觞"被其改为"顾君还进觞"④，林痴仙的诗作也因此增色不少。

　　1911年梁启超应林献堂之邀游历台湾，并考察殖民统治下台湾的现状，以探究殖民地人民的出路。他在台期间既抨击了日本殖民统治的罪恶，又发表了一些"美化"殖民统治的言论，这与其受到殖民当局的监视和"以日为师"的心态大有关系，当然也欲借此刺激国人麻痹的神经。他离台后仍与台湾士人保持密切联系，这使其在台的社会影响绵延不绝。

6.2　王鑫与老湘军

　　王鑫，原名开作，字家宾，又字璞山，湖南湘乡人。廿四岁中秀才，入

---

　　①　许俊雅编注：《梁启超与林献堂往来书札》，（台北）万卷楼图书股份有限公司2007年版，第21页。

　　②　赵熙（1867—1948），字尧生，号香宋，四川荣县人，世称"晚清第一词人"。

　　③　许俊雅编注：《梁启超与林献堂往来书札》，（台北）万卷楼图书股份有限公司2007年版，第58—59页。

　　④　转引许俊雅：《试论梁启超辛亥年游台之影响》，《社会科学》2007年第3期。

泮后受业于罗泽南门下，深受罗泽南器重，"日夜与讲明善复性、修己治人之道"①，接受了浓厚的封建伦理思想熏陶。他早年在地方事务活动中十分活跃，曾在家乡制订"洙津区乡约"十条，"诚诚欲其代宣圣化，变浇风为纯俗"②。后又协同知县朱孙诒改革钱漕和地丁的征收方法，并"亲书勒县门纪其事"③。这充分体现了王鑫以封建礼教为指导思想，积极介入地方政务，维护封建制度的野心。

1851 年金田起义爆发，湘乡人民也举师响应。王鑫倡行团练保伍之法，"日夕奔走晓谕，躬任劳怨"④，扑灭了湘乡人民起义。他在《团练说》中云："团是团拢一气，你我相救，生死相顾，才叫做团。练是练器械，练武艺，练阵法，究竟练胆更为要紧。"⑤次年，太平军挥师北进湖南，湘乡形势危急。王鑫上书朱孙诒："方今急务，莫若用民兵堵御。某愿得数千人，率以讨贼"⑥。朱孙诒即委任王鑫与其师罗泽南募勇千人，训练成军。此后，王鑫便和罗泽南募乡民千人，积极讲求束伍选士之法，亲教之步伐技击，每教一人讫，则以一珠算令衔之，牵使就列，乃复进一人，教之如前。并"以忠义激其乡人"，练勇毕，"摄衣登台，陈说忠孝大义，声情慷慨"⑦。经过王鑫等人的努力，勇军终于练成，并以三百六十人为营，将勇军分为三营，由王鑫统带左营，罗泽南领中营，罗信南率右营，在湘乡防御太平军。王鑫湘乡练勇对当时社会产生了较大影响。何应祺在其书中言："湘乡习兵事者自公始，其后稍益，乃增练分布成军者不可胜计。"⑧

由于太平军所向披靡，省城长沙危在旦夕，王鑫等奉命入省城防守。曾国藩时因母丧在籍守制，清政府乃谕旨他帮办湖南团练、搜查"土匪"诸事务。他奉旨后急忙赶赴长沙，与巡抚张亮基熟商后，乃以湖南兵力空虚、省

① 梅英杰等撰：《湘军人物年谱》第一册，岳麓书社 1987 年版，第 42 页。
② 王鑫：《王鑫集》，岳麓书社 2013 年版，第 1041 页。
③ 梅英杰等撰：《湘军人物年谱》第一册，岳麓书社 1987 年版，第 47 页。
④ 王鑫：《王鑫集》，岳麓书社 2013 年版，第 222 页。
⑤ 王鑫：《王鑫集》，岳麓书社 2013 年版，第 1045 页。
⑥ 梅英杰等撰：《湘军人物年谱》第一册，岳麓书社 1987 年版，第 47 页。
⑦ 王鑫：《王鑫集》，岳麓书社 2013 年版，第 223 页。
⑧ 何应祺：《王壮武公传》，《守默斋杂著》第一册，同治五年(1866)刻本，第 4 页。

城防御薄弱为借口，上奏清政府请求练兵。 随后，曾国薄即以王鑫、罗泽南的湘乡勇军为基础，"仿照前明戚继光之成法，编束队伍，练习胆技"①，组建湘军。 在组建湘军时，曾国藩规定湘军的统领由大帅挑选，营官由统领挑选，哨官由营官挑选，余皆类推，全军的大权集于曾国藩一人之手。 同时，为了便于统兵将领在战场上随机行动，他又将指挥权下放，规定一军之权全付统领，大帅不为遥制；一营之权全付营官，统领不为遥制，"如封建之各国，庶节节相维，无涣散之虞"②。 这就使得湘军将领拥有了较多的独立性和较大的自主权。 于是，湘军内部有能力、有野心者皆具自辟乾坤之志，这也为以后内部的分裂埋下了伏笔。

在组建湘军的过程中，王鑫积极帮助曾国藩建军，"益与讲求训练之法"，并以所部湘勇作为湘军的根柢。 为此，曾国藩也"投我以桃，报之以李"，到处吹嘘王鑫才大志高、忠孝成性，为"刘琨、祖逖之徒"③，倚之为心腹，把他作为创军初期的得力助手。 曾国藩日后多次派王鑫领兵赴各地，王鑫也十分卖力，镇压了耒阳、衡山、桂东、郴州等地的起义军。

然而，王鑫其人矜持自负，志向甚高，好放高言，甚至对其座师罗泽南亦不稍让。 王鑫在湘军成师后，因不愿时时事事受制于曾国藩而欲自立门户，两人之间的亲密关系并没持续多久就出现了严重的裂痕，最终导致两人分道扬镳。

咸丰三年（1853）六月，太平军西征，迅速攻克了安庆、九江、汉口等军事重镇。 太平军进逼武昌，深入长江腹地。 江忠源率部在湖南、江西等地节节抵抗，疲于奔命。 曾国藩遂令罗泽南领军前往江西增援，结果兵败南昌城下，死伤者众。 面对江西危局，曾国藩"以'贼'氛四万之众，而吾勇仅有数千"，"深恐吾岷、石、罗、筠诸兄无以取胜而立于万全之地"④，"欲添

---

①　曾国藩：《曾国藩全集》奏稿二，岳麓书社 1987 年版，第 878 页。

②　《致邓厚甫函》，中国社会科学院近代史研究所藏《曾国藩往来函札》。转引朱东安：《曾国藩传》，四川人民出版社 1985 年版，第 68 页。

③　曾国藩：《曾国藩全集》书信一，岳麓书社 2011 年版，第 185 页。

④　曾国藩：《曾国藩全集》书信一，岳麓书社 2011 年版，第 180 页。

勇数千，往助岷樵，添一臂之力"①；而王鑫亦"欲号召义旅，即日往江，以报湘人之仇，而纾国家之难"②。 他在致曾国藩信中云："誓率湘中子弟慷慨兴师，即入江西，一以愤二十四之役，为诸人报仇雪耻，一以为国家扫此'逆'氛，克复三城，尽歼'群丑'，以纾宵旰之忧。"③曾国藩自云："览其书词，盖等于读臧洪、陈容之传，发立而眦裂。"④"两书径往，不谋而合"⑤，曾国藩在衡州议定由王鑫募勇二千，"军饷不必取诸藩库，器械不必耗诸总局，皆由劝捐徐图之"⑥。 王鑫也答应自捐饷银万两。 然因设局开捐的成效不大，曾国藩命令他"新添之勇，望无遽多招，以二营为率，至多不过三营"，不然，"无粮可发，大为难事"⑦。

王鑫急于建功立业，并没有听从曾国藩的命令，而是径往省城请饷募兵。 适会太平军进逼武昌，两湖危急，湖南巡抚骆秉章许其饷银万两，令其募勇来省城防守。 王鑫回湘乡招勇，人数多达三千人，且回乡大摆官势，"出入鸣锣摆执事，乡人为侧目"⑧；还向曾国藩提出"再发银二万，各勇须预支月半口粮，将来招足万人"⑨等要求。 曾国藩对其请饷之举"已讶其与初议相刺谬"⑩，继则对其"请饷请器物，多不中程，是以省局上下，大滋物议"⑪十分不满，且对其募勇索饷所为极反感，认为"此璞山阅历太浅，视事太易过也"⑫。 曾国藩去信指责王鑫"未能统筹全局"，"志气满溢，语气

① 曾国藩:《曾国藩全集》书信一,岳麓书社 2011 年版,第 260 页。
② 曾国藩:《曾国藩全集》书信一,岳麓书社 2011 年版,第 188 页。
③ 曾国藩:《曾国藩全集》书信一,岳麓书社 2011 年版,第 185 页。
④ 曾国藩:《曾国藩全集》书信一,岳麓书社 2011 年版,第 188—189 页。
⑤ 曾国藩:《曾国藩全集》书信一,岳麓书社 2011 年版,第 260 页。
⑥ 曾国藩:《曾国藩全集》书信一,岳麓书社 2011 年版,第 257 页。
⑦ 曾国藩:《曾国藩全集》书信一,岳麓书社 2011 年版,第 225 页。
⑧ 《骆秉章自订年谱》,《北京图书馆藏珍本年谱丛刊》第 147 册,北京图书馆出版社 1999 年版,第 59 页。
⑨ 曾国藩:《曾国藩全集》书信一,岳麓书社 2011 年版,第 260 页。
⑩ 曾国藩:《曾国藩全集》书信一,岳麓书社 2011 年版,第 260 页。
⑪ 曾国藩:《曾国藩全集》书信一,岳麓书社 2011 年版,第 278 页。
⑫ 曾国藩:《曾国藩全集》书信一,岳麓书社 2011 年版,第 258 页。

夸大，恐持之不固，发之不慎，将来或至偾事"，"不得不详明规劝"①。这样，曾王之间开始产生隔膜。

当太平军进逼武昌时，湖广总督吴文镕奏请王鑫部援鄂，曾国藩却以为时机未成熟，"一则以饷项无多，一则以水路无备"，"欲待明春始发，水陆并备"②。而王鑫欲"率师急行，专由陆路"③。后武昌危急，骆秉章令王鑫军赴鄂救援，曾国藩无奈，只好答应。然而王鑫欲"因援鄂之行，乘势东下，一气呵成"④，以便趁机扩大自己的势力，"一出而独当一面"，流露出自立门户之野心。曾国藩却认为王鑫"以矜张之气，驭新集之卒，或不足以当大敌"⑤，且"援鄂之残局，与此后之长征，截分两事"⑥，始终坚持"舟师必须兼备，操练必须两个月，裹粮必储半年"，方可启行，"三者缺一，皆有坐困之道，而无成功之理"⑦。曾国藩与王鑫在东征这个战略问题上又有着尖锐的矛盾。实际上曾国藩从王鑫的招勇之举中已看出他的野心，是故断然拒绝了王鑫东征之请求，一则基于战局、时势的需要，另则恐怕是曾国藩私心的流露，以期稍杀王鑫之傲气。这使得两人之间的隔阂越来越重，距离也越来越远。

王鑫赴省城请饷之举，不但使他获得了军饷，更为重要的是他与省中大吏拉上了关系。骆秉章"嘉其志而壮其才"⑧。左宗棠对他大为赞赏，"朋辈中如璞山之刚明耐苦，义烈古人，实所仅见"⑨。此后，王鑫日益亲骆（秉章）疏曾（国藩），与湘省大吏关系越来越密切，与曾国藩关系却越来越淡漠，不再时时事事听命于曾国藩，自立门户的迹象更加明显。这使得曾国藩大为光火。

---

① 曾国藩：《曾国藩全集》书信一，岳麓书社 2011 年版，第 260—261 页。
② 曾国藩：《曾国藩全集》书信一，岳麓书社 2011 年版，第 346 页。
③ 曾国藩：《曾国藩全集》书信一，岳麓书社 2011 年版，第 346 页。
④ 曾国藩：《曾国藩全集》书信一，岳麓书社 2011 年版，第 346 页。
⑤ 曾国藩：《曾国藩全集》书信一，岳麓书社 2011 年版，第 262 页。
⑥ 曾国藩：《曾国藩全集》书信一，岳麓书社 2011 年版，第 346 页。
⑦ 曾国藩：《曾国藩全集》书信一，岳麓书社 2011 年版，第 284 页。
⑧ 曾国藩：《曾国藩全集》家书上，岳麓书社 2011 年版，第 218 页。
⑨ 左宗棠：《左宗棠全集》书信一，岳麓书社 2009 年版，第 117 页。

曾国藩原倚王鑫为湘军一大将，冀其中流击楫，然王鑫的所作所为令他大失所望。 为了确保湘军的一体性，维护其对湘军的绝对领导权，曾国藩采取种种手段封杀王鑫，先是四处散布王鑫不可倚为重任之论调。 他在与骆秉章信中说，王鑫"自兴宁归来，晤侍于衡，见其意气满溢，精神上浮，言事太易，心窃虑其难于与谋大事"①。 后来他又上书骆秉章，言"璞山志有余而才不足"②，以期削弱骆秉章对王鑫的信任。 当骆秉章令王鑫援鄂时，他去信云："细思璞山在衡之气象，阁下及各处书言璞山者证之，即三千援鄂之举，恐璞君实难胜任。"③他在吴文镕等大员面前诋毁王鑫"局量较隘，只堪裨将"④，"血性过人，而才器难以驭众"⑤，"且观其过自矜许，亦似宜于剿土匪，而不宜于当大寇"⑥，从而大大贬损了王鑫在外的威望，使其在外界渐趋孤立。 曾国藩于此犹未满足，进而又在军事上限制和打击王鑫的力量。他以粮饷匮乏为借口，向王鑫所部的军队开刀，欲削弱其军事力量，剥夺其军权，迫使王鑫乖乖地唯曾命是从。 武昌解围后，王鑫军援鄂行动也停止了。 曾国藩指责其军"不教之卒，窳败之械"⑦，"号召太速，良楛杂进，则有宜汰之理；额数已满，起行尚早，口粮无出，则有不得不汰之势"⑧，断然要求王鑫裁军，最多只能保留两千人。 王鑫则"以招之未久，遣之太速"⑨，不愿意裁军。 曾国藩进一步要求王鑫按他所定的营制来改编所部，诸营不必由王鑫一手指挥，分立各营，营官由他来任命，借此控扼王鑫的军队。 此后，曾国藩不断给王鑫施加压力，逼其裁军交权，而王鑫以其军"业经亲选，无可再拣"为由，拒绝听命。⑩

---

① 曾国藩：《曾国藩全集》家书上，岳麓书社 2011 年版，第 257 页。
② 曾国藩：《曾国藩全集》家书上，岳麓书社 2011 年版，第 289 页。
③ 曾国藩：《曾国藩全集》家书上，岳麓书社 2011 年版，第 258 页。
④ 曾国藩：《曾国藩全集》书信一，岳麓书社 2011 年版，第 218 页。
⑤ 曾国藩：《曾国藩全集》书信一，岳麓书社 2011 年版，第 273 页。
⑥ 曾国藩：《曾国藩全集》书信一，岳麓书社 2011 年版，第 393 页。
⑦ 曾国藩：《曾国藩全集》书信一，岳麓书社 2011 年版，第 311 页。
⑧ 曾国藩：《曾国藩全集》书信一，岳麓书社 2011 年版，第 318 页。
⑨ 曾国藩：《曾国藩全集》书信一，岳麓书社 2011 年版，第 333 页。
⑩ 曾国藩：《曾国藩全集》书信一，岳麓书社 2011 年版，第 346 页。

曾国藩借裁军之举来打击王鑫，这一举动遭到了湘省大吏们的强烈反对，众大员"皆不以为然"。骆秉章先前在部队调遣方面和曾国藩发生过冲突，不愿在军事上一味依赖曾氏，急欲亲自掌握一支军队，"阅其军可用，乃留省垣备调遣"①。左宗棠时"与文正公以意气争胜，如王鑫旨，允所请"②。王鑫在得到了强有力的后台支持之后，就更不把曾国藩放在眼里，对其命令毫不理睬，"饬言撤勇事者，概不问答，既无公牍，又无私书"③，"厥后璞山复书，但求乞放还山"④。曾国藩却因撤王鑫军而招致谤议，十分苦恼，自云"立朝有年，更事孔多，曾不能以泛悠之毁誉，定伦类之优劣，岂有军务所关，不揆事理之当否，而徒贵耳贱目，逞我私臆想乎"⑤；更恐"一将不受节制，则他将相效，又成离心离德之象"⑥，终将威胁到他的湘军领袖地位，因此便迫不及待地向王鑫摊牌。他在致骆秉章的书信中明确指出，"璞山之勇若归我督带，即须交我节制"⑦，并向王鑫发出最后通牒，"必从鄙意而不可改者五：各勇宜操练两个月，体弱者、艺低者、油滑者，陆续严汰……；每营必须择一营官，必画然分出营数，此时即将全数交付与他，不必由足下一手经理……；帮办者，每营须四五人，必须博求贤俊，不尽取之湘乡……；器械必赶急制办，局中窳脆之件，概不可用……；战船能多更妙，纵使不能，亦当雇民船百余号"⑧。王鑫完全置之不理。曾国藩觉得王鑫"志趋所在，不特不欲受仆节制，亦未欲他帅节制也。与其进止之际，以龃龉而失机，不如此时早自决定"，遂将其逐出湘军。这样，曾王之关系彻底破裂。

王鑫与曾国藩决裂后，便投入骆秉章门下，自立一军，号称"老湘营"，人们习惯称之为"老湘军"，在组织、制度上独立于曾国藩的湘军之外。

---

① 王鑫：《王鑫集》，岳麓书社 2013 年版，第 229 页。
② 王闿运：《湘军志·湘军志评议·续湘军志》，岳麓书社 1983 年版，第 229 页。
③ 曾国藩：《曾国藩全集》书信一，岳麓书社 2011 年版，第 330 页。
④ 曾国藩：《曾国藩全集》书信一，岳麓书社 2011 年版，第 452 页。
⑤ 曾国藩：《曾国藩全集》书信一，岳麓书社 2011 年版，第 318 页。
⑥ 曾国藩：《曾国藩全集》书信一，岳麓书社 2011 年版，第 452 页。
⑦ 曾国藩：《曾国藩全集》书信一，岳麓书社 2011 年版，第 452 页。
⑧ 曾国藩：《曾国藩全集》书信一，岳麓书社 2011 年版，第 325 页。

"老湘军"的产生意味着湘军并非铁板一块，将领各抱一心者大有人在，也标志着湘军内部正式分裂。

从此，曾国藩对王鑫怀恨在心，直到岳州之战方才出了一口恶气。 咸丰四年（1854）春，太平军再次入两湖地区，曾国藩此时亲率水陆军万余人，自衡州而上，准备与太平军决战。 骆秉章也令王鑫领军迎击，老湘军出师不利，坐困岳州。 当时岳州城内百姓徙避一空，百物荡然无存，湘军部将邹寿璋告之"城空无食，不可守也"①。 王鑫却狂妄自大，不听他人劝告，一意孤行，终遭太平军重创，老湘军伤亡惨重，行将覆亡。 这时，曾国藩却坐视老湘军在危厄中挣扎。 曾国藩幕僚陈士杰则苦苦相劝，并直陈其后果会使湘军他将心寒，导致军心涣散，曾国藩才派水师前往迎救。 老湘军仅王鑫等九百余人逃脱，余皆被杀。 岳州之战，曾国藩借太平军之手狠狠惩罚了王鑫，但王鑫的惨败又打乱了他的进军计划，是故他大骂王鑫："狂夫，几何不败事！"②然而骆秉章护着王鑫，左宗棠还替王鑫假报战功，王鑫虽被革职，却"准其带勇效力赎罪"③。

王鑫因此对骆、左两人感激涕零，称他俩于己有"生死骨肉之恩，俾得及于宽政，而使留残喘以图赎"④；对曾国藩却恨之入骨。 当骆秉章让他重组老湘军后，他便死心塌地投入骆秉章的怀抱，从此与曾国藩彻底断交。

此后，王鑫依附于骆秉章、左宗棠，盘旋于湖南各地。 然其势力和影响难以与曾国藩的湘军相抗衡，这严重地影响了老湘军的发展。 王鑫日后也认识到了这一点。 虽然王鑫与曾国藩之间因争权夺利有着尖锐的矛盾，并最终导致湘军分裂，但他俩之间的矛盾只是在阶级利益一致基础之上的个人矛盾，其在镇压农民起义立场上有着共同语言。 王鑫为了摆脱其势孤力单的局面，正是利用这一点，日后积极与曾国藩修好。 咸丰六年（1856），曾国藩坐困江西，"呼救无从""梦魂屡惊"⑤，处境十分艰难。 王鑫为其四处奔

---

① 王闿运：《湘军志·湘军志评议·续湘军志》，岳麓书社 1983 年版，第 230 页。
② 钱基博：《近百年湖南学风湘学略》，岳麓书社 1985 年版，第 23 页。
③ 王鑫：《王鑫集》，岳麓书社 2013 年版，第 232 页。
④ 王鑫：《王鑫集》，岳麓书社 2013 年版，第 521 页。
⑤ 曾国藩：《曾国藩全集》奏稿二，岳麓书社 2011 年版，第 69 页。

走呼吁，"涤帅遭际若是，真令人急煞"①，"涤帅心事如苍天白日，而刚正之性不可屈挠，其行之通塞，系世之否泰"②。　在行动上，王鑫领老湘军一呼而出，以减轻曾国藩的军事压力。　这样，曾国藩与王鑫的关系稍有缓和，偶有书信来往。　王鑫抓住时机迫不及待地向曾国藩坦陈其心迹，"世固有迹似终睽而实神交于千里之外者，此不特难以见谅于流俗也，即一二有识之士，亦多泥其迹，莫察其心……鑫之受知于阁下也，基于壬子之冬，而极于癸丑之秋，少自远于阁下也。　肇于加募之事，而成于败衄之后，其中离合远近之故，未始非彼苍者之默为颠倒位置，而疏狂之罪在鑫，究无可辞矣"③。这段话实为曾王两人关系的总结，也是对分裂过程的总叙。　王鑫之所以这样献媚，在于曾国藩作为湘军领袖的威望，并借此摆脱分裂的阴影。　此后两人的裂痕逐渐缩小。　王鑫殁后，曾国藩挽之曰："陡惊失万里长城……，已拔作一朝名将。"④尔后还常常感叹"斯人不可复得也"⑤，至此昔日恩怨烟消云散。

　　王鑫与曾国藩决裂的原因错综复杂。　一是性格方面的不合。　曾国藩的选将要求是忠义血性、勤恕廉明、简默朴实、坚忍耐劳，而王鑫好放狂言、意气满溢、恃才傲物，"正是这些把他置于地方组建武装的最前列的品质——自主、抱负以及某种倔强精神——导致他于1853年同曾国藩决裂"⑥。　二是在于权力的争夺。　王鑫以练勇最早，资格较老又才气纵横，所部实力强大，因而不愿听从曾国藩约束，并在湘省大吏或明或暗的支持下，敢和曾国藩闹翻，自成一体，另立门户；而曾国藩为了绝对把持湘军领导权，维护其领袖地位，决不容许王鑫的所作所为，因而便打击、排斥王鑫。　王鑫不买他的账，导致两人关系的中断和湘军内部的分裂。　三是湘军内部缺少强有力的维系组

　　① 　王鑫：《王鑫集》，岳麓书社2013年版，第662页。
　　② 　王鑫：《王鑫集》，岳麓书社2013年版，第665页。
　　③ 　王鑫：《王鑫集》，岳麓书社2013年版，第667页。
　　④ 　曾国藩：《曾国藩全集》诗文，岳麓书社2011年版，第118页。
　　⑤ 　何应祺：《守默斋杂著》卷三，同治十年(1871)刊本，第13页。
　　⑥ 　孔飞力：《中华帝国晚期的叛乱及其敌人(1796—1864年的军事化与社会结构)》，中国社会科学出版社1990年版，第157页。

带。 曾国藩所创建的湘军，不仅是一个军事集团，而且是一个影响极为深远的政治集团。 这个集团是在镇压太平军运动的过程中，由思想相通、地域相同、利害相关、社会关系相近的人所构成的一个特定社会关系的组合体，其内部既没有明确的组织条规，也没有严格的约束机制，完全依赖伦理道德、个人感情等维系。 曾国藩作为湘军的缔造者，提拔和举荐了不少主要内部成员，"百万之众，贵则茅土，富则陶猗，皆一人所提携"①，这样他以个人的资历和声望荣膺湘军领袖地位。 然而这又使得他的领袖地位缺乏内在的强制性与外在的合法性，曾国藩不是以行政手段和组织纪律来束缚将领，更多的是依靠他的威望与道义上的感召力。 这就导致了湘军将帅之间的依附关系极为松散，一旦受到外力干扰就很容易被打破。 曾国藩曾在与李鸿章书中喟叹道："罗罗山、王璞山、李希庵、杨厚庵辈，皆思自立门户，不肯寄人篱下，不愿在鄙人及胡、骆等脚下盘旋。"②这清楚地表明由于湘军内部缺少强有力的约束机制，将领中各抱私心者大有人在，一旦时机成熟，这些人便脱离湘军，另立门户，王鑫的分裂活动便是典型的例证。 其实曾国藩早就看到了王鑫矜傲而自负的性格，"窃虑难与其谋大事""知鑫之不为用，而亦知己之不能用也"③，然当时苦于无将才，迫于时势而用之。 当王鑫企图另立门户时，曾国藩就采取遍纳湘军将领为门生的方式，以强化湘军的内部关系，增强湘军的凝聚力。 但这种个人效忠的方式却遭到王鑫的竭力反对，谓其只事罗泽南一人为师，也只能特定地对罗泽南效忠。 王鑫的叛逆行为使曾国藩想通过加强情伦网来巩固湘军的希望化为泡影，也大大削弱了湘军精神纽带的维系力量，这无疑给曾国藩领袖地位以巨大冲击，因而曾国藩痛下决心，毅然割断了与王的所有关系。

王鑫分裂湘军的活动，影响非同小可。 首先是对作为湘军领袖的曾国藩发出了挑战。 只是由于王鑫地位低下，影响不大，还不足以对曾国藩构成严重的威胁。 其次是使湘军他将皆欲步王鑫后尘而自建功业，譬如湘军后期的

---

① 赵烈文：《能静居日记》第二册，岳麓书社 2013 年版，第 1109 页。
② 曾国藩：《曾国藩全集》书信一，岳麓书社 2011 年版，第 328 页。
③ 钱基博：《近百年湖南学风湘学略》，岳麓书社 1985 年版，第 22 页。

重要将领李续宾、杨岳斌等人都想独树一帜，只是没有机会得以表露罢了。最后是充分暴露了湖南官僚士绅与曾国藩之间的尖锐矛盾。 他们不满于曾国藩的专横跋扈，便支持王鑫闹分裂来拆曾国藩的台，这使得曾国藩在湖南地主阶级中陷于孤立的境地，也使得湘军初期的发展大受掣肘。

王鑫的老湘军在诸多方面有着明显的特色，是一支十分独特的湘军支系。 具体而言有如下几个方面。

老湘军的营制迥异于他部。 王鑫自立后，撰《练勇刍言》，重新改定所部营制。 一营之制，以 360 人为营，分立前、后、左、右 4 哨。 营称"旗"，营官称"旗长"。 后在江西时又改以 508 人为营。 一哨之制，85 人为哨，每哨 6 队（刀错 3 队，抬枪 2 队，小枪 1 队）设正副哨长各 1 人，护勇 6 人，哨长又称"百长"；后增设藤牌队、劈山炮队，以 109 人为哨。 一队之制，抬枪队以 14 人为队，其余皆以 12 人为队。 每队设什长、左伍长、右伍长各 1 人，正勇抬枪队 10 人，其余皆 8 人。 亲兵之制，老湘军以中军为亲兵，内有侍勇、壮勇各 2 队，均 12 人为队。 长夫之制，老湘军规定每百人用长夫 30 人，是故每营长夫初为 100 人，后增为 150 人。[1] "中兴之军，莫不用曾文正营制，独壮武否。"[2]何也？ 一则表示他与曾国藩决裂之心态，另则也是对当时湘军营制的补充和完善，老湘军每哨设正副哨长各 1 名。 后来"左文襄公出领师，凡公部曲悉委用，而以公从弟贞介公开化总营务，壹依公规制，文襄独以副哨长为赘去之。 后战婺源，前队失利，遽令垒军出接应，久之不能成队，乃益叹公当日用意之深，遂不复有所变更"[3]。 曾国藩日后重新厘定"湘营规制，也多采之王鑫《练勇刍言》"[4]。

老湘军的饷章也颇为独特。 湘军他部的饷银皆由营官自行经理，以使其稍沾余润，独老湘军的饷银由营务处经理，营官不得操持，"所有月饷及赏赉资，交粮台，每月遣人分送其家，取书回"[5]。 是故，日后老湘军部将易普

---

① 王鑫:《王鑫集》,岳麓书社 2013 年版,第 1011—1012 页。
② 梅英杰等:《湘军人物年谱》第一册,岳麓书社 1987 年,第 56 页。
③ 王鑫:《王鑫集》,岳麓书社 2013 年版,第 231 页。
④ 王鑫:《王鑫集》,岳麓书社 2013 年版,第 231 页。
⑤ 徐一士:《一士类稿·一士谈荟》,书目文献出版社 1984 年版,第 309 页。

照曾对左宗棠说："大人（指鑫）待我辈恩谊最重，惟总不准我们得钱。"老湘军旧将丁长胜阵亡后，"其家亦贫苦，难于过度"。 左宗棠为此微词道："璞山治军，为吾湘一时巨擘，独于此等处全不理会。"①

老湘军的训练别具一格。 王鑫"课军则视择刻，分技击阵法"②。 一般上午教习阵法，下午练习跳跃技艺。 在阵法训练中，他亲撰《阵法新编》作教材，惜其遗失，唯"其城墙梅花、大鹏诸阵，刘忠壮公松山用之，以平西北'回寇'"，屡奏功效。 他还参照戚继光的训练方法，"以意为阵法"③，士兵"左右队鱼贯分两行，鼓作，左驰右，右驰左，三驰而圆，皆持满外向。再鼓之，左右驰复其伍，相向格斗，左起右伏，右起亦如之，三起三伏，乃变圆为方。 后军分左右出，蛇行绕攻前军，前左右军皆然"④。 在技能训练方面，王鑫"令士卒足缚铁瓦飞超距"，以便上阵时疾驰如飞。 且定练耳、练目、练口、练足、练手、练身之法，使士卒"目贵明，耳贵聪，口贵缄默，手贵劲而活，足贵捷而稳，身贵硬健而轻活"；定练心、练胆、练气、练识，练精神之法，以"壮其胆，稳其心，养其气，振奋其精神"。 王鑫创造性地把技艺训练与士兵的内在素质训练有机地结合在一起，大大提高了士兵的战斗力。 此外，王鑫认为"将兵者练固不可废，而训尤不可缓"⑤，"凡用兵之道，非崇忠义无可激励人心"⑥，因而他常常向士卒灌输封建伦理思想，还强迫兵勇利用余暇时间诵读"四书""五经"等，"刁斗声与书声相续"⑦，人们误以军营为书塾。 这种强化士兵封建思想教育的训练方式得到了统治者的大力推崇。 郭嵩焘吹捧老湘军"军士临阵致死，平日则洵洵如书生"，"至

① 左宗棠：《左宗棠全集》书信三，岳麓书社 2009 年版，第 352 页。
② 陈澹然：《江表忠略》卷九，《近代中国史料丛刊》第 20 辑，（台湾）文海出版社 1973 年版，第 221 页。
③ 王鑫：《王鑫集》，岳麓书社 2013 年版，第 229 页。
④ 王鑫：《王鑫集》，岳麓书社 2013 年版，第 229—230 页。
⑤ 王鑫：《王鑫集》，岳麓书社 2013 年版，第 505 页。
⑥ 陈澹然：《江表忠略》卷九，《近代中国史料丛刊》第 20 辑，（台湾）文海出版社 1973 年版，第 221 页。
⑦ 朱孔彰：《中兴将帅别传》，岳麓书社 1989 年版，第 96 页。

今从老湘营出身者，犹秩秩有文"①。

老湘军的战略战术，善于出奇制胜，以寡胜众，"况又持之以小心，出之以多算"，"屡胜而气不敢骄，无贼而备不敢弛"②。 左枢《王壮武公传》载，"公行军入险出奇，捷如隼华"③"尤喜以少击众，谓师少则气易通，令易遍，胜易进，而败易救也。 故终身所将未曾过三千人"④。 王鑫领军每到一地，"辄呼父老，问道里山川，绘其状"⑤。 每战前，王鑫必召集营官会议，"袖中出地图十余张，每人分一张，令诸将各抒己见，……诸将一一说毕，璞山乃将自己主意说出。 每人分一传单，即议定之主意也。 次日战罢，有与初议不符者，虽有功亦必加罚"⑥。 为此，曾国藩赞其有名将之风，此后其裨将张运兰、刘松山谨承王鑫之成法，"将开仗之先一夕，必传各营官会议，至今不改"⑦。

老湘军的约束也较严，所立禁规在诸军中最多，如禁赌博、酗酒、唱淫曲等。 王鑫在军中严申号令，明示责罚。 兵士在行军途中因乏粮而挨饿，沿途多萝卜而无主，王鑫令士兵"掷钱土中，量取之"⑧。 每战归"辄坐营门阅兵入，有得贼物者立杖之，焚其物，兵毕入，乃起"⑨。 其外孙因违军纪，也被他毫不留情地当众斩首。 王鑫之所以强化军纪，一方面是为了保证部队战斗力，另一方面是为了"取信于民"。 实际上老湘军残害民众之事屡有发生，王鑫在日记中载"拿斩冯牧所带奸淫抢掠嘉勇一名，以示惩儆"⑩便是例证。 后来老湘军在西北"平回"时，部将黄万支亦公开纵兵骚扰，气得左宗

① 郭嵩焘：《云卧山庄尺牍》卷一，《近代中国史料丛刊》第12辑，(台湾)文海出版社1967年版，第47页。
② 王鑫：《王鑫集》，岳麓书社2013年版，第873页。
③ 梅英杰等：《湘军人物年谱》第一册，岳麓书社1987年版，第69页。
④ 梅英杰等：《湘军人物年谱》第一册，岳麓书社1987年版，第79—80页。
⑤ 陈澹然：《江表忠略》卷九，《近代中国史料丛刊》第20辑，(台湾)文海出版社1973年版，第221页。
⑥ 梅英杰等：《湘军人物年谱》第一册，岳麓书社1987年版，第63页。
⑦ 梅英杰等：《湘军人物年谱》第一册，岳麓书社1987年版，第63页。
⑧ 王鑫：《王鑫集》，岳麓书社2013年版，第886页。
⑨ 王鑫：《王鑫集》，岳麓书社2013年版，第239页。
⑩ 王鑫：《王鑫集》，岳麓书社2013年版，第989页。

棠写信大骂。

老湘军的招募基本上和湘军一样，将必亲选，兵必自招。 在募兵方面，曾国藩"以湘乡、宝庆人为主，而他县人亦时用之"①，而老湘军则偏于湘乡一隅，即使出省征战，其兵员增补仍回湘乡招募。 后来在出关西征时，其兵勇伤亡缺额较多，然回湘招募既费时又费力，因而就在陕甘各地招募，就近补充兵员。

老湘军的旗帜为蓝色，因太平军用黄旗，故取以木克土之义。 其旗帜除营官大旗及开道旗用四方外，余皆用尖角。 旗边所镶颜色，前哨用红，后哨用黑，左哨用深蓝，右哨用白，营官及亲兵旗用黄镶边，"'寇'望为湘勇旗，大奔"②，老湘军乃常卷旗而行，战时方展开。

由于王鑫治军的独到之处，老湘军的兵勇都十分凶狠残暴，特别能战。老湘军也因此得到了统治阶级的赞赏。 曾国藩称之"忠勇善战"。 胡林翼称其"百战之余，其精锐不可当，湘军除迪庵一二营外，以此为最雄"③。 左宗棠也感叹其楚军"数年后，当与王壮武部齐观，暂尚不敢自信"④。

咸丰四年（1854）岳州之战，老湘军伤亡惨重。 后来王鑫奉骆秉章之令募勇重建老湘军，驻留湖南"剿杀"各地起义军。 老湘军在道州、江华、宁远、蓝山、嘉禾等地镇压起义军，并聚歼两广天地会军，使湖南局势得以暂时稳定，也使湘军"得以尽力征战，无有反顾之虞"。 刘坤一称："其时东南糜烂，独湖南号为完善，……其维系之大功"⑤，为军兴以来之罕见。 咸丰六年（1856），太平军石达开部进攻江西，攻占八府四十州县。 曾国藩在江西身陷图圄之中，哀号彻野，四处乞援。 咸丰七年（1857）初，骆秉章奏调老湘军援江西，左宗棠趁机吹嘘"此真吾楚劲旅，贼不能当"⑥。 王鑫率老湘军三千赶赴江西，在水东、广昌等地重创了太平军。 王鑫也因之而名声大

---

① 曾国藩:《曾国藩全集》书信一,岳麓书社 2011 年版,第 186 页。
② 王鑫:《王鑫集》,岳麓书社 2013 年版,第 259 页。
③ 王鑫:《王鑫集》,岳麓书社 2013 年版,第 224 页。
④ 左宗棠:《左宗棠全集》书信一,岳麓书社 2009 年版,第 388 页。
⑤ 王鑫:《王鑫集》,岳麓书社 2013 年版,第 205 页。
⑥ 左宗棠:《左宗棠全集》书信一,岳麓书社 2009 年版,第 204 页。

噪，被人称为"王老虎"，社会流传有"出队莫逢王老虎"之民谣。① 是年八月，王鑫在乐安病死。 此后，老湘军在张云兰、刘松山、刘锦棠等人统领下，随曾国藩、左宗棠参加镇压太平天国起义、捻军和陕甘回民起义；并远征西北，收复新疆失地。

中日甲午战争爆发后，老湘军之余部——李光久军曾与日军激战于辽东海城，重创日军，日军惊叹其为神军。 然牛庄一战，因李光久轻敌大意，遭日军围歼，全军覆亡。 老湘军便从此销声匿迹。 故后人云："老湘军起于王壮武，盛于战陇坂，收复天山南北二万里地，而终于牛庄。"②

6.3　吴文塇的日常与交游

吴文塇何许人也？ 因资料匮乏，人们对其知之甚少。 浙江图书馆古籍部收藏吴文塇所撰《寄庵遗稿》，其弟吴庆坻③详叙其来龙去脉："兄好读本朝人诗集，其自为诗恒秘不示人。 ……今年归检兄遗，于旧作塾课文稿匧中忽得此册，惊喜欲绝。 册中诗起于咸丰丙辰（1856）讫同治癸酉（1873）。"这为后人深入认识吴文塇提供了重要史料。 吴庆坻曾在稿本之末为其兄作一小传："吴文塇，原名瑞圻，字子章，号寄庵，监生，工部学习员外郎，都水司行走。 先大兄年二十一，入京师，就婚于吴江沈文氏，先嫂盖文定女弟也。 同治三年（1864），以员外郎分工部水司，累应京兆试不遇，漂沈郎署者几四十年。 ……庚子（1900）拳迹之乱，避居保定，忧悸成疾，比还京师。 癸卯（1903）冬殁于京寓。"吴庆坻乡试朱卷中载："文塇，工部员外郎，都水司行走兼司务厅管理冰窖监督。"④《清故湖南提学使

---

①　左宗棠：《左宗棠全集》奏稿九，岳麓书社 2009 年版，第 519 页。

②　《清代野史》第七辑，巴蜀书社 1988 年版，第 325 页。

③　吴庆坻(1848—1924)，字子修，别号悔余生、蕉廊、补松老人，钱塘(今杭州)人。光绪二年(1876)举人、十二年(1886)进士，历任会典馆纂修、四川学政、湖南学政、政务处总办等。

④　顾廷龙主编：《清代硃卷集成》第二百六十五卷，成文出版社 1992 年版，第 82 页。

吴府君（庆坻）墓志铭》也提及，"长兄文墱，封出也，仕工部为郎，未尝归乡里"①。钱穆在《中国历史研究法》中云："中国史家喜欢表彰无表现之人物，真是无微不至。论其事业，断断不够载入历史。但在其无表现之背后，则卓然有一人在，此却是一大表现。"②

6.3.1　家世

吴文墱家族于明末时期从休宁迁往杭州，"累叶科名，人各有集，蔚为浙中望族"③。吴文墱之高祖吴颢，乾隆己卯举人，官浙江遂昌训导，著有《读史录要》等；曾祖吴昇，乾隆癸卯（1759）举人，官四川夔州府知府等；祖父吴振棫，嘉庆甲戌（1814）进士，官云贵总督、四川总督等，著有《养吉斋丛录》等；父亲吴春杰，咸丰元年（1851）二品荫生，官山西雁平兵备道；四弟吴庆坻，光绪丙戌（1886）进士，翰林院编修，著有《蕉廊脞录》等；七弟吴宝坚，光绪己丑（1889）举人，官国子监典籍；侄子吴士鉴，光绪壬辰（1892）进士，著有《补晋书经籍志》《商周彝器例》等。④自乾隆至光绪年间，吴氏家族出了两位翰林、四名进士、五个举人，可谓"科名有草苗庭砌"⑤。

吴文墱有兄弟七人，二弟吴恩埰，字子可，号景晞；三弟吴荣墠，早逝；四弟吴庆坻，字子修，号稼如；五弟吴善埴，钱塘庠生；六弟吴道坦，过继堂叔，名春煊；七弟吴宝坚。⑥《寄庵遗稿》中有不少诗文便是吴文墱写给兄弟的，其中与四弟吴庆坻的诗文尤多。如《子可子修返晋诗以送之九月二十日出京》："风笛声中赋别离，桥头杨柳剩残枝。遥知翳竹西窗夜，犹忆联床听雨时。名落孙山亦数奇，苍天预定那能知。下帏同励加功切，破壁高飞

---

① 吴庆坻：《蕉廊脞录》，中华书局1990年版，第264页。
② 钱穆：《中国历史研究法》，生活·读书·新知三联书店2001年版，第105页。
③ 徐世昌主编：《晚晴簃诗汇》，中华书局1990年版，第3684页。
④ 吴庆坻：《蕉廊脞录》，中华书局1990年版，第261页。吴振棫：《国朝杭郡诗续辑》，同治十三年钱塘丁氏本。赵尔巽：《清史稿》，中华书局1977年版，第1832页。
⑤ 《敦睦词丁饼歌寄大兄京师》，转自吕森：《吴庆坻及其诗文研究》，东北师范大学硕士论文，2018年，第11页。
⑥ 顾廷龙主编：《清代硃卷集成》第二百六十五卷，成文出版社1992年版，第82页。

自有期。"表达了对亲人名落孙山的勉励之意。《子修弟寄示近作四章依均和之即寄并关门》："平生放眼光明界，真是翛然不染埃。祗叹蓬飘羁异地，湖山虽好梦中回。芳草池塘击我思，四枝秀苗茂荆枝。裁诗远报嶙峋馆，正是高梧叶落时。"流露出对滞留异地亲人的思念之情。《同夏薪卿子可子修两弟游龙泉寺》："十丈软红里，幽寻兴未赊。疏篱添竹影，逐水映芦花。碑断寻残字，泉清煮美茶。题诗留壁上，逸趣寄烟霞。"回忆了兄弟同游龙泉寺之难忘印象。二弟吴恩埰患病去世后，吴文埒为其写了数首悼亡诗。如《哭二弟子可》："闻君病剧感多端，远道书来惨不欢。病者神清何恃医，医家力竭念难宽。隔旬未见参苓效，入夜从无梦寐安。嗟我劳人官事累，欲归不得废眠餐。去年一别竟长离，断尽肝肠寸寸丝。……凄惶定有思兄语，嘱咐曾闻续嗣词。"记述了吴恩埰的病情及其续嗣之遗嘱（后吴庆坻以子吴士鉴为嗣子）。《忆子修子穌两弟栞言三妹即寄》："严冬朔气感萧条，作客情怀最寂寥。刺绣应知多乐事，题诗聊以遣深宵。高楼西北弦歌切，故里东南烟树遥。十载西湖成久别，何时泛棹段家桥。"抒发了对二弟吴恩埰亡故的悲痛之情。

6.3.2 亲友

钱塘吴氏家族作为望族，与同为望族的王氏家族、沈氏家族、汪氏家族和夏氏家族联姻，借此维持并提高家族的地位与声望。据吴庆坻朱卷记载："胞姑母，适王氏，湖州归安前任广西河池州知州，讳涑公，子增生，两淮候补监运使经历，讳嘉树。适张氏，嘉庆庚午（1810）举人，内阁中书，讳应吕公，子庠生，赠知府江苏候补同知，讳与厚。适夏氏，庠生，诰冯中宪大夫，讳之盛公，子庠生，知府衔江苏候补同知，讳凤翔。"[1]吴文埒娶晚清重臣沈桂芬之妹为妻，吴庆坻为其所作小传云："先大兄年二十一，入京师，就婚于吴江沈文氏。"《寄庵遗稿》中就有诸多吴文埒赠予亲友的诗文。

王同伯、夏曾传皆为吴振棫之外孙，因而他们与吴文埒关系亲密。王同伯（1839—1903），字同，号肖兰，晚号吕庐，同治丁卯（1867）举人，光绪

---

① 顾廷龙主编：《清代硃卷集成》，第二百六十五卷，成文出版社1992年版，第82页。

丁丑（1877）进士，曾授刑部福建、江西司主事。后辞官归养，以著书育人自娱，曾主梅青、龟山、塘栖栖溪讲舍和慈湖书院，又任诂经精舍监院，后任紫阳书院山长与仁和县学堂总理。其《赠王同伯多祺表弟》云："家园觌面惜匆匆，别后情怀两地同。昔岁睽离音信杳，今朝团聚笑颜通。频嗟故里遭凤隼，细话闲踪记雪鸿。色笑长承亲更健，欢联雁序乐融融。"作者自云"丁巳（1857）九月奉姑母在杭州住一月余即赴川"，后"因道阻，两年不通信札"，重逢相聚之喜悦溢于言表。《题当湖王多祺绍可拳石山房遗诗》云："读罢遗编墨尚新，君诗清绝出风尘。异乡分手离千里，他日谈心少一人。具有仙才真夙慧，顿超凡界亦前因。音容回想浑如梦，搁笔长吟太息频。"称赞其诗歌"清绝"、才华"超凡"。夏曾传[①]（1843—1883），字薪卿，号笏床，浙江钱塘人，诸生，著有《音学绪余》《在兹堂集》《随园食单补证》。[②] 其《赠薪卿表弟》云："客里重逢亦是缘，挑灯话旧意缠绵。情怀叹我偏无赖，颜鬓忆君尚似前。风月西湖真寂寞，莺花秦园待雕镌。回思梁漠春萧索，已觉今年胜昔年。"坦露两人深厚的情谊。《夏薪卿表弟自秦中寄赠一律依韵奉寄》云："世事艰难日，谁登百尺楼。但期烽燧息，少释旅人愁。美竹知盈径，香醪正满瓯。何当重剪烛，谈燕以消忧。"感叹烽火蔓延，盼望重逢之日。《夏薪卿秋闱下第即送还太原》云："龙门末上惜英才，黄叶秋风送别纔。二老承欢增恋慕，一尊饯别且徘徊。柳枝乍向歧亭折，桂树终教阆苑栽。重踏槐黄期后日，定看策马上金台。"夏氏濡染家学，颇有文名，然科场失意，遂去诗慰藉。《怀夏薪卿表弟太原》云："河汾远望感唏嘘，别后常嗟信息疏。若遇仙鸿须着意，平安时报故人书。"诉说了牵挂与思念之情。孔广晋是吴文塈舅家之子，字云舫，浙江仁和人，贡生，因参加镇压太平天国运动而赏戴蓝翎，曾任江西广昌知县和陕西安康知县、靖边知县。《与孔云舫表兄广晋夜话》云："知君抱得不羁才，云栈曾经此驭来。何幸酒肠支磊块，为拈诗句拨寒灰。一舸范蠡机先觉，五噫梁鸿志可哀。正喜一卢频话旧，宵分剪烛会深杯。"分别多年相逢之喜悦溢于言

---

① 夏曾传为夏凤翔子，夏曾佑为夏銮翔子，夏曾传为夏曾佑之堂弟。
② 阮元编纂：《两浙輶轩续录》，浙江古籍出版社 2014 年版，第 3893 页。

表。《重到西安赠孔云舫》云："一别销魂记汉南，光阴弹指月逾三。 频年驿路愁星橄，少白芳清冷翠衫。 峻特高怀千丈岳，渊深雅量九秋潭。 干戈满眼无归路，同向青门击玉骖。"沈桂芬为吴文墥之妻兄，字经笙，又字小山，祖籍江苏吴江，进士出身，曾任礼部侍郎、兵部尚书、军机大臣、协办大学士等，历仕四朝，晚清重臣。 《送内兄沈经笙少农桂芬权抚晋阳》云："经纶夙抱庆恢恢，简在天心重异才。 昔日持衡收国士，今朝开府出中台。 卢沟晓月吟怀壮，恒岳晴云倦眼开。 指日蜺旌辞窥下，岐亭道别且徘徊。"同治二年（1863），沈桂芬署山西巡抚，吴文墥赋诗为其送行，还在诗中称颂其功绩，"典试浙江广东，视学陕甘"。 陈文骥，字仲英，其妻与吴文墥妻表姊妹。 《送陈仲英茂才文骥返大梁时就方伯卞幼竹之聘》云："后先策马赴都门，五载盘桓似弟昆。 今日歧亭分手去，数声骊唱最销魂。 莲池返旆又中州，当轴频推品学优。 ……西风木叶正萧萧，别我良朋感寂寥。 他日宣南重聚首，定应剪烛话深宵。"

6.3.3 交友

吴文墥"仕工部为郎，未尝归乡里"，滞留京城多年，结交友人甚广，其所著《寄庵遗稿》中保存了许多与京官的酬唱之作。 如汪元方（? —1867），字友陈，号啸庵。 道光十三年（1833）进士，选庶吉士，授编修，历任奉天府丞、鸿胪寺卿、太仆寺卿、通政使、左副都御史、礼部右侍郎、实录馆副总裁等。 其《汪啸庵少农元方拜紫禁城骑马之赐书此奉贺》云："三朝硕望荷天恩，书接频叨宠锡繁。 揽辔久推腰脚健，据鞍更觉雪霜温。 宏才筹国标清望，后辈胆颜重违尊。 联骑东华趋紫禁，乘骢喜得傍宸垣。"《汪啸庵总宪奉命入直枢廷敬赋二律奉贺》云："频年秘馆理瑶编，表率乌台重任肩。 畿辅衡于钦哲匠，纶扉傲直仰时贤。 ……天下苍生齐仰望，金瓯协乂听麻宣。 ……老臣此日劳筹笔，边地何时庆止戈。 将士惟期严壁垒，贤才尚恐隐严阿。 经纶展布纤宵盱，报国心长发已皤。"祁隽藻（1793—1866），字叔颖，号春圃，嘉庆十九年（1814）进士，由庶吉士授编修，累官至体仁阁大学士、太子太保，三代帝师。 其《呈祁春浦宫保相国太年丈寯藻》云："等身著述真儒者，盖世勋猷古大臣。 天下隆名尊泰斗，朝廷硕望比松筠。 即今讲幄谕思日，启沃功高仰伟人。 韦平勋业振簪缨，欲济时艰赖老成。 辅翊四朝推老辈，修明百度为群生。 匡时学大心逾细，论事才高气最清。 经济文章同寿世，巨公端不负科名。"宝鋆（1807—1891），字佩蘅，道光十八年（1838）进士，曾任内阁学士、礼部右侍郎、总理各国事务大臣、体仁阁大学士、武英殿大学士。 其《吉林宝佩蘅大农师鋆咸丰戊午科典试吾浙有纪游草两卷兹蒙赐示敬题七律二章》云："天将玉尺界司农，两浙持衡正孟冬。 驿路三千频荣马，英才百二尽登龙。 桐琴真赏金篦刮，芝册高文玉检封。……北宸听履星辰近，南国量才雨露滋。"赵效曾，浙江仁和人，咸丰元年（1851）举人，曾任太原知府。 其《送赵子勉太守效曾赴山西》云："五马迢遥赴晋城，梅花驿路送君行。 龚黄盛治袭宸陛，唐魏遗民迎使旌。 他日定传循吏政，此时惟念故人情。 家风琴鹤才堪继，早励臣心似水清。"

6.3.4 游历

咸丰初年（1851），吴文堮祖父吴振棫就任四川总督。 咸丰七年（1857），吴文堮父亲吴春杰带着儿女赶赴成都与家人团聚。 吴文堮在《侍慈严及弟妹赴大父成都节署赋此留别里门亲友》中道："今朝忽欲赋西征，乍泛扁舟一叶轻。 作别亲朋多好语，出门天气正新晴。 歧亭柳秀眉初敛，驿路梅开眼乍明。 从此天涯分年处，临风时念故人情。"表达了对故乡的依依不舍之情。

吴文堮一家沿运河北上，转道向西，翻越秦岭，进入蜀地。 尽管旅途非常艰辛，但沿途之优美风光与人文历史尽收于其诗文之中。 如《泊无锡》云："残冬风雪无，月色凉如水。 临舟闻笛声，落到蓬窗里。"道出其内心之凄凉。 《淮安道中》云："浮家日日结新邻，雨夕风晨系缆频。 吴楚风帆迎百识，相逢剧少故乡人。"流露其思乡之情。 《望华山》云："漫夫云气连桓岱，倒影河流锁晋秦。 扪虱雄谈思国士，骑驴古事忆诗人。 云浮顶上如图书，仙女飞升迹已陈。"以传说衬托华山之雄伟。 《汾阳王故里祠》云："单骑当年退敌兵，能平回纥见真诚。 谟猷自有回天力，声乐何须却世情。 自古贤臣逢圣主，何人大寿又隆名。"讴歌郭子仪的战绩。 《马嵬》云："几回新曲听霓裳，瞥眼欢场是战场。 叹息美人如此宛，今朝孤冢傍斜阳。

风姿绰约似神仙，赐浴华清帝也怜。"感叹杨玉环人生之不幸。《紫栢山留侯祠》云："正是英雄异等伦，功成则退保吾身。　智谋勇略超千古，将相神仙本一人。"称赞诸葛亮为"将相、神仙"。《抵成都》云："李杜才名夸入蜀，岷峨秀色正称雄。　文章赖有江山助，破浪来乘万里风。　漫向天涯赋浪游，锦江春色豁双眸。　诗人几辈推杨陆，仙迹从教问女斗。"赞美成都之景色。

在四川驻足期间，吴文墫遍游成都的名胜古迹，写下诸多诗文。　如《游草堂》云："昔日高吟地，今朝我辈游。　诗人原不朽，茅屋已千秋。　溪上花谁浣，桥边水旧流。　班门低首问，可许暂勾留。"《武侯祠》云："隆中客隐乐躬耕，尽瘁欲酬三顾情。　汉祚不堪延后主，将星早已堕前营。　三分鼎足功初就，一统中原志未成。　计夫舌吴千古恨，碧宫萧瑟暮云横。"从诗中得知，杜甫草堂和武侯祠成了吴文墫在他乡飘零的精神圣地。

咸丰九年（1859），吴振棫辞官归里，吴文墫随家人启程返乡。《成都启行》云："万里桥西许十邻，羁栖三载作侨人。　无端分手初攀柳，有客关心独忆莼。　归梦甚思鸿爪雪，乡心已逐马蹄尘。　湖壖计日扁舟击，祗恐芳园已饯春。"表明其人仍在他乡，心早已回故乡。《汉中元旦庚申》云："万家爆竹正如雷，古郡兴元亦壮哉。　隔岁旧游思玉垒，今朝畅饮倒金杯。　花香偏自梅边得，春意还从柳上来。　遥想东华车骑盛，千官多自早朝回。"表明其在他乡过节，追思往昔，感慨万千。《发城固县》云："东风连夜雨，吹绿满江城。　漠漠烟中树，依依篷背声。　挂帆千里去，云水自澄清。"可看出风雨难挡其归乡之路。《至郧阳闻杭州失守》云："顿有烽烟惨，将军竟溃围。　市廛遭劫火，城郭剩斜晖。　寂寞风云暗，飘零骨肉稀。　春江孤客泪，愁绝未能归。"可从诗中得知，吴文墫等获悉杭州被太平军攻占后由襄阳改道西安，羁留关中。

同治元年（1862），吴文墫赴京谋职，途中赋诗作文。　如《潼关》云："河山北控通燕国，星斗西横接汴州。　此地由来称险要，黄河万古自长流。"突出其地势之险要。《曲沃怀古》云："小邑何嫌封叔父，绣衣终竟列诸侯。　三家强僭难分鲁，二叔横恣未乱周。"指出其历史之复杂。《寿阳县》云："茅棚土穴石为墙，临水依山冷寿阳。　杏园密遮杨叶绿，麦畦遥映菜花黄。 谁家犬吠疏篱外，几队骖停酒肆旁。"反映其生活之安宁。 《卢沟桥》云："我来策骑正春三，晓月卢沟万家含。 寄语诸昆休望远，今朝策下驻征骖。 万国共球共此途，骅骝方喜聘天衢。 桑干河畔浑如画，杨柳青青更白芦。"道出其优美之景色。

小人物往往淹没在历史洪流之中而不为人所知。 相对于吴庆坻，吴文堮不为常人所知，然而《寄庵遗稿》留下其众多日常生活与交游周游的历史痕迹，这有助于后人进一步了解其生平事迹。

6.4 报人、学者、乡绅——杭辛斋

杭辛斋（1869—1924），名慎修，又名凤元，字一苇、辛斋、夷则，海宁长安镇人，清末著名的报人和周易学者。 "童年习贾临平某杂货肆，旋以体弱不胜劳役，负笈至杭，肄业正蒙学塾。"光绪十五年（1889）县试第一，补博士弟子员。 次年入北京国子监，后考入同文馆，"习历算及法国文学，继从会稽李莼客、上虞陈书玉游，渐通经史及朝章国故"[①]。 戊戌时期，他参与创办《国闻报》，宣传变法思想。 光绪二十一年（1895），他经程家柽介绍加入同盟会，锐意革命。 杭辛斋著有《一苇草堂日记》及《笔记》10余卷。

6.4.1 办报

甲午战后，杭辛斋"尽弃举子业，以天下之重自任"[②]。 1897年10月，严复与王修植、夏曾佑、杭辛斋在天津创办《国闻报》，以宣传维新变法、开启民智为己任。 严复在《国闻报缘起》中云："阅兹报者，观于一国之事，则足以通上下之情；观于各国之事，则足以通中外之情。 上下之情通，而后人不专私其利；中外之情通，而后国不专私其治。 人不专私其利，则积一人

---

① 士元:《杭辛斋事略》,《报学季刊》创刊号,1934 年,第 145 页。

② 《杭氏易学七种》下册,九州出版社 2005 年版,第 789 页。

之智力以为一群之智力，而吾之群强；国不专私其治，则取各国之政教以为一国之政教，而吾之国强。 此则本馆设报区区之心所默为祷祝者也。"①当时杭辛斋在《国闻报》里负责日报的编辑事务。 严复曾在其《学易笔谈二集》序言中写道："余与夏穗卿主旬刊，而王菀（苑）生太史与君任日报。"②杭辛斋长子杭定安也说："1897 年他赴天津，那时《国闻报》始成立，被聘入报馆，司日报记载之事"③。

　　庚子之变后，杭辛斋应袁世凯之邀赴天津主办《北洋官报》，"扶持清议，阐发公理"，"为黑暗世界放一线光明"④，后因理念不合而辞职。1904 年，杭辛斋和彭翼仲在京创办《京华日报》，以"输进文明，改良风俗，以开通社会多数人之知识为宗旨"⑤。 报纸的"主要阅读对象是平民百姓，连初识文字的少年也能通读"⑥。 于是，《京华日报》大力宣传看报的好处，"《看报可以发财》，那几篇演说，全都是杭辛斋所作，用心极苦，有话即长，无话即短"⑦。 后来，杭辛斋和彭翼仲又在京合办《中华报》，其"内容以政论为主，文体是文言文，读者对象是社会上层人士"⑧，"定名'中华'，代表我四万万民族之言论思想，发挥我四千年社会之精神，俗尚革故鼎新，去恶从善，将为改革社会之基础"⑨。 因阐发民族危机、揭露官场黑幕、抨击时局焦点，《中华报》被诬称为"妄论朝政，捏造谣言，附和匪党，肆为论说"⑩。 结果，报馆被封，杭辛斋和彭翼仲被拘。

　　1909 年，杭辛斋在杭州创办《白话新报》，后与《浙江白话报》合并，称为《浙江白话新报》，宣传革命思想，后成为浙省革命的舆论机关。 1911

---

① 《国闻报汇编》上卷，1903 年，第 3 页。

② 《杭氏易学七种》下册，九州出版社 2005 年版，第 455 页。

③ 杭定安述：《先父的事略》，转引徐国华、虞坤林：《杭辛斋传》，浙江摄影出版社 2020 年版，第 20—21 页。

④ 《北洋商报主笔杭辛斋广告》，《大公报》1904 年 6 月 28 日，第 3 版。

⑤ 梁春芳等：《浙江近代图书出版史研究》，学习出版社 2014 年版，第 109 页。

⑥ 转引徐国华、虞坤林：《杭辛斋传》，浙江摄影出版社 2020 年版，第 35 页。

⑦ 转引徐国华、虞坤林：《杭辛斋传》，浙江摄影出版社 2020 年版，第 33 页。

⑧ 转引徐国华、虞坤林：《杭辛斋传》，浙江摄影出版社 2020 年版，第 48—49 页。

⑨ 《中华报例言》，《中华报》1904 年 12 月 7 日。

⑩ 转引徐国华、虞坤林：《杭辛斋传》，浙江摄影出版社 2020 年版，第 73 页。

年，杭辛斋与邵飘萍合办《汉民日报》，以"尊崇人道，提倡民权，激励爱国尚武之精神，建设完全无缺之共和政府为唯一宗旨"①。

6.4.2　经世

清初顾炎武、黄宗羲、王夫之等痛感明朝的灭亡，在于心性之学，号召人们抛弃空谈，讲求经世致用。后因乾嘉之学兴起，经世之学由盛而衰。道光之后，外敌入侵，王朝衰落，经世之学开始复兴。② 人们"倡经世以谋富强，讲掌故以明国是，崇今文以谈变法，究舆地以筹边防"③。晚清经世之学的特征为追随时代，直面世界，面向现实，注重实际。

甲午战后，严复在刚创刊的《国闻报》上连续刊出英国生物学家赫胥黎的《天演论》，鼓吹"物竞天择，适者生存"。杭辛斋也著《进化新论》，强调进化思想并非西方独有，古代《周易》也蕴藏进化之理。"《易》者进化之书也。进化者何？随时变易以从道也，穷则变，变则通，通则久。"④他指出，"近日欧美学者有悟其非而改正之者矣，而我国学者尚有执十年以前之译本，而矜为创论，以互相传习者"；并强调"物之进化，固物之理也"，但"其进化也，自有其类别限度，不能越也，不相紊也。禽不可进为兽，兽不可进为人也"。他又反问道："人类既非猿猴猩猩所进化，果何自而来乎？……天地初分之始，盈天地之间者气而已矣。气胜于形，故盈天地间之万物，无不以气化而成形者也。"⑤他指出"达赫二氏之误，在混人物而一之，谓人之竞争，等于物之竞争，人之优劣，等于物之优劣，是已自绝灭其人道。无怪弱肉强食，卒之有强权而无公理，安得不陷人类于惨境，遗世界以荼毒哉？"⑥这表明西方进化论的根本失误在于抹杀了人与其他动物的区别，以为自然界"物竞天择，适者生存"的原则同样适用于人类。

---

① 转引徐国华、虞坤林：《杭辛斋传》，浙江摄影出版社 2020 年版，第 109 页。
② 贺长玲编纂《皇朝经世文编》为晚清经世之学复兴的标志。
③ 王先明：《近代新学》，商务印书馆 2000 年版，第 54 页。
④ 杭辛斋：《学易笔谈》，岳麓书社 2010 年版，第 163 页。
⑤ 杭辛斋：《学易笔谈》，岳麓书社 2010 年版，第 164 页。
⑥ 杭辛斋：《学易笔谈》，岳麓书社 2010 年版，第 166 页。

　　光绪三十二年（1906），英国侵略西藏，杭辛斋撰文大力呼吁反抗侵略。他质问道："衮衮诸公不知西藏为祖宗血战而得之地，为领土，非藩属乎？其内政之措置由我也，其外交之措置由我也，……其未建行省、置督抚、设州县者，以其风俗、宗教之不同，故未便与以治内地之法治之。"并指出："今日我国与各国所订之约，千奇百怪，有各种不可思议之文字，……将贻笑万古，当不仅为中国之辱也。"[①]

　　"八月十八之浙江潮，素称宇内巨观。……然浙江之潮，何以独异于他处，而潮之原始于何时，考之载籍，既无可征，而传闻又复不一。"为此，杭辛斋作《浙江潮源委质疑》，探赜索隐，辨析源流。他针对史上传说逐一加以辩驳。其一，"昔人记载云，海水入江，经鳖子门，两山夹峙，水势被激而成潮"。他认为"是说也，殆全出于臆想，可不辩而知其妄者也"。鳖子门在龛山、赭山之间，"两山相距十余里，东距潮头起处约百里而遥，潮势至此已杀"，况且"自乾隆己酉（1789）以后，已淤成平陆"，今潮水改由赭山之北到达钱塘，与鳖子门无关。其二，"又称伍子胥死，沉冤莫雪，故怒而驱水为潮，时见素车白马，来往潮头"。他认为："是说也，由今观之，似近神话，断无可信之理，而实则不为无因。"吴越交战，伍子胥占杭州，"开掘鳖子门，导富春江、金衢、婺源诸水东下，由鳖子门入海，于是江海两水相激而怒涛生焉"。他经过亲身考察后指出，"推测巨涛之起因，当以受阻于口门之山根也。……外海大潮东来，为口门水底之山岗所限，只能逾限而入，由十二尺之深度处，顺山势下降，至八十丈以外之深处，高屋建瓴，俨如瀑布，冲至山根尽处，势必倒卷而上，而西来之江水，则亦自极深处逆上，以出海口，两水乃大相激荡，涛头以起，然则江水之力，不及海水之大，不可遏抑，直至钱塘江上之六和塔下始止。"但杭辛斋的说法遭到时人的驳斥，如"谓伍子胥开江以前无潮，不知潮水由江口外宽内窄而生之理，轻率立论，尤属想当然耳"；"至所引地名，曰杭州，曰六和塔，古无是名，曰稽阳江，则今亦无之，不知何所见而云然"[②]。

---

①　杭辛斋：《呜呼西藏》，《广益丛报》第112期，1906年。

②　海宁市政府文史资料委员会：《海宁潮文化》，1995年，第38—41页。

七月七日谓之七夕，又曰七巧。"习俗以此夕盛设香花酒果，向天孙乞巧，自古相传，均莫名其所以之故。"杭辛斋认为"此亦与端午重九诸节，各有寓意，而非漫然为之者也"。他进而解释道："牛女本同宫，而天地交媾，丑未相易，于是牛女分析，此所以有牛女相离之意。七七斗数斡旋，二八数合，故牛女相会，只此一夕。"①他还在《乞巧考证》中说："探乞巧之说所由来，与牛女之故实，始知出于道家，根据易数，丑未七八之交易，而为此寓言，以明中黄会合，意极精微，非常人所能窥测也。"②

清代天坛祈年殿、故宫太和门、东四隆福寺等屡发大火。"天火曰灾，人火曰火。自春秋以降，历代记载，盖莫不以是为例。自欧风东渐，物理之学，日益发明，群知火皆由人，断无自天降者。"但"祈年与隆恩、降福三殿，则火皆起自殿脊之中"③，确实非人所致，令人疑惑不解。杭辛斋作《天火说》阐释道："房屋历年愈久，积硝愈多，……偶有火灾，互相吸引，贻害无穷。"④

6.4.3 研究

杭辛斋是清末民初著名易学家。他曾创办研究《周易》机构——研几学社，著有《易藏丛书》20卷，试图构建一个融数学、科技、术数为一炉的无所不包的易学体系。⑤

杭辛斋指出："历来讲《易》家，无论其为汉学、为宋学，而有一宗牢不可破之锢蔽，即将'经学'二字横梗于胸中是也。埋其庞然自大之身于故纸堆中而目高于顶，不但对于世界之新知识、新思想深闭锢拒，而于固有之名物、象数、气运、推步之原本于《易》者，亦皆视为小道，而不屑措意。凡经传所未明言、注疏所未阐发者，悉目为妄谈、为异端，排斥攻击不遗余力，而不知'《易》之为书，广大悉备'，上自天地之运行，下及百姓所日用，无

---

① 杭辛斋:《七巧》,《国货月刊》第 1 卷第 8 期,1934 年。
② 杭辛斋:《乞巧考证》,《国货月刊》第 1 卷第 8 期,1934 年。
③ 杭辛斋:《天火说》,《实业周刊》第 27 期,1920 年。
④ 杭辛斋:《天火说(续)》,《实业周刊》第 29 期,1920 年。
⑤ 周神松:《杭辛斋易学思想浅论》,山东大学硕士论文 2010 年。

不弥纶范围于其中。"①为此，"其说易从上古、中古而汉魏隋唐乃至宋元明清，以迄近代，凡易学之宗旨，如象数、占筮、义理、卦气、图书、史事……几乎无所不包"②。

杭辛斋广泛援引"世界通用之名词"，即当时传入中国的西方哲学、法学、地理、物理、化学、生物、进化论等知识来注解《周易》。 比如，以西方哲学释"太极"："'太极'二字，均无物质、无精神可言，更无其他之词义足以相并相对，可以谓之名，亦可以谓之非名。"以地理知识释八卦之象："今则万国交通，重洋无阻，《易》卦象数，即推诸五大洲仍无不合也。 试以先天八卦方位言之，乾为南极、坤为北极，南北皆冰洋，故'乾为寒''为冰'，坤亦为'坚冰'。 自震东北至兑东南，为东半球之象，故曰'震旦'。 自艮西北至巽西南为西半球之象，故曰'泰西'。"以物理学的向心力和离心力解说《系辞》之"辟翕"："如《易》言'坤，其静也翕，其动也辟'，而翕与辟之义以旧文字释之，则翕为聚也、合也，辟为开也。 ……若假新名词以解之，则辟者即物理学之所谓离心力也，翕者即物理学所谓向心力也。 凡物之运动能循其常轨而不息者，皆赖此离心、向心二力之作用。 地球之绕日，即此作用之公例也。 以释辟翕则深切著明，而阅者亦可不待烦言而解矣。"以化学六气配六子卦象，即轻气震象、养气坎象、淡气艮象、绿气巽象、炭气离象、喜气兑象。 进而依此解说别卦，如《蒙》上艮为淡气、下坎为养气。 "西人物质之化分，译之为化学者，乃近世纪所发明者也。 不谓地隔三万里、时阅七千年，而吾《易》之象数，能与之一一吻合，无毫厘之差。"为此，学者指出："晚清以杭辛斋为代表的易学实为古代易学向现代易学过渡的标志性成果，既宣告了晚清易学的终结，也标志着现代新易学的开端。"③

在清末民初的大变革时代，杭辛斋积极创办报纸，宣扬爱国思想，热衷乡土文化，钻研《周易》之学，从而在中国近代史上留下独特印象。

---

① 林忠军:《论晚清易学之转向》,《中国社会科学》2020 年第 2 期。
② 刘大钧主编:《百年易学菁华集成·易学史》第七册,上海科学技术文献出版社 2010 年版,第 2696 页。
③ 林忠军:《论晚清易学之转向》,《中国社会科学》2020 年第 2 期。

7 结　语

　　鸦片战争后，列强的洋枪洋炮叩开了古老帝国的大门，近代中国遭遇了"数千年未有之大变局"。错综复杂的社会矛盾，迫在眉睫的民族危机，瞬息万变的时代现象，构成了中国近代历史复杂的表象。

　　在近代社会转型时期，外力的冲击加速了传统社会的瓦解，而保守的势力却又阻滞了近代社会的前行。为此，教会报刊对晚清社会陋习予以猛烈抨击并提出改良设想。在清末兴办学堂过程中，既有乡民捣毁学堂，也有教徒毁坏学堂，还有女子求学被杀，这一切皆缘于学堂的现代性得不到民众的普遍认同、转型期人们惊慌的心理惯性和缺少文化归属感等。人力车夫是城市化的产物，又是城市苦力的代表。民国时期沪宁杭地区城市化步伐加快，人力车夫众多，通过再现苦力的日常生活以期凸显城市化的弊端。

　　随着近代社会转型，新式教育不断涌现，传统教育走向衰败，私塾和塾师被时代所淘汰，新编教科书为学校所采用。新教育虽然在近代中国获得了长足的发展，但其在发展过程中出现偏差，如学校管理混乱、教育精神扭曲、教学质量低下等。这既是社会转型不彻底的产物，也是新旧教育过渡无序的结果；不但影响着新教育的发展，而且阻碍了社会的进步。

　　由于列强的侵略，近代中国政治经济、思想文化的发展受到了严重影响，甲午战争前清政府的外交政策、殖民时期台湾民众的政治认同、民国初年县知事考试等都是时代见证。为此，人们积极探寻救国之路——现代化，如梁启超的社会保障思想、《申报》的商品广告、"文化激进主义"等皆为具体表现。 抗日战争时期，由于日本侵略打断了中国现代化的道路，国民政府实施了一系列的战时经济政策，增强了抵御的力量和必胜的信心。 20 世纪的文化反思既是对中国传统文化的审视与总结，也是对近代中西文化的再估与创新。

历史人物是时代造就的，同时也反映时代之变化。 在中国近代史上，维新巨擘梁启超、湘军将领王鑫、晚清报人杭辛斋和清末士子吴文墿等皆有丰富的人生阅历和独特的历史影响。 大人物创造历史，小人物发现历史，历史也因此而多姿多彩。

参考文献

[1] 曾国藩.曾国藩全集［M］.岳麓书社，2011.

[2] 左宗棠.左宗棠全集［M］.岳麓书社，2009.

[3] 梁启超.饮冰室合集［M］.中华书局，1989.

[4] 陈寅恪.金明馆丛稿二编［M］.上海古籍出版社，1980.

[5] 张枬、王忍之等编.辛亥革命前十年间时论选集［M］.生活·读书·新知三联书店，1977.

[6] 中国第一历史档案馆、北京师范大学历史系编选.辛亥革命前十年间民变档案史料［M］.中华书局，1985.

[7] 故宫博物院明清档案部编.清末筹备立宪档案史料［M］.中华书局，1979.

[8] 朱有瓛主编.中国近代学制史料［M］.华东师范大学出版社，1987.

[9] 璩鑫圭、唐良炎编.中国近代教育史资料汇编·学制演变［M］.上海教育出版社，1991.

[10] 舒新城主编.中国近代教育史资料［M］.人民教育出版社，1985.

[11] 许俊雅编注.梁启超与林献堂往来书札［M］.（台北）万卷楼图书股份有限公司，2007.

[12] 胡适.胡适文存［M］.黄山书社，1996.

[13] 梁漱溟.梁漱溟全集［M］.山东人民出版社，1989.

[14] 恽毓鼎.恽毓鼎澄斋日记［M］.浙江古籍出版社，2007.

［15］ 孙宝瑄.忘山庐日记［M］.上海古籍出版社，1983.

［16］ 赵烈文.能静居日记［M］.岳麓书社，2013.

［17］ 刘大鹏.退想斋日记［M］.山西人民出版社，1990.

［18］ 夏晓虹编.追忆梁启超［M］.中国广播电视出版社，1997.

［19］ 李文海主编.民国时期社会调查丛编（城市劳工生活卷）［M］.福建教育出版社，2005.

［20］ 彭明主编.中国现代史资料选辑［M］.中国人民大学出版社，1989.

［21］ 戚其章主编.中日战争［M］.中华书局，1994.

［22］ 中国史学会编.中日战争［M］.新知识出版社，1956.

［23］ 陆奥宗光.蹇蹇录［M］.上海人民出版社，2015.

［24］ 连横.台湾通史［M］.华东师范大学出版社，2006.

［25］ 王鑫.王鑫集［M］.岳麓书社，2013.

［26］ 丁文江、赵丰田.梁启超年谱长编［M］.上海人民出版社，1983.

［27］ 梅英杰等.湘军人物年谱［M］.岳麓书社，1987.

［28］ 费正清、费维恺主编.剑桥中华民国史［M］.中国社会科学出版社，1994.

［29］ 费正清、邓嗣禹.冲击与回应：从历史文献看.民主与建设出版社，2019.

［30］ 柯文.在中国发现历史——中国中心观在美国的兴起［M］.中华书局，1989.

［31］ 周锡瑞.改良与革命——辛亥革命在两湖［M］.中华书局，1982.

［32］ 魏丕信.18世纪中国的官僚制度与荒政［M］.江苏人民出版社，2003.

［33］ 艾恺.文化保守主义——世界范围内的反现代化思潮［M］.贵州人民出版社，1991.

［34］ 张灏.梁启超与中国思想的过渡（1890—1907）［M］.江苏人民出版社，1995.

［35］ 孔飞力.中华帝国晚期的叛乱及其敌人：1796—1864年的军事化与社会结构［M］.中国社会科学出版社，1990.

［36］ 桑兵.晚清学堂学生与社会变迁［M］.学林出版社，1995.